T0277482

Los íntimos

Marta Sanz

Los íntimos

(Memoria del pan y las rosas)

EDITORIAL ANAGRAMA
BARCELONA

Ilustración: Fotografía del álbum familiar, © Charo Pastor

Primera edición: *septiembre 2024*

Diseño de la colección: Julio Vivas y Estudio A

© Marta Sanz, 2024

© EDITORIAL ANAGRAMA, S.A.U., 2024
  Pau Claris, 172
  08037 Barcelona

ISBN: 978-84-339-2721-7
Depósito legal: B. 8895-2024

Printed in Spain

Romanyà Valls, S.A.
Verdaguer, 1, 08786 Capellades (Barcelona)

*A Silvia Sesé, en recuerdo de un día atrapadas
en el aeropuerto de México D. F., volviendo de la FIL*

... no soy una estrella, no he «llegado»;
yo estoy.

LOLA HERRERA

EL PADRE KARRAS

Llevo muchas noches, incluso una larga temporada, reparando en que cada vez que pienso en algo estoy pensando en lo mismo. El pensamiento se fuerza, pero también sucede. El pensamiento se produce, y decir que «fluye» me parece un alarde de pretenciosa facilidad –qué mierda va a fluir el pensamiento, ojalá–. El pensamiento se va quedando pegado a la carótida y al nervio óptico como el colesterol a las arterias. Hace bola y trombo.

El pensamiento me atraviesa la cabeza con tácticas terroristas y, entonces, lo sorprendo, lo atrapo, lo pillo en falta. Mi pensamiento está construyendo hipótesis y recordando acontecimientos indignos de mí. Pero es más fuerte que yo. Carezco de la energía suficiente para detenerlo. No logro ser la policía de este pensamiento mío que no fluye, pero me graniza por dentro. No logro congelarlo en una imagen y romperlo con el picahielos de Sharon Stone. No es una proyección cinematográfica. No es un torrente. Ni un liquidillo que puede absorberse con algodón hidrófilo. Ese pensamiento obsesivo –digámoslo de una vez– actúa como el espesante o la sustancia pegajosa que algunos insectos segregan para comerse a otros insectos. Petróleo en el que me quedo atrapada. Arena movediza.

Este libro es una cuerda para salir de ese engrudo.

He usado otras veces los libros para salir de todo tipo de compuestos asquerosos: amor, enfermedad, miedo, desdichas infraestructurales o neuróticas. Pero reconozco que hoy el empeño es más indigno que de costumbre, y la paradoja se redobla entre los palillos del tambor, porque el pensamiento del que quiero exorcizarme, como si la rumiación fuese demonio, es el que me condena a volver a los libros una y otra vez.

No digo a enajenarme con lo que cuentan los libros. No soy una Alonso Quijano ni una Bovary ni una Ana Ozores.

Tampoco pienso en la diferencia entre narradores protagonistas y narradores testigos, autobiografía y autoficción, primeras y terceras personas del verbo, la paz mundial.

Pienso en editoriales y agasajos. En cuentas pendientes. En listas de la compra. En omisiones y aterradoras presencias.

Pienso como una profesional que compite en la carrera de los cien metros vallas con las uñas ultralargas –magnífica Gail Devers– o como una futbolista de primera división que corre el riesgo de bajar a segunda o a tercera regional. Porque ni sus rodillas ni su melena son lo que eran, y la edad nos difumina. Y el fútbol femenino también dejará de estar de moda porque el feminismo y sus bellas licantropías no se abordan desde una perspectiva infraestructural. Me pregunto si la palabra «infraestructural» cabe en un texto literario, pero en este momento no me importa o lo justifico en el necesario ensanchamiento de un léxico artístico heteropatriarcal y esclerotizado. Estoy hablando completamente en serio. Con las palabras «heteropatriarcal» y «esclerotizado» me pasa lo mismo que con la palabra «infraestructural». Y no voy a caer en ese bucle.

Con este libro me quiero salvar de los libros y de la escasez de papel que se filtra en la pertinencia de un estilo sílfide frente a un estilo selvático. Umberto Eco acuñó la expresión «memoria vegetal». Hermosa expresión y hermoso proceso el de acuñar expresiones: es nuestro oficio.

Con un libro me quiero salvar de la mezquindad de las

cuentas de resultados, aunque intuya que esa mezquindad coincide en mi probeta medidora con la humanidad exacta de la palabra literaria.

Soy una escritora que pide un ascenso y ya es demasiado vieja para ascender.

Soy una escritora que no cree –para nada– en la autonomía del campo cultural.

Soy una escritora, en medio de la selva, que se abre camino entre la vegetación con un machetito mellado.

Quiero curarme de los gajes de mi oficio que se me cuelan en la poesía. De los agravios y de esas manitas que me arañan las páginas cada vez que me pongo a escribir. Mientras escribo oigo voces. Aunque esté componiendo un poema sobre la caducidad de la carne o el fin de amor. Las oigo. Las escucho. O las escucho y las oigo. No sé si situar primero la actitud o el sentido. Ellas están ahí. Se producen. Suceden entre una sinestesia y la formulación de un periodo sintáctico alambicado y pretendidamente violento. Cuando escribo, resuenan en mi cabeza voces aflautadas o pastosamente graves –pitufos y viejóvenes–, voces de hombrecillos y a veces de *hombrecillas*, cuya edad oscila entre los treinta y los cincuenta años –estas voces ya son unas fracasadas–, que colaboran en periódicos digitales de ultraderecha. Se ven a sí mismas como depositarias de un sentido crítico ya extinto. Escribo «color rosa» y oigo «tía cursi»; escribo «mi padre me decía» y oigo «menuda feminista de chichinabo, su papi, su papi...»; escribo «hijos de mala madre» y oigo «esta vieja ordinaria ha perdido los papeles». Me pican y me anticipo a sus manifestaciones. Me pongo la venda antes de que me hagan daño. No me muerdo la lengua. Me dan miedo, pero me echo lejía por dentro y las voces desaparecen arrasadas como microbios recocidos por el desinfectante. Proliferan y reviven. Son ácaros plantígrados que parecen hipopótamos, peluches, astronautas. Me excedo con mis prácticas de medicina preventiva intentando paliar la versión de las voces en estilo directo. Claman con distintos timbres:

—¡Inepta!

—¡Intraducible!

—¡Vieja!

—¡Verbosa!

—¡Velluda!

—¡Impía!

—¡Cínica!

—¡Enchufada!

—¡Roja!

—¡Malagradecida!

—¡Llorona!

—¡Pesada!

—¡Engreída!

—¡Chula!

—¡Pejiguera!

—¡Graciosilla!

—¡Fea!

Fea, siempre fea. Con lo que a mí me duele este insulto. Las voces, que agigantan la parte reptiliana de mi cerebro en tránsito hacia la desconexión, me apartan del ejercicio sacralizado de una literatura al margen de la industria editorial y los modelos de negocio y las lentas conspiraciones que nunca son tan graves. Tengo dudas respecto a la levedad de las conspiraciones y, cuando me represento al papa de las letras mundiales, veo a un agente con nombre de actor de comedia musical. O al dueño de Amazon. Sin embargo, no es posible separar el tocino de la velocidad ni el mercado de la retórica. Nuestra ingenuidad no puede alcanzar estos límites malsanos, y es preciso descubrirle al mundo esta gran verdad entre esas otras verdades que nos llenan la boca, como si estuviésemos comiendo una patata gigante, mientras pronunciamos una humilde charla —aparentemente— frente o contra o hacia un auditorio ávido de bondad y belleza. Libre de impuestos. Feria de Frankfurt 2022, salones cereza y turquesa:

—Nunca debemos renunciar a la búsqueda de la verdad.

–Los libros nos hacen mejores personas.

–La literatura está vinculada a la construcción de la conciencia crítica y de la democracia.

–Democracia, democracia, democracia...

Escribo un libro para salvarme de los libros y sus repliegues laterales. Sus turbulencias y su moho. Su copyright. Para recuperar una pureza que solo me haga pensar en que Confucio es el padre de la *confución* y enunciar grandes palabras que trascienden lo local para transformarse en asunto humano, demasiado humano, que importa en China y en Alemania y en *Guayominí di puán*. Una literatura sin la mugre de la envidia o la negociación del anticipo. Sin portadas ni listas de notables en los suplementos literarios.

Soy un arcángel que vuela beatíficamente sobre rizados, soñadores cabellos, sobre los que esparzo mi polvo de estrellas y mi pan de oro.

Escribo. Y, sin embargo...

Soy una mujer con sequedad ocular a la que le molesta escribir «los ojos secos» por su exceso de poesía. Conozco a Irvine Welsh, aunque él no me salude en las fiestas y yo le ponga una cruz en mi cuadernito de agravios. Podría haber bailado con Emmanuelle Carrère, pero no quise. Le dije «I love you» a Caitlin Moran y «Je t´aime» a Annie Ernaux bajando las escalinatas blancas del hotel Formentor. He estado en palacios y en sótanos donde oscuros clubes de lectura se congregan para leer en comunidad:

–No me cae bien este personaje...

No sé en cuál de los dos lugares se sitúan cielo e infierno. Puede que los dos sean un purgatorio. Las mujeres de los oscuros clubes de lectura comentan lo que les parece y pueden llegar a poner el dedo en la llaga. Cuando me regalan flores, me siento feliz.

Llamo al padre Karras para que me libere del temor y la envidia, la insatisfacción, el Salieri perpetuo, la medalla de pla-

15

ta; llamo al padre y le pido que me devuelva a los brazos del Señor, él me responde:

—No se puede separar la carne del espíritu ni sacar limpiamente la raspa de la cola de las sirenas...

(Pausa.)

Continuación del padre Karras:

—... gritan mucho.

La pobre Regan no tenía salvación, porque su exorcista siempre fue un escéptico y un libertino que se deleitaba, a secas, en la mortificación de la carne sin conservar ninguna esperanza en la limpieza espiritual.

—Desconfía de los humildes y de las modestas. De las humildes y de los modestos. De todos los modosos y modosas.

Imagino un desierto con pequeñas culebras que reptan bajo las dunas. El padre Karras me da un golpazo en el cráneo con el más pesado de sus crucifijos y, con la vista nublada por mi propia sangre, me obliga a recordar mis palabras. El padre Karras me ha arrancado la blusa y sujeta mi pecho izquierdo en el cuenco de su mano parafina mientras yo tomo conciencia de que mi sangre y mis palabras son indistinguibles de la cortesía o el desapego de mis casas editoriales. El padre Karras me cita. Bendito sea.

—«No se puede hablar del amor abstracto.» Tú escribiste sobre amor conyugal, cacerolas y facturas de la luz.

El padre Karras me atiza otro golpe. Pero no me importa. Su cita empapa mi cuerpo de una hormona placentera y suave. Puede que sea oxitocina u otra sustancia tranquilizante y meliflua.

—Aaaaaaaaah...

Gimo y los dedos de mis pies apuntan a las nubes. Aclaro que el gesto es la metonimia del orgasmo. Cada vez hay más cosas que aclarar. Si el padre Karras no me hubiese citado, lo habría encarado con mi aliento sulfúrico: el exorcista habría conocido la cólera de una mujer poseída de verdad por el demonio.

LO QUE NO CONTÉ

Cuando escribí *La lección de anatomía*, hui sistemáticamente de las partes de mi vida y de mi cuerpo que se relacionaban con mi condición de escritora. Solo dije que mi madre, con la sensorialidad y la brutalidad del lenguaje poético, me narró su parto enseñándome que los relatos no son inocuos: nunca quise parir una criatura, pero aprendí a narrar. Mencioné mi paso por la Escuela de Letras de Madrid solo para sugerir la volatilidad de ciertas amistades eternas. Utilicé una de mis enumeraciones –nunca me dejan jugar y me obligan a sentirme quincallera, buhonera y trotaconventos– para hacer la cuenta de todo lo que no quise ser de niña. Y me llevo una. Sin embargo, insistí en mis trabajos docentes y en todo lo que me acercaba a una realidad ni artística ni literaria. El prejuicio de lo común como malla que contiene la hernia.

Escribí un libro sobre mí en el que escamoteé una de las facetas más importantes de mi vida. En él, se traslucía una promiscua relación con el lenguaje, pero se evitaban sistemáticamente las escenas que me hubiesen acercado al género culpable de la autobiografía de escritora.

Me daba miedo el expresivo chismorreo literario. Carecía de relevancia para contar el vínculo entre economía y retórica. Hay que fingir que solo amas el arte para que te dejen entrar en el ambiguo corazón de los lectores. Pero lo amas todo. Con fuerza. Y quieres sobrevivir.

También amas las palabras y eso está muy mal visto. Cuando acabo *Lenguas muertas*, mi segunda novela, con preciosa portada de un diseño rojo de Sybilla, Javier Maqua, muy suyo, muy señorial, muy listo, muy sensible, el hombre que me ha enseñado en tardes largas de aperitivo muchas cosas de este mundo, me dice:

–A ti es que te gustan mucho las palabras.

Me gustan tanto que ahora sé que, a veces, aprender una

17

sola –«libertad», «sistémico», «patria», «gobernanza»– sirve para justificar toda una vida con sus razonamientos. Se aprende una sola palabra y se concentra en ella la interpretación total del mundo. A mí me ha sucedido por temporadas. Es un acto de mezquindad extrema hacia una misma.

Me callo, porque Javier me impone mucho, detrás de sus cejas y su bigote, de su tono de voz y su cuerpo nerviosísimo de antiguo jugador de tenis, pero pienso que claro que me gustan las palabras y por eso soy escritora y no colibrí. Él me diagnostica con una de esas malas intenciones que, en el fondo, son buenas. Me lo dice en el sentido de que a las palabras solo se las puede amar hasta cierto punto para no emborronar la realidad. Pero, de hecho, es que yo las amo. Y, entonces, finjo que soy cínica y malévola porque tampoco resulta muy inteligente ni muy fotogénico ese amor naif. Y posiblemente río con carcajadita de frivolidad.

Salgo de mí. No sé cómo colocarme. Cómo estar para ser.

Salgo de mí y hablo en segunda persona del singular que es una cosa muy mal vista en las narraciones. Ante la valoración de Javier, me digo: tomas la decisión de no traicionarte con tus actos de escritura, aunque quizá puedas traicionarte un poco con tus carreritas por el campo literario.

Me hablo en segunda persona para aliviar la herida. Como esas enfermeras que distorsionan las personas del verbo y se dirigen a los pacientes preguntando «¿Cómo estamos hoy?». Primer aprendizaje del «mientras tanto se escribe»: la literatura consiste en la distorsión y el desplazamiento de las personas del verbo.

Cuando escribí *La lección de anatomía*, me daba vergüenza ser escritora.

Me daba vergüenza ser escritora y decirlo.

Contarlo.

No estaba bien visto escribir un libro declarando que una era escritora desde que nació porque desde que nací me puse a mirar de manera torcida. Se mira con estrabismo a veces sin querer y a veces forzando la bizquera. Temiendo que una corriente de aire te deje para siempre así. Bizca. Yo tentaba la suerte abriendo la puerta y la ventana, colocándome en medio, mientras con los ojos me miraba la punta de la nariz. Ese era mi sentido del peligro. Correr el riesgo de la malformación para certificar que las supersticiones corporales eran verdad:

—¡Quítate de ahí! ¡No hagas el tonto!

A los cincuenta y seis se supone que ya no veo muy bien de cerca. Sin embargo, la optometrista me explicó que mi ojo derecho se había especializado en mirar de lejos y el izquierdo en mirar de cerca: este detalle oftalmológico, esta especialización cerebral, puede entenderse como metáfora literaria. Mi cuerpo, como los cuerpos de las recogedoras de fresas o los de las neurólogas, se ha ido ahormando a mi oficio. No lo he podido remediar. Puede que el dolor de espalda y el ojo seco, la ansiedad, mis bellezas y malformaciones, nazcan de esa forma de mirar, vivir y ganarme los panes y los peces ricos en mercurio. Un ojo mira de cerca y otro de lejos. Ni Polifema ni Éboli. Ni monócula ni tuerta. Pero a ratos, sí, muy mareada.

También quiero que se observe que he comparado el oficio de escribir con un trabajo agrícola y con otro científico para intentar que todos se perciban como igual de útiles, importantes y cualificados. Soy una mujer, penetrada hasta el fondo por la corrección política, y jamás podría perdonarme ni las cegueras ni el elitismo. No sé por qué a menudo, en el respeto a los demás, me siento como una auténtica mierda.

Nacemos y luego, si caemos en el lugar adecuado del mundo, tenemos el privilegio de aprender. Seguir formándonos para cumplir con lo inevitable en sus distintos grados: anotación, aforismo, epifanía, escritura, construcciones, artefactos, injertos, amputaciones, grafomanía, diarismo, hadas. Enumeraciones para ver y no caer en la vanidad más vanidosa de todas: «Intelijencia, dame el nombre exacto de las cosas». Las sacerdotisas con plumas de canario, enmascaradas con picos de ave, organizamos un ritual lingüísticamente endemoniado y confuso. Acumulamos materiales para aproximarnos al sentido de la cosa. Abrimos la puerta a quien lee para no expulsarlo del texto con tal cantidad de precisión. «Confín de plata», escribió Federico García Lorca. Precisión, confín de plata cerrado al porvenir, escalpelo, escritura funeraria. He dicho. Y punto. Intelijencia se escribe con jota. Soy un dios gramatical que hago el nudo y cierro la conversación. Me llamo Juan Ramón. Jiménez con jota colonizadora de todas las ges colocadas delante de e y de i.

Primero escribo para descubrir, por el placer y la música, la alegría de las cosas; más tarde, por exhibicionismo atlético, consciencia de unas aptitudes; después, por obcecación y rabia, para reparar los dolores y reconstruir los rotos o quizá para romper lo que está mal cosido y se presenta como perfecto o inevitable, una imagen y funcionamiento del mundo; luego escribo por todo lo que me une con quienes están al otro lado. Por último, se produce una superposición de todos los porqués. Las edades se solapan en esta única edad y las razones se concentran en una frase o un párrafo. Nunca en una sola palabra. La proporción de los componentes –el placer, la rabia, la percepción de lo que hay más allá de una misma– puede variar la textura del compuesto.

Cuando escribí *La lección de anatomía*, yo tenía vergüenza de contar que a los cuatro años escribía poemas y a los doce autoedité mi primer libro. En realidad, manufacturé mi primer libro porque lo escribí, lo ilustré, lo cosí. Tenía lejanas intuiciones sobre los oficios librescos, tal vez porque ya sopesaba la importancia de la materia prima y la fuerza de trabajo. Mi abuelo y su olor a grasa de motor. Las manos de mi madre, que amasaban bíceps y cuádriceps de señoras de alto copete o de niñas que entonces no tenían capacidades especiales, sino que eran subnormales por fuera, aunque por dentro fuesen listísimas. Como Juli, en su chabola embarrada de Entrevías.

Las primeras palabras de mi volumen autoeditado fueron las siguientes: «Se cerró el círculo de hadas acercándose dispersas algunas sombras nocturnas». A los doce años yo era una escritora latinoamericana opacada por el peso glandular y las criadillas mágicas de los autores del Boom, que corren por mis venas, igual que Nabokov invade mi occipucio y disfruto del cosquilleo que produce en mi rabadilla la presencia de don Luis de Góngora y Argote. Desde esa contractura, la posición ortopédica entre lo que me cura y me daña, escribo yo y muchas otras. El lugar es interesante. Sin embargo, mi idiosincrasia de escritora libérrima, musical y profundamente jodida, con el tiempo, se fue degradando por culpa de lecturas centroeuropeas, del casticismo, de la literatura testimonial y de la poesía como arma cargada de futuro. Ahora, casi vieja, entiendo que relacionaba la fantasía y el misterio con la santa hostia literaria y con la belleza específica de la palabra «dispersas». Ahora, enfangada en la denuncia y consciente de que en las hadas no hay nada inocente, quiero volver a las consonantes líquidas y a los esdrújulos. *Farándula* y *Clavícula*. Quizá incluso quiera dar otro significado a las consonantes líquidas, las vocales tónicas y las *alas aleves del leve abanico* para colocarlas en el país de la corrosión. Las consonantes líquidas son ácido sulfúrico.

Y la literatura se aprende también desde el oído.

Cuando reclamo mi derecho al juego floral, me sale el resentimiento y el precio de las patatas. Fui engendrada en un piso interior del barrio de Chamberí. Esa falta de luz y esa simultánea solera urbanística marcan para siempre. Me cuentan, en casa, que nos fuimos de allí para que no nos comieran las chinches.

En *La lección de anatomía* sobrevaloré una infancia de juegos iletrados. No la fingí, pero me avergoncé de lo estrictamente libresco. No conté que había escrito muy pronto una novela de internado suizo, titulada *El pensionado*, y que leía con mi amiga Juani novelas de Agatha Christie y de Enid Blyton. Hacíamos hipótesis a través de las portadas y jugábamos a lo que leíamos. Siempre queríamos ser Jorge, la virilizada niña de *Los cinco*. Todo lo admirable, incluso lo irreverente, era masculino. Pero no conté nada de esto en *La lección de anatomía* ni hablé de mi gusto por la vivisección del estilo de Azorín en el comentario de texto. Quizá la palabra más adecuada, frente a «vivisección», sería «autopsia». O a lo mejor los textos de Azorín no estaban tan muertos, o mi obligación como escritora es dudar todo el rato respecto a qué palabra sería más conveniente escribir. Sin duda, mi preferencia azoriniana me habría desprestigiado frente a mis contemporáneos más afines a la parquedad y a los granos de pus que Bukowski se apretaba delante del espejo. *La senda del perdedor*, con su título sutil, era la autobiografía de moda. También estaban de moda los finales con los que el editor Gordon Lish remataba los cuentos de Carver. Mientras tanto, yo lamentaba mucho que alguien le hubiese torcido el cuello al cisne de Rubén Darío. Echaba de menos a Rubén Darío y el malditismo de guardarropía de las *Sonatas* de Valle-Inclán. Escribiendo «de guardarropía» me curo en salud.

Nunca aprendí a tocar un instrumento musical. Probé con muchos: flauta travesera, oboe, piano. Nunca aprendí inglés, aunque, con un esfuerzo económico importantísimo, mi padre y mi madre me pagaron un verano en Somerset y cursos intensivos en el British de Madrid. Nunca me saqué el carné de conducir, pese a que en casa también me habían pagado todas las clases teóricas. No sé coser un botón ni tengo habilidad para las manualidades. Las nuevas tecnologías me ponen nerviosa. No he hecho nada útil por mí. He puesto todos mis huevos en la misma cesta. Las palabras. Mi ocio y mi negocio. El lugar donde deposito mi optimismo y mi posibilidad de ser socialmente útil. Para casi todo lo demás necesito ayuda. Aunque tampoco canto mal, controlo mi cuerpo –soy ágil, pero no elástica– y he desarrollado increíbles estrategias de supervivencia en un mundo hostil.

Mi clase social me obliga al ahorro y a no cometer excesos, pero la clase de los que siempre han detentado el poder de la cultura me indujo a ambientar mi primera novelilla en un internado suizo en lugar de en un colegio público de Benidorm. Las maestras usaban rebequita y escribían en la pizarra con una letra preciosa.

Vivo, sí, en esta intersección.

VALENTINA, TIENES NOMBRE DE TRAIDORA

Agarro el papel con la mano izquierda. Lo aliso. Procuro escribir como los adultos. Dibujo las letras y aprieto demasiado. Tanto que rompo la punta de los lápices. Me gustaría deslizar el grafito sobre las páginas de los cuadernos de dos rayas con una ligereza que solo insinúe los trazos y, más tarde, cuando necesite borrar, no deje un chafarrinón sobre el papel. Pero aprieto mucho y, si quiero borrar el palito torcido de una p de «péndulo» o de «perder» o de «pasión» –conozco solo el significado de la segunda palabra–, me queda una mancha feísima en lo que debería ser, por imperativo estético, la impoluta textura de un poema.

Esa es mi concepción de la poesía entonces. Perfección. Misterio. Limpieza. Virginidad.

Incluso cuando aún carezco de habilidades psicomotrices para dibujar los palitos de las letras, imagino, escribo, dibujo poemas. «Valentina, tienes nombre de traidora» quizá sea mi primer poema. Ni yo misma sé por qué Valentina tiene nombre de traidora o por qué Valentina es un nombre de traidora. Valentina se llama la hija del pediatra al que me llevan mis padres para ver si crezco, aunque yo sepa que no lo hago porque estoy cargada de maldad. Valentina es la protagonista de un programa infantil, *Los chiripitifláuticos*. Cruzo a los chiripitifláuticos con la traición de las mujeres en las ficciones de la televisión o la radio. Porque las mujeres de carne, que viven conmigo, no traicionan nunca. Al menos, de una manera corporal.

Dibujo sistemáticamente la u con dos rabos. Defiendo contra viento y marea que la letra se escribe así. Quizá tengo alguna duda, porque en mis versos evito las úes y, sin yo saberlo, utilizo la técnica del lipograma. No sé quién es Perec, pero actúo igual que él, del mismo modo que descubro una versión muy ingenua de la teoría de la relatividad dando vueltas a la manzana de mi casa en la calle San Delfín: «El punto más cercano a un punto es el punto más lejano al propio punto», anoto en un cuaderno de anillas. Alucinógeno. Volviendo al lipograma, en «Valentina, tienes nombre de traidora» no hay ni una sola de esas úes que escribo con un rabo por delante y otro por detrás. Confundo los trazos que unen las letras en la cadena de la palabra con la morfología de vocales y consonantes, y, aun así, escribo poemas que mi mamá guarda en cajones y conserva y traslada en cada mudanza. Escribo los poemas antes de que se me caigan los dientes de leche. Soy una niña. Soy muy precoz. Cuando se me caen los dientes de leche, mi madre también los guarda, con su raicilla ensangrentada, en una cajita de madera al lado de mis poemas. Los objetos, que mi madre oculta en su cómoda, podrían estar dentro de un relato de Edgar Allan Poe. O serlo en sí mismos.

Dibujo sistemáticamente la u con dos rabos y hago de su trazo un acto de fe y de sabiduría máxima. De empecinamiento. El mismo del que hacía alarde cuando mi mamá me enseñaba a leer:

–¿La eme con la a?

–Me.

–¿Y la eme con la e?

–Me.

–Entonces ¿la eme con la a será...?

–Me.

Cuando domino un poco más las artes caligráficas, practico

distintos tipos de letra para escribir notas que, unidas más tarde, podían ser un remedo de novela epistolar. La redondilla de los mensajes de una joven inventada denota un carácter simple y bondadoso frente a la turbulenta caligrafía inclinada hacia la izquierda del Marqués de Pi o el trazo inglés de un chófer, equilibrado y justo, que se enamorará de la dulce y redondilla muchacha. La joven podría llamarse, por ejemplo, Flor Almendrales porque lo literario y lo botánico colindan. Ahora hay mucha escritura hortofrutícola. En este sentido se me podría considerar una precursora. También algunas veces la realidad supera la ficción y la eufonía, como en el caso de mi amigo Fabio de la Flor, que no es ni príncipe ni sapo, sino editor en Salamanca y forma pareja de hecho con mi presentador oficial en Segovia, Carlos Rod, artífice de La Uña Rota. En la feria del libro de Valladolid, Carlos, Chema, Fabio y yo comentamos la adaptación que David Fincher ha realizado de *Perdida*. Yo me subo por las paredes, porque la película me parece machista y perniciosa. Fabio se descojona:

–Es tan solo una película entretenida.

–Sí, por eso es más perniciosa todavía.

–Nada. Entretenida sin más.

No estoy de acuerdo. Pero la displicencia de Fabio, que al principio me irrita, luego me hace una gracia inmensa. Me coloca sobre la pista de qué efectos produce leer a Virgilio con las dionisiacas lentes de la cultura popular, mientras utilizamos el formalismo y las apolíneas estrategias del comentario de texto para analizar el «Corazón contento» de Palito Ortega cantado por Marisol.

–Joder. Qué pereza.

Podría haber dicho Fabio. Pero posiblemente no dijo nada y solo rio con esa risa estridente de Fabio de la Flor que se te mete hasta lo más profundo del intestino grueso. Más tarde, coincido con él y, de nuevo, con Carlos en Calamocha, población turolense, que forma parte del triángulo del frío español:

Calamocha, Molina de Aragón, Alcolea del Pinar –ahora recuerdo una de mis primeras lecturas impresionadas, *El árbol de la ciencia* de Pío Baroja–. Estamos allí para mostrar nuestra sabiduría en un festival de edición independiente, y a nuestra mesa, en la que también participa Chusé Raúl Usón, editor de Xordica, vienen cuatro gatos. A veces, nos pongamos como nos pongamos, el mundo rural es culturalmente decepcionante. Otras, no.

Me viene a la cabeza un cuaderno forrado con papel de plata. Contenía la historia de la preciosísima Carlota. Una muchacha de respingona nariz con pequitas ornamentales, ojos almendrados de espesas pestañas negras e iris verdes como esmeraldas. Boquita carnosa y redondeadita cual ciruela. La descripción física de las mujeres en los textos literarios ya me parecía algo fundamental a los once años. Mis mujeres eran muñecas, estampas de Dante Gabriel Rossetti, que luego descubrí colgadas en las paredes de un museo de Londres. Era eso. Eso estaba dentro de mí incluso antes de que lo hubiese visto y le hubiera puesto un nombre –Proserpina, Proserpina–, mariquitinas, bellezas recortables como las que, décadas después, se fueron pegando en el cuaderno de monstruas y centauras con el que jugaban Catalina y Angélica en *Daniela Astor y la caja negra*. Al menos, mis protagonistas eran mujeres, aunque sus prosopografías fuesen completamente heteropatriarcales. Sin embargo, lo más singular de la historia de aquella Carlota, que vivía en un bosque y enamoraba a un príncipe, era que yo estaba firmemente convencida de que las volutas de las letras mejoraban el estilo. La calidad redondeada y fibrosa de la caligrafía –corintia como los capiteles– redundaba en la perfección del relato. Yo no lo sabía, pero me comportaba como los poetas chinos de un siglo remoto, calígrafos líricos, para quienes la forma de la grafía y el impacto poético no se pueden separar. Luego, mis aes dejaron de ser redondillas y las panzas de mis eles dejaron de parecer corolas de flores: la modernidad llegó a mí en forma de calco plagiario de la letra de mi tío Nacho. Me pasé a la letra de palo y a las aes de imprenta, y esa modificación redundó en la metamorfosis de mi estilo.

Está feo que lo diga yo, pero era una niña poeta experimental o una experimental niña poeta. Las palabras que más me interesan son aquellas cuyo significado ignoro y estaba descubriendo que cambiar su orden producía efectos telúricos y dilataba la posibilidad del pensamiento. También me quedaba prendida a los lomos de los libros, a la sugerencia de lo que podrían encerrar *Silvia* o *La mano encantada* de Nerval, o *Trópico de cáncer*, y escuchaba discos con versos de Machado y Miguel Hernández, e interpretaba con coreografías figurativas la sinfonía *Pastoral* de Beethoven. Escribo «de Beethoven» porque creo en la educación y pienso que no todo el mundo sabe que el músico alemán compuso la sinfonía *Pastoral* o el concierto *Emperador*. Era una niña poeta y una bailarina clásica que también soltaba tacos con propiedad: mis veleidades artísticas nunca me apartaron de la calle ni del placer de la enloquecida carrera o de la finta para no ser atrapada en el corre, corre, que te pillo.

He vivido dentro de la vida dándole una prioridad que se comía cada metáfora. Pero entendí pronto que las metáforas también eran la vida. Entonces, solo hasta cierto punto, dejé de sentir vergüenza. Después, con cada libro la vida o la realidad o las dos cosas engordaban y se hacían profundas como los océanos y caudalosas como los ríos meridionales. Yo no he leído para escaparme, sino para entender el lugar de las hadas en el universo, para vivir como una bestia. Una yegua corre y relincha. Escribiendo vivía y viviendo escribía. Veía a mi papá escribir sus poemas en una libretita negra Moleskine o dibujar con plumilla sobre cartones. Jugaba en la calle al balón prisionero. Me torturaba por gilipolleces.

Era una niña horrible. Era una niña maravillosa. Era inmensamente feliz.

27

Cuando me pregunto por qué no podemos contar estas cosas, descubro un prejuicio de clase. Un prejuicio de mi propia clase. Esto no lo puede contar la nieta de dos amas de casa. La hija de una fisioterapeuta y de un hombre que, durante una temporada, trabajó como visitador médico y, por siempre, fue comunista. La hija del hijo de un mecánico melómano que escribía memorias, folletines y diarios en cuyas páginas pegaba la figura recortada de Isabel Pantoja. Una mujer que no es políglota. Ni de la Gauche Divine. Ni reza. Ni sabe esquiar. Ni usar los palillos para comer sashimi, aunque ha visitado Tokio. Ni se siente ciudadana del mundo.

En mi casa tampoco éramos españoles exactamente. Abominábamos de Manolo Escobar y queríamos reescribir el final de la guerra de la Independencia. El de la Guerra Civil, por descontado. Y no nos gustaban los toros ni las copitas de Fundador ni la copla que se quedaba temblando, como un balido, en la garganta de las folclóricas. Mi abuelo pegaba la foto de Isabel Pantoja en sus diarios porque le parecía una belleza. Aquella cabellera. Aquella mítica cabellera oscura que aún no se había manifestado como un posible síntoma de hirsutismo. Mi abuelo objetualizaba a la Pantoja a través de la metonimia de su cabellera, y la recortaba y la pegaba con cola en sus cuadernos de anillas. Mi abuelo no podía prever que su idolatría hoy se iba a mirar como un gesto enfermizo. Pero no estaba enfermo. Era un obrero esteta que siempre respetó a su mujer.

–Ay, madre mía, Juanita, qué guapa estás. Qué lista eres, Juanita. Pero ¿tú has visto qué mujer?

Mi abuela cargaba con el peso de las cuentas domésticas hasta que en un arrebato de pretenciosidad capitalista a mi abuelo le dio por comprar acciones sin decírselo. También le robó el tipo que le llevaba las cuentas en el taller. Ignoro en qué orden se produjeron las catástrofes. Y perdió. A los sesenta y siete años se puso a abrillantar los cristales y la chapa de los coches en un concesionario de la Seat. Lloraba al tener que ir a trabajar como el obrero que nunca dejó de ser. En el cordoncillo de mi ADN están los trabajos rurales de mi familia materna y los oficios del proletariado urbano engarzados con la inclinación hacia Prokófiev y las novelas de Balzac. La mediocridad de la clase media y de las profesiones liberales. Soy descendiente de un universitario y una universitaria del franquismo —reconvertida ella en ama de casa—, y ahora he de avergonzarme de mi gusto por los sonetos gongorinos y solo encontraré una legitimación no culposa en las representaciones y el recuerdo de catalíticas y caldos de ave en pastillas concentradas. Mientras tanto, la catalítica y la silicosis del minero, el tiznajo realista de la literatura española, se borraban de la pulcra narrativa de la Transición. Del relato puzle encantador, anglosajón y posmoderno. También me remuevo dentro de esa camisa de fuerza.

Yo quiero ser rica. Regodearme en mi vida interior, en palabras como flautines y en burros que vuelan y se llaman Pegaso como los camiones.

Hay quien exagera el lenguaje de taller y esa infancia de bombonas de butano y sábanas con pelotillas. Hay quien se viste con un pedigrí obrero y hay quien lo pierde desde el mismo momento que pone el pie en el salón de té de la literatura. En resumen, no te dejan ser quien eres. Aunque algunas persistamos en recuperar el hilo de la autobiografía que justifique la recreación de la desventaja, y la germinación de las flores y los capiteles corintios en los mundos de abajo. Alberto Santamaría en *Barrio Venecia*, novela autobiográfica que toma su título del barrio obrero en el que el escritor creció, dice que llegó al comunismo por la estética y subraya el poder transformador de la música frente a una supuesta claridad del discurso. Me siento empática con esa manera de sentir las palabras, igual que cuando Santamaría define la poesía como «esa cosa extraña que le hacemos a las palabras para que dejen de ser lo que son».

Alberto escribe, además: «La imaginación se fertiliza cuando hay odio de clase».

A veces las raíces crecen hacia el cielo y el efecto se coloca delante de la causa.

Yo he exagerado el frío en los pies y las bolsas de agua caliente. Lo he hecho porque me roban la posibilidad de ser afrancesada y de decir que me gusta Joris-Karl Huysmans. Siempre seré pretenciosa porque mi sensibilidad estética es aprendida y no me llega directamente a través del flujo azul de una aristocracia letrada. Siempre seré una advenediza desde un punto de vista cultural. No hay nada innato en mis habilidades. Todas las he aprendido. Le pasa lo mismo al nieto de un camarero que escribe sus memorias maricas –amo a ese hombre– o a la hija de una comadrona que traduce haikus del japonés. A la anglófila y morbosa descendiente de un bombero de Alcorcón.

Annie Ernaux dice que todas nosotras deberíamos limitarnos a la sobriedad para no traicionar a nuestra clase. Reflexiono y busco una salvación para no ser una esquirol ni una inconsecuente. Concluyo: no solo por el camino del despojamiento absoluto se alcanza la verdad. Ni santa ni beata. El despojamiento absoluto es, además, una fórmula barroca. Una exageración.

–*Excusatio non petita...*

–Váyase usted a la mierda.

–*... accusatio manifesta!*

–Tilín, tilín.

Según Carl Wilson, crítico musical canadiense, los gorgoritos de Celine Dion son el *brilli-brilli*, el *glitter* –lo escribo en inglés para que se me entienda–, de la que quiere y no puede. Y, sin embargo, cacharrería y chatarra, delicadas epanadiplosis, no nos hacen olvidar de dónde venimos ni nos garantizan llegar a ninguna parte. Cuánto clasismo y cuánto encorsetamiento en los paladines democráticos de la conciencia de clase. Reivindico mi derecho a disfrutar de *La dogaresa* y Boucher, y mi derecho simultáneo a vincular gozosamente constructivismo y revolución soviética. Esa sofisticación está emparejada con mi naturaleza de irreductible niña salvaje. En las fotos infantiles me aderezo con peinetas rojas, moñetes y un bolsito de plástico del que no me desprendo jamás. En mi casa cuelgo una cortinilla de piedras preciosas falsas, plastiquillos de colores, con los que cuento toda la verdad. El único dato culturalista de la cortinilla es que la compré en Camden Town y el sonido de ese topónimo me trae a la memoria la voz, rota y policromada, las piernas quebradizas, de Amy Winehouse. Ella no supo comportarse. No lo soportó.

Yo odio a Marie Kondo y que me digan eso de que la elegancia, el estilo y la clase son conceptos diferentes. Menos es más. Y una leche. Menos es menos. Y, si no, que se lo digan a las madres con la nevera vacía. A las que aguan la leche para que cunda más. Sobre los manteles:

—Más vale que sobre que no que falte.

De toda la vida.

Marie Kondo, a ti te hablo: no estoy preparada para digerir una dosis tan elevada de cinismo ni para que me roben otra cualidad importantísima para la supervivencia, el sentido del humor.

A lo mejor Valentina era traidora a su clase por ser nombrada en un poema.

También a mí me pueden llamar «traidora» por escribir palabras que no todo el mundo entiende. Parece que no hay tiempo que perder y las cortezas de las cosas, que acaso son la cosa misma y su matiz, insultan y discriminan a la población semialfabetizada que cada vez cuenta con menos herramientas, por cierto, para hacer la revolución.

LA ANGLÓFILA Y MORBOSA DESCENDIENTE DE UN
BOMBERO DESTINADO AL PARQUE NÚMERO 5
(PUENTE DE PRAGA, MADRID)

Pilar Adón es hija de un bombero. Cuando murió su padre, Pilar no lo podía decir. No podía pronunciar esas palabras.

Era como si, al decirlas, el proceso de la muerte fuese irreversible. Como si al decirlas, el cuerpo y el recuerdo de su padre se alejasen conjurados por el poder de los sujetos y de los predicados. «Mi padre ha muerto.» Eso no lo podía decir Pilar.

–Me ha pasado algo muy triste, pero no te lo puedo decir.

Estamos en un vagón de metro de Frankfurt. Para ella, también es su primera vez, pero lleva más días que yo aquí y es mi lazarilla. Nos perdemos, porque Pilar está en otro mundo. Está en el mundo de ese Frankfurt en el que trabajó su padre durante un tiempo. Un lugar mítico del que el padre de Pilar no contaba casi nada. Así que mi amiga iría con los ojos muy abiertos, pero no hacia los carteles del metro, sino hacia un pasado y un submundo que las dos recorremos como niñas perdidas en un jardín. Tenemos un aspecto aniñado y británico. No somos altas, y las dos somos o hemos sido pecosas. Menudas. De lejos podríamos dar el pego. Podríamos llevar una cestita colgada en el antebrazo y oír con ojos llenos de asombro un «¡Para comerte mejor!». Dar dos pasos atrás. Pero, si se nos mira de cerca, nuestros cuerpos están un poquito torcidos. Quizá tengamos artritis o nos mujan las rodillas. Quizá se nos hayan borrado las pecas y el lobo corra el peligro de que dos fieras acuáticas, dos criaturas del bosque, con los colmillos afilados, maestras en el arte del camuflaje y el travestismo depredador, se lo empiecen a comer por las patas. Caperucita saca la cuchilla de debajo de su capote rojo. Las patas están buenas. Tenemos hambre carnívora. No nos importa que la boca se nos llene de pelo y, al comer, reímos.

Pilar se ríe mucho y lleva el pelo cortado a lo Louise Brooks. Yo cambio de peinado por inconstancia e inseguridad. Porque no he llegado a mi punto exacto de maduración y no tengo personalidad ni sé qué me sienta bien.

–Me ha pasado algo muy triste, pero no te lo puedo decir.

Parecemos dos niñas a punto de revelarse un secreto. Yo me siento muy bien cuando estoy con Pilar, que escribe sobre mu-

32

jeres que se acompañan o se muerden en comunidades cerradas. Libros de beaterios de beguinas mucho más silenciosas que nosotras, que, cuando nos vemos, reímos y no paramos de hablar. En el Ja! Festival de Bilbao mantuvimos una conversación que se titulaba «Cuando el glamur es underground». Pilar habló de Penelope Fitzgerald y Stella Gibbons, y yo de Dorothy Parker y Jane Bowles. También queríamos narrar algunas anécdotas de las hermanas Mitford –las nazis y las buenas–, pero no nos dio tiempo. Recuerdo ese espectáculo literario como uno de los más agradables de mi vida. Nos olvidamos del escenario, de las luces y pantallas de vídeo gigantes. Lo pasamos bien. Pero sin improvisar. Porque Pilar y yo nos preparamos mucho lo que vamos a decir. Estudiamos, llevamos notas. Somos dos mujeres que escriben y es mejor no fallar. Aunque, si no fallas, también es posible que te llamen «pedante» o «marisabidilla» o «pija». Pilar y yo nos divertimos con nuestros trabajos, íntimos y públicos, pero no somos de fiestas. Miento. Yo ahora no soy de fiestas. Antes me presentaba la primera a las fiestas que organizaba Contexto, un colectivo de editoriales independientes. Mi marido y yo nos acodábamos a la barra cuando aún no había llegado nadie y teníamos tiempo de envenenarnos con el olor a zotal. Contábamos el número exacto de destellos de la bola de espejitos que daba vueltas en el techo del tugurio. Nos íbamos los últimos. Pilar pocas veces acudía a esas fiestas, aunque su editorial formaba parte de la organización. Sospecho que Pilar bailará a solas mientras imagina que no es Pilar, sino otra danzante. Una hurí. Una odalisca. Isadora Duncan con su chal estrangulador al cuello. Las atléticas mujeres de Monte Verità.

Estamos perdidas por entre las celdillas de la feria de Frankfurt. Frankfurt, al ritmo de los pasos de Pilar Adón, se transforma en una colmena o un hormiguero donde las obreras acicalan, alimentan y dan masajes a una hipertrofiada reina que no para de expulsar larvas semitransparentes tan repugnantes como hermosas. Pilar se acerca a mi orejita:

–Yo no te lo puedo decir. Que te lo diga Quique.

Quique es Enrique Redel, exquisito editor de Impedimenta, marido de Pilar, que me da la mala noticia mientras su mujer se queda unos pasos por detrás. Se taparía las orejas si el gesto no quedase raro en un pasillo de la feria de Frankfurt. Las palabras sobre la muerte de su padre, heroico bombero, se le quedan en la garganta como una pelusa que no logra expectorar. La egagrópila atravesada de una lechuza nocturna y cazadora. Quizá hemos comido demasiadas patas de lobo en el claro del bosque. Ese día mi amiga no se ríe tanto como de costumbre. Porque su costumbre es reírse y comerse las palabras entre la risa. Hipar un poco de risa. Y contagiar al resto de las brujas. Como yo.

–He ido por espárragos.

Miro a la escritora, cultísima, anglófila, la autora de *Las efímeras* y la editora de Anne Hébert en España mientras me narra las caminatas que se pega para recoger espárragos por los montes. Reconocer la esparraguera. Arrancar el espárrago. Pilar rompe el tópico y ejemplifica la versatilidad. Me meo de risa. Estamos metidas en una caseta de la feria del libro de Madrid. Llueve a mares y por aquí no pasa nadie. Si no lloviese, a lo mejor tampoco pasaba nadie porque ninguna de las dos tiene ya edad para convertirse en youtuber o novelista romántica. Aunque Pilar sí sea una novelista romántica, pero de otro romanticismo. El tiempo, que muta y nos aplasta y a ratos no reconocemos, se nos hace muy corto dentro de la caseta.

–¡Pili! ¡Espárragos! ¿De verdad?

–Sí, pero este año no había muchos...

–¿Los haces revueltos o a la plancha con un poquito de sal gorda?

A Pilar le otorgan el Premio Nacional de Narrativa y me promete una tortilla de espárragos. Aquella tarde lluviosa en la feria del libro, solas y casi mojadas, somos dos mujeres que parecen criaturas demasiado pequeñas como para que sus madres les dejen acercarse a los quemadores.

–¡Retírate del fuego! ¿No ves que te vas a quemar?

Hipnotizadas por el peligro y lo desconocido, atravesamos la llama de la vela con un dedo. Qué susto. Pilar podría hacer que la casa estallase con su cara de buena. Me la imagino con un delantalito o un babi. El estilo literario de Pilar Adón constituye una anomalía en España. Una anomalía bellísima y cruel. Se cambió el apellido porque nunca ha tenido complejo para vestirse con el oropel de la literatura y conocía los poderes de un nombre artístico. Como Ágata Lys. Pilar Adón. Porque Pilar Adón no se llama así, aunque no le pesa ser la hija de un bombero, ni recoger espárragos y al mismo tiempo desempeñar su minucioso y selecto trabajo de escritora, editora y grafomaniaca a lo Virginia Woolf.

–¿Espárragos?

–¡Sí! ¡Trigueros!

Nuestra ascendencia ha cambiado. Quizá no tanto como presuponemos. Ya no descendemos solo de la estirpe de Julián Marías, aunque en esta historia los padres salgan de detrás de los árboles porque, casi siempre, fueron los depositarios del saber incluso en las casas más humildes. Soy de una generación que no respetó mucho a la madre como figura de autoridad. Las descubrimos luego y lloramos por nuestros pecados de hijas descastadas y contestonas. Electritas grises residentes en el bloque A, segundo C. Pero lo importante ahora es que ya no somos solo progenie de Julián Marías. El padre de Elena Medel fue camarero, vendedor, operario; su madre, que fue administrativa, lleva en paro casi diez años. Esta peculiaridad conlleva un cambio en el escenario y propósito de los libros, aunque haya hijas de ingenieros de la NASA con preocupaciones sindicales e hijas de bomberos fascinadas por la perversidad en comunidades, apartadas e idílicas, en casas de cristal, y por cómo las raíces de las flores silvestres nos cortan la circulación y los pequeños artrópodos nos recorren la piel azulina de los muslos cuando estamos, por fin, descansando bajo tierra. Licuándonos. Semivivas o semimuertas, convirtiéndonos en filamento de planta y agua fecal. Los dos casos me parecen admirables, tanto el de la hija del ingeniero como el de la hija del bombero.

Amé a Pilar Adón, desacomplejada y libre, escritora panteísta, una tarde en el Instituto Cervantes de Madrid. Al lado de la cámara acorazada del banco central reconvertido en templo de las lenguas y las culturas hispánicas, volví a fingir que yo no era quien era. Hablábamos de todo eso que en *La lección de anatomía* no me atreví a escribir. El origen de la escritura. El juego. Los primeros escarceos. Las aptitudes no aprendidas de las que nunca se debería alardear, porque son como la belleza de un guapo o el olfato de un perro trufero.

–Yo agarraba un chal que había por mi casa, me lo enroscaba al cuello, cogía una pluma que imaginaba de ganso y me ponía a escribir *Frankenstein* como si fuera Mary Shelley.

Mientras nos hace esta revelación, Pilar recoloca su cuerpo como una princesa de las letras. Por encima de su cabeza nimbada, se adivinan la luna y las estrellas. Y yo, que podría haber aprovechado ese momento para decir toda la verdad sobre los personajes que habitaban mis caligrafías, sobre Valentina, los lipogramas defensivos –sin úes con rabos anómalos, parásitos en movimiento sobre la página–, vuelvo a fingir:

–Pilar Adón, yo nunca habría jugado contigo y te hubiera hecho *bullying* durante el recreo.

O puede que no fingiese tanto porque, cuando era una niña, yo jugaba a ser dependienta en una tienda de souvenirs de Benidorm. Practicaba envolviendo gitanitas de plástico duro. También jugaba a ser farmacéutica. Y directora de sucursal bancaria. O chica que recoge cartuchos de monedas en el banco para poder devolver el cambio a los clientes de la perfumería de la que es encargada. Todo muy comercial.

–Analís, pase por caja.

Me sigue dando vergüenza ser escritora. Contarlo. Quizá por eso escribo: para indagar en las razones de lo que nos da vergüenza. Me digo: hay que atreverse a contar lo difícil. Todo aquello que no te deja en una posición precisamente simpática. Eso. Ahí.

A LA CLASE OBRERA LE GUSTA EL ARTE COMO DIOS MANDA

Hablar de mi amor por *Azul* de Rubén Darío y «El velo de la reina Mab» hace de mí una mujer pretenciosa –o una cursi– porque yo solo comencé a cenar con Jorge Herralde a partir del año 2010 y en mi osobuco intelectual de infancia recuerdo una única visita a la casa que el filósofo marxista Henri Lefebvre tenía en Altea la Vieja; también recuerdo una cena con Paco Rabal en La Manzanera de Bofill. El olor del tabaco negro. Sin embargo, también sé que reivindicar los esdrújulos y *El lago de los cisnes* aquilata el mérito de mi abuelo, el chófer, el mecánico, el propietario de un pequeño taller, el septuagenario que lloraba cuando tenía que ir a trabajar porque no había cotizado lo suficiente. Se había quedado con sus cuotas de la Seguridad Social el que le hacía las cuentas. Mi abuelo, convertido en personaje de *Persianas metálicas bajan de golpe*, asoma la nariz entre las páginas. Mi abuelo son todos sus clones vestidos con un mono azul. Las metáforas son los esquinazos detrás de los que se esconde.

Hay un prestigio de la vida espontánea que omite, interesadamente, la peliaguda cuestión de que atravesamos, marcamos, la existencia con nuestras huellas en la nieve. Nuestros signos y discursos. El mero hecho de nombrar la vida como vida y no como realidad significa cosas que no me siento preparada para explicar. No soy fenomenóloga. Pero huelo algo turbio en la elección. Como si la palabra «vida» fuese patrimonio de los naturalistas y solo pudiéramos tolerarla en expresiones acuñadas como «vida salvaje», «el milagro de la vida», «el ciclo de la vida» o «la vida se abre paso». Pero la vida no es un territorio virgen y sobre ella, a través de ella, detrás de ella, por debajo de ella, hay una red organizada de palabras que la enmarcan.

La segregación y el clasismo cultural consisten en apartar a las personas del disfrute o el dolor que los libros nos proporcionan. Mi abuelo, con una sabiduría que se concretaba en sus decisiones vitales y en su falta de inteligencia para invertir en Bolsa —quién le manda a un trabajador invertir sus ahorros en acciones de una compañía eléctrica—, nos acercó a los libros y a la música y a la belleza armoniosa de los caballos y las locomotoras. Propició esos encuentros y esa promiscuidad. Nos hizo pensar en la desgracia de quienes no pueden acercarse a un libro o comprarse una entrada en el Teatro de la Zarzuela para deleitarse con *Los gavilanes*. Placeres hurtados y luchas no emprendidas. Los libros no lo son todo, pero ayudan. A romper y a escapar. Moraleja: edúcate, porque algunas veces esa vida, tan extraordinaria por definición y mandato publicitario, se convierte en una mierda. En la cabeza, bien dura, de mi abuelo no cabría el actual elogio de la ignorancia.

Sin embargo, la clase obrera ilustrada se caracteriza por sus imperfecciones. Entre sus defectos —o a lo mejor es una virtud— sobresale la convicción de que el arte debe ser como Dios manda. Es decir, melódico. Figurativo. Realista. Nada de dodecafonía ni de lamentos a lo Violeta Parra.

—Ayayayayayay.

Canta Violeta.

—¿Le han pisado un callo a esta señora?

Nada de cubismo o abstracción. Nada de poesía vanguardista. *Las piquetas de los gallos* no *cantan buscando la aurora* y mi abuelo elige para empapelar su dormitorio un papel de floripondios rosados que a mí a los tres años me obnubila y hoy,

si lo pienso despacito, me vuelve a obnubilar. De la pasión rosicler y florar de mi abuelo, algo se me ha quedado dentro.
Cuando vivimos en Benidorm mi sueño dorado es que me lle-
ven a las clases de ballet a las que asisten Juani y Loli. Todo el
año se preparan para una gala que se celebra en la sala de fiestas
Granada. Ellas, aún demasiado pequeñas, participan en distintos cuadros en grupo. Las mayores interpretan coreografías
pensadas para una primera bailarina. Todas se pintan las sienes
con alas de pájaros exóticos y se hacen moños muy tirantes que
adornan con una corona. A mi abuelo le flipa y a mí me flipa
todavía más. La profesora de ballet, con ojo comercial, a veces
me deja presenciar los ensayos de mis amiguitas o hacer el gilipollas en la barra. Pero en mi casa me protegen de la cursilería
y prefieren que los nervios de mi cuerpo encuentren salida en
los juegos de la calle. Niña eléctrica. Me meten en la banda a
aprender solfeo y a tocar la flauta travesera, y lo hago tan mal y
con tan poca fe que ni siquiera llego a merecer el uniforme,
como de señora del Ejército de Salvación, que habría servido de
aliciente para mi imaginación y para el progreso de mi aprendizaje.

Los rescoldos de mi abuelo bullen dentro de mí y, si me
hubiese dejado llevar por su afición al floripondio y a la melo-
día inteligible, mejor me habría ido.

En otra habitación del piso de mis abuelos, situado en la
calle Gutenberg, n.º 8, con vistas culturales a la goyesca Fábrica
de Tapices, hay una lámina que retrata a los elegantes personajes que salen de la Ópera de Viena a finales del XIX. Me fijo en
el vestido verde agua de una mujer de espaldas. En el vestido de
plumas de la mujer que ocupa el centro de la escena mientras la
escruta un caballero con chalina, chistera y frac. Otro caballero
mira de refilón encendiendo un cigarrillo. Joder con mi abuelo.
Mi abuelo, frente a la Caballé, prefería a Pilar Lorengar porque, según él, la vocalización de la soprano catalana era peor.
Mi abuelo se va, ofuscado, de la fiesta de celebración de mis

dieciocho años porque hemos puesto un disco de Serrat y eso no es música ni es nada.

—En esta casa no se me respeta.

Y se va dando un portazo mientras intensifica las inflexiones de su chantaje emocional:

—No me queréis, no me queréis...

Mi abuelo, en realidad, no quiere irse. Lo que quiere es que quitemos el disco de Serrat. Y mandar un poco. Sin embargo, perdonamos que Nati Mistral sea una fascista porque canta muy bien y sale muy guapa en las portadas de los discos. Podríamos considerar ese gesto de mi abuelo como característico de un lector no sectario. A veces un poco de sectarismo no viene del todo mal: esto lo he aprendido con el paso del tiempo y el rescate de las novelas de Torcuato Luca de Tena y la reinterpretación hípster del casticismo rancio que deriva en la entronización de personajes como la presidenta de la Comunidad de Madrid. Todo está conectado y perdón por el exabrupto. Tendré que tachar estas palabras o quizá no las tache finalmente porque tal vez merece la pena que cuestionemos las órdenes estrictas sobre lo que cabe o no cabe —lo que funciona o no funciona si utilizamos la jerga de los talleres de escritura—, de lo que es admisible en un texto literario. La «presidenta de la Comunidad de Madrid» se queda aquí.

—No me queréis, no me queréis...

Mi abuelo busca por las terrazas de Benidorm a María Jesús para oírla tocar su acordeón. El rock and roll es basura y los cuadros cubistas que pinta mi padre, a mi abuelo, le parecen un insulto. Cuando pinta un paisajito con arbolitos verdes, entonces, mi abuelo se siente amado de verdad. Ahí se percibe un talento que mi padre echa a perder si se pone expresionista o *fauve*. Mi abuelo, que no supo nunca hasta qué punto era un oulipiano cuando al final de sus novelas incluía puntos y comas y paréntesis para que los lectores los colocaran a su antojo, probablemente se habría echado las manos a la cabeza con alguno de mis libros. Habría preferido que mis heroínas se llamaran Rosa María o Malva Luisa –junto o separado–. Ignoraba que yo ya había gastado todos los nombres florales para bautizar a mis muñecas o confeccionar falsas listas de alumnas cuando jugaba a ser maestra y pasar lista.

–No me queréis, no me queréis...

Soy una mujer injusta. Mi abuelo estaba extremadamente orgulloso de mí. Me quería incluso cuando, al volver del trabajo, con el mono todavía puesto, yo lo empujaba y no me dejaba besar:

–Quita. Me hueles mal.

Alguien debería haberle partido la cara a esa impertinente. Repito este detalle de mi infancia para castigarme. O porque la repetición difumina más que subraya. Borra, borra. Normaliza. Tic, tac hacían los relojes sobre las mesillas de los dormitorios. Tic, tac. Sí, esto ya lo escribí.

En casa de mi abuela Juanita y mi abuelo Ramón el arte es un tema. Importa. Provoca encendidísimas discusiones. Exabruptos salvajes:

–¡Me cago en Dios y en la santísima Virgen!

Mi abuelo en mi dieciocho cumpleaños hace que se nos salten las lágrimas mientras escuchamos el disco de Serrat:

–No, no, si tú pones ese disco, es que no me quieres. ¡No me quieres!

Y sale pegando un portazo que hace que los cuadros –cubistas, raros– del piso de mis padres tiemblen contra las paredes.

Eso es tomarse el arte a pecho. De verdad. Con intransigencia y pasión. Sin la ñoñez de que todo es tolerable. El pop para mi abuelo no era tolerable. Stravinski no era tolerable o lo era solo a cachitos. Con algunos paisajes de Cézanne *sansejodió* la figuración. *Sansejodió* es un verbo muy de mi casa. También decimos:

–Pues para este viaje no se necesitaban tantas alforjas.

41

O:

—Déjate de martingalas.

Mi abuelo mecánico. Mi abuelo melómano. Quizá fue un excelente mecánico por esa melomanía que le hacía percibir cada ruidito inoportuno en los motores, los ruiditos disidentes, y quizá fue buen melómano por las músicas aprendidas del corazón de los coches. Los ritmos y cajas de resonancia. Mi abuelo, poeta futurista, se habría cortado las venas para dejar de serlo. Mi abuelo lector valoraba la novela decimonónica, la novela social, pero también otros imprescindibles ornamentos del arte y la cultura. Y se colocaba en la posición de gozar y en la posición de aprender. Pero sin genuflexiones. Nada de roqueros ni de soplagaitas. A mi abuelo no convenía tocarle mucho las narices porque, entonces, podía transformarse en un trol.

Para mi abuelo, el arte no era una conversación: era una trifulca.

TEBEOS Y NOVELAS DE GÉNERO

Todos estos detalles excéntricos y repelentes no son incompatibles con la niña que juega al escondite o corre como un rayo. Mi infancia no responde al estereotipo de la joven encamada, enferma, que se aficiona a la lectura porque no puede saltar a la comba. Yo saltaba muy bien a la comba y jugaba muy mal a la goma.

—La una, la otra, la cara de idiota, que tienes... ¡Tú!

No perder comba. Era una galga y la lectura me estimulaba mucho menos que la escritura y sus caligrafías porque aún no había entendido que la imaginación cuenta con una particular osamenta y se mueve igual que un torso cuando se agacha para esconderse. Leer es estar en movimiento. Hacer gimnasia.

42

–Marta, no lees nada.

Mi padre me contaba sus heroicidades como lector de la Biblioteca Nacional y procuraba contagiarme su entusiasmo por Verne y Salgari, escritores por los que solo me interesé cuando los vi adaptados al cine o a la televisión. *Viaje al centro de la Tierra* y *Sandokán*, el pirata malayo del que únicamente me conmovía su historia de amor difícil, pero no imposible, con Lady Mariana, la Perla de Labuán, personaje interpretado por la actriz francesa Carole André. Con Carole André descubrí el atractivo del diastema y empecé a experimentar cierto rechazo por las dentaduras perfectas –violentadas–, ultrablanqueadas –con destellos azules– y la ortodoncia invisible.

–Te vamos a hacer una fluorización.

Yo no quería fluorizaciones. Quería que me pusieran gafas y me gustaban los tebeos de chicas y para chicas, que cronificaban los modelos de mujer más simples: la buena y la mala, la guapa y la fea, la lista y la tonta, la rubia y la morena... Leía un tebeo que se llamaba *Lilí* en cuyas páginas encontraba las aventuras de *Candy, modelo en apuros, Cristina y sus amigas, La familia Feliz*, que vivía en Canadá, y, sobre todo, *Esther y su mundo*, una preadolescente contestona cuya mejor amiga, Rita, despertaba la admiración libidinosa de los tíos frente a la timidez de la pecosa y malhumorada Esther Lucas. Esther estaba enamorada de Juanito, un chico rubio, promesa del fútbol, que a veces trataba a nuestra heroína como a una hermana y a veces como si fuera la mujer con la que iba a casarse y procrear. Cada vez que, por un azar de la aventura, Juanito y Esther juntaban sus labios en un casto piquito, las lectoras nos derretíamos y esperábamos con avidez la entrega de la semana siguiente, siempre decepcionante, porque el pico había sido ocasional y vergonzoso, y no había servido para afianzar los nudos entre la jovencísima pareja. Esther no se bajaba las bragas. Y si lo hubiese hecho, la habríamos llamado «guarra» y «perra cachonda». Qué vergüenza, Esther, qué vergüenza.

Esther quería ser enfermera. A veces ejercía de dependienta y tenía algún trabajillo como modelo ocasional o patinadora artística para eventos locales. Esther quedaba en cafeterías con su amiga Rita y cogía trenes que la llevaban a Londres.

Mi otra adicción eran los tebeos de Flash Gordon: sobre todo por la vestimenta de Dale Arden, la novia del jugador de polo reconvertido en héroe galáctico. Flash lucha contra el jodidísimo Ming y su imperio, cruel y autoritario. Sin sentimientos. Los trajes de Dale parecían sacados de una película con coreografía de Busby Berkeley. Aquellos escarpines con pompones de plumas, las transparencias sobre los modelos-bañador, las tiaras sobre los rizos del pelo negro azulado de Dale Arden... No puedo comprender cómo, con estos referentes de glamur, yo soy una señora bastante descuidada en todo lo que se refiere a su aspecto físico. Limpia, pero zarrapastrosa.

Recuerdo estas preferencias, este jugar con los tebeos, el ponerme un pañuelo para imitar la rubia cabellera de Ilene, el primer amor del Príncipe Valiente, que se casa más tarde con la reina Aleta, cuyos pelos tiraban más hacia el color cobre. Aleta complace al público en las charlas galantes. En las charlas galantes nos recauchutamos y troquelamos literariamente cada vez que nos dirigimos a un auditorio al que también hacemos un poco la pelota:

–Sin ustedes, yo hoy no estaría aquí...

Ahora cambio de la primera a la tercera persona para no ser yo exactamente quien habla. Para que exista una distancia, protectora y a la vez iluminadora, entre lo que mi personaje piensa y lo que puedo pensar yo. Me coloco una careta de esgrimista para evitar que me pinchen sables o floretes. También podemos usar la tercera persona para causas más nobles como, por ejemplo, aprender a mirar a través de otros ojos... Un, dos, tres... responda otra vez: aprender a mirar a través de otros ojos, meterse dentro de otra piel, abandonar el propio ombligo, tomar distancia, viajar a otros mundos, empatizar con el espacio de recepción, recubrirse con la solemnidad omnisciente de los dioses de la literatura, evitar recaídas narcisistas. Pero ¿qué tiene de malo mirar de cerca?, ¿por qué es menos narcisista contemplar desde el ojo de Dios que desde el humilde agujero ciego del ombligo?, ¿por qué sería más legítimo, literariamente hablando, el suicidio de la Bovary que el aborto de Ernaux? Porque hemos reducido la imaginación literaria a la construcción de la trama y del personaje. Porque hemos olvidado la poesía y el hecho de que la invención también reside en la profundidad de una palabra junto a la otra. Saber contar no son solo palabras bien dosificadas en el tiempo interno de una narración. También es demora en el espacio. Imagen. Imprevisibles aproximaciones a las maneras de decir. Se haga lo que se haga, hay que hacerlo con el orgullo de que se va a hacer bien. Con honestidad. Con una humildad que a veces es imposible porque la envidia es avispón que muerde los restos de carne que han quedado en el plato. Escribo en primera y en tercera, y a veces mis terceras no son exactamente disfraces. Sufro la culpa por usar la primera, así que, por si acaso, ahora mismo cambio a la tercera persona. Es imprescindible buscar rasgos disonantes respecto a las características del yo, incluso se puede cambiar de sexo para curarnos en salud. Hoy el sexo prefiero dejarlo como está, para que la polémica no enturbie la comprensión del relato. Dice la escritora rubia de mediana edad:

–Sin ustedes, yo hoy no estaría aquí...

La escritora rubia de mediana edad mira sonriente a los participantes en un club de lectura mientras su procesión va por dentro. Hoy tiene un mal día: «¿Aquí?, ¿dónde?, ¿sin ustedes o a pesar de ustedes?, yo ya sé que no soy nadie, una bufona, una charlatana, una mona de feria, pero ustedes ¿quiénes se han creído que son?, ¿por qué me miran con esa cara de palo?, ¿cuántos libros me van a comprar después de que yo les haya dado una charla gratis y me haya desplazado hasta aquí?, ¿saben que lo único que hoy nos legitima son los libros que ustedes van a comprar?». El mercado metamorfosea a la rubia en una mujer mezquina y en un pedazo de cabrona.

La tercera persona no siempre es deshonesta: desnuda, descubre, vistiendo destapa. Yo, por mi parte, nunca quiero ser una mujer demagógica. A menudo no miento:

–Ustedes no son lectores: son clientes.

Digo en una respetuosa segunda persona del plural que produce estupefacción. Ese día experimento cierta pena por mi brutalidad, pero también orgullo: al menos no he simulado una modestia que veo cada día en la boca de quienes practicamos este oficio. Una falsa humildad que camufla nuestra creencia en que somos seres especiales, más irrepetibles que cualquiera de esos seres humanos que, por el hecho de ser humanos, ya no se pueden repetir. Cada uno podría decir lo mismo en su trabajo. ¿Podría decirlo usted, señor Carpintero? Lectora parada, ¿usted lo podría decir? Y pregunto a propósito: ¿dónde están los carpinteros?, ¿existen?, ¿solo son ya pájaros o todos se hicieron artistas mientras las escritoras practicamos un oficio y hacemos una genuflexión?, ¿quién se confunde?, ¿el carpintero divinizado con su gubia sacramental o la escritora gilipollas que habla de sí misma como una juntaletras y escamotea la parte artística de sus prosas? Yo escamoteo la parte artística, incluso la parte intelectual, de mis prosas cuando las explico en público. O cuando estoy en disposición de venderlas en un acto de promoción. Lo hago para que nadie me expulse de su fantasía democrática. Y en esa represión mido el tamaño de mi falsedad y de la desconfianza en quien lee. Y que Diosa me perdone y a ella le pido estar profundamente equivocada. Necesito estar equivocada.

Después, cuando vuelvo a casa, concluyo que mi honestidad brutal se amalgama con Esther Lucas. Que las dos están dentro de mí haciéndome daño como la Gillette que corta los brazos de las mujeres perfeccionistas.

Ellas me cantan. Son Esther, la Perla de Labuán, Candy,

Anna Karénina, Annie Ernaux y su madre, una lectora de Móstoles que me mira con buenos ojos y una de Valladolid que no me puede ni ver. Me cantan. Yo soy ellas y, sin esquizofrenias y solo por efecto de la acumulación cultural, ellas viven en mí.

—Estamos ahííí.

No aprendí a tocar la guitarra ni la flauta travesera ni el oboe en la banda municipal de Benidorm. No aprendí a ejecutar los semitrinos de las partituras de piano. No sé conducir. Solo aprendí a juntar palabras y sonidos. También aprendí a hablar. Luego. Otra vez. Porque hablar en público no es lo mismo que no parar de hablar cuando tienes año y medio. Es otra destreza que requiere de muchos desengaños y bastante adiestramiento. Patear las palestras del mundo. Ganarse la vida con la lengua no gramatical, sino física. Los frutos y el anecdotario de esta mi lengua física que se desliza dentro de la boca, vuelta y vuelta, con excelente dicción y coloratura, ya no se pueden separar de los frutos, siempre impuros, de mi imaginación.

Escribo este libro para no olvidar las anécdotas de las presentaciones orales. A la vez, soy consciente de que estamos en la era del *streaming* y YouTube —lo digo en inglés para que se me entienda— y todo se graba, y precisamente esa fijación obligatoria del gesto, del error o el exabrupto me resta espontaneidad y calidez cada vez que me dirijo a un auditorio.

Escribo este libro para constatar que Ray Loriga tiene razón cuando, después de haber sido operado de un tumor cerebral, se emociona al sentir en propia carne el miedo a perder el habla. Quienes escribimos necesitamos hablar y hablar y hablar para poder seguir escribiendo. En este país, en todos los países menos en uno —o en dos—, la posibilidad de ser Salinger o Pynchon es más bien remota. La misantropía, la reconcentración, el aislamiento. La vida recogida del quien huye del mundanal ruido. Tampoco tenemos la certeza de que tanto recogimiento sea deseable: lo mejor sería encontrar un punto intermedio entre la obligatoria compulsión publicitaria y el autismo social. En nuestro trabajo, la capacidad de hablar en público o frente a una cámara es trascendental. Ray Loriga y yo hemos empezado tarde a tenernos cariño y me parece que esa distancia nace de una desincronización en nuestros ciclos de notoriedad. Los suyos mucho más tempranos, sólidos y mantenidos en el tiempo que los míos.

Creo, construyo, produzco. He de decidirme por un nombre. Y en esa conciencia de las mercaderías culturales, recupero un rasgo que quizá puede marcar a las escritoras que no provienen de una estirpe literaria, sino de ese grumo entre clase obrera y clase media, extracción rural y urbana, que por obra y gracia del desarrollismo cristalizó en las profesiones liberales y nos hizo creernos que éramos alguien hasta que quedó, socialmente demostrado, que los alguien eran los de siempre.

El rasgo es la fascinación por la literatura de género.

Los escritores que vivieron en pisos en Sant Adrià de Besòs o que fueron libreros de la Casa del Libro escriben novelas en las que salen Colombo o Marcial Lafuente Estefanía. Se recupera el género como reflejo de unas bibliotecas familiares de las que estaban ausentes Marcel Proust, Auden o Ezra Pound. Recuerdo aquellos mamotretos marrones en cuyos huecos cabían las enciclopedias, los diccionarios y las botellas de licor café. Aquellos espacios calientes. Ahora tenemos conflictos con lo divertido y lo entretenido. Con lo sesudo y lo pretencioso. Con el concepto de gran obra frente al oficio de escribir. Y articulamos toda una mitología en torno a Corín Tellado y la literatura popular olvidando que lo popular en este país casi siempre tuvo que ver con el refranero y las festividades religiosas. Que aquí lo popular no se parece tanto a lo pop. En Jarandilla de la Vera, en uno de los primeros bolos de mi vida, Ismael Grasa y el ya fallecido Félix Romeo intentan convencerme:

—Tienes que convertirte en escritora pop.

Quienes anulan el límite entre el arriba y el abajo de la cultura lo hacen siempre desde arriba. Quienes habitan abajo saben muy bien que no van a poder ser directores de orquesta. Arriba puede gustar el punk, las telenovelas, los montajes operísticos de Núria Espert. Arriba.

–Tienes que convertirte en escritora pop.

Me resisto, pataleo, me pongo seria frente a la mirada divertida de Julián Rodríguez, que también se nos murió antes de tiempo. Gracias a él escribí un ensayo, *No tan incendiario*, en el que se recogían mis pensamientos sobre la literatura. La mirada de Julián te trasformaba inmediatamente en otra persona. En alguien interesante. Incluso lúcido. El curioso Julián, el emprendedor Julián, el superdotado Julián, trabajaba demasiado al frente de la editorial Periférica y de otros proyectos. Yo creo que Julián murió de enfermedad laboral: me dicen que usaba simultáneamente tres pantallas a las que permanecía atento. Empezamos a tener una lista demasiado larga de compañeros de oficio que ya no están. De esto también hay que levantar acta. Somos una generación de muertos prematuros y enfermas crónicas.

No me obceco en una literatura olorosa a bocadillos de chorizo; también me rebelo contra la idea de que todas las bellas palabras sean un volován. Quiero contar cosas encontrando el modo de contarlas, pero el modo está lleno de dedazos sucios.

–Ustedes no son lectores: son clientes.

Me hago una empollona para adquirir unos conocimientos que a otros les vienen por trasfusión sanguínea. Escondo mis tebeos. Más tarde, llegan los *cultural studies*, y los tebeos se valoran como el epítome de la excelencia. Entonces desconfío de los tebeos e insisto en que la cruzada cultural consiste en rescatar el *Ulises* de Joyce. Pero hoy he vuelto a añorar a Purita Campos. A Ibáñez. Me acuerdo de los aventis de Marsé y la avidez con que Mario Levrero leía novelitas –utilizando el diminutivo amorosamente– de detectives mientras contaba que

49

las leía en *La novela luminosa*, una obra intelectual, es decir, que toca fibras cerebrales de cuya existencia no estábamos informadas. A Javier Pérez Andújar le sucede algo así cuando pasa de declarar su amor por Colombo a escribir una novela comida por las notas a pie de página con la que gana, muy merecidamente, el Premio Herralde en el año 2021. Me identifico, en secreto, con Javier Pérez Andújar. Pasamos por etapas similares. Nos encarnamos en estilos parecidos. En la memoria, el sentido del humor, un experimentalismo realista o un realismo experimental que no termina de encontrar su lugar en el mundo. Aunque Javier no sea chica ni de Madrid, conectamos a través de otros hilos nada misteriosos. La malla de la historia y de la sociología. Creo que Javier no sabe nada de esto, pero si lo piensa con una gran concentración, apretando los ojos, a lo mejor lo ve.

Javier me pone un wasap muy cariñoso para felicitarme por *Persianas metálicas bajan de golpe* y yo le confundo con mi primo Javier, el de Valencia. Reproduzco fragmentos de una conversación, entre decimonónica y absurda, como nosotros mismos...

«Querido Javier, no sabes la emoción que me hace recibir noticias tuyas. También me emociona tu generosa lectura de *Persianas* (...) me gustará mucho verte en Barcelona, primo. Muchísimos besos a toda la familia.»

«¡Claro que sí, Marta! Nos vemos en Barcelona (...) Si ves a Fernando, dale recuerdos también, porfa, hace tiempo que no sé de él. Bueno, que se jubiló sí.»

(Busco en mi cabeza un Fernando adscrito a mi familia paterna. No lo encuentro. Me preocupa el estado de mi memoria.)

«Ostras, ¿quién es Fernando? Ahora no caigo.»

«Royuela. Jajajajajajaja.»

«Anda, ¿conoces a Royuela? Qué pequeño es el mundo.»

(No entiendo de que sé se pueden conocer mi primo Javier y el escritor Fernando Royuela.)

«Pero ¡si nos presentó él, Marta! ¡Y hemos estado tomando tapas más de una vez! Hasta tenemos una foto los tres juntos, y otras más en pandi. Estuvimos hablando de él en Alicante, ¿no te acuerdas?»

En este punto de la conversación caigo en que no estoy intercambiando mensajes con Javier Arranz, sino con Javier Pérez Andújar, y le pongo un audio acelerado de esos en los que sonamos como Papá Pitufo. Le digo que claro que me acuerdo, que pensé que era mi primo, que no entendía de qué podía conocer mi primo a Fernando Royuela y que mis meninges me habían soplado que quizá los dos, estrellas de constelaciones muy lejanas en mi mapa del universo, se conocían porque ambos son abogados. Temo que Javier Pérez Andújar, en este instante, dude de mi salud mental. Él ríe locamente.

«Jajajajajajaa, pues ahora me has sacado tú a mí de un apuro, Marta, porque, cuando vi que me llamabas "primo", pensé que hablabas en plan Los Chunguitos, y creí, bueno, debe de ser una cosa madrileña, que ahora les ha dado por eso... "me gustará mucho verte en Barcelona, primo", jajajajajaja, te juro que he pensado "estos madrileños".»

El tiempo pasa inexorablemente para todas las cabezas. Y no me refiero a mi falta de sentido lógico y capacidad de asociación, sino a esa imprevisible importancia de un primo al que no veo desde hace más de dos décadas y supuestamente habría sido convocado de nuevo a mi vida gracias a la empatía literaria. Sentimentalismos de la edad.

«Estos madrileños.»

Me gustaría darles un viva a Los Chunguitos, pero mi sectarismo político no me lo permite. Tampoco me lo permite mi miedo a no ser traducida al neerlandés.

Por localista —más loca que lista— y arcana.

Cuando era niña había dos historias a las que volvía una y otra vez. Una era *Alicia*; la otra, *Peter Pan*. No sabía por qué me encantaban, no comprendía lo que estaba sucediendo, pero me quedaba hipnotizada con la niña que caía por el hueco del árbol, con el apresurado conejo blanco, la perra Nana, los niños perdidos, el hada Campanilla y el cocodrilo que le comió la mano al capitán Garfio y lleva en su tripa un despertador... Mezclaba las historias y ahora entiendo que la intuición no me fallaba: ya sé por qué sentía un calambre en el estómago. Estos relatos hablan del crecimiento, de la larvada sexualidad de la infancia, de cómo las sombras deben ser recosidas a nuestros pies, de quiénes somos. En *Peter Pan* habitan criaturas muertas que caen de sus carricoches. Algunas son olvidadas y otras permanecen vivas en el recuerdo de quienes las amaron. Son criaturas, que no se pueden tocar, pero vuelan... En *Peter Pan* hay celos, generosidad y, sobre todo, un fogonazo: la imaginación, las hadas, los hermosos cuentos sin paños calientes nos ayudan a comprender y aliviar el lado más oscuro de la vida. Este Peter Pan estremece el corazón de una maravillosa infancia, morbosa y sensible, y, al mismo tiempo, vuelve a conmover a las personas adultas que aún conservamos la inocencia.

ADVERTENCIAS

Escribir un libro sobre la escritura sin decir que estás escribiendo un libro sobre la escritura es lo sutil e incluso lo modesto: los buenos libros escriben sobre la escritura yéndose por la tangente de la crisis económica o del amor de Dios.

Escribir un libro sobre la escritura sin insistir en que estás haciéndolo acrecienta los poderes analógicos y reflectantes de la palabra literaria. Su valor como representación y ese misterio del decir sin estar diciendo.

Escribir sobre la escritura, después de Oulipo, Duras y Ernaux, es elegante. Una práctica juguetona y trascendente. O una práctica con enorme peso específico y sin ningún sentido del humor.

Escribir sobre el mundo literario, sin embargo, es una ordinariez en tanto en cuanto toda sociología es muy ordinaria. *Au contraire*, escribir sobre el mundo literario puede interpretarse como un gesto de elitismo atroz. Todo depende de quién lleve la voz cantante.

Pretender escribir sobre la escritura sin escribir sobre el mundo literario puede convertirse en un acto de cinismo –en un sacerdocio– en el que yo no quiero caer.

Escribir sobre el mundo literario sin hablar de escritura ni de retícula textual y sin citar a Deleuze es gozosa chismografía, relato heroico y sátira. Truman Capote o Dorothy Parker están en nuestros corazones y permanecerán por siempre ahí.

LA CAJITA ROJA

Como cada 29 de octubre, felicito a Constantino Bértolo por su cumpleaños. Me preocupa la respuesta a mi felicitación del 29 de octubre de 2022: «Pues estoy justamente superando mi tercer infarto. Al quinto irá la vencida, supongo». Vamos llegando o hemos llegado a una edad. Para celebrar sus setenta y seis años, yo le había propuesto que se comiera un salchichón a mi salud. Al leer su mensaje le digo que, por favor, olvide lo del salchichón y también le escribo algunas cursilerías. «El ataúd de momento puede esperar, creo», teclea él. «Ya sabes que para mal o para bien eres muy importante en mi vida», tecleo yo. «Para mal tampoco está mal. Guapa.» Constantino es de Lugo y escorpio. Esas dos señas de identidad me ayudan a descodificar sus mensajes. Incluso me ayudan a acercarme a él. Recuerdo a Constantino en la Escuela de Letras escribiendo con caligrafía diminuta al final de nuestros ejercicios «No está nada mal». O el sumun del elogio: «No está pero que nada mal».

Constantino refrenaba la tentación de nuestras vanidades y, además de ser mi profesor, también publicó mi primera novela, *El frío*, un ejemplo de cómo en 1995 yo había asumido la visión del arte como esquirla y el verbo Gillette. La distancia sentimental. Las bridas y las cuerdas. Fingía que me cortaba los muslos con mi cuchillita de afeitar, pero en el fondo estaba deseando desatarme. Solo fingí ser una escritora francesa mientras a través de la palabra me vengaba de un niño que me dejó. Fui la reina de las nieves. Aprendí que la literatura no siempre nace de los buenos sentimientos. Aprendí que el niño me hizo un regalo al dejarme y que sí se puede herir con las palabras. «Tú lo sabes ya de sobra, pero yo voy a repetírtelo.» Me leo ahora y me doy miedo. Cumplí varios propósitos: devolver el mal que sentía que me habían hecho y abrirme un huequecito en el campo literario. Vendí ochocientos ejemplares. Pilar Castro me dedicó una crítica en el *ABC Cultural*. Iba ilustrada con una caricatura que reflejaba perfectamente la cara de asco que yo componía a todas horas en aquel momento. Que la crítica incluyese caricatura o retrato era fundamental. También me parece significativo el hecho de que ahora no recuerde si la ilustración era satírica o pretendidamente realista: quizá esa desmemoria provenga de esa cara de asco que, en aquella época, se había comido mi cara en sí. Ignacio Echevarría apuntó que en *El frío* había una voz, pero no una novela.

Con la escritura de *El frío* entendí, tal como consta en su contraportada, que no aprendemos nada del sufrimiento: tan solo las palabras para expresarlo. Sigo hipnotizada por este tipo de retruécano posmoderno que es barroco puro. Sin embargo, la enseñanza más transformadora consistió en darme cuenta de que mi venganza era, sobre todo, una venganza contra la mordedura de mi amorosa mandíbula en la carne del cuerpo amado. Mordedura de perra de presa. Romántica. Mi experiencia ha construido mi literatura y mi literatura ha corregido mi experiencia. Puede que la haya iluminado. Luego, hay que destacar algunos asuntos periféricos que no lo son en absoluto. Porque sentí una avidez que me devolvió una imagen de mí misma que me desagradó.

Cuando sale la crítica de Pilar Castro en *ABC*, bajo a la biblioteca de la universidad en que trabajo. Tengo hambre de buenas palabras. Quiero que me den lo que merezco. Soy una roedora, con el corazón a mil quinientas revoluciones por minuto, que se escurre por los pasillos de la universidad hasta llegar al búnker de la biblioteca. Abro la puerta, miro los periódicos sobre la mesa central, busco, olfateo, el *ABC* no está, no está, no está... En una esquina, C., la profesora de alemán, descansa en una butaquita y lee mi *ABC* pasando con parsimonia las hojas. C. es una mujer muy grande y rubia a la que recuerdo casi siempre con un vestido de flores. «Por favor, ¿me dejas el periódico?» Pero no le estoy pidiendo permiso a C. Estoy tirando del *ABC* para llevármelo. Ella se resiste. Está colorada. Yo la miro sin entender que no entienda mi derecho. El periódico me pertenece. «No, te esperas.» No comprendo las palabras que salen de la boca de C. Tiro. No lo suelta: «Estoy leyendo yo». Quiero pegar a la profesora de alemán. Le explico las razones de mi prisa. A ella no le importan. De pie, delante de C., cuento cada segundo hasta que, esquivándome, ella vuelve a dejar el periódico sobre la mesa. No me lo da en la mano. Lo deja sobre la mesa como si yo no estuviese allí. Entonces me lanzo sobre el *ABC*, no encuentro la sección cultural, me han pasado mal la información, no veo la reseña de mi libro, no está, me han engañado. Pero sí está. Mis ojos pasan sobre la ilustración y no me veo. Leo una palabra tras otra y no comprendo el castellano. Igual que ahora, no entiendo y sigo descifrando con la boca seca cada palabra que escriben sobre mí. No entiendo.

Nada. No me han preparado para lo bueno. Y lo malo siempre es peor de lo previsible. «Este texto no está nada mal.» ¿Qué significa? Aún no sé tomar distancia, ser una señora, ubicar el sitio. Que ocupo o que no ocupo. Escribo desde esa avidez y esa salivación. Escribo desde esa soberbia y esa inferioridad.

También sé que de las críticas solo importan las tres últimas líneas. La foto. El libro de la semana. La página impar. Una portada. Si de ellas se puede extraer un *blurb*. Que no tengan recovecos ni matices. Pan y vino, Marcelino. También sé que esto que estoy escribiendo ahora es una gran mentira porque, en realidad, importa cada palabra que se dice y se imprime. Incluso cada palabra que se piensa se puede clavar en la carne y hacer con ella aserrín, aserrán, maderitas de San Juan. No todo pasará. Eso es mentira. Y hay gotitas que colman los vasos y criaturas sensibles que se ahogan en la inundación.

Escribo mi primer libro desde el inmenso privilegio de saber que será publicado antes de haberle puesto la palabra «fin». Entonces y solo entonces, Constantino me invita a comer lentejas y huevos fritos en la antigua taberna El Nueve. Comemos lentejas y buscamos un título para mi texto. No lo encontramos hasta que a él se le ocurre. *El frío*. Yo ni siquiera sé que Thomas Bernhard llamó así a uno de sus volúmenes autobiográficos. A mí me suena bien porque cuadra con la escritora que quiero ser. La distancia sentimental. La esquirla helada. La cuchillita francesa. Marguerite Duras. En la Escuela de Letras, Constantino cena huevos fritos con whisky y dice que se nota el hígado:

—Aquí, justo aquí, un cáncer.

Constantino es gracioso y tiene un montón de novias. Yo no soy su novia, pero sus novias me dieron algunos disgustos; esas rabotadas y desafecciones hacen que Bértolo esté en la base de dos personajes de ficción: es Juan en *Lenguas muertas*, el fantasma que provoca que dos mujeres se comporten como Bette Davis y Joan Crawford en *¿Qué fue de Baby Jane?*; también sirve para construir a Luis Bagur en *Daniela Astor y la caja negra*, un editor seductor y mujeriego que, al final, cuida y protege a su mujer, a su hija y a otra adolescente cuya tutela no había podido prever. Un caballero quizá demasiado ejemplar. Cuando publico *Daniela*, Constantino ya no es mi editor ni lee mis manuscritos. Pero sí es mi editor en *Lenguas muertas* y a veces me entran dudas sobre si se reconoció. Con qué cara leería esas escenas sobre Juan. ¿Se miraría por un agujerito? Me sugirió que rehiciese la novela de arriba abajo. Lloramos. La rehíce. La presentó Martín Casariego y allí yo me comporté como una perfecta imbécil: desdije a Martín Casariego. Como espectadora, este espíritu corrector de quien escribe un libro hacia quien generosamente se lo presenta me molesta mucho. He asistido a momentos de una mala educación incandescente. He aprendido. Elegimos a Martín porque, informado de la peculiaridad de *El frío* por su hermano Nicolás, había publicado una pequeña pieza titulada «Magnetófonos y sonajeros»: hablaba bien de mi escritura y aprovechaba para hablar mal de José Ángel Mañas. Este tipo de simultaneidades se dan mucho en el reseñismo.

Lenguas muertas aborda la amistad y las vísceras, y cómo al llevar las vísceras de la intimidad al espacio público se abre el huevecillo del fascismo. 1998. La novela no fue muy valorada. También cuenta la historia de una fractura. La vida se cuela en la invención literaria y la invención literaria ayuda a ser más comprensiva o a odiar mejor. Las novias de Bértolo me meten en líos y, cuando Belén Gopegui y él se emparejan y se casan, una se enfada conmigo por haberles invitado a un cumpleaños. Un cumpleaños en el que Constantino, Constan, Cons, me regala un salero. Por lo sosa que soy. Mis compañías de la Escuela de Letras me echan de la pandilla a causa de esta invitación. Celebran contra mí un aquelarre en Patones. No hay vuelta atrás. Descubro que, aunque estoy siempre en una franja intermedia, quien me observa solo ve un lado luminoso, mi felicidad, mi

57

amor, lo que voy consiguiendo, y ese brillo de bisutería me incapacita para protestar por todo lo que no logro, por mis angustias, y me convierte en alguien que debe proteger a la fuerza a los demás. No puedo pedir. Solo dar. Me acuerdo de mi madre, la de verdad y la de *La lección de anatomía*:

—Marta, no seas egoísta.

Soy la escritora que más fajas ha escrito del mundo. La que siempre cita a otras escritoras en sus presentaciones y entrevistas. La que presenta sin parar a otros compañeros. La que agradece. Mi gesto no podría definirse como estratégico. Hay trauma y psicoanálisis.

Me río mucho con Constantino y, entre los dos, hacemos de mí una escritora del deseo despechado, carne y pasión. Continencia. Te muerdes la lengua con tanta presión que la boca se te llena de la sangre que vuelve a tu cuerpo para hacerte vampira.

—¿Quiénes son sus referentes literarios?

—Sin Marguerite Duras hoy no sería la escritora que soy.

Y es verdad, pero también es mentira.

Se me quedaron dentro tantas cosas que un día estallo. Porque a mí me gustan los tintineos incluso en la expresión de lo que duele. Las cortinillas de plástico de colores. Los pendientes largos. Las lentejuelas de Raffaella Carrà. Me revuelvo contra la sobriedad. Pero, delante de aquel plato de lentejas, entonces, *El frío* me parece muy bien.

Eloy Fernández Porta escribe sobre *El frío*. Puede incluso que sea la primera persona que me hace una entrevista. O puede que me equivoque y el primer periodista que me hace una entrevista sea Ricard Ruiz Garzón para *Abarna*. Trabajo en una universidad privada de Madrid. Me llaman de Barcelona y mi jefa me deja un despacho para que conteste con tranquilidad. Es un gesto de generosidad por parte de ella, que, sin embargo, pasa el resto del día con el morro un poco torcido. Quizá he perdido más tiempo del necesario, quizá, con egoísmo y amor, mi jefa teme que deje mi puesto en la universidad. No recuerdo si el primero fue Fernández Porta o Ruiz Garzón, y no lo voy a consultar en mis archivos de recortes clasificados.

Soy ese tipo de escritora que tiene un archivo de recortes clasificados.

Me importa qué, quién, cuándo, dónde. Todas las vicisitudes que rodean al acontecimiento. Sin embargo, jamás consulto el contenido de mis cajas de cartón ordenadas por años y por obras. Nunca. También soy una escritora autobiográfica que nunca ha llevado un diario. Prefiero lo que se me clavó en la memoria y la deformación justificada de las imágenes. El plástico consumido o abombado por el fuego.

No tengo un diario, pero actualizo con el más mínimo detalle mi *curriculum vitae*.

Y me doy cuenta de que, al hablar de mi oficio, pese a vanidades y metaliteraturas, estoy escribiendo literatura social. Hablo de mi trabajo; escribo, por tanto, literatura social.

Mi *curriculum* ya tiene ciento ochenta páginas de presentaciones, congresos, clases, publicaciones. Presentamos *El frío* en Libertad 8 y el evento fue reseñado por la revista de la Asociación del Taxi. Insondables misterios de la comunicación cultural. En cuanto a mí, soy una mujer que trabaja. Soy una mujer que demuestra. Soy una mujer que no sabe –o no puede– decir no.

El hecho de que mi *curriculum vitae* sea mi diario corrobora, por sí solo, el valor social y político de las autobiografías.

Mi profesor, mi primer editor, mi amigo de entonces, Constantino, me regaló una cajita roja cuando cumplí cincuenta años. La cajita guardaba secretos. Tesoros culturales para ver mejor. La sentencia principal se escondía dentro de un minúsculo cartucho dorado: «La ficción es verdad». Con la letrita pequeña. No es casualidad la letrita pequeña. La letrita pequeña son alfileres. Y ganas de mirar.

Constantino y yo nos vemos poco seguramente por alguna de esas razones que el padre Karras debería exorcizar de mi corazón, personas interpuestas, malentendidos, pero, cuando nos encontramos, hay una mezcla de reticencia y alegría.

–Tú estabas allí. En la época más feliz de mi vida.

Había luz.

Mi marido y yo coincidimos con Belén y Constantino en la Semana Negra de Gijón. Mientras ella presenta *Existiríamos el mar*, él nos invita a vino y lacón. Está contento. Han pasado cuatro años desde la cajita. En los periodos intermedios le da un infarto, dos infartos, aún no le ha dado el tercero, y yo quedo con él una mañana en la librería Tipos Infames. Bebe una copa de vino tinto y trae unos colines para acompañar la bebida. Saludablemente. En los periodos intermedios, algún mensaje en el móvil. Me manda una foto de cuando yo tenía veinte años. Casi no me reconozco, pero en la foto lo miro con una concentración que aspira a entenderlo todo completamente. Eran ganas de saber y de vivir. Plena curiosidad enmascarada de desgana. El entusiasmo encerrado en mi preciosa cara de asco. Lo que me halaga hasta lo indecible es que haya guardado esa fotografía. Que me haya mantenido, conservada en el formol del papel fotográfico, con aquel gesto extraño. Ni yo misma lo puedo aclarar. Es una mirada cerrada en sí misma. No tiene un antes ni un después. Cada hipótesis sería simplificadora o descabellada. Un gesto indescifrable para siempre. Ni *Blow-up* ni *Repulsión* ni *Un, dos, tres... al escondite inglés...* Otra cosita.

Constantino y yo nos llevábamos muy bien, aunque cada uno era borde a su manera. Conversábamos en 1991 y coincidíamos en considerar blandengue el final de *Riff-Raff* de Ken Loach. En aquellos años Bértolo no estaba en el partido. Le habían echado o se echó él solo. No sé. Yo sí estaba y le reprochaba su ausencia y las revoluciones de salón. Con el correr de los años se invirtió el orden de los factores. Ahora yo aspiro a hacer revoluciones con las epanadiplosis porque las epanadiplosis también son verdad. Él me lo ha dicho. Con letras diminutas encerradas en un cartucho de oro.

Mantuvimos una relación completamente diferente de la de la discípula abusada y el profesor maduro. Tampoco era para mí una figura paterna, porque yo ya tengo a mi padre y no necesitaba maniquíes sustitutorios. Constantino era algo tan enorme y respetable como mi profesor. Él a veces me contaba sus lances amorosos con la coquetería de quien no se puede creer su propio éxito. Fui oreja y, a veces, mujer deslenguada:

–No me cuentes tu vida como si fuera una película de Bergman. Tú vives dentro de *Historias de Filadelfia* o *Me siento rejuvenecer*.

Le daba consejos culturalistas a Constantino, que me parecía un hombre muy mayor, aunque en términos generales no lo era. Cuarenta y dos, cuarenta y tres años. Me había invitado a cenar en el Bocaíto, al lado de Libertad 8. Degustaríamos algún manjar ordinario y gustoso, y puede que bebiéramos de más. Sin duda, reímos.

Yo, por mi parte, en aquellos años me enamoraba de hombres con los ojos azules que se dedicaban al arte –conceptual o povera– o a la construcción y la calicata, dos oficios que culminaban mi ideal de la literatura y la vida: bohemia y obrerismo. Siempre en la periferia y, a la vez, siempre instalada... Aunque hay otra manera de organizar los términos de esta ecuación: casi en el centro, pero perdida, rascándome como una mona –perdonadme, monas–, desazonada en un lateral, en un margen. Insatisfecha por razones que anidan en el sentido crítico de mi escritura, o sin absolutamente ninguna razón que pueda esgrimir en público para sentirme insatisfecha porque, pese a todo, «tiempos viví y estoy aquí».

Hombres de ojos azules. Algunos familiares pensaban que yo tenía madera para casarme con un ministro de Agricultura o un abogado del Estado. No me conocían. Nunca tuve un novio formal en el mundo de las letras. Ni editores ni críticos ni profesores ni novelistas ni nada. Si alguien se atreve a afirmar lo contrario, sin duda, lo soñó. Soy el contraejemplo de «Margarita se llama mi amor». De aquellas señoritas que acudían a la universidad para conocer chicos con aspiraciones y casarse con ellos. Mi padre me matriculó en la Escuela de Letras después de una deriva por la enseñanza pública que para mí fue provechosa. Mi matriculación en lo público fue una decisión política. Tampoco mis padres estaban para hacer muchos sacrificios en la época en que comíamos carne congelada y jamás íbamos de veraneo porque ya vivíamos en Benidorm y yo me estaba haciendo tan benidormense que nunca bajaba a la playa. Nadie sabe qué habría pasado conmigo si hubiese pasado por las aulas del colegio Estilo. A mí la enseñanza pública me vino bien. La Escuela de Letras fue un experimento y un regalo. Un cambio de ambiente.

Constantino me enseñó que el fondo y la forma en la literatura son indisolubles, y que quizá debería atenuar mi amor por las libélulas. Con esos dos consejos yo podría haber diseñado un tatuaje. Tinta inyectada bajo la piel. Innecesaria. Las libélulas y la indisolubilidad del fondo y la forma están contenidas en el glutamato de mi memoria, aunque haya olvidado la tabla de multiplicar. En clase, Bértolo mueve la barbilla bajo su perillita:

–El fondo y la forma son indisolubles.

Y en los resortes de mi cerebro-reloj se dispara un muelle que me grita por dentro:

–¡Epifanía!

«El fondo y la forma son indisolubles», y así lo transmito desde entonces como mensaje secreto, palabras mágicas y piedra filosofal, elixir de vida, usando siempre el adjetivo «indisoluble». Mis alumnos toman nota y oigo bajo su bóveda craneana y sus catedrales:

–¡Epifanía!

Estoy cumpliendo con mi misión. Constantino me quitó espontaneidad –bendito sea–, cuando una escritora ha de ser supuestamente muy espontánea, y quizá por eso ahora me he convertido en una escritora alegremente obscena. Él me acompañó en un tramo difícil del camino. Cuando pienso en Constantino Bértolo, se me viene a la cabeza el síndrome de Estocolmo. La necesidad del síndrome de Estocolmo. Y la tristeza de ciertas liberaciones, porque, aunque juntos ahormáramos a una escritora francesa, la idiosincrasia de Constantino Bértolo como lector es la versatilidad.

Cuando leí los nombres de los profesores en la Escuela de Letras, Bértolo me pareció un apellido precioso. Intuí que sería italiano y, como siempre que intuyo, me equivoqué, pero en todo caso el cambio de nacionalidad no constituyó para mí ninguna decepción.

Echo de menos a Constantino, y cuando me dice «Tú estabas allí...» me parece que él también se acuerda de mí algunas veces. Ocupábamos las aulas o los bares. Ahora lo trato poco porque no deseo importunarlo. Me ayudó mucho, y yo pensé que tenía que atreverme a escribir y a manifestarme sin que él me cuidase los pasos. Sin tutelas. Otra vez con esa combinación letal de arrojo y timidez. Dejé de visitarlo en su despachito de Ríos Rosas justo cuando estaba escribiendo *Black, black, black* y comencé a publicar con Anagrama.

–¿Has hablado últimamente con el pérfido Bértolo?

La pregunta me la formula Jorge Herralde con una sonrisa encantadora, pero no menos pérfida. Hay procesiones por dentro y relaciones comerciales, afinidades y ajustes de cuentas sobre los que nunca sabré nada. O no querré saber. Preferiré intuir y que, por favor, nadie me aclare las dudas ni me ponga las cartas sobre el tapete. Pasaré por encima de los mares de fondo y procuraré mantener una vela encendida en la mano. Y no quedaré bien ni con unos ni con otros, y me resentiré por el daño que me hace parecerme a mi abuela Juanita, a esas mujeres conciliadoras, un poco miedosas, un poco liantas, que preferían tapar los errores de los hijos para mantener la cordialidad. Qué locura en estos tiempos de espasmo y sangrientas sinceridades. Qué sensatez o qué cobardía o yo qué sé. Herralde insiste:

—¿Has hablado últimamente con el pérfido Bértolo?

Herralde es un hombre de gran curiosidad.

Me seguiré poniendo como una pava de ahuecada pluma cuando me llegue algún mensaje: «Esto no está nada mal». La última vez que conseguí la nota máxima de Bértolo fue cuando escribí el prólogo a las dos primeras entregas de los diarios y cuadernos de Chirbes. Ese prólogo me trajo muchos disgustos. Y Constantino supo estar a la altura de mis lacrimosas circunstancias. Todo esto suena a romanticismo, aunque públicamente lo que cuenta y computa es que en otras ocasiones Constantino me ha expulsado del Olimpo de sus preferencias. Me ha recortado con un finísimo, sangriento y jodido bisturí.

En la Escuela de Letras, Constantino nos llamaba «las sosas» a Ana Santos y a mí. Ana Santos era mi compañera y la mejor escritora de mi curso. Escribió otra novela esquirla que tituló *El borde de la luz*. Allí había una mirada y una voz, pero también había una novela. No sé por qué Ana Santos se ha perdido. Cuesta mucho persistir aquí. Estirar todo el día la cabeza para parecer alta. Bracear para que no cuenten veinte y se te lleve la corriente. Tener ascendencia en la provincia de Segovia como Ana y como yo. Ser buenas alumnas. Disciplinadas. Vestidas con ropas neutras. Con gafitas. Las sosas. Debíamos de estar muy desdibujadas, segoviana y siamesamente desdibujadas, porque, al acabar la Escuela, nos entregaron un precioso libro con las páginas en blanco. En la portada y en el lomo estaban grabados nuestros nombres con letras de oro. A mí me dieron el libro de Ana y a Ana le dieron el mío. Debíamos de estar muy desdibujadas —desvaídas, casi diluidas— porque en la crítica de *El frío* que escribió Echevarría la novela no era de Marta Sanz sino de Ana Santos. Se puede consultar en las hemerotecas si es que todavía existen. En los álbumes digitales. Para constatar este dato, gemelar y mortuorio, no necesito consultar mi archivo de recortes clasificados.

64

Lo que siento no se parece al rencor. Me sonrío con un poco de fatiga y posiblemente con más miedo que a los veinticinco años. Será por las cosas que aprendí.

Llegó el cumpleaños en que Constantino me regaló un salero en recuerdo de mi insipidez.

En otro cumpleaños me regaló un calendario zaragozano al que nunca le encontré su indudable utilidad. Culpa mía.

Luego llegó el cumpleaños de la cajita roja con sus enseñanzas nunca lo suficientemente agradecidas. La ficción es verdad. Pero la verdad no es ficción. Este es el capítulo del orden de los factores que sí alteran el producto. Es un capítulo dialéctico. De tesis y antítesis y de esa síntesis maravillosa en la que se funden los mejores recuerdos, la gratitud, con la amputación de mi figura del libro de honor bertoliano. El filo del bisturí.

De cinco o seis años más tarde datan las felicitaciones y las noticias sobre la salud del 29 de octubre de 2022. Zanjo con estas palabras la conversación:

–Sal pronto de ahí.

EL AMANTE

Recuerdo que estaba en la cama. Debía de tener fiebre. Una gripe. Un catarro. Estaba sumida en un estado de aletargamiento propio del gusano de seda. Yo qué sé. Creo recordar que no se me quitaba el frío y me costaba estirar las articulaciones.

Aun así, disfrutaba de la placentera experiencia de las enfermedades leves. La laxitud.

Aún vivía en casa de mis padres. Tenía a mi madre muy pendiente de mí. Yo estaría en el último año de instituto o en el primer año de carrera. No lo sé. Tengo mala memoria para las fechas exactas. También tengo una memoria débil para los argumentos de los libros. Me quedo con otras cosas que ahora no me apetece explicar.

En todo caso, aún no había publicado ningún libro ni había vivido «mi experiencia sentimental traumática». Todas vivimos una. O dos. Hay quien las encadena y ríe. Yo solo he pasado por una. Ha sido como la secuela de un sarampión. Un soplo cardiaco. Reuma. Inyecciones dolorosas de decenas de miles de unidades de benzentacil.

Recuerdo que estaba en la cama y que tenía a mi madre muy pendiente de mí. «Bebe agua.» «La pastillita.» «Cómetelo todo.» «¿Quieres que te traiga algo para leer?» Cuando se disfruta del sopor de la febrícula, todo sobra. «Déjame dormir.» Mis brazos —un papel de celofán mantenía unidos sus huesos— no podrían sostener el peso de un libro, la carga de gramos de las páginas. «Déjame dormir.»

Ni siquiera me molestaba mucho el ruido de la televisión al otro lado de la puerta.

No se me quitaba el frío y aún no había vivido «mi experiencia sentimental traumática». Un día el letargo se me hizo aburrimiento, y mi madre me trajo un libro que no me costase sujetar y no me obligase a sacar demasiado los brazos de debajo del edredón.

Sentí muchas cosas con El amante de Marguerite Duras. Sobre todo las aprendí. Sentí cosas que ya sabe todo el mundo —el hielo quema— y otras menos fáciles: las palabras pueden cortar. Un vidrio de botella que penetra profundamente en la planta del pie. Entendí por qué me gustaba regodearme en mi fiebre. Arrancarme las costras. Sacar espinillas.

«Bebe agua.» «Cómetelo todo.» «Apaga la luz. Ya es tarde.» Leí todo el día y parte de la noche. Tardé mucho en leer un libro muy corto porque, después de cada frase, volvía a mirar, por enésima vez, la foto de la portada: Marguerite a la edad en la que follaba a todas horas con su amante chino. Las ojeras, la boquita pintada. Los signos que deja el sexo en un cuerpecillo minúsculo. Abierto al cansancio. También al gozo.

El día en que el letargo se me hizo aburrimiento, aprendí que el amor era algo que tenía que ver con la imposibilidad y la fusión de sustancias antagónicas: rico y pobre, enfermo y vigoroso, niña y *viejo, personas de distintas razas y condiciones sociales. Deseé que el amor fuese así. Lo busqué. Me encerré dentro de una alcoba. Sudé mucho sin que me bajara la fiebre. Se me marcaron las ojeras. Me hice daño a mí misma.*

Leí El amante. *Propicié mi dolor. Lo anticipé. Pero también encontré su cura: una manera de contarlo.*

Recupero este texto de algún lugar. No recuerdo cómo ni dónde lo publiqué. Le cuadra bien a aquellos años. Luego todo cambió. Hasta cierto punto.

ESCRITORA FANTASMA

No sé si se acordará, pero por aquellos años Belén Gopegui me pasó un trabajo que ella no tenía ganas de hacer. Belén podía permitirse esa negativa, porque con una novela, *La escala de los mapas*, había logrado ocupar una posición aventajada en el campo.

El trabajo que Belén me traspasó me hizo creerme una profesional de la escritura. Porque la escritura nace de los impulsos y de las reflexiones personales, de lo que se quiere contar o se barrunta y no se sabe: la sustancia informe ha de ser conformada para significar alguna cosa y en el modelado está la idea, la pregunta misma. Se escribe para entender quién se es en la realidad que nos toca vivir; se escribe para entender cómo es esa realidad y con qué vínculo irrepetible nos conectamos a ella. Supongo que no hay dos maneras iguales de hacer el mismo nudo. Aunque seas marinero o te llames John Silver, el Largo.

A la vez, cuando eres escritora porque tu comunidad así lo ha decidido, no solo te define como tal la conexión entre el cuerpo y la palabra en un espacio y un tiempo particulares, sino que también importan las utilidades y los encargos. La escritura es una profesión que a algunas personas nos da de comer gracias a su carácter práctico, más allá del arte, la belleza o la bondad. Incluso se puede lograr que lo práctico sea artístico, bello, bueno. Es un orgullo que cuenten contigo para escribir ese tipo de textos útiles porque eso subraya tu destreza en el oficio. En su desempeño. No todo el mundo, por sus especialísimas aptitudes o quizá por su oportunismo, logra trascender ese plano artesanal de la expresión escrita para subirse a la nube y ponerse la clámide empingorotándose –el verbo es de Robert Pinget– en la actitud de escribir. No todo el mundo llega a ser justamente ese escritor –el femenino en este caso es anómalo– que se permite escribir solo aquello que le da la gana, optar al Nobel y sentar cátedra. La mayoría de los bardos y de las ensayistas preparan libros de texto para editoriales católicas o esbozan contenidos para una página web: saben escribir, dominan la destreza y, aunque no les interesen los modos de sanación de las picaduras de medusas, los describen en un texto escrito que les permite ganarse la vida.

«Es rigurosamente falso que orinar sobre una picadura de medusa alivie el escozor o acelere la curación de las lesiones, etcétera, etcétera...»

Otros seres, mucho más extraños, confinan la escritura en un claustro no corruptible por la necesidad de dinero, preservan el sentido inmaculado del arte y desempeñan otras profesiones para poder vivir con cierto desahogo. Ese sería el caso de mi amigo Fernando Royuela, tal vez, el último de los poetas románticos.

Otros especímenes hacen encuestas, fingen que trabajan y terminan trabajando de verdad para poder contar algo cuando escriben. Estos especímenes creen que no basta solo con mirar y remirar y ponerte en otra piel. No confían en la observación naturalista ni en la sociología ni en Zola. Confían en la vivencia. Es más: reprochan a los otros su falta de vivencias y pueden llegar al extremo de pensar que vivir es beberse la vida a tragos largos. Entre estos especímenes encontramos a quienes encarnan el mito bohemio y cirrótico, el mito aventurero o el mito del trabajo que nunca puede ser identificado con el trabajo de escribir sino con cualquier otro. Nos levantamos a las siete de la mañana para coger el cercanías que nos traslada desde Coslada hasta Madrid y fichamos en la oficina y retiramos la nuca de debajo de la bombilla de cien que nos ha iluminado toda la jornada –somos lectoras de Gamoneda– para salir a la calle buscando un bar porque de lo único que tenemos ganas es de beber.

Creo que es verdad que escribir sin anclajes en las cosas que pasan puede resultar tedioso e intrascendente. Creo que la fantasía cuenta con sus propios anclajes a las cosas que pasan. Creo que escribir con anclajes a las cosas que pasan no garantiza que un libro sea a la fuerza excepcional. Creo que no es posible escribir sin anclarse a las cosas que pasan. De un modo u otro, con ingenuidad escapista o con tesón ideológico, una siempre está anclada a las cosas que pasan.

O quizá se pueda hacer el esfuerzo de escribir sobre las cosas que pasan, pero no te importan casi nada, para tener poco que perder. En el envite de la escritura, solo apuestas la mitad de las fichas: las de tu habilidad. Solo te juegas esa parte caligráfica de la vanidad del corazón. La parte de las confusiones magmáticas te la reservas. Aunque esto solo podría suceder si fueras tan ingenua como para pensar que podemos escindir el lenguaje de los pensamientos, claros u oscuros, de las afectividades, del runrún corporal...

El asunto entraña cierta dificultad.

En cualquier caso, antes de alcanzar el estadio semidivino, a menudo omnisciente y laureado, puedes ganarte la vida escribiendo gracias a tus poderes camaleónicos utilizando distintos registros y diluyendo tu personalidad, tu estilo, tus intereses, tus marcas cutáneas, por obra y gracia de la inteligencia con la que manipulas el lenguaje para alcanzar cualquier objetivo. Conoces tus herramientas. La dureza y la maleabilidad de los materiales con los que trabajas. Si eres escritora, redactarás cartas comerciales y artículos periodísticos. Recetas de cocina. Manuales de instrucciones. Guías de viajes. Cartas de amor para las amigas tímidas o mediocremente alfabetizadas. Las más ingeniosas felicitaciones de Navidad. Eslóganes para camisetas. Y te pagarán por tu habilidad metafórica o tu justeza expresiva.

–Joder, por algo eres escritora, ¿no?

Dice alguien.

También puedes escribir discursos para que los presidentes del gobierno o las ministras de Economía queden bien en cualquier foro. En mi faceta de escritora profesionalizada he construido y producido currículos educativos, cartas de reclamación, informes, textos didácticos, anuncios, columnas, peticiones, pero nunca discursos presidenciales. Habría sido una temeridad que alguien me hiciese semejante encargo. Se habría producido una hecatombe climática o una revolución bolchevique. No obstante, no pocos amigos míos se han ganado así la vida. A mí me dan miedo los procesos de abducción, el llegar a convertirme en una persona excesivamente comprensiva. Si digo algo muchas veces, me lo creo. Si oigo algo muchas veces, me lo creo. Pese a todo, el esfuerzo elástico y empático de los escritores de discursos políticos ajenos puede transformarte en un extraordinario ser humano. O en un inmoral. O en un cínico. O en algo tan poco glamuroso como un memo.

–Cínica, mema.

–También.

Lo más importante, si quieres ser una escritora profesional, es aprender a escribir novelas que no vas a firmar tú. Situarte en la genealogía de los negros de Dumas.

Ese es el trabajo que me pasó Belén. Se lo agradecí sinceramente. Ya se me podría considerar una auténtica profesional. Salgo de mí. Aparto la escritura del narcisismo, aunque hoy pienso que el narcisismo en la escritura no coincide completamente con la pulsión autobiográfica.

–Serán trescientas mil pesetas.

Me dijo mi empleador.

Me sentí útil y bien considerada.

–Trescientas mil.

Me iban a pagar diez veces más de lo que me pagarían por mis textos de escritora francesa que usaba el bisturí y el microtomo para cincelar sus metáforas, o por esos otros textos en los que ya se intuía mi maldita lengua desatada y muerta. Ni la escritora quirúrgica ni la escritora selvática ganarían trescientas mil por los libros publicados a finales de los noventa.

Me tomé el encargo con mucha seriedad.

Después de una conversación telefónica cordial, acudí a la primera cita con mi empleador. Me vestí con esa elegancia que nos avejenta a los veintitantos y cogí el tren de cercanías para llegar a Pozuelo. Llevaba una cartera que me daba un toque de rigor. Parecía una bibliotecaria de película. Una profesora de guardarropía. Una ratona de biblioteca. Indiana Jones, sin látigo, en el aula de la facultad. Una Marguerite Duras domesticada. La perfecta institutriz de un niño superdotado. Anne Sullivan.

Llegué a un chalé deslumbrante de Pozuelo de Alarcón en el que me esperaba un señor, cuyo nombre he olvidado quizá porque presiento que recordarlo podría entrañar algún peligro. Lo he olvidado verdaderamente. Mis antepasadas neandertales han olfateado los rastros y me han susurrado en el tímpano profundo: «Olvídalo». No es que no quiera acordarme de un lugar de la Mancha, o «no quiera saber, pero he sabido». Es que mis neuronas han pasado el trapo de la lejía para borrar de mi masa encefálica la huella de aquel señor con apellido compuesto y cuyo nombre de pila quizá fuese Álvaro o Gonzalo. Algo así. Su esposa –exactamente una esposa: no cabría otro sustantivo– era una mujer rubia. Él estaba entradito en carnes. Rubicundo, compacto, tocho. Podría haber sido el dueño de una tienda de chacinas o un tabernero. Me comporto aquí con toda la injusticia de quienes usamos estereotipos librescos. Porque existen los taberneros delgados y los chacineros bellos como

Alain Delon. También existe Manolito el de Mafalda. Me imaginé a Gonzalo o a Álvaro con un delantal.

Mi empleador guardaba en su casa un Ernest Ludwig Kirchner.

Y armas de fuego.

Supe que la relación entre nosotros no podría confundirse con la comunión de las almas. Yo nunca podría meterme en los zapatos o mirar desde detrás de los ojos de aquel hombre que, por otro lado, me trató con simpatía y respeto. Me hizo mujer. Escritora.

—Trescientas mil.

No dije nada. Asentí con la cabeza como si esto me sucediese todos los días.

Entramos en un despacho. Había muchas telas, tejidos rayados en las paredes, tapicerías, recuerdo cabezas de ciervo que seguramente no estarían colgadas de ninguna pared. Trabucos. Allí, Gonzalo o Álvaro —nada tan exagerado como Beltrán, Íñigo o Borja— me explicó el argumento de la novela que quería que escribiese para él. Robo de obras de arte en la Segunda Guerra Mundial. Nazis exquisitos y perversos se apropian y hacen acopio de las mejores pinturas de la época. Trafican y se deleitan en la contemplación del arte enfermo que ellos mismos habían demonizado. Escenas de acción. Pistolas cuyos calibres y nombres siempre confundiré. Un héroe. Algo cosmopolita e histórico con escenas de trenes e imágenes de mapas cuyas ciudades se van uniendo con líneas rojas como símbolo de la itinerancia y el viaje.

No lo supe en aquel momento, pero aquel tipo era un visionario.

Tomé notas como si todo aquello me interesara. De hecho, me interesaba.

—Te pagaré trescientas...

Impasibilidad.

—... mil.

Gesto de asentimiento.

–Pesetas.

«Soy una escritora», pensé.

Mi empleador me tendió la mano para darme un apretón con el que entendí que estaba firmando un contrato con un hombre de acción y de palabra. Todo era estrictamente confidencial. No me podía aclarar si los acontecimientos que iban a vertebrar la novela habían nacido de su imaginación o transcribían unos hechos que realmente habían sucedido. Me dio cierta libertad para hacer cambios. No me dio libertad para hacer preguntas.

Yo, casi recién salida de la Escuela de Letras, con una visión de la literatura rigurosa y elevada –habíamos leído a Svevo y Madox Ford, pero también a Handke y Botho Strauss, a Onetti y a Emily Brontë, el *Blues castellano* de Antonio Gamoneda, a san Juan de la Cruz–, me prometí a mí misma contar la historia de mi empleador a una altura literaria razonable, sea esto lo que fuere.

Hacer bien mi trabajo.

Busqué voces narrativas que fuesen tramando el relato y que a la vez no me resultasen completamente ajenas. Era necesario que pudiera manejarlas de un modo creíble. Busqué intensidad. Diseñé una cronología y unos escenarios. Evalué el tono y la atmósfera más convenientes. Preví los golpes de efecto sin caer en la pirueta sensacionalista. Modelé personajes no estereotípicos. Hui en cada párrafo de la cursilería y el culturalismo pedante. Trabajé una prosa no explicativa que ejemplificara ese «Expresar sin decir» que orienta los talleres de escritura del mundo y los programas de Liberal Arts. Quise entablar con quien leyese el libro una relación de respeto sin complacencia. Puse en práctica una economía de medios sin cicatería y una funcionalidad estilística sin simpleza.

–Trescientas mil.

Busqué no ser yo en las palabras. Casi llegué a imprimir al

relato ese ritmo de los hombres de acción que tanto le cuadraba a la personalidad de mi empleador. Tan sensible y tan armado.

Casi llegué a tragarme la rubicunda figura de mi empleador y a hablar por su boca. Pero con más estilo.

Hice mi primera entrega y él quedó satisfecho. Dijo:

–Te voy a adelantar ciento cincuenta mil pesetas.

Seguí trabajando. Intenté sacar petróleo de la écfrasis y dotar al escrito de muchas capas y de una relevancia moral que no pecase de maniqueísmo. Hablé de dinero. Nunca escribí «manso cordero» o «verdes praderas». Escamoteé cualquier trama romántica por no parecerme pertinente. Imaginé interiores: museos, hangares, almacenes, estudios de pintura. Sutiles elementos simbólicos. Me documenté sobre las piezas del uniforme y la impedimenta del ejército alemán. Me enmascaré como una auténtica virtuosa hasta el punto de no reconocerme, pero desde la convicción de que lo que escribía era digno. Mi castillo de naipes merecía las trescientas mil pesetas que me iban a pagar por él. Mi artefacto aquilataba mi versatilidad, mi profesionalidad y mi valía.

Seguí haciendo mis entregas. Experimenté con las polifonías y con los efectos laguna que me había enseñado Alejandro Gándara. Y mi empleador repitió:

–Te adelanto ciento cincuenta mil pesetas.

Pero no me adelantaba nada. Me empeñé en el carácter coral de la omnisciencia selectiva múltiple.

Lo llamé por teléfono una, dos, veinte veces. Hablé con su esposa. Escuché la señal de comunicando. Me dijeron:

–Mañana.

La cordialidad se fue gastando. Los mensajes empezaron a ser parcos, cortantes, a denotar disgusto. Escamoteo.

–No está.

–De viaje.

–No sé.

–No llames. Te llamará él.

Yo iba perdiendo la ilusión. La ligereza de la mano.

Por fin, Gonzalo o Álvaro se puso al teléfono:

–Lo he pensado mejor. Eres demasiado joven. Tienes mucho que aprender todavía.

Mi empleador necesitaba un texto más viril y, desde luego, menos bajtiniano.

No hice nada. No dije nada. Recordé las armas de fuego.

No olvidé las trescientas mil pesetas. Y no sé por qué, pero otra vez sentí vergüenza.

Aprendí mucho sobre el pulso de la escritura y sobre la imposibilidad de borrarse completamente de los textos que están por delante o por detrás de ti. Aunque te piensas como escritora fantasma (*ghost writer,* quiero decir) y creas que por enmascararte eres libre, que tu prestigio en construcción no corre ningún riesgo porque la autoría no es tuya, en realidad te equivocas. Nunca desapareces del todo y, sin embargo, algunas veces has de procurar hacerlo. Desaparecer del todo para ser tú misma más que nunca. O, al contrario, empeñarte en ser tú misma radicalmente hasta la desaparición total.

–Adiós, adiós...

El chalé estaba en Pozuelo y aquel hombre, un visionario, guardaba en su casa un Ernst Ludwig Kirchner. Armas de fuego.

Lamento mucho mi falta de organización, pero el documento de esta novela no figura en mis archivos. No existen copias digitales ni en papel. Es una lástima porque la habría empleado en este texto a modo de collage.

La novela de Gonzalo o Álvaro hoy es una fantasmagoría. Quizá se ha quedado como un pentimento dentro de mí. Una transparencia. El humo.

El fantasma de Canterville y de la señora Muir.

–¡Buh!

Puede que fuera en el año 2007 cuando emprendí la escritura de una novela autobiográfica titulada *La lección de anatomía*. Escribo «emprendí» no tan pomposamente como pudiera sonar en un primer momento, porque mercaderes y mercachifles nos han robado un verbo como si las aventuras solo pudiesen ser comerciales –también corsarias– y las palabras de la literatura no debieran atreverse a ir más allá de lo inmediato y simple. Para no ser acusadas de soberbias. Así que, con vanidosa obcecación, me ratifico en la idea de que «emprendí no tan pomposamente como pudiera sonar en un primer momento» la escritura de una novela autobiográfica o de una autobiografía novelada. Uso el juego de palabras porque dudo.

Justifico cada palabra que escribo: no es una sospecha, sino una constatación. Para que no me lapiden. La lapidación sería en sentido figurado. Soy una mujer del primer mundo y mi asesinato habría de ser a la fuerza discreto. Un asunto intrafamiliar.

Abro paréntesis.

(Acaso un velo de silencio, una lona blanca y tupida sobre mí. Lo veo:

Mis puños sobresalen por debajo de la tela y parecen cabezas de criaturas pequeñitas. La tela es demasiado gruesa para que yo la pueda romper, pero al menos el dibujo de los puños bajo la lona es hermoso, cruel y expresa algo.)

Fin del paréntesis.

En la literatura española las memorias siempre fueron un género devaluado. Mi abuelo escribió las suyas. El mecánico melómano comprendió que sus recuerdos importaban no tanto para ensalzar su propio mérito, su ejemplaridad, como para reconstruir un mundo superpuesto a otro mundo y a otro mundo. Su testimonio, soberbio y minúsculo, queda orillado por el foco que alumbra los hemiciclos, los teatros o los consejos de administración. Mi abuelo se comporta como un lord y se reivindica hormiguita histórica. Forma parte del fondo de un cuadro. Es un figurante del gran espectáculo y, a la vez, un inesperado protagonista. Sale por todas partes. A eso podríamos llamarle «la persistencia de un recuerdo». De un buen recuerdo.

Mi abuelo se divierte haciendo memoria. Escribiendo.

La sugerencia de ponerse a escribir partió de mi madre, su nuera. La única mujer de quien se acordaba cuando su cuerpo dejó de funcionar y una enfermera venía a casa para meterle la mano por el ano y moverle las tripas. Aprendí una palabra, «coprolito». De cada experiencia se aprende una palabra o dos. No quiero acumular coprolitos dentro de mi cuerpo. Un coprolito suena a paisaje lunar y años luz. Pero los coprolitos no son satélites, sino mierda dura como una piedra.

Mi abuelo inspiró el personaje de Felipe padre en *Susana y los viejos.*

Guardo las memorias de mi abuelo Ramón. Se titulan con rotundidad y elegancia *Mis memorias* y, desde el estante, su caligrafía inglesa aromatiza mi escritura. También su temeridad me da fuerzas que vienen desde abajo. Escribí *La lección de anatomía* para entender cómo mi madre o mis abuelas habitaban mi escritura y, sobre todo, mi carne. Mi abuela tejía patucos de lana. Las mujeres de la casa fabricaban cosas con las manos y mi madre incluso llevó un diario no para que su rutina cristalizase a través de la palabra en algo tan grandilocuente como una «intimidad» de higiene íntima o prenda íntima o íntimos secretos, sino para entender la raíz de sus reproches. Para no olvidar o para todo lo contrario: para olvidar la inquietud, lo entrevisto, nombrándolos. Diarios. A mi madre, lectora excelente, nunca le dio por escribir poesía lírica.

Ella fue la primera lectora de las memorias de su suegro. De los folletines que escribió después.

Las abuelas, mujeres buenas y cuidadoras de su casa como mastinas, relataban, con una voz que nunca se lleva el viento, aquellos sucesos transcendentales que los hombres quizá no se atrevían a contar: mi bisabuelo Benedicto en el penal de Cuéllar. Las abuelas relatan a partir de la ingenua creencia de que su voz se queda en casa. Pero la voz atraviesa los cuerpos y los muros. También hablaban las abuelas de lo que no era considerado importante: un parto, las cosas de la intendencia doméstica, una febrícula de origen desconocido que no fue a más. Las mujeres a veces describían sueños pequeñitos sobre el futuro. Y escribo «pequeñitos» sabiendo de su inmensidad. Con una tristeza irónica.

Las mujeres nunca andan sobradas de tiempo y, a menudo, igual que yo ahora, hablan de sí mismas en tercera persona del plural.

Muchas mujeres tienen una letra ingenua porque practican poco la caligrafía. Hoy eso le pasa a casi todo el mundo.

He aprendido mucho de las mujeres de mi casa, pero mi compromiso con una escritura pública tiene su origen en las memorias de mi abuelo, los cuadernitos de poemas de mi padre, los poemas de mi tío Nacho. En Alfredo Castellón, escritor profesional, que venía a Benidorm cuando yo era pequeña para acabar sus libros de relatos o sus piezas teatrales, sus memorias, en la soledad de su apartamento de la Cala. Mis profesores de literatura fueron casi siempre varones. Más tarde, llegó Lourdes Ortiz, la primera escritora de carne y hueso que conocí: Lourdes presentó la primera novela de Nacho Pastor, de mi tío Nacho, a través de un contacto que Chema tenía en la Asociación contra la Tortura. Años después, quedó finalista del Premio Planeta, porque en aquella época las mujeres solían quedar siempre finalistas, y preparó una fiesta en su casa donde admiramos la lumínica cabellera de Carmen Martín Gaite.

—Perdone, usted que es de la generación de Carmen Martín Gaite, ¿podría decirme si...?

78

Me lo pregunta un muchacho en la Universidad Complutense de Madrid. Quizá he trabajado más de la cuenta. En la era filosófica y vital del tiempo caducifolio –todo se nos hace eterno y no podemos concentrarnos, no–, tenemos que escribir muchos más libros para ordenar el tiempo, revivirlo, recuperando las relaciones de causalidad. El sentido de la historia y la cronología.

Soy una mujer de esa generación marcada por el magisterio de los hombres y la intrépida rareza de algunas mujeres. Nuestra escritura se ha ido entrelazando con la de ellas. Eran escritoras que no estaban acostumbradas a la esperanza, como pensaron Emily Dickinson y Everilda Ferriols, Eve, la diosa rubia, la Eva Marie Saint de las bibliotecas valencianas, una persona con la que experimenté afinidad desde el primer instante. Nuestra escritura se ha ido enlazando con la de nuestras contemporáneas y con la de mujeres mucho más jóvenes que nosotras. Esto quizá sea lo más importante de todo: que mi voz ya suena arcaica al lado de la de las escritoras nacidas en el siglo XXI.

Afirmar que me siento estilísticamente viejecita solo es una coquetería. Un afeite para que me quieran y me consuelen.

Nada ha sido fácil.

De estas cosas hablamos, a distancia transoceánica, Guadalupe Nettel y yo. Ella me ha invitado a colaborar varias veces en la revista de la Universidad Autónoma de México. Allí he escrito sobre neandertales. Por ejemplo.

Cuando acabó de escribir sus memorias, mi abuelo se dedicó al folletín con resultados bastantes discutibles.

Yo sigo con la duda de si *La lección de anatomía* es una autobiografía novelada o una novela autobiográfica. De ningún modo es una autoficción –no entiendo ese concepto– y carece de la relevancia de unas memorias porque estas las escriben los personajes célebres o los mecánicos irreverentes que se comportan como lores al pelar con cuchillo y tenedor los langostinos en Nochevieja, o al deslizar el boli Bic sobre el cuaderno cuadriculado como si se tratase de una estilográfica con plumín de oro.

En uno de los homenajes celebrados en memoria de Almudena Grandes, Joaquín Sabina me cuenta un secreto. En las bambalinas del Teatro Español de Madrid me dice que para evitar la sequedad de boca lo mejor es tomar una pizca de sal. Para recordar a su amiga muerta, él necesitaba esa pizca de sal. Una pizca de sal para estimular la salivación.

–Me lo contó la Caballé.

Me susurra poniendo el filo de la mano al lado de su boca para amortiguar el sonido del secreto y ocultar sus palabras de la mirada de unos ojos, lectores de labios, que no fueran exactamente los míos.

Solo yo puedo relatar esta escena porque Sabina nunca se acordaría de ese momento. Solo las personas insignificantes podemos tomar la palabra para contar la vida. Porque nuestra vida está llena de instantes monumentales que lo son gracias a los demás. Sin embargo, Sabina nunca recordará con quién habló. Quizá la historia de la literatura pueda definirse como la concatenación de los relatos de las cabezas de ratones que fueron, para otras personas, colas de leones y así sucesivamente. Yo escribo en función de la conciencia de mis dimensiones y la vivencia de mi tamaño. Desde un punto de fuga lateral que no está ni arriba ni abajo respecto a una línea intermedia. Los poemas y los cronicones. Yo soy quien puede tramar una novela autobiográfica o una autobiografía novelada. No sé qué. Pero eso sí.

Sin embargo, solo Sabina podría ser digno firmante de un libro de memorias en el que esa receta para estimular la salivación estaría convenientemente expurgada. En las memorias de Sabina saldrían Gabriel García Márquez y Joan Manuel Serrat, y estarían avaladas por las ventas de sus discos y la categoría de sus amistades. Por el hecho cierto de que muy pocos llenan el

Madison Square Garden de Nueva York para seguir desatando pasiones con la boca seca y la garganta rota.

Mi liga es más ambigua. A la vez, más y menos popular.

CONVERSACIONES EN EL ORGASMO Y ORGASMOS
EN LA CONVERSACIÓN

Javier Maqua, en la barra de El Parnasillo, nuestro cuartel general en Malasaña durante décadas, me dice que me gustan demasiado las palabras.

–A ti lo que te pasa es que te gustan mucho las palabras.

Acabo de publicar *Lenguas muertas* y, en nuestra revista *Ni Hablar*, se reproduce el texto que escribí para presentar el libro. Celebramos la presentación en el Café del Foro cuando el Café del Foro era un escenario: la imitación de una plazuela con su confitería, su cielo de noche estrellada y su templete de música. Yo ya le veía al monstruo la patita por debajo de la puerta y titulé mi texto «Los lectores cobardes». Mi consideración hacia ellos –hacia ellas también– se parece a un sentimiento ambivalente de miedo y esperanza, de frustración y amparo, de comunicación y rechazo. Ese respeto ha cobrado la dimensión de un fantasma que siempre va conmigo sobreviviendo a todo. Aunque los fantasmas no puedan sobrevivir, porque están muertos, pero sí permanecen como corriente gélida o carga estática. Fumigaciones y exorcismo. No te los puedes limpiar por mucho que trates de hacer con cada libro un experimento a lo Godard. Desconfío de la figura del lector –de la lectora también– y, ahora que lo pienso, esa desconfianza no está tan mal.

En la barra de El Parnasillo Javier me dice lo que me dice, y me hace daño. Yo me revindico con una carcajadita frívola. Pataleo un poco y, con el tiempo, llego a comprender que Maqua, el terrible, me ha dado una clave. Me ha echado una miguita de pan. En la barra de la pizzería Mastropiero, Javier le afea a

81

mi marido su predilección por Sabina. No tengo la imagen grabada en la cabeza, pero es muy posible que Javier estirase un dedo inclinando todo el cuerpo hacia delante y proyectase la voz:

–¡Eso sí que no!

Quizá nuestro amigo añadió algún sustantivo perteneciente al campo semántico de la honorabilidad vulnerada. Porque a veces Javier se expresa desde una altura próxima a los parlamentos, desde luego a la dicción y el volumen, del mejor teatro barroco.

Me imagino perfectamente a Javier Maqua abofeteando a su adversario con un guante.

Vestido de mosquetero.

Con su careta de Groucho Marx. No puedes tirar de ella porque le arrancarías la piel. Los ojos siempre le fosforecen de cólera, de inteligencia, de rabia, de risa. Incluso de amor. ¿Miedo? Yo no sé encontrarlo en el rostro de Javier.

O puede que a veces en sus ojos sí que exista un miedo. El de verle las orejas al lobo. Los avisos del cuerpo que se rebela contra las ganas.

Chema comenzó a ir a los conciertos de Sabina cuando el de Úbeda no era aún un cantante muy conocido. Mi marido se divertía. Sabina le sonaba diferente, pero es que, además, Chema cuenta con una razón incontestable para venerarlo: el cantante le salvó de una muerte segura. Se lo contó al propio Sabina durante una cena, posterior a la presentación de un libro de Almudena Grandes, en el Café Hispano de Madrid. Sabina no le hizo demasiado caso. Sonrió, se dio la vuelta y se marchó.

(Paréntesis de Chema, que expresa su desacuerdo con los últimos párrafos y me indica que Sabina lo trató con mucha amabilidad e incluso llegó a contarle que él y su banda iban habitualmente al Alcalá 20 cuando acababan los conciertos, pero que la noche aciaga, por las alas de cuervo y la conjura benéfica de los astros, no bajaron las escaleras del local, no pidieron un whisky, no bailaron canciones con letras en español...

Chema me corrige. Le doy su espacio y contrasto dos recuerdos: posiblemente en el mío queden residuos e impregnaciones de la vanidad que se le adjudica prejuiciosamente a una estrella de la canción popular.)

Aún retumban las palabras en el Café Hispano:

—Si no hubiese sido por un concierto tuyo, hoy quizá estaría muerto...

Asfixiado. Achicharrado. Desde ese día Chema pone por las nubes las buenas canciones de Sabina —no me atrevo a llamarle Joaquín— y le perdona los ripios.

—¡Eso sí que no!

Antes de que Chema y yo nos ennoviásemos, él bebía whisky con limón y mariposeaba por la noche de Madrid. Cuando mi abuela Rufina se enteró de que me iba a casar con él, me dijo:

—Pero ¡si Chema es un picaflor!

Mi abuela Rufina era muy lista y así la ha retratado su hijo, Nacho Pastor, convirtiéndola en personaje de novela: en *Mientras crece la ciudad*, mi abuela Rufi, que casualmente en la ficción se llama Sabina, es una mujer de ese periodo de la historia en el que disimulábamos la inteligencia y maniobrábamos desde el sótano y la sala de máquinas de las familias, sin darnos importancia, por debajo... El infalible ojo de la listísima abuela Rufina falló en el caso de mi amor, que en aquella época salía efectivamente todas las noches y se ponía tibio y frecuentaba la sala Alcalá 20 de Madrid. Un día sí y el otro también. Sin embargo, el 17 de diciembre de 1983, fecha del terrorífico incendio de la sala de fiestas madrileña, Chema estaba en un concierto de Joaquín Sabina. Podía haberse achicharrado en el infierno. Pero se salvó. Yo tenía entonces quince años, y aún no nos habíamos encontrado como pareja, pero nos conocíamos ya desde hacía mucho porque Chema era amigo de Nacho, mi tío, un íntimo doméstico. Creo que Nacho comienza a leer —Bakunin, Kropotkin, existencialismo francés...— por influencia de mi padre, corruptor de la juventud y de las mujeres que crecieron en colegios de monjas, y, a la vez, yo radicalizo mi afición por la poesía inmersa en las licantropías adolescentes cuando a Nacho le da por escribir poemas. Estamos ahí, los dos, en la escritura. Yo, con los hombres y unas pocas mujeres, en la escritura. Siendo una muestra del comportamiento de la sociedad y de sus evoluciones.

–¡Cuidado, hija! Un picaflor...

Javier Maqua no solo nos advierte como la cauta Rufi. Un día, viene a casa para que le haga una entrevista y responde a mis preguntas durante casi tres horas. Aprieto la tecla REC, el punto rojo, de una grabadora profesional de aquellas que eran como una miniatura, un juguete dentro del que se insertaban pequeñas cintas magnetofónicas. Vuelvo a la infancia y ya no juego a ser dependienta de una tienda de souvenirs en Benidorm, sino periodista, informada y eléctrica, que trabaja para la prensa cultural. Me hincho de vanidad porque Javier, escritor, periodista, cineasta, haya aceptado. Nos ponemos de tiros largos para ir al estreno de *Carne de gallina* en los cines Roxy de Madrid. Maqua innovó el documental con los míticos docudramas de *Vivir cada día*. Ahora que, como un alimento cuyo sabor nos vuelve a la boca, rumiamos los límites entre realidad y ficción, autobiografía y autoficción, metaficciones, epificciones, paraficciones, etc., Javier Maqua en *Vivir cada día* ya estaba haciendo experimentos emocionantes en una televisión pública. Llámenme «intelectual melancólica» –no tengo edad: yo era muy pequeña cuando Maqua era un señor curioso–, pero me parece que esos atrevimientos artísticos no serían hoy posibles.

–¡*Masterchef, Masterchef, Masterchef!*

–¡No lo digas cinco veces que vuelve!

Javier conoce a mucha gente y podría estar en cualquier otra parte, pero ha aceptado hablar conmigo y que yo cuente todo lo que él me quiera decir. Javier se abre. Me explica arcanos secretos del grado cero de su escritura y yo memorizo alguna idea en torno a su experimentalismo y su tránsito hacia la narratividad. Gira su muñeca pálida y me muestra los sanguinolentos hilillos que unen su escritura con vivencias sentimentales y políticas. Gloria Berrocal. Manuel Revuelta. Pérez Merinero. El peso de la amistad y de lo que se comparte. Las oscilaciones entre centro y periferia que marcan la biografía dentro de la historia. El poso que van dejando en un individuo las comparaciones con otros, las renuncias, la fidelidad a uno mismo y la épica en la que cada uno tiene derecho a reescribir su vida particular. Además, Javier, que es biólogo, me dijo algo que no he olvidado (aproximadamente):

–La vida surge de donde se juntan cosas diferentes. La vida surge en las orillas donde se unen el agua y la arena de la playa. Ahí nacen los microorganismos. El caldo. La vida surge de las olas del mar.

Puedo ver la imagen de las olas que rompen en la orilla de la playa. La arena empapada y resplandeciente, como el salón de una sala de baile sobre la que danzaba cuando era pequeña y vivía en Benidorm. Luego, enseguida, otra vez la sequedad. El depósito en la orilla de alguna concha o de un pequeño molusco. Criaturas microscópicas que se quedan arrumadas en los surcos de las plantas de los pies. Manchas de brea. Olor de muchas sustancias juntas, entre ellas, la sustancia del aire. Salino. Sal. Cloruro sódico.

–A ti lo que te pasa es que te gustan mucho las palabras.

–Sí, sí, es verdad, Javier.

–A mí también.

Estábamos hablando de géneros literarios e hibridaciones.

–La vida surge de las olas del mar.

(Interrupción impertinente de Javier Maqua, que sube la voz y exclama con todo el cuerpo:

–Niego categóricamente haber pronunciado jamás en mi vida tales palabras.

Entramos en un bucle porque Javier vuelve a manifestarse

85

para negar categóricamente las palabras «Niego categóricamente haber pronunciado jamás en mi vida tales palabras». Por eso, me veo obligada a utilizar el estilo indirecto y a recordarle a todo el mundo que este libro no es una crónica, sino una novela social.)

—La vida surge de las olas del mar.

Vocaliza Javier Maqua. Yo lo recuerdo así aproximadamente. Conversaciones en el orgasmo y orgasmos en la conversación.

—¡Sí, sí, sí!

El éxtasis, como casi todos los éxtasis, quedó interrumpido cuando reparé en que la pequeña grabadora profesional no había recogido ni una sola palabra. En ese momento, mi entrevistado solo era un hombre grande con mal carácter que se alzaba frente a mí. Un hombre que podía montar en cólera por mi torpeza. Por haberme creído la ágil entrevistadora que nunca he sido ni seré.

—Ay, Javier...

Javier, inclemente con la prepotencia, incluso con ciertos éxitos ajenos, a veces se muestra dulce con la fragilidad. Yo lo descubro así. Me trató con cariño. Me consoló. Salimos juntos a la calle para comprar una grabadora nueva que funcionase bien. Volvimos a casa y, con una precisión milimétrica, con la destreza de un actor de memoria extraordinaria y de elefante —extraordinaria y de elefante no aluden al mismo tipo de memoria—, Javier Maqua casi, casi, se rebobinó.

—La vida surge de las olas del mar.

Maqua me descubre: la incomodidad de actrices y actores que practican escenas de amor en la cama de su dormitorio. Sus clases. Algo de Emma Cohen, con quien una vez me lo encuentro en una exposición. Su paso por la Escuela de Cine de Madrid. Las amistades antiguas y las que ya no son amistades. Una sociabilidad y un gusto por la conversación —incluso violenta— que permanece en sus citas para desayunar o tomar algo con los viejos amigos. La frase mordaz para quienes se transformaron en enemigos o gente indeseable. El honor. Asturias. Duro Felguera. La torre de la catedral de Vetusta. La anécdota del amigo que quiso asesinar a Fraga, pero después no se atrevió. Cárceles de mujeres durante el franquismo. Fusilamientos. Javier se acuerda de nombres y apellidos. Ya he dicho que su memoria es extraordinaria y de elefante, es decir, sus sinapsis para el recuerdo funcionan con perfección tecnológica y, a la vez, rescata hasta el detalle más antiguo; lo extraordinario se relaciona con una facultad de superdotado, mientras que los elefantes aluden al dato, al origen de las cosas. Javier es documental, pero también imaginativo, y pone su imaginación al servicio de subrayar su experiencia de la verdad. Es un narrador. Javier se acuerda de todo, pero yo no revelaré a quiénes dedica sus buenas y sus malas palabras. Esas que a él también le gustan tanto.

—A ti lo que te pasa...

Maqua no es partidario de la tibieza. Y ese desapego al agua que no está ni caliente ni fría, a veces, me lleva a pensar que ha dejado de quererme porque he llegado a un punto en el que hay que hacer demasiadas concesiones; quizá, por el contrario, me sigue queriendo porque me entiende muy bien. Hemos transitado por lugares parecidos. Conocemos la contradicción, la línea roja que nunca se traspasa y el interior de las tripas de los caballos de Troya. El cansancio, el nerviosismo. La seducción y la repulsión. Javier nos quiere cuando nos busca. Noto que nos quiere por la asiduidad buscada de nuestros encuentros.

—¿Qué estáis tomando?

Alguien nos sorprende por la espalda.

Chema y yo tomamos el aperitivo en la plaza del Dos de Mayo y Javier nos encuentra sin que hayamos quedado. Pum. Se presenta. De improviso. Sin cita previa. Soy una mujer controladora, pero me gustan estas apariciones mágicas. Javier es uno de esos prestidigitadores que tanto le deslumbraron en la infancia. A veces nos asusta. Viene como un relámpago. Como una exhalación. A veces también se va deprisa. No es Javier un hombre de despedidas largas.

—¿Qué estáis tomando?

Separa la silla de la mesa y se sienta.

—Cerveza.

—¿Sí? Pues yo tomaré vino.

Javier interrumpe la mañana, el mediodía, que de pronto adquieren un significado efervescente porque, desde ese instante, salimos del sopor, aguzamos las orejas para no perder detalle —Javier está pendiente de si seguimos el hilo de la conversación—, y Chema y yo nos transformamos en los receptores de un cuento, voluptuoso, irreproducible, sesgado y personal, trufado de grandes nombres y momentos de la historia del último franquismo y de la Transición. Queremos estar a la altura, pero a veces nos faltan conocimientos previos. Nos reencontramos con la vivencia de ser jóvenes bisoños. En casa, Chema me pregunta:

—Pero ¿qué venía después de qué?

Y yo le contesto:

—¿Tú sabes a quién se refería cuando hablaba de «aquel miserable»?

Nos falta contexto. Nos falta trastienda o quizá no hemos sido lo suficientemente asiduos a ciertas reuniones. Maqua nos asigna una agilidad mental de la que carecemos. O quizá mientras nos habla nos va envejeciendo, acercándonos a su generación, olvidando nuestros nombres y los datos de nuestro documento nacional de identidad. Tenemos memoria, pero no tanta.

—¡Miserable!

Directores de periódico, ínclitos plumillas, cineastas, actrices excelsas y actores sin química con determinadas actrices, bufones de la corte transformados en paladines de la radicalidad, *follarines y follarinas* —que diría Antonio Martínez Sarrión—, advenedizos, pelotas, gente de mérito y gente más recta que los lados de una escuadra. Personajes admirables e incorruptibles también. Yo no diré los nombres. Son propiedad de Javier. Dudo mucho de que él se agarre a estas palabras para hacer de ellas declaraciones sensacionales –comerciales– más allá de la conversación, chisporroteante e íntima, en una terraza de la plaza del Dos de Mayo. El auditorio a ratos se sobresalta y, deslumbrado por las revelaciones y la ligereza narrativa del emisor, tomaría notas, porque conoce sus lagunas y no quiere equivocarse la próxima vez.

–¡Por favor! Dos cervezas y un vino.

Al mismo tiempo, el auditorio ruega a las diosas que le envíen lotos borradores de la memoria mezclados con las patatas fritas del cuenco: después de la revelación, va a ser muy difícil mirar a la cara al individuo A o al hombre de negro C. Inspeccionaremos qué hay bajo la cama antes de acostarnos. Si memorizamos las cosas que Maqua nos cuenta, corremos el riesgo de que la policía entre en casa para sacarnos información.

–¡Tres más!

Tomamos cañas y vinos en trío. Tomamos cañas con Rafael Reig y con Violeta, que a Javier le parece una mujer admirable con toda la razón. Tomamos cañas un día con Rafa, con Violeta y con Martín Casariego, que se siente un poco insultado por la conciencia de clase y el resentimiento de Violeta. Más tarde, Juan Vilá y María se unen a nuestros encuentros con Maqua. Comparten experiencias asturianas y conocidos. Comparten sus textos y sus afanes editoriales. Se dicen cosas. Se ríen. Se ven sin necesidad de que nosotros los convoquemos. A menudo no estamos y ellos hacen su vida.

Maqua me elige para que escriba un prólogo a su obra *La función del orgasmo*. Escribo «Conversaciones en el orgasmo y el orgasmo de la conversación». Me siento feliz y privilegiada. Le pido a Maqua que presente en La Buena Vida *Daniela Astor y la caja negra* junto con Jorge Herralde, que, en tiempos y con vocación autoparódica, se había fotografiado en el despacho con su secretaria a cuatro patas enseñando muslamen. Javier conoce muy bien la época y el paño que se corta en *Daniela* y, de hecho, sale retratado en uno de sus capítulos, junto a su mujer, Gloria Berrocal. Mi presentador se lo toma muy en serio y, en colaboración con su amigo Antonio Oliva, lleva a cabo un montaje cinematográfico sobre las actrices del destape que proyectamos durante la presentación. Es mi primera y única adaptación al cine. Provoca controversia. Como debe ser. Godard estaría encantado. Fantaseé con la idea de que Javier adaptara al cine *Animales domésticos*. Yo creo que él también lo pensó, pero el deseo se quedó en mero pensamiento. Quizá punzada. Después, me propone que escriba con él un guion para su novela *Amor africano*. Lo pasamos bien, y yo le agradezco que me ayudase a confiar un poco más en mi capacidad como escritora de diálogos. Nuestra colaboración tampoco llegó a ninguna parte, pero...

–¡Dos cervezas y un vino! Los panchitos, por favor. No se olvide de los panchitos.

Por entonces ya estaría cayendo la tarde.

Maqua alaba los capítulos en los que hablo de cine en *Daniela Astor y la caja negra*. La época de *Fata Morgana*. Alrededores. Empiezo a olvidar las palabras que, un día, me hicieron daño. Las leo de otra forma. Las palabras. Nunca pienso renunciar a ellas. Son mías. Y las uso, las desgarro, las extiendo y las contraigo a voluntad. Como la vagina y el grito. Te las presto. O puede que sean tuyas también. Pero a las mías, como a mis gatas, las trato como me da la gana. Con fruición. Reverencia. Pasión. La conversación en el orgasmo y el orgasmo de la conversación.

–La vida surge de las olas del mar.

Todo tan húmedo.

Más tarde, Begoña Huertas y yo presentamos en la librería Juan Rulfo un hermoso libro de Javier, *El prestidigitador manco*. Viene su familia y él se comporta de una manera extraña. Se mete dentro de sí mismo como un caracol y observa al auditorio por debajo de sus pobladísimas cejas. No se deja halagar. No lo permite. Es un ser correoso que en cualquier momento puede contradecir a sus presentadoras, dos mujeres llenas de admiración y buena voluntad. Begoña era prima de Javier Maqua. Cuando Begoña muere, Javier queda sumido en algo que se parece a la rabia. Yo nunca tuve mucho trato con Begoña, pero quizá Javier pensaba que sí. Y puede que me culpe por no haber sido más expresiva en el momento de su muerte. Yo no tenía derecho. El dolor también se usurpa y esa usurpación es ridícula. Lo vemos a diario.

Javier vive cerca de casa de mis padres. Hace mucho que no me tropiezo con él mientras pasea a sus perras o acude vertiginoso a la cita con un amigo para afianzar la memoria y entablar conversación.

No recuerdo cómo llegué a Javier. Soy muy mala en la evocación de las primeras veces. Son tan trascendentales que tiendo a olvidarlas. A menudo no significan nada. Después todos los caminos llevan a Roma. Quizá el vínculo se forja por Alfredo Castellón, que me tildó de niña endemoniada. Después de oírme cantar «Se está quedando La Unión como un corral sin gallinas», Alfredo le dijo a mi madre:

–Esta niña está endemoniada.

Tal vez llegué a Maqua por la vecindad. O por esas afinidades políticas que nos acercaron a Carlo Frabetti cuando Chema colaboraba en la Asociación contra la Tortura. Luego, Juan Vilá, otro punto de vista introducido en la historia, alguien que tampoco deja que lo halaguen pero que como todo el mundo lo necesita, incorporó una hebra nueva a esta cuerda.

Llegó la pandemia y envejecimos de golpe. Ya no sé en qué punto de la conversación estamos ni qué sucedió.

91

Al acabar de escribir *La lección de anatomía*, volví a experimentar la sensación, no tan paranoica como pudiera sonar en un primer momento, de que alguien sumergía mi cabeza debajo del agua y la mantenía allí mucho rato. Manos negras que actúan por inercia y nacen de un montón de cráneos independientes que trabajan para una misma corporación cultural. Yo sabía lo que era tener la cabeza debajo del agua y estaba bien preparada para la apnea, porque con un libro anterior, *Amour fou*, ya había estado a punto de volcar mis inquietudes artísticas en la pintura al óleo.

Estamos en el restaurante marroquí de la calle Farmacia de Madrid, que, en tiempos, fue frecuentado por Sánchez Dragó y por Jorge Martínez Reverte, un escritor que vivió en el mismo portal que yo cuando él se ganaba la vida desempeñando el oficio de escribir y yo todavía no había relatado el lado negro de mi comunidad de vecinos. La lucha de clases de interiores y exteriores. Los efectos de la gentrificación en las mujeres viejas. Jorge y su familia fueron nuestros vecinos durante un periodo de tiempo muy corto, pero podría haber sido un personaje de *Black, black, black*. Antes de que enfermara y descubriese que habíamos compartido escalera, me preguntó un día:

–¿Cómo podéis vivir en esa comunidad de nazis? Las reuniones eran espeluznantes...

Nosotros ya no lo notábamos. Aclaro que, cada vez que elijo la primera persona del plural, incluyo a mi marido. Nosotros –nosotras también– somos Chema y yo. Y Chema y yo habíamos incorporado el aquelarre a nuestra forma de ser. Ahora hasta echamos de menos la vigilancia a través de las mirillas o los insultos a grito pelado que hacen eco en la caja de resonancia del patio interior. Yo, como ejemplar vecina de mi comunidad, corría levemente el visillo y observaba el despacho de Jorge en el segundo. Ahí estaba trabajando un escritor. Lo espiaba desde mi anonimato. Un anonimato basado en la desaparición –en la irrelevancia– de las cinco o seis novelas que había escrito. Yo era nadie. Sin embargo, poseía un pequeño capital cuyo valor desconocía.

Y espiaba a un escritor.

Después volvía a la cocina y repelaba un ajo y luego le arrancaba el corazón. La paella, el solomillo de cerdo al vodka, los espaguetis a la marinera, el cocido madrileño, los sanjacobos y el suquet de rape me salían bien. Ahora no pelo ajos ni me chupo los dedos con mis comiditas. Mi marido me prepara merluza en salsa verde y mi madre me asa rodaballos al limón. Pago semanalmente cuarenta euros a una asistenta a quien he dado de alta en la Seguridad Social. Se llama Joana y me manda vídeos por WhatsApp para mostrarme el colorido de las flores de su jardincito o los dormitorios de su piso nuevo. Joana me enseña que somos iguales y, aunque a mí y a mi naricilla levantada nos cueste aceptarlo, tiene razón.

–Qué bonita casa, Joana.

–¿A que sí, Marti?

Ella me llama Marti. Y todo esto acabo de escribirlo en un cuento en el que Joana se llama Daina y yo no soy Marti, sino Susi. Estos bautismos, sin padrino ni puros, se celebran con frecuencia en los textos literarios.

Ahora soy una escritora que lleva cartera y tiene tarjeta Iberia Oro. No tengo tiempo. No tengo tiempo siquiera de encajar mi pupila a la pupila de la mirilla.

Mal.

Ahora escribo fajas para libros de otras personas. Las fajas son un nuevo género literario. El eslogan es un nuevo género político. Al final, la publicidad rebaña cada letra escrita o pronunciada. Doy charlas y asisto a clubes de lectura. Siento cátedra desde la popular duda metódica y procuro no entrar en la cocina. Cuando entro, no me importa que se me peguen las tortillas o no darle al redondo de ternera el punto exacto de cocción. Renuncio a hacerlo todo bien. No me da la gana de hacerlo todo bien. Y no me da la gana porque no puedo seleccionar realmente lo que quiero y no quiero hacer. Eso es una mentira podrida que alguien nos vende para que no protestemos y nos creamos que todas somos libérrimas francesas como Isabelle Huppert o Catherine Deneuve. También a ellas las engañan, pero se hacen las locas para no sufrir.

Y están forradas.

Pero el día al que quiero volver estábamos en el marroquí de la calle Farmacia, no porque fuese un local frecuentado por Sánchez Dragó o Martínez Reverte, sino porque nos gusta el cuscús y los dueños del establecimiento aún nos llaman por nuestros nombres y nos leen y nos animan en nuestras empresas. Yo había entrado en crisis:

–Marido, dejo la literatura y me voy a dedicar a la pintura al óleo.

–Ya, sí.

–Padre, dejo la literatura y me voy a dedicar a la pintura al óleo.

–¿Tú te acuerdas de lo mal que lo hacías?

Siempre encuentro alternativas al abandono literario en el espacio artístico. Tarada e inconsecuente. Zapatera a tus zapatos. Mi relación con la pintura nunca fue tan mala como asegura mi padre. Exagera. En realidad, mi padre habría querido que fuese pianista y mi madre que me sacara el carné de conducir –¡Independencia!–. Pero ninguno de los dos consiguió sus propósitos. Sobre el piano de mi casa se amontonan los libros y mi marido me lleva, como a Miss Daisy, de Carcaixent a Dénia y de Dénia a Benicàssim para reflexionar en voz alta sobre las tramas de degradación o las narradoras testigo.

Mi madre no comía cuscús con nosotros, porque se había ido de vacaciones con mi abuela a nuestro adosado de Murcia. Este es nuestro tren de vida. El que nos hemos ganado practicando la cultura del esfuerzo desde que se nos cayeron los dientes de leche y, después, nos volvieron a salir. Pido perdón por la segunda residencia de mis padres en Murcia. Pido perdón porque, si las leyes de la vida se cumplen, la heredaré y, entonces, esa segunda residencia será un argumento para taparme la boca cuando me ponga chulita y revolucionaria.

Colgamos las bragas en el tendedero del patio encima de la bombona de butano de repuesto. Regamos el chirimoyo.

Nuestra cultura del esfuerzo es como el feminismo: nadas contra la corriente y lo más probable es que te ahogues. Sabes que no existe la igualdad de oportunidades y que, por eso, tienes la opción neurótica de dejarte la piel a tiras sin que ese sacrificio vaya a repercutir en nada necesariamente bueno; también sopesas la opción periférica de rebelarte contra el sobreesfuerzo que conduce a la enfermedad física y mental, para quedarte en los márgenes practicando el derecho a la pereza y convirtiéndote en una de esas pobras de necesidad que tan molestas resultan a la vista. En este caso, también estarás condenada a la enfermedad física y mental por exceso de frío y de alcohol y de sarna. Nunca valoré esta opción seriamente porque no quiero ser quemada en el hueco de un cajero automático.

Mi madre, aunque le encanta el cuscús de cordero con picante, no estaba el día de mis desdichas, así que no tuvo que sufrir al enterarse de que nadie quería esos preciosos libros míos. Años después, los publicaron, pero ya no eran premoniciones ni canarios que cantaban en el túnel de la mina antes de asfixiarse a causa del escape de grisú. Soy una puta Casandra. Y, como Casandra, pago mis culpas. Llevo el escupitajo de Apolo en mi garganta. Eso resulta muy molesto para Casandra, para mí y para quien nos lee.

Hago un *flashback* –lo digo en inglés para que me entienda todo el mundo– en el hilo de esta novela social o de aventuras. Acaso de este suicidio. La analepsis-*flashback* salta a los meses y años previos a la comida en el restaurante marroquí y se centra en la constatación de mi primera crisis literaria: una novela pululaba sin editorial por el mercado, *Amour fou*. Carecía de estructura, según la carta de rechazo que me envió un ínclito editor que aún no había aprendido que es preferible no dar explicaciones. Con el paso del tiempo y sin que yo tocara una coma, dentro de un cajón o para ser más exactas en el archivo del ordenador, *Amour fou* desarrolló espontáneamente una férrea estructura de dos voces que rebotan. Quizá, sin que yo me diese cuenta, había interferido una inteligencia artificial. De hecho, la novela había sido concebida como un libro de ciencia ficción a corto plazo que, al tardar tanto en ver la luz, se terminó transformando en una novela hiperrealista: acababa con una escena en la que se dejaba constancia de la proliferación micológica de banderas de España por toda la ciudad de Madrid. Estábamos en 2007 y Madrid aún no se había llenado de españoles y españolas que exhiben su españolidad en los balcones. La novela narraba algunas escenas sobre la ocupación y la tortura que se practicaba en ciertas comisarías. Consta en informes de Amnistía Internacional y de la Asociación contra la Tortura. Casandra escribía sobre los límites de la democracia en un momento en que el asunto aún no parecía crucial.

Con *La lección de anatomía* ocurrió algo parecido: contaba cómo una mujer heterosexual crecía entre los relatos, vitales y fantásticos, de otras mujeres. Abuelas, madres, compañeras de colegio y de trabajo, amigas. Según las editoras que lo rechazaron —todas las de España—, el libro no era interesante porque a nadie le importaba ese asunto y lo enjundioso habría sido que relatase mis amores con los hombres. Yo contraargumentaba advirtiendo que esa narración habría sido muy corta por muchos detalles en los que proustianamente me hubiese querido deleitar. Pero, como dicen en México, ni modo. Las editoras de las grandes editoriales españolas, a la altura de 2009, eran mentes preclaras que ya estaban atisbando en sus bolas de cristal el advenimiento de los nuevos lenguajes

96

del feminismo y la reformulación de la piedra filosofal del canon.

–¿Qué interés puede tener el libro autobiográfico de una mujer heterosexual hablando de sus relaciones con otras mujeres?

En el punto previo a estas dos catástrofes –*flashback* dentro de *flashback*, llovía sobre mojado–, justo después de haber ganado el Premio El Ojo Crítico de Narrativa con *Los mejores tiempos,* mi editor de siempre me había dicho:

–Vete de aquí.

Debate había sido deglutido por un gran grupo editorial con sede en Alemania. Y Constantino, que desconfiaba de su permanencia en la empresa, me había arrojado al mundo como un pollito que aún no tiene envergadura para el correteo por el campillo de la gallina criada en libertad.

Él se quedó y se inventó una colección, Caballo de Troya, «Para entrar y salir de la ciudad sitiada», una manera de decir que estás fuera estando realmente dentro. Para subrayar tu carácter periférico desde el corazón mismo de la centralidad. O al revés, una manera de fingir que estás dentro para hacer las cositas malas de los arrabales. Constantino, igual que el mañoso Ulises, maquinó un plan para maniobrar desde la panza de la hormigonera loca de este capitalismo que tenemos interiorizado y nos agobia y nos machaca, y contra el que hemos descartado la opción de rebelarnos con revoluciones sangrientas porque la sangre ya no nos gusta ni siquiera en las morcillas de Burgos. Aprendemos a colocarnos de perfil. Un, dos, tres, escondite inglés. Posturas incómodas que se suman a otras posturas incómodas que se relacionan con el hecho de ser mujer o de ser negra o de haber nacido sin brazos por culpa de la talidomida.

Constantino buscó su propia referencia clásica –somos personas cultas– y conmigo fue demasiado previsor. Tampoco me pagaban tanto como para que yo molestase. Hay incluso quien dice que el trabajo de la escritora nunca está lo suficientemente pagado. Es imposible hacer el cómputo de ese esfuerzo y esa dedicación. De modo que, como es impagable, a veces no se paga. Pasa a menudo. Otras veces, la precariedad se justifica con la excusa del meritoriaje –no eres nadie y tienes que ir haciéndote un nombre tacita a tacita–; por último, hay quien considera que ya posees demasiado y que para ti sería un insulto cobrar cien euros por escribir un prólogo o cincuenta por preparar un artículo, así que lo más sensato es no ofender a la escritora que suele darse un puntito en la boca y se conserva delgada para salir bien en las fotos siempre y cuando no la cojan desde abajo.

Casandra no había previsto tantas adversidades, pero en ese punto de su vida veía su futuro completamente negro. Y la negritud fue más intensa con los rechazos de *Amour fou* y *La lección de anatomía*.

Los melosos pastelillos del restaurante marroquí se me habían quedado pegados a las paredes del estómago.

EL *DREAM TEAM* DE LA LITERATURA FEMENINA ESPAÑOLA

Yo, gallina sin cabeza tras la expulsión de Constantino de la acogedora editorial familiar en la que pensé que me jubilaría, llevaba una novela debajo del brazo. Se llamaba *El espacio heroico*, pero el título pasó a ser *Animales domésticos*. Este libro fue mi aval para ser acogida por otro editor, que alardeaba de carecer de criterio literario y proclamaba a los cuatro vientos que la literatura era aburrida por definición. Joaquim Palau me cae muy bien.

–Podrías ser la Patricia Highsmith española...

Repito: Joaquim Palau me cae muy bien. Con su moto y su aire de pícaro ejecutivo.

–Highsmith...

Pero que muy muy bien...

A menudo lo habría asesinado. Por ejemplo, cuando en el

hall del hotel Ritz, donde me había citado por primera vez –casi sin pompa ni esplendor, sin pizca de grandilocuencia...–, me explica que su objetivo es formar el *dream team*, el equipo de ensueño, de la literatura escrita por mujeres en español. Como máxima anotadora, Lucía Etxebarria, a quien yo ya había conocido en un congreso cuyo relato haré más tarde y que con mucha generosidad me presentó al entrenador Palau. En aquellos años Lucía lo había ganado todo y tenía poder: el poder de decir «Esta escritora tiene un libro, Joaquim Palau, léelo». Y no sé si Palau lo leyó, pero lo publicó y me fichó para ese *dream team* de escritoras nacidas en la década de los sesenta que se ha quedado arrumbado como una colección de cromos de viejos futbolistas. Qué sucedió con nosotras. Dónde estamos. Cuántas hemos sobrevivido. Quizá éramos como las actrices del destape en la Transición. Me pregunto si pretendieron fabricarnos y cómo nos resistimos al ensamblaje de la cabeza y los brazos en el torso plastificado.

–¡Ángela, a tu derecha!

Ángela Vallvey mira hacia la posición de Blanca Riestra, pero acaba pasándole la pelota a Lola Beccaria, que se la lanza a Espido Freire, que penetra por la derecha para pasársela a Lucía, que anota con un mate perfecto. En una casa rural de Hermigua, en La Gomera, Lucía descubre mi cuerpo en la playa:

–Tienes cuerpo de jugadora de balonmano.

–Me rompí todos los dedos jugando al balonmano.

Unas piernas preciosas, los dedos rotos y cuerpo de jugadora de balonmano.

Una cobarde jugadora de balonmano que nunca lanza a puerta.

También mi cuerpo estuvo a punto de ser públicamente expuesto para promocionar una colección de relatos eróticos escritos por mujeres. Se titulaba *Lo que los hombres no saben* y su promotora fue Lucía, a quien se le ocurrió que no sería mala idea que las autoras que habíamos escrito un relato para la antología nos retratáramos desnudas de cintura para arriba. Bellas fotos artísticas en blanco y negro que sugerirían mucho más de lo que mostraban. Aún no logro entender por qué dije sí, aunque en realidad sí que lo entiendo: efectivamente éramos como las actrices del destape en la Transición y una niña de aquellos tiempos no podía rechazar la oportunidad de sentirse Nadiuska por un día. Tan sexy como esa Daniela Astor sobre la que no mucho más tarde me puse a escribir. La preadolescente que saca morritos y lleva un escote en la espalda que casi, casi —«casi» es un palabra importantísima— enseña la rajita del culo. Acudí a un estudio fotográfico de la calle Carretas con un montón de bellas imágenes rondándome por la memoria. Me hice la foto y lo disfruté todo: la sesión de maquillaje, las luces, el ponte así.

–Sí, así, venga, más. Dámelo todo. Te comes la cámara. Joder, qué barbaridad.

Supongo que bizqueaba. Quizá me humedecí los labios más de la cuenta. Con cada clic, los pelos de los brazos se yerguen poseídos por el placer del magnetismo. Una mano que sale de la cámara te recorre el cuerpo entero y lo hace suyo. Orgasmos de aquellos años. Ahora pedimos que nos devuelvan los pezones, la tráquea, el peroné, los miembros que se nos fueron descoyuntando en nuestras relaciones. En nuestras fornicaciones. Amén.

–A ver, déjame que te haga un retoquito. Tienes un brillo.

Una niña de la Transición, sensible al séptimo arte, que coleccionaba las portadas de *Interviú* y *Fotogramas*, ante esta oferta, solo podía ponerse la ropa interior limpia, depilarse las axilas, perfumarse con una gota de *eau de cologne*, disfrutar.

–No es la primera vez que posas, ¿a que no?

(«Claro que no, zoquete», pensó la escritora que había posado para Joaquín Alcón.) La idea se queda dentro de un bocadillo de pensamiento y la escritora sonríe con conciencia de que su sonrisa le atiranta el gesto y le adelgaza los labios.

100

—Sí, perdona. No lo hago bien.

Luego dije no. No me retiré por pudor, sino porque aquello me parecía blando. En lugar de transgredir, sentía que asumíamos un riesgo que no era tal. Las escritoras también tenían tetas escondidas debajo de los brazos o entre los mechones del pelo. Las escritoras también podíamos hacer anuncios de gel y ser expuestas en las marquesinas de los autobuses y en los autobuses y en los cartelones con anuncios del metro. Pensé que mi cuerpo era mi texto y en mi texto estaba mi cuerpo. Recé el mantra de esta otra epifanía que ha recorrido mi existencia. Como la de la indisolubilidad del fondo y la forma. Y me retiré con cualquier disculpa. En realidad, me habría gustado hacer una propuesta: que las escritoras saliéramos desnudas de cintura para abajo. Sin rostros. Solo nuestros coños. Los pubis sin depilar o lampiños, infantiles. Ingle selvática y fresas salvajes. El atisbo de los labios mayores. Trocitos de carne amoratada. Terciopelo rosáceo. Apariencia húmeda de orquídea. Punta de clítoris como aguja. Coliflor. Pubis sin nombre y la posibilidad de unir cada oveja con su pareja. Aquello sí que habría sido un verdadero sindiós. Diosa estaría al tanto de todo.

En Hermigua se celebran simultánea y surrealistamente dos cursos de verano: uno sobre nacionalismos con Carod-Rovira, Leopoldo Barreda, Jáuregui —que tonteaba con las rubias— o Beiras, y otro de creatividad literaria, dirigido por Lucía. A la hora de cenar, las jóvenes escritoras compartimos mesa y mantel con algunos padres de las patrias. Yo me hice amigueta de uno del PNV cuyo nombre ahora no recuerdo, «Pedro, Pedro...» —no lo voy a mirar en mis archivos, aunque seguro que anda por ahí.

—Pedro...

—¡Aizpuru!

—Creo que sí...

—¿O Azpiazu?

—Tal vez.

Damos clase en el parque de Garajonay. Allí estamos Imma Turbau –a quien protejo de los mosquitos–, Teresa Aranguren, Magda Bandera, la turbulentamente desaparecida Irene Zoe Alameda. Una noche me fumé varios porros con el padre de la hija de Lucía. Mi habitación era preciosa, y tonteé con mi soledad y conmigo misma delante de un espejo vistiendo un salto de cama negro y transparente. En la casa rural había una colonia de gatitos, enfermos y escuálidos, que se tiraban sobre nuestros cuencos de cereales para el desayuno. Uno de ellos me clavó un finísimo colmillo en el pulpejo de la mano. Otro agonizó, recogido sobre sí mismo, sobre la senda de tierra durante un par de días. Nos rodean las plataneras y piscinas naturales. Mar. Nuria Barrios lee una conferencia preciosa sobre *La Odisea*. Nuria, a quien le gustan los ojos azules de Chema –no se lo reprocho, se lo agradezco–, también iba a formar parte del *dream team* de la literatura escrita por mujeres en español:

–¿Tú conoces a Nuria Barrios?

Yo no sabía qué contestar porque no entendía si el interés de Palau por Nuria Barrios residía en la inteligente negrura de sus cuentos o en lo bien que le pudiera quedar la camiseta. Con Joaquim Palau, en Destino publiqué *Animales domésticos*. Estábamos en 2003. En el *hall* del hotel Ritz, cuando la novela aún se titulaba *El espacio heroico* y mi amiga Elvira me preguntó si iba de astronautas, Palau aceptó mi libro porque Lucía Etxebarria se lo había recomendado. Más tarde, Malcolm Otero Barral, su director literario, le dijo que el libro merecía la pena. Gracias a Diosa. En el *hall* del hotel Ritz, también gané un montón de puntos que subieron a mi virtual estadística de anotadora, porque allí coincidí con Javier Cercas, que me saludó con cariño. Nos habíamos conocido en el mismo congreso literario en el que vi por primera vez a Lucía Etxebarria.

Más tarde, me presenté al Nadal con *Amour fou* y ni gané ni publicaron la novela, pero la dejaron en el banquillo para sacarla quizá más adelante. El fracaso en el premio me lo comunicó Lorenzo Silva, a quien también había conocido en el mismo congreso que a Lucía y a Javier Cercas. Ese congreso fue un concilio generacional. Cardenales, papisas, curitas, sacristanas.

En 2006 quedé finalista del Premio Nadal con *Susana y los viejos*, y acto seguido me echaron de la editorial. No les gustaba *Amour fou* y no iban a publicarla, pese a que me la habían pagado. *Amour fou* fue la novela que escribí inmediatamente después de *Animales*: Palau la leyó y me dijo que escribiese algo menos duro y que, cuando me hubiese consolidado en el mercado —este lenguaje era absolutamente nuevo para mí; incluso ofensivo—, entonces rescataríamos el *Fou*. La novela menos dura fue *Susana y los viejos*. Mi expulsión de Destino no había sido responsabilidad del entrenador Palau, que se había marchado a RBA, sino de su sucesor. Sin casa editorial, como casi todo el mundo, me puse a escribir *La lección de anatomía*.

Ahí estaba yo, sumida en ese desconcierto. Barruntando mi inoportunidad —«Perdón, perdón, ¿podría usted atenderme un minuto?»—, sin posibilidad alguna de incurrir en vanidades, con un miedo terrible a tener sueños, sin disfrutar de la cresta espumosa de la ola, con la impresión de que lo menos importante eran las palabras de los libros que escribía. Sola después de haber estado muy bien acompañada. Pero todo era susceptible de empeorar. Y empeoró.

—¿Qué interés puede tener el libro autobiográfico de una mujer heterosexual hablando de sus relaciones con otras mujeres?

Le tuve que estar muy agradecida al editor del *dream team* y a su brazo literario, Malcolm Otero Barral, que publicaron *La lección de anatomía* en RBA con portada de Balthus.

Ahora mido todo lo que le debo a Joaquim Palau. Y es mucho. Sin él, habría desaparecido. Y lo quiero. Coincidimos en un encuentro literario y me dice:

—Estoy orgulloso de ti.

Quizá podría habérmelo puesto un poco más fácil, pero él es consciente de cómo me he agarrado a la pared en la escalada. Mis uñas y pies de gato. Los callos. Las rozaduras.

En aquellos tiempos confusos, yo estaba recibiendo un curso acelerado sobre las fluctuaciones del mercado editorial. Cuando por fin *La lección de anatomía* llegó a las librerías, casi todo el interés mediático se centró en el estupendo libro de una compañera en RBA: *Naturaleza infiel* de Cristina Grande. Ahora añoro a Cristina, a quien nunca conocí personalmente. Ella tampoco está. Dónde está Cristina.

–¡Pásale la pelota a Cristina!

–No puedo. Se ha lesionado.

En aquellos momentos me sentí injustamente tratada, hasta que *La lección de anatomía* fue elegida libro del año por el equipo de Cultura del diario *Público*. Peio Hernández Riaño dirigía el equipo y de él formaba parte el que luego yo consideraría mi hermanito siamés, Carlos Pardo, que me manda una carta astral con la certificación de que los dos somos escorpio con ascendiente aries. Queda explicada la empatía. Mi fe astrológica cada vez es más acusada: estoy rodeada de hombres escorpio... Constantino Bértolo, Isaac Rosa, Carlos Pardo, Nacho Pastor y otros hombres de la vida que aquí no se cuenta porque se contó en *La lección de anatomía* como la verdadera vida. Mi abuelo materno y mi abuelo paterno.

–¡Pellízcame, amiga!

–Yo te pellizco y es verdad: no eres un sueño.

Carlos y yo nos conocimos en octubre de 2008 en una mesa sobre el presente de las letras en la Fundación Caballero Bonald de Jerez. He vuelto muchas veces a Jerez gracias a la hospitalidad y el cariño de la poeta Pepa Parra. En marzo de 2009 atravesé con ella la frontera de Marruecos por Ceuta. Nos dirigíamos a Tetuán y a Martil, al Centro Cultural Al-Andalus, donde participé en el ciclo «La costumbre de leer». Habían traducido al árabe un capítulo de *La lección de anatomía*, «Gatos»,

y Pepa y yo nos subimos al ferry y ella rio con los policías adua-
neros y las dos vimos cómo las mujeres marroquíes, con enormes fardos de ropa a la espalda, cruzaban la frontera a través de
unas jaulas con forma de tubo. Las jaulas, como túneles ciegos,
solo tenían comienzo y fin, y si hubiese saltado una chispa, todas habrían muerto abrasadas.

–Pepa podría haber sido una excelente pívot.

–Demasiado bajita, demasiado risueña...

Pepa, poeta, me habla de sus amores en Jerez cuando no
había nadie que fuera más moderna que ella. Ante mis preguntas sobre el flamenco de San Miguel y de Santiago, marítimo
el uno, agrícola el otro, Caballero Bonald me responde desa-
brido:

¿Y se puede saber quién dise semejantes gilipolleses?

José Caballero Bonald pidió a *El Cultural* una reseña mía
sobre *Dos días de setiembre*. A él y a su mujer, otra Pepa, les había gustado *La lección de anatomía*.

Años más tarde, en octubre de 2018, por invitación de
Pepa, fui comisaria de un encuentro sobre «Literatura y vida»
en el que participaron Remedios Zafra, Edurne Portela, José
Ovejero, Jordi Gracia, Manuel Vilas, Luisgé Martín, Marcos
Giralt, Laura Freixas, Estrella de Diego, Clara Usón, Begoña
Huertas, Sergio del Molino, Vicente Molina Foix, Natalia Ca-
rrero y otras personas, exiliadas ahora de mi memoria, pero que
seguramente están comprimidas dentro de esos archivos que no
quiero consultar para poner de manifiesto hasta qué punto la
memoria nos traiciona y, a la vez, está llena de verdad. La traición genera un daño que se inflige a quien no aparece en una
lista. Exclusiones que casi siempre tienen una causa, aunque
pueden no tenerla. Olvidos complejos o sencillos olvidos. La
verdad es evidente: es cierto que Clara, Begoña, Marcos pasa-
ron por Jerez. También lo hizo Carlos Pardo.

El día que nos conocimos en 2008 los dos vestíamos de verde y hasta hoy nos acompañamos con nuestras vulgaridades y

pedanterías. Nos reímos muchísimo y podemos contar el uno con el otro. Yo confío en la cabeza de Carlos Pardo. En sus conocimientos métricos y musicales. Él es la encarnación de la elocuencia, la locuacidad y la locuela como modo y tono particular de hablar de cada individuo. Mis alumnos de la Universidad para Mayores de la Complutense se quedan atónitos con Carlos:

–Eso es un endecasílabo de gaita gallega.

–¡Oooooh!

Exclama mi orfeón de estudiantes maduros.

–Porque la cadencia yámbica...

–¡Aaaaah!

Grita, temeroso, el orfeón que cuenta las sílabas con los dedos.

Presenté *Vida de Pablo*, la primera novela que Carlos publicó en la editorial de Julián Rodríguez y Paca Flores. El día del entierro de Julián viajamos en el mismo coche Carlos, Berna González Harbour y yo. Allí también estaba Constantino. Y Paca, Guillermo Altares, Irene Antón. Y Javier Rodríguez Marcos, el hermano de Julián, que me dio un abrazo muy fuerte y me dijo algo casi increíble para mí:

–A ti mi hermano sí que te quería.

Julián.

Gracias, Javier.

Con el paso de los años nuestro mundo se hace pequeño y se llena de osamentas.

En la presentación de *Vida de Pablo* leímos un texto maravilloso sobre la calavera de la que entonces era la mujer de Carlos, María Jesús. El amor por la calavera que se oculta bajo el rostro. Mi obsesión por las calaveras sonrientes. La lectura adolescente de Vicente Aleixandre y ese amor que está en el hueso.

La Nochevieja en que *La lección de anatomía* fue elegido libro del año, antes de que se empezara a hablar del activismo inmanente a la literatura del yo femenino, de que lo personal era

106

político y el cuerpo campo de minas de la historia, fue muy importante para mí.

Me doy cuenta de que todo lo que hoy desvelo por escrito da por hecha mi destreza literaria. Y me pregunto: ¿y si los otros tenían razón? Entonces constato la utilidad del empeño y me da un escalofrío. Entiendo todavía menos a los que dicen que la literatura no es trabajar.

José Hamad, actual editor de Sexto Piso, quiso ayudarme con *Amour fou*, pero ya no recuerdo quién se interpuso en nuestro acuerdo y aquello tampoco pudo ser. Regalé *Amour fou* a una editorial, radicada en Miami, La Pereza. Colocaron una rosa roja en la portada. Como si fuese una novela romántica. Luego, Jorge Herralde la rescató. También rescató *La lección de anatomía*, con prólogo de Rafael Chirbes. Chirbes me trató a la vez mezquina y generosamente. No se lo puedo reprochar porque él también era así consigo mismo. Quizá lo somos todos. O jugamos a serlo porque se corresponde con el deber ser, siempre en claroscuro, del oficio de escribir. Es una fibra, torturada y favorecedora, de nuestro mono de trabajo. Cuando publiqué *Animales domésticos*, Chirbes me llamó y me dijo que me agradecía que hubiese escrito una novela en cuya primera página aparecía un obrero con las botas manchadas de barro.

Veníamos de los años apoteósicos de la Nueva Narrativa Española.

El yin, el yang, los campus oxonienses, la necesidad de quitarse de encima a cualquier precio la ríspida grasa del realismo español. El cateto caldo de gallina. Un obrero con las botas manchadas de barro en los años de los saxofonistas de jazz, los psicoanalistas y los espías.

«Naves. Uralita. Prefabricados. Carteles rojos. Marcos de ventanas de aluminio. Cables de alta tensión. Postes de la luz. Cajas de cartón vacías. Pasos de cebra. Perros muertos, Chuchos. Anaranjados, con las orejas grandes y la panza blanca. Patas arriba. Tiesos. Duros. Rígidos. Rodeados de líquidos. A punto de pudrirse al sol. Marcas de neumáticos y de grasa en la calzada. Tufo a gasolina. Estructuras de chalés en construcción. Matrículas de coches. Cristales rotos de factorías sin chimenea. Chimeneas. Bidones. Pasos a nivel de propiedades privadas. Casetas de vigilancia. Señales de tráfico. Verjas. Farolas. Guardias jurados. Cosas que ya no sirven. Ruido de motores y de aparatos de ventilación. Aire acondicionado que rezuma. Escombreras. Cacas de rata. Espráis insecticidas. Ruedas de triciclos. Líneas continuas y discontinuas. Puntas de hierro oxidadas. Latas aplastadas de refrescos. Envoltorios de bollería industrial. Cascotes. Amapolas, lavandas y campanillas.»

Pese a que los personajes de *Animales domésticos* representaban la flojedad del tejido de la clase media en España, la galdosiana enfermedad del músculo mesocrático, mi novela comenzaba con una enumeración. Una enumeración por mis ovarios, podríamos decir.

Delante del plato de cuscús yo quise dejarlo todo con la boca pequeña. Como muchas otras veces.

Luego agradecí a Lucía Etxebarria, a Joaquim Palau y a Malcolm Otero Barral que me permitiesen pasar la pelota. Sus asistencias. Sin ellos no existirían *Animales domésticos, Susana y los viejos, La lección de anatomía* ni la maldita *Amour fou.*

Esto es literatura. Oferta, demanda, expulsiones, casualidades, crisis, encuentros extravagantes y afinidades sólidas. La persistencia del martillo pilón. La vicisitud comercial que se incrusta en el uso del lenguaje. Y reincidir un día detrás de otro en tu trabajo buscando un punto de equilibrio entre tu vanidad o tus pensamientos a lo grande y la envidia ajena, entre tu singularidad o el pensamiento imprevisible y la inercia exterior, entre los personalísimos errores y la posibilidad de que, más allá de ti misma, haya personas buenas que te los puedan corregir.

Esto era literatura. Escribo para darle importancia a estas vivencias compartidas. Trabajo para conceder importancia a un tiempo, un lugar, unos personajes, sus obras. Quizá deberían agradecérmelo porque, de no ser contados, estos tiempos podrían caer dentro de la bolsa en la que se guarda lo inane. Tiempos inanes de no haber sido contados. Días sin huella. Me parece que este mundo, a veces volátil, a veces mítico, se acaba y lo escribimos para recordarlo en un punto intermedio entre la curiosidad y la nostalgia.

Hoy veo que *Persianas metálicas bajan de golpe* alcanza una calificación de una estrella en la Casa del Libro y que el título ha sido objeto de una pregunta en el programa *Saber y ganar*. No sé si, al fin, me he convertido en esa escritora pop que Romeo y Grasa me propusieron ser en Jarandilla de la Vera ante la sonrisa socarrona de Julián Rodríguez.

Desde este desconcierto y estos cómputos comienzo por segunda vez a narrar.

Porque la narración siempre es una segunda vez.

Escribir es pasar dos veces por el mismo lugar.

–La literatura siempre es el simulacro. La segunda vez, el siniestro *déjà vu*...

–¿Y qué pasa con Casandra, entonces?, ¿qué pasa?

–Casandra está en el vestuario. Ahora mismito viene.

EPIFANÍA NÚMERO N

Escribir sobre la vida literaria desde la ficción irónica, poniéndose la túnica de oficiante externo de la palabra escrita, implica adoptar una posición superior. Rodar desde arriba los acontecimientos. Separarse de la secuencia. Extirparse del plano. Como si el asunto en el que andas metida –embarrada, enfangada, emporcada, feliz como una niña con los dedos pegajosos de algodón de azúcar– fuera con los demás, pero no contigo. Tú no juegas en esa feria de vanidades. Tú eres un juez que, desde la tribuna, pum, da un golpe con su martillo para imponer silencio a la sala y decir sus cositas, o sea, dictar sentencia. Te metes, desde lo alto y sin mancharte, con poetas como tú, con novelistas como tú, con polígrafas como tú. Tú lo ves, tú lo cuentas, pero dices: «Ay, yo no». No me gusta St. Aubyn cuando escribe sobre el mundo literario. Prefiero *Mis premios* de Thomas Bernhard. No hay punto de comparación ni moral ni política ni artísticamente.

Ese paso de baile hacia atrás muestra cierta cobardía y crueldad hacia el prójimo. Me parece que la crueldad ha de empezar por una misma. Me parece que el humor brota de la percepción de la tragedia. No te puedes subir a una grúa de rodaje para retratar un ecosistema del que formas parte. No puedes dejar de ser conejo o abubilla –colibrí– por mucho que te empeñes. Para hablar de este mundo literario al que pertenecemos es preciso situarse en el centro del salón de baile y confesar cuánto te gusta la conga. O lo mal que bailas el malambo. Hay que sacarse las tripas entre la turbamulta. Con la inseguridad y el cinismo que corresponda. En este caso particular, como apunta Christophe Donner, no decir yo cuando se trata de uno mismo es un acto de deshonestidad. Tomé una cita parecida como epígrafe para *La lección de anatomía* –no pienso abrir el libro para comprobarlo.

Juego a las mascaritas, pero no a las mascaradas. Bailo con desenfado un minué. No cuento los pasos. Me coloco justo debajo de la cúpula desde la que sería posible rodar un plano cenital y renuncio a él. Me coloco a la altura de los ojos de todos los mirones para decir que he formado parte de esta maravilla y de esta abyección. Lo escribo y hago el pequeño descubrimiento de las contradicciones que no me convierte en una escritora mejor ni peor. Las peripecias o decir la verdad no me convierten en una escritora mejor o peor. Lo que haría de mí una escritora es saberlo contar. Elegir el lugar exacto desde el que se mira y la persona del verbo que llevará la voz cantante.

En esa elección, por fin, entendemos que «el trávelin es una cuestión moral». Lo dijo Godard.

Esa elección constituye otra epifanía.

Es el quid de la cuestión.

Posdata: quizá también convenga mostrar estas debilidades cuando aún no te has muerto. He comentado muchas veces que dejaré de escribir sobre mi madre y mi padre cuando mueran. Quizá no lo pueda cumplir por aquello de que la palabra facilita el duelo, pero he querido decirles muchas cosas a través de la escritura mientras me podían escuchar. Mantener ese hilo de la conversación. Cometer esas salvajes imprudencias que son actos de amor incluso cuando nadamos en las aguas turbias.

La publicación *post mortem* no garantiza la veracidad, sino la exhibición impostada de lo cruel que puedes llegar a ser. Malo malísimo. Mala malísima. Partimos de la base de que la maldad equivale a la sinceridad porque aquí todo el mundo es malo de cojones. No creo. Ni ecuménicamente demócratas y humanistas –las palabras salen de la boca de los prohombres como ceremoniosas pompas de humo sabio y bueno–, ni irredentas bichas de Balazote que se envenenarían al morderse la lengua. Me parece que es mejor escribir desde ese claroscuro en el que tú estás y los demás pueden oírte. Las personas a las que te refieres, de algún modo, modulan la intensidad de tus palabras. Colocan en su sitio la virulencia, el atrevimiento o la caricia de tu discurso. Esa es la verdad de la vida.

La prédica en un espacio que no está desierto.

DOS ACONTECIMIENTOS

A finales de los noventa, antes de que sucediese casi todo lo que he contado, se produjeron dos acontecimientos importantes para quienes habíamos nacido en la década de los sesenta y aspirábamos a vivir *con, contra, de, en, hacia* la literatura –nunca *para* ni *según* la literatura–. Uno fue el congreso de Iria Flavia, en el que conocí a Etxebarria, Cercas, Silva, De Prada, Orejudo, Casavella, Riestra, Hatero, Pertierra, imprevisiblemente hice buenas migas con la agridulce Ángela Vallvey, me sobrealimenté todo lo que pude y presumí de haber sido alojada en el parador de Santiago de Compostela, una ciudad que Germán Sierra llama Sepultura en alguno de sus libros.

—Bienvenidas a Sepultura, queridas.

Recuerdo a la mujer de Germán Sierra. Como a la Olimpia de E.T.A. Hoffmann. Fascinante.

Germán Sierra no fue invitado por la Fundación Camilo José Cela, que auspició este congreso de jóvenes promesas, pero tuvo la generosidad de ejercer como anfitrión en los ratos muertos. Sepultura. Germán se dedicaba a la neurociencia y a otras cosas misteriosas e, igual que yo, publicaba sus textos en Debate. *La felicidad no da el dinero* es uno de sus títulos. Hace mucho que no sé nada de él y me parece que él nunca experimentó un gran interés por mí. Es decir, por mis libros. Durante muchos años fui una mujer invisible y la invisibilidad concede cierta posición privilegiada para observar.

Las sosas observan y archivan. Llevan clavadas astillas de madera entre el lecho ungueal y la uña. No hablan mucho. Tuercen el gesto y, al madurar, se abren como flores. Flores de cactus que duran exactamente veinticuatro horas. Flores Ingrid Bergman. Las sosas, que nunca dan nada por supuesto, recuerdan y agradecen la generosidad de un anfitrión.

Siento que soy una escritora que ha suscitado grandes desconfianzas. Pero también grandes amores. No lo puedo negar.

Nunca he sonreído para que me quisieran más. Cuando ahora, ya madura, sonrío, lo hago porque me apetece.

En el congreso de Iria Flavia participamos personas que viven de la literatura y otras que no. Que aún no. O que nunca, jamás, no. El perfil premiadísimo de Lucía Etxebarria, que ya entonces podía comprarse un ático en el centro de Madrid gracias a sus libros, contrastaba con el de las escritoras docentes, los escritores abogados, los buscavidas culturales y otras especies que ponían de manifiesto una contradicción: la nueva generación ya no podía colocarse la casulla del sacerdocio literario, el desinterés económico y el vivir del aire; pero tampoco era fácil desprenderse de golpe de esa aura romántica para ponernos el mono —o el babi— del oficio de escribir. No teníamos sindicato y, como excusa para justificar nuestras precariedades, había quien se consolaba asegurando que no era bueno encastillarse en el país literario de las maravillas, que había que poner las patas y el cuerpo a tierra de la realidad —servir copas en los bares, dar clases incluso los fines de semana, ganar pleitos, apuntarse al paro, parir o no parir...– para tener algo que contar. Como si la vida siempre estuviera fuera de la literatura y, desde luego, la literatura fuera un corralito de esponjosos borregos blancos y de monstruos. Como si la vivencia, la pasión, los alcoholismos, los sueldos y las facturas supusiesen un momento previo al acto constructivo —no tanto creativo— de la literatura. Sin embargo, el momento no es previo, sino que trabajamos —sí, trabajamos— desde la simultaneidad.

En 1998 yo me revolvía contra la noción de lo «endoliterario», un neologismo que me enorgullece. Creo que me lo inventé yo. Y digo «creo» porque no sé hasta qué punto nuestra dotación genética incluye un radar para distinguir los préstamos de las invenciones, y los aprendizajes de la fantasía de la originalidad. La ansiedad de la influencia es una enfermedad juvenil que hay que superar cuanto antes, sin histerismos y sin que deje secuelas. Igual que casi toda la obra de Leopold Bloom. Perdón, Harold Bloom. A lo mejor eran primos. Puede que el segundo hubiese deseado ser primo del primero para meterse en su cocina dublinesa y paladear con él huevas de bacalao fritas o riñones con sabor a orina levemente olorosa. En el océano del *Ulises*, tal vez Hache Bloom se habría ahogado entre el humo espeso de la fritanga y los efluvios del alcohol. Decidle que no salte del trampolín.

–Detente, Harold. Tú no puedes comer mollejas. No puedes beber.

Cuando estás a punto de publicar un libro, desde el primero hasta el último, piensas cosas extrañas que alimentan el centro de tus miedos. Piensas que deberías morirte en un accidente de tráfico para que, de repente, alguien te lea como jamás nadie te leyó y te ascienda a ese Olimpo literario del que ya nunca te van a desalojar.

Puede que lo inevitable sea tener miedo cuando estás escribiendo un libro y piensas, supersticiosamente, que alguien lo va a escribir antes que tú. Y lo va a publicar antes que tú. O cuando piensas que te han robado una historia o tu propia vida. O cuando estás escribiendo un libro y lees otros libros que de repente son el mismo que estás escribiendo tú. Todos, absolutamente todos, son el mismo que estás escribiendo tú. Se encuentran las similitudes más estúpidas. Más pavorosas. Te comes las páginas y la madera del lapicero con el que pintarrajeas las galeradas. Luego sentencias en alto:

–Es el aire de los tiempos.

Y en esa marca de perfume habita una gran verdad. Como en la publicidad de las pizzas y de los estropajos.

Sin embargo, la idea de que trabajar en otra cosa, modelar tu experiencia, formar una familia, habitar bajo un pólipo en la profundidad oceánica, vivir, beber, follar, traicionar a los amigos, reponer comida en un supermercado, teñirse el pelo de azul y luego ya escribes, la idea de que la literatura no es un centro legítimo contribuyó a desrealizar los trabajos literarios y a desmaterializar a sus practicantes. Desintegraciones por hambre, cansancio o aburrimiento. Por inanidad de ese trabajo que, desde la mano, te va difuminando la muñeca y el codo y el hombro para subir por la carótida y borrarte el rictus o la expresión de los ojos.

–¿Qué haces?

–Nada.

114

—¿Qué haces?

—Mis cosas.

—...

—Gilipolleces.

En el extremo opuesto de esta actitud queda el alzarse en la escritura a la búsqueda de la gran obra. Levantar las dos manos sobre las teclas del piano. Dejarlas suspendidas en el aire y preñar ese gesto, esa dilatación, de la sinfonía heroica que interpretarás a continuación. Grandioso. Cada vez. Esta actitud sisífica resulta extremadamente cansada y es la que suele recogerse en las películas sobre grandes escritores varones que se molestan por el llanto de las criaturas que han engendrado y la mala calidad de la bombilla de su habitación. La falta de una tranquilidad que a veces les proporciona la guardiana del escritor: la esposa cancerbera que anda de puntillas por la casa y adquiere la textura de esa espuma amarilla que aísla las edificaciones del frío o del calor. Era así. Hasta hace poco. Era así en Iria Flavia y en la casa de Jorge Luis Borges también sería así.

La república de las letras principiante, en el ojo del huracán del neoliberalismo, se coloca en un margen de la realidad. En una periferia elitista e innecesaria. Se le niega un carácter corpóreo que solo se adquirirá practicando la medicina o el corte de la babilla en la pieza de añojo. Es un trabajo que no es trabajo y, por eso, hay quien se empeña en llevarte siempre de vacaciones —invitarte a un congreso— y hacerte fotos con tus mejores poses. Sin embargo, los trabajos literarios y esas regalías limosneras, que a veces denotan lo que le importa la cultura a este país —y a muchos otros—, forman parte de la realidad. Venimos simplemente a trabajar, cantaba La Bullonera en los setenta. Yo hablo de mi trabajo. Tengo tanto derecho como cualquier otra trabajadora. No he heredado mi estatus ni tengo que justificarme por él. No he explotado a nadie. He vivido leyendo, escribiendo, peleando por un lugar, imaginando, escandalizándome, revolucionándome, callándome, juntando letras y algún pensamiento. Siendo consciente de que cada cosa que escribo implica una maldita responsabilidad por la que pago, pero por la que, si no me pagan, no puedo reclamar.

Yo he puesto sal al pescado antes de freírlo. Mi trabajo entraña un riesgo hemorroidal y, por el hecho de ser mujer, implica como siempre un sobreesfuerzo: soy ventrílocua y médium de las polifonías del mundo, y soy alguien que habla desde una voz que, hasta hace muy poco, carecía de relieve literario. Estoy obligada a hacer las dos cosas simultáneamente para no renunciar a mi sensibilidad feminista y, a la vez, no quedarme encerrada para siempre dentro de ella. No quiero ser la mujer que susurra desde el hueco de la fresquera. No quiero que el cansancio de mi voz limite mi mirada, que muta en perro parlanchín o en asesino o en recogedora de fresas. A lo largo de mi vida he escrito literatura del yo con el afán de contar historias que no había leído –por qué las mujeres a veces nos sentimos como hombres, cuál es el origen de nuestros deseos, el cansancio, la violencia de las hermosas palabras sobre nuestra delicadísima piel, la ansiedad y la menopausia, la compulsión por agradar, los contratos basura...– y he compaginado ese yo, que no tiene fin porque puede alumbrarse bajo focos distintos, con el dibujo de rostros ajenos y de invenciones que siempre lo son relativamente.

En la Fundación Cela, presidida por el busto negro del Nobel y con el aún exhibido garrote vil en una de sus salas, Rafael Conte nos encerraba en un cuarto. Nos contaba un cuento. Lo oíamos con las manitas apoyadas en la mesa oblonga que ocupaba casi toda la estancia. Nos contaba un cuento que escuchábamos como escolares. El cuento debía ser el estímulo para conversaciones narratológicas, humanísticas, ictiológicas, brillos de mentes que sufrirían los efectos físicos del rozamiento y la fricción. Treinta hombres y mujeres encerrados en una sala, que yo juraría que estaba empapelada con un papel pintado de empalagosa textura vainilla, para sacar conclusiones. Conclusiones de qué. Solo nos reconocíamos en nuestra valiosa heterogeneidad. Nos confundíamos: la heterogeneidad tan valiosa era la de la diversificación de la marca del mismo detergente. Hijas e hijos de nuestro tiempo que nos construíamos estilísticamente a favor o en contra de esos mismos tiempos de bonanza y de huevos del escorpión.

–Eres una bolchevique.

Me espetó un escritor católico mientras sacábamos las malditas conclusiones. Las imposibles conclusiones respecto a lo que vivíamos en un presente anguila.

Cuando Conte salía y vivíamos la alucinación de que había echado la llave en el cerrojito y estábamos dentro de un baúl, nos comportábamos como un parvulario desfogado tras la imprevista ausencia de la señorita. Podrían haber volado, por encima de la mesa oblonga, bolitas de papel y granos de arroz hábilmente lanzados a través del canuto de un bolígrafo. No vi a nadie haciendo manitas por debajo de la mesa. Había una porción importante de fidelísimos escritores y castas escritoras abrochados a sus cónyuges. Y no nos gustábamos. Me parece a mí.

Los más silenciosos y tímidos de la congregación eran Josan Hatero y Begoña Huertas, penetrante y lúcida. Ella murió demasiado pronto. Nos morimos mucho y enseguida. O quizá esta afirmación sea caprichosa porque me fijo especialmente en esa grieta. Dentro del arcón hablábamos del tiempo –siempre húmedo– y luego comíamos con Cela en los mejores restaurantes de Galicia. La carestía de nuestro oficio se sufre al llegar a casa. En el mientras tanto de un congreso o de otras invitaciones, el factor gastronómico va formando lentas piedras en la vesícula y obstrucciones intestinales. Tremebundas bolas de colesterol. En las sociedades gastronómicas vivimos la delectación verde por los pimientos de Padrón. Empanada. Pulpo. Manjares del mar y del monte. Tino Pertierra y yo cenábamos vaca gallega en El Asesino. Marina Castaño bebía a morro porque estaba «con los jóvenes».

–Salud.

A nuestra llegada nos recogió en la estación del tren –no recuerdo de qué ciudad– un miembro del grupo Siniestro Total, amigo de Lucía Etxebarria, que nos llevó en coche a alguna parte que tampoco recuerdo. A mi madre casi le da algo cuando se enteró. Por el nombre del grupo, sobre todo. Hilario J. Rodríguez cantaba temas de la Movida en los autobuses en los que nos desplazábamos de un punto a otro de Galicia como entusiasmados excursionistas infantiles o como lánguidas adolescentes que, mordiéndose el pelo, fingían que no les apetecía nada estar allí. La desgana. «Qué bien estaría yo en otro sitio», insinúan ciertos gestos corporales. Pero es mentira. Teníamos que estar allí: Álamo, Orejudo, Beccaria, Riestra, De Prada, Care Santos y Toni Montesinos... Los excelentes Óscar Esquivias y Carlos Castán. Hacíamos amistades y marcábamos el territorio. Me habría gustado cantar en el autobús, pero mi enviaramiento no me lo permitía. Cuando el encuentro llegó a su fin, Conte nos señaló con el dedo:

–Casavella, Cercas, Grasa, Sanz...

–...

Servidora. Presentes.

–A redactar las conclusiones.

Y nos fuimos a un bar a inventárnoslo casi todo. Ellos bebían whisky, yo cerveza. No nos quedaron mal las conclusiones. Aunque no hablé mucho –me daba reparo–, introduje sutiles comentarios de cultura leninista. Mis compañeros tomaron nota. Siguieron las conversaciones risueñas. Sentí que nadie me veía. Como tantas otras veces. Pero puede, sin embargo, que me estuvieran viendo. Con el rabillo del ojo.

Casavella murió en 2009. Se constató que no éramos inmortales. En 2011 murió Félix Romeo, y me acuerdo bien del día porque Mercedes Cebrián, Lola Beccaria, Luisgé Martín, Nuria Barrios, Fernando Royuela y yo estábamos citados para hacernos una foto en la Casa de América de Madrid: Mordzinski nos congeló volando. Parecemos un *Sputnik*, el torero que hace el salto de la rana o la rana misma, bailarinas de sardana. Esa soy yo: una bailarina de sardana vestida con vaqueros y camiseta de algodón morado. Coleta de caballo. Mordzinski nos hizo una foto alegre y alada, en pleno despegue. Aún no se percibe nuestra incredulidad por la desaparición de un escritor joven. Ahora ha llegado la época en la que nuestras muertes no son un acontecimiento extemporáneo ni extravagante. Toca. Y quizá esa conciencia lúgubre sea otra de las razones para escribir este libro.

–¿Sabes quién se ha muerto?

En el botiquín están los lorazepams para atenuar la sospecha y la taquicardia. Siempre acecha un nombre que no quieres oír.

Con Cercas, en Iria Flavia, canté «Waterloo» en una de aquellas cenas gallegas. Luego me saludó en el Ritz. Con Cercas coincidí en el Giardinetto después de ganar el Premio Herralde con *Farándula* y me hizo una advertencia que, entonces, me sonó un poco paranoica:

–Prepárate. Ahora irán a por ti.

Y lo hicieron. Un poquito. Porque mis éxitos nunca han alcanzado la magnitud de los éxitos de Cercas. Pero lo hicieron, y mi clavícula se resintió. Aprendí cosas muy tristes del mundo en que vivimos, aunque viajara a lugares maravillosos y conociera a mucha gente buena. Hay un tipo de maldad que no se olvida. Es indeleble.

–Lo malo no es la envidia. Es el desprecio.

Dijo Fernando Fernán-Gómez en *La silla de Fernando*, el documental que David Trueba estrenó en 2006. Todo es una mierda pinchada en un palo, una reverenda mierda, un truño, un fecaloma. Y si eres mujer, has debido de chuparla fenomenal. Aunque seas fea. Qué más da. A quién le importa. Piensa en tus prebendas, cúrtete, no hagas caso. Pero algunas personas no podemos vivir así y cada estría nos duele en esta piel que no es fina, pero hoy la llaman así por el mero hecho de ser piel. Y no plástico. Y no metal.

–Este insulto está testado dermatológicamente.

El segundo gran acontecimiento de finales de los noventa consistió en la publicación de la antología de relatos *Páginas amarillas*. *El páginas amarillas* podía leerse en el lomo de la primera edición. Hay erratas muy castizas. Pote Huerta y Chavi Azpeitia, editores de Lengua de Trapo, capitalizaron el filón de la novedad. La antología se basaba en el siguiente razonamiento: como ustedes no están al tanto de las nuevas voces de la literatura española, aquí les dejamos una guía para que la hojeen y decidan qué nombres podrían ser de su interés. Rafael Reig y Fernando Royuela eran dos escritores que pertenecían al círculo de Lengua de Trapo. Son dos amigos. También Eduardo Becerra, que en aquellos años me parecía temible y con quien hoy ceno asiduamente sin que su envergadura, su talla, su cabeza rapada me hagan temblar. Edu se pone sombreritos y gorras que podrían haberme orientado sobre su carácter. Edu estudió en la Autónoma con Rafael Reig, Antonio Orejudo y Chavi Azpeitia. Cuando fui comisaria de Eñe en Madrid los invité para que hablaran de sus cosas delante de un curioso auditorio. Yo sentía curiosidad. Me habría gustado mucho mirarlos por un agujerito en los ochenta. Quizá trajeados, un poco pedantes, doctos latiniparla y víctimas de la gramática generativo-transformacional en el bar de la Facultad de Filosofía de la Autónoma de Madrid. Clásicos y modernos. Simpatiquísimos y con mala leche. Dandis con algún lamparón en el jersey. Barrocos y cosmopolitas. Los tengo idealizados. Me habría gustado tener compañeros así cuando estudié en la Complutense. Me aburrí bastante yo por la Complutense. Hacían muy buenos bocadillos de tortilla de patata en Filosofía B.

–Eres la mujer con la espalda más recta del mundo.

Me dice Rafa en una fiesta de cumpleaños de Cuqui Weller, el jefe de prensa de Lengua de Trapo, mientras arrastra su dedo índice desde mi occipucio hasta casi la rajita del culo. Su diagnóstico no cuadra con el diagnóstico de los traumatólogos y desde luego encierra un doble sentido que alude quizá a mi carácter. Sonrío turbada. Idiota. Rafa Reig y yo nos conocemos desde hace muchos años, pero en realidad no nos conocemos ni un poco. Quizá porque él mantiene que un hombre y una mujer no pueden ser nunca amigos. En todo caso, me encanta que Rafael siga insistiendo en la rectitud de mi espalda. En el sentido más corpóreo e indisolublemente ideológico.

–¡Epifanía!

Epifanía es un nombre de mujer. Si hubiese tenido una hija, quizá la hubiera llamado así. Pero no tuve tiempo ni ganas, porque estábamos en la calle Silva celebrando una fiesta de las que aún se celebraban con entusiasmo y a Rafa se le pasó el buen humor cuando, en el mismo centro del ahumado corazón estruendoso de la fiesta, apareció una escritora con su bebé en un carrito.

Empezaban los debates sobre el puritanismo rojo y la violencia morada. O al revés. Me coloco en los dos lugares simultáneamente cuando pienso que las niñas lactantes, a esas horas, deberían estar dormidas, y que las madres solitarias tienen derecho a divertirse. No conecto las dos cláusulas con un «pero» o con un «aunque». Las hago copular en igualdad de condiciones. Y me autolesiono con tanta comprensión.

Sin embargo, este tipo de turbadoras ambigüedades hace de mí una escritora tolerable. Cuando me pongo satírica y taxativa, poca gente considera que soy una escritora. Porque quien escribe tiene que dudar. Ponerse el traje de lo ambiguo y lo polisémico. Erigiéndose en bufón de altura, pero sin usar cascabeles. Con moderación elegante.

Cuando me canso de fingir que soy una escritora tolerable –pienso doble, veo doble–, saco una única cerilla, la más corta o la más larga, aunque contemple las dos posibilidades simultáneamente. Lo hago porque siento que, en el fondo, no me dejan elegir si no elijo la respuesta adecuada al lábil deber ser de la literatura. «Lábil deber» es un oxímoron. Puede que incluso sea una mentira. Así que yo elijo lo contrario. Siempre lo contrario.

A mí lo que más me gusta es exagerar. En la conversación diaria y en los sonetos con estrambote.

La exageración es una opción política.

LAS ACTAS DEL PRIMER CONGRESO DE IRIA FLAVIA

I Encuentro de Jóvenes Escritores

Los autores reunidos en el Primer Encuentro de Jóvenes Escritores, auspiciado por la Fundación Camilo José Cela, tras las correspondientes jornadas de debate, y en la reunión plenaria final, celebrada en el Pazo de Barrantes, el día 3 de Julio de 1998, presentan las siguientes

CONCLUSIONES

1. *Se observa una falta de conciencia generacional.*
2. *Se considera la literatura como un espejo crítico de la realidad.*
3. *No se percibe una corriente estética dominante, sino la coexistencia de influencias y propuestas heterogéneas, que enriquecen el panorama literario actual.*
4. *Denunciamos que las exigencias y servidumbres del mercado condicionan el fenómeno literario y restringen géneros como el cuento, la poesía, el ensayo, y el teatro como subalternos de la novela.*
5. *Se reivindica el humor y la ironía como un recurso serio, que no frívolo para el análisis de la realidad que nos rodea.*
6. *Se comprueba el desinterés del mundo editorial por los autores no jóvenes. La juventud parece ser un valor estrictamente mercantil, un marchamo que nos falsea injustamente.*

122

7. *El patrón literario actual es más bien conservador, con predominio de los aspectos formales sobre el contenido, y se comprueba la necesidad de encontrar nuevas propuestas temáticas más personales y arriesgadas.*

8. *Por encima de las presiones del mercado y los usos y abusos mediáticos, defendemos la estricta labor en solitario del escritor ante su obra, y el encuentro, tan solitario, del lector con ella.*

Los autores agradecen a las Instituciones y Organismos Gallegos que les han brindado su acogida y hospitalidad, y muy especialmente, a la Fundación Camilo José Cela, a la Consellería de Cultura de la Xunta de Galicia, Universidade de Santiago de Compostela, Consello da Cultura Gallega, Caixavigo, Ayuntamiento de Padró y Fundación Creixell.

Asimismo queremos agradecer al Director del Encuentro, D. Rafael Conte, su oportuno apoyo y el trabajo realizado por D. Tomás Cavanna, Director Gerente de la Fundación Camilo José Cela, y por la Asociación de Jóvenes Escritores, representada en su presidenta Care Santos y su Vicepresidente Toni Montesinos.

Este es un documento histórico. Con su baile original de mayúsculas y minúsculas. Con sus genuinos errores de puntuación. Pese a la miopía implícita al hablar de un tiempo desde ese mismo tiempo, absoluta falta de distancia histórica, lo hicimos lo mejor que pudimos. Pensábamos que no teníamos nada que ver y éramos inevitablemente muy semejantes.

Los párrafos de agradecimiento no fueron redactados por los originales escribanos –ni por esta escribana tampoco–, pero, sea como fuere, estoy muy agradecida por cada pimiento de Padrón que me comí.

Rafael Reig no está en la selección de *Páginas amarillas* por razones que desconozco. Sin embargo, allí sí estaba Luis García Martín con uno de esos relatos sobre lo innato y lo aprendido, la belleza y la fealdad, las cuestiones venéreas –«venéreas» proviene de Venus y no alude siempre al fascinante mundo asqueroso de la enfermedad–. Para mí, estas temáticas y su estilo elevan a Luis a la categoría de autor dieciochesco. Me lo imagino con peluca empolvada y escribiendo con pluma de ganso. Luis tiene una letra muy pulcra. Al menos en las dedicatorias. Pero sospecho que ha de ser así siempre, porque una de sus cualidades es, en efecto, la pulcritud. En la dicción literaria y en el atavío. En las argumentaciones que esgrime en su faceta de gozoso polemista. Es pulcro para expresar lo obsceno. Lo convencionalmente turbio.

Su santa limpieza contradice las sombras y demonios que recorren sus palabras escritas.

Me lo imagino, vivo y coleando, como un sireno, dentro de la bañera de Marat. Y cuando se enfada no puedo dejar de adjudicarle la lengua-guillotina de un Robespierre. Mi amigo a veces parece adormilado, un lironcillo, y otras se espabila con incandescencia fosfórica.

–¡Extintor! ¡Mangueras!

–Yo preferiría una polla.

Ha hablado Luis, que en la presentación de *Páginas amarillas* era para mí un extraño. Me producía inquietud. En parte estaba equivocada con mi intuición y en parte no, porque él tiene la capacidad de regocijarme, pero también de herirme mucho. Ahora me hiere porque vive en Los Ángeles. Porque no está. Con su mudanza soy yo la que se siente desplazada. Hoy, mientras escribo estas líneas –atentos, filólogos del cronograma y el palimpsesto–, Luis recibe en el Cervantes a la reina Letizia, que lleva un traje de chaqueta rojo con pantalones de campana.

Yo, candidata a la presidencia de la Tercera República, estoy en pijama frente al ordenador. Le escribo a Luis mensajes por WhatsApp que a veces no responde. Pienso: «Tiene mucho trabajo». Pero no contesta. Antes era él quien me llamaba por teléfono. Sobre las nueve de la noche. Luis es caprichoso y eso me escama. A la vez, es leal. Me dice:

–Me has salvado la vida muchas veces.

También es un poco exagerado. Hago hipótesis sobre su exageración y concluyo que le he salvado la vida cuando le he dicho lo que él necesitaba oír, que era lo mismo que lo que él quería oír. A veces, querer y necesitar no son verbos sinónimos –atentas, filólogas especialistas en semántica–. A mí Luis me dice lo que él cree que necesito oír, que no coincide siempre con lo que yo quiero oír. Él es un tipo recto. Yo, una melosa.

Aunque Luis figuraba como autor de *Páginas amarillas*, no estaba en la mesa del FNAC para presentar el libro. Se había colocado estratégicamente entre el público. Agazapado en una favorecedora masa de sombra. Concretamente en el lateral izquierdo de la sala vista desde el pequeño escenario. Yo lo vi. Esa apariencia de discreción no contradice el sentido del espectáculo de Luisgé Martín. No hay más que atender a su nombre artístico. En sus presentaciones bajamos la escalera de una *boîte*. Participan transformistas. Se practica bondage con papel filme que envuelve y aprieta las carnes de un joven escritor. Se hacen test sobre nuestro nivel de conocimiento parafílico. Se canta en *playback* y Luis se pinta los labios de rojo fuego. Delante de su madre.

–¡Extintor! ¡Mangueras!

–Ella es una mujer inteligente.

Ahora, emitiendo desde Los Ángeles, reivindica la parte más hollywoodiense del Cervantes angelino. El rojo es el color institucional. Letizia y los labios de Luis. Pero en aquella presentación, las páginas eran amarillas, como las de las arqueológicas guías de teléfono, y él se quedó en el difuso espacio de penumbra mientras yo discutía con un químico del público y también con Antonio Álamo. No sé qué me pasaba. Supongo que estaría incómoda y no querría que me identificaran con el grupo.

—Petarda.

Supongo que aún conservaba la rabia de las niñas que se creen mejores. Valiente. La macarrilla bajo el disfraz de una institutriz. Ahora me protejo de los golpes que dejan moradura. Los finto. Los preveo. Si me pongo a pelear, perderé, me achicaré, saldré corriendo. No sé si me he reformado ni si me da la gana de reformarme, pero de algún modo he logrado parecer encantadora. Respetuosa. Quizá se lo deba a mi tono de voz. Y a las pastillas. Y al hecho de que nunca, nunca, me ha gustado discutir, y mis discusiones son a la vez un fingimiento y una obligación moral.

En lo más profundo de mi corazón, muchísimas cosas me importan un bledo.

—Que bueno, que vale, que sí...

Álamo y yo hicimos las paces en el tren que nos llevó hacia Iria Flavia. No hemos coincidido muchas más veces. Pero la discusión durante la puesta de largo de *Páginas amarillas* me quitó las ganas de acompañar a la troupe en las cañas posteriores al acto. Me fui a mi casa con mi marido. Probablemente, caminaría echando venablos por la boca, fuerte y segura de mis razones, pero a la vez solitaria y tierna como yema vegetal recién trasplantada. Se me quedó mal cuerpo. Puede que solo yo recuerde aquel agrio intercambio de palabras. Pero me quedé con mal sabor de boca y con la impresión de que un pequeño acontecimiento puede truncar todas tus ilusiones. Cerrar todas las puertas. Lo había hecho muy mal.

—¡Extintor!

Habría necesitado los servicios del padre de Pilar Adón.

Siempre que no me contuve, pasé miedo y pensé que lo mejor habría sido callar la boca. Después del estallido llega el

126

remordimiento. Pero no interpretamos nuestros estallidos ahogados como una forma de moderación, sino como una cobardía. Tenemos el hígado graso y calderoniano. Yo admiraba la flema anglosajona hasta que vi las sesiones del Parlamento británico.

A los pocos días de mi fracaso estrepitoso recibimos una invitación de Luis para ir a cenar a su casa. En aquella época, aún no se había casado con Axier. La pareja vivía en un piso en la calle Espoz y Mina de Madrid. Luis huyó de la casa por culpa de los ruidos. Porque Luis, además de ser enciclopédico y practicante de las filosofías del tocador, parafílico curioso, padece hiperestesia auditiva –que yo sepa–, aunque últimamente también se está quedando un poco sordo y exija que quedemos para cenar en locales con mesas redondas. Si el local no dispone de este tipo de mobiliario, pide que lo coloquemos en un lugar central de la mesa para, así, no perder detalle. Es nuestro Jesucristo en la última cena. O tal vez protagoniza un cuento de terror en el que un hombre enloquece torturado por el ruido de la polea de los ascensores. Es Luis. A veces lo llamo «cari».

–Nos vemos, cari.

Laten desmesurados corazones rojos en las pantallas de los teléfonos. Existe un gusto por la hipérbole. Y reciprocidad.

Gracias a la invitación a la cena en casa de Luis, yo me colaba en un mundo de sofisticación literaria que no tenía nada que ver con la austeridad y el gusto por la literatura centroeuropea que habían sido preceptivos en la Escuela de Letras.

–¡Botho Strauss!

No hacían falta extintores en un universo de neveras. *Frigoríficos en Alaska* se llamó la colección de relatos que publicó, también en Debate, mi compañero de la Escuela, Javier González. Javier trabajaba en una caja de ahorros y su mujer se llama Mari Carmen.

–¡Peter Handke!

Las epifanías y el miedo de plagiar a «Fulkner» en este pueblo. El destierro de las frivolidades en la página. Las frivolidades se consumaban después en la barra del bar Los Lagartos o en una fiesta en el extinto Café Vaivén. En casa de Luis el discurso era burgués y galante. Era un ambiente de cena literaria, de no disimulada reunión de notables confianzudos con patente de corso para decirse cualquier cosa. Bajo la cortesía, la paz podía quebrarse en cualquier momento. Recuerdo a Luis diciéndole cosas a una amiga que me hicieron temer llegar a serlo alguna vez.

—Yo así no, Luis.

Chema y yo llevamos de regalo unos tazones de desayuno. Esa mezcla de educada gratitud y vulgaridad cotidiana define mi estilo literario. Me quedé desnuda regalando esa taza. Lo paleto y lo pedante, la fusión de mis orígenes y mis aprendizajes, mis abuelas y abuelos —mundo rural, proletariado urbano, Socorro Rojo, misa de doce, mus, zarzuela, paellas del domingo, vestidos de nido de abeja en el canesú, la lombarda de Nochevieja, poemas memorizados de Gabriel y Galán— fundidos con el caballero Zifar a galope en las aulas universitarias. De esa combinatoria y esa ingenua honestidad surgió el amor: una empatía geológica y genealógica me unía, sin yo saberlo, a la radiofónica voz de un amigo del que aún me quedaba casi todo por descubrir. Años después le regalamos a un Luis protestón y existencialista, lánguido, noctámbulo, dormilón, otra taza que lo regocijó mucho: «Mi vida es una mierda».

—¿Veis como tengo razón?

—Acuérdate de las pollas y de las alegres cenas en mesas redondas.

—Ya, pero al final...

No nos hemos visto llorar. No hemos llorado juntos. Todo, como vaticina Luis, llegará. Incluso desearemos que llegue.

—Al final.

En nuestra primera cena en Espoz y Mina, comimos esa pasta un poco dulce que preparan en Cerdeña. Luis y los viajes.

Luis y los disfraces. Luis y el espectáculo. Luis y una sociabilidad muy literaria. Cuando se casaron, Luis y Axier prepararon una coreografía y contrataron bailarines profesionales. Axier cantó una canción para su marido. Bailamos como ninfas, centauros y otras criaturas mixtas. Recuerdo el perfil en movimiento de Nuria Barrios. Bella y buena Nuria Barrios. La cara sonrosada de Fernando Royuela. Como la mía. Los dos agarrados por los hombros con las cabecitas juntas. Recuerdo una discusión incómoda y algunas parejas imposibles que, en cierto modo, constataron el tino de Luis cuando se enfadaba con esa amiga que me enseñó el camino que yo no quería seguir con él. El cariño de Luis, su cuidado en el trato, su finura son sentimientos que te colocan en un nivel superior. Se merecen. No se regalan.

–Yo así no, Luis.

Tenía que ser de otra manera. El respeto y la confianza siempre pendientes de un hilo. Trabajados. Vertebrando un afecto sólido. Irrevocable. Para el que, paradójicamente, no se necesitan demasiadas razones.

Qué raro es quererse. Quererse sin amarse. Qué raro.

El día de la boda no recuerdo qué novio llegó en moto con sidecar y qué novio llegó en seiscientos. A los invitados nos recogió un autobús en Moncloa. Luis, con su obcecación matrimonial, fue un ejemplo de lucha por los derechos de los homosexuales y las lesbianas. Sus memorias, *El amor del revés*, me ponen los pelos de punta. Y cuando él me llama «monja» porque rechazo el bondage y el beso negro, me pongo a hacer la cuenta de la vieja: cuando yo tenía catorce años y andaba experimentando con lenguas, dedos y oquedades, Luis aún era un niño cucaracha. Sin metamorfosis. Crecía con dolor. Reprimía su aullido. El nacimiento de cada pelusa del bozo le produciría un calambre. Las erecciones. Entonces él tampoco sabía que su homofobia lo iba a llevar a someterse a torturas eléctricas.

–Luis, así no.

Luis es mi hermano. Hasta mi padre, que es hombre prevenido y vale por dos, me dice:

–Me parece que Luis, aunque tiene sus cosas, es una persona que te quiere con sinceridad.

«Las cosas de Luis» consisten en su carácter volcánico –ya más templado– y en su proximidad al Partido Socialista Obrero Español. Ha escrito muchos discursos para el presidente Pedro Sánchez y ese oficio, a la vez subterráneo y de relumbre, podría haberle granjeado la eterna antipatía de mi padre. Porque en mi casa pertenecemos a esa especie exótica llamada «comunistas españoles». A veces nos sentimos muy desorientados. En el arranque de nuestra relación, Luis nos afea a Chavi Azpeitia y a mí nuestra firma en un manifiesto contra el bloqueo económico de Cuba. Luego se adhiere a una carta homenaje a la Pasionaria que le envío. Pote Huerta, el compañero de Chavi en Lengua de Trapo, me dice que me va a publicar *Amour fou* –entonces la novela aún no se llamaba *Amor fou*–. Me invita a presentarme al premio de su editorial. Es de noche, espero nerviosa en el salón de mi casa. Chavi me telefonea para decirme que no he ganado el premio. También me comunica que no van a publicarme la novela. En el jurado están Juan Manuel de Prada y Almudena Grandes, que, años más tarde, presentará *Amor fou*, rescatada por Anagrama, en la sede de Izquierda Abierta de Madrid. También Chavi será el presentador de la novela en la librería La Buena Vida, que da muchas vueltas, tómbola y girándula: soy fiel a mis esdrújulos, pero al final los círculos se cierran de un modo no tan imprevisible.

–Quédate cerca de tu amigo Luis.

–Pero... ¡Si está en Los Ángeles!

Luis espera la visita de Pedro Almodóvar.

Mi padre me protege de las envidias que yo no creo despertar. Me protege de los agravios comparativos, las desproporciones y las puñaladas por la espalda que yo no quiero sentir, porque en el fondo soy una persona razonablemente querida en este campillo cultural. Acaso las omisiones de estas páginas apuntan en la dirección de los venenos. Acaso sean solo fruto del olvido.

–Cerca.

Luis y yo, iniciando el siglo XXI, nos hacemos inseparables. Incluso cuando él se cambia el nombre y decide llamarse Luisgé Martín porque le llegan cartas destinadas al crítico de poesía Luis García Martín. Un homónimo –peligro– que recibe cartas de poetas que piden un hueco y que mi Luis no quiere leer.

–No las leas, cari.

Pese a su naturaleza curiosa y su gusto por Mr. Hyde, mi amigo preferiría no saber nada de ciertas abyecciones para poder mirar de frente, sin verles las vergüenzas, a algunas personas que, en principio, despiertan su simpatía. Somos inseparables cuando Luisgé presenta, también en La Buena Vida, *La lección de anatomía*. Sus palabras, amorosas y profundas, salvan una intervención previa de Rafael Reig, que llegó al acto por los pelos: había estado tomando copas con Juan Madrid, el primer y último escritor que metió su miga de pan en la salsa de mis chipirones con gran desenvoltura cuando yo tenía veintidós años y era la redactora jefa de la revista *Ni Hablar*, publicación que nos inventamos Nacho Pastor y yo. No pagábamos las colaboraciones y confieso que nos parecían muy ratas las personas que nos decían que no o no contestaban a nuestros requerimientos. Hoy me doy cuenta de que quienes trabajaron gratis, no para nosotros, que tampoco ganábamos nada, sino con nosotros, mostraron una generosidad extrema. Aunque algunas veces trabajo sin cobrar y me lamento por ello, en términos generales intento respetar la dignidad de mi oficio como escritora de clase media e individuo consciente de que este libro habla de mi trabajo, los trabajos se pagan y esto es una novela social. En *Ni Hablar* conocimos a Juan Madrid, a Javier Rebollo, a Jaime Pastor y a Manuel Fernández Cuesta, que dejó, simpáticamente, un montón de viudas al morir antes de tiempo. Como Julián Rodríguez. Como Félix Romeo. Como Casavella e Ignacio García Valiño. Como Begoña Huertas y Almudena Grandes. Como Domingo Villar y Alexis Ravelo.

–La vida es una mierda.

Dice Luis. La gente desaparece de un día para otro y te deja la duda de si se habrá muerto o entre todos lo matamos y él solito se murió. Quién sabe dónde. Dónde estará hoy Pote Huerta. Es uno de los misterios y secretos, de las leyendas urbanas, de nuestra «generación literaria» si podemos llamarla así. Manuel Fernández Cuesta entró en *Ni Hablar* para escribir críticas teatrales, a las que imprimía un estilo marcadamente rancio. A Manuel, que era un dandi, le gustaba ser percibido como un hombre de otra época y utilizaba tics a lo Haro Tecglen: «El público aplaudió a rabiar» era una clave diabólica, como toda ironía –superior y soberbia–, para subrayar que al crítico la obra no le había gustado nada. El crítico siempre quedaba muy por encima del público. O en otra parte. La labor editorial de Manuel incluyó la publicación en Debate de *Manual de literatura para caníbales* de Rafael Reig.

La presentación de *La lección de anatomía* acrecentó mi amor por Luis y no restó ni un ápice el amor que siempre he sentido por Rafael Reig. No sucedió lo mismo con el amor hacia él del resto de mis familiares, allegados y otras personas que bien me quieren. Poco a poco, se ha ido atenuando el resentimiento. Sobre todo, cuando Rafael publicó en el *ABC Cultural* una reseña en que la que, como en casi todas las suyas, especificaba que éramos amigos, pero comparaba elogiosamente *Black, black, black* con *El diario de Edith* de nuestra tía Patricia. Bendito seas Rafael Reig. Te agradezco *Sangre a borbotones*, *Amor intempestivo*, *La cadena trófica*, y te declaro el amor que sabes que te tengo.

–Yo te quiero, Rafael.

El nudo entre Luis y yo se estrecha aún más durante un viaje a Estados Unidos. Le da miedo volar. Toma orfidales y los mezcla con dos botellitas de vino tinto. Se pone un antifaz. Duerme. Pero tenemos un problema: una azafata muy alegre no para de traernos cositas y papelitos. Luis se quita el antifaz.

–¿Haría usted el favor de dejarme dormir?

Luis vuelve a ponerse el antifaz. No puede ver la palidez de la azafata. Le hago un guiño para tranquilizarla. Mi amigo duerme como un bendito. Yo no, aunque no me dan miedo los aviones. La azafata nos ignora el resto de la travesía.

Volamos a Estados Unidos porque nos ha invitado una asociación cultural de Miami y también la Universidad de Prin-ceton. En Miami, mi amigo va a hablar de su novela *Las manos cortadas* y yo de *La lección de anatomía*. El evento tiene lugar en la Casa de España. El público, capciosamente, le pregunta a Luis por qué en su novela habla de Pinochet y no de Fidel Cas-tro. Mi amigo, que nunca fue castrista, responde algo así como:

–Porque no hay comparación.

A los escritores –a las escritoras tampoco– no suele gustar-les que les indiquen sobre qué deben escribir. Ya se encarga de hacerlo el invisible discurso hegemónico, una expresión de las mías que a Luis le pondría los pelos de punta. En Miami, el público, poco complacido, se encabrona. Y yo, que fui invitada una vez a la feria del libro de La Habana para presentar la edi-ción cubana de *Animales domésticos*, me callo. Estoy en mi pro-ceso psicológico de aprender a no autoinfligirme ningún dolor. Sobre todo, si las discusiones son desiguales. Sobre todo, si una muchedumbre se te puede echar encima. Porque he llegado a la conclusión, cómoda para mí, de que no es lo mismo ser cobar-de que cauta. A veces discutir no merece la pena. Ni se me ocu-rriría entregar mi carne para su despedazamiento en este audi-torio. Pero Luis es admirable y valiente. Sospecho que en su respuesta hay una vindicación de su independencia como escri-tor y a la vez una postura política frente al mundo. A veces yo creo que está profundamente equivocado, a veces él piensa que la obcecada soy yo y que mis gafitas marxistas no me dejan mirar bien. Hemos vivido catástrofes y hecatombes. Hemos roto como si fuésemos novios. Y nos hemos reconciliado. Porque algunas vidas no tienen sentido sin algunas amistades. Las fáciles. Las difíciles. Las que surgen con una espontaneidad en la que no hay que pensar o las que se esculpen furiosamente un día tras otro. No sabría en qué categoría incluir nuestra amistad. Quizá, por esa razón, Luis es mi hermano.

–Mis gafas me ayudan a ver mejor, Caperucito.

Así lo miran mis ojos en Florida, apreciando su valor y tratando de olvidar mi silencio mientras hacemos un minicrucero que nos lleva de visita por las mansiones de los famosos residentes en Miami.

–Acá, a la derecha, la casita de Yen-Lo. A la izquierda, la de Lis Teilor. Más allá, la de Alejandro. Alejandro Sanz.

«Sanz, Sanz, Sanz», onomatopeya sensemaya, tan cubana, vibra en mis tímpanos como acúfeno sibilante y escape de gas. Pronto descubriremos su origen. Tomamos un crucerito para ver la mansión de Madonna. Yo estas cosas solo las hago con Luis. A mediodía comemos hamburguesas de atún en el Delano, paseamos por Ocean Drive, nos paramos delante de la casa en la que balacearon a Gianni Versace. Constatamos que es difícil vivir en Miami sin saber conducir. No sabemos hacerlo ninguno de los dos.

En la ciudad de Nueva York, después de mostrarme el mítico Stonewall, en un restaurante de Greenwich Village, Luis me mira:

–Bebes muy poco.

No se refiere a los dos litros de agua diarios recomendados por profesionales competentes.

–Muy poco.

No recuerdo cuántas cervezas habría bebido, pero mi complexión no da para más. Me hace gracia y me reconforta su observación. Me anima. Con ella me siento autorizada a los excesos. Es una observación que se coloca en la antípoda perfecta de la cicatería y del culto a la salud y el cuidado del cuerpo. Ahora Luis vive en Los Ángeles y hace gimnasia, y tanto su ausencia como su regeneración me cabrean un poco. Yo también hago gimnasia y hace años dejé de fumar, pero lo que me consiento a mí misma en Luis me parece una pequeña traición. Seguro que tiene un entrenador personal.

—Y me da masajes después de las sesiones.

Luis es mi detective Arturo Zarco. A veces converso con él intracranealmente. Picajosamente.

—¿Pauli?

—¡No me llames así!

En Nueva York tomamos el ferry gratis que cruza el Hudson hacia Staten Island para ver la Estatua de la Libertad de lejos. Recuerdo un día brumoso. Luis es mi cicerone y, desde el campamento central del hotel Dylan, nos movemos por la Quinta Avenida de arriba abajo y de abajo arriba. Peinamos Manhattan. En una reproducción especular, en el año 2022, repito el recorrido por la ciudad con mi marido. Y el reconocimiento de los lugares me lleva al recuerdo de las cosas y le voy contando a Chema anécdotas que habrá escuchado mil veces. Al pasar por la Public Library, comienza uno de nuestros relatos fundacionales como tribu:

—Aquí un viejecito sordo se enamoró perdidamente de Luis.

—Ya se habrá muerto.

El anciano se colocó en primera fila y no dejó de mirar a Luis ni un segundo. Cuando no lograba oírlo bien, se agarraba la oreja, con apariencia de hongo, y la abocinaba, la transformaba en trompetilla, para no perder ni un detalle de las palabras de mi amigo. En ese instante me di cuenta de que tenía una voz maravillosa. En cuanto a él, cometió el error, quizá por piedad, quizá por orgullo, de darle su teléfono al anciano, que, sin perder comba, como un duendecillo malo, telefoneó a España a horas intempestivas para hablar con míster Martin.

Axier, el marido de Luis, lo atendió educadamente mientras le hacía notar el cambio de huso horario. Despiste, vejez o maldad, el caso es que el amor atolondra. Casi siempre.

–Ya se habrá muerto.

Dice Chema y, en la repetición de este viaje, en su calidad de espejo, me acuerdo de que le hice a Luis unas fotografías en las que salió muy guapo. Revelan su apostura, pero también los buenos ojos con que sé mirarlo. Le hago fotos, con una camarita digital, en Washington Square, que hoy es un lugar infectado de ratas. En las escaleras de Times Square, entre los coloridos y catedralicios, empinados hacia el cielo, neones publicitarios. Espejos, fotografías, ausencia, lucecitas. Luis.

–Tú bebes muy poco, ¿no?

En la habitación de fumadores que ocupo en el hotel Dylan la mujer de la limpieza dice:

–Qué rico que huele aquí.

No se refiere a mis Chester sin filtro, sino a un perfume con aroma de rosas que me pongo cada día después de ducharme. Luis y yo hablamos un inglés macarrónico. Infecto. Invisible. Pero casi no nos hace falta, porque en Nueva York las dependientas y los camareros atienden en español. A menudo son latinos. Como la empleada que nos recibe en una tienda de muñecas de la Quinta Avenida que ya no existe. Los magos y las brujas han debido de trasladar el extraño comercio a otro país de Oz. A las páginas de un libro animado. Al interior de un sueño no precisamente idílico. Escribí un relato contando esta historia, «Fotos en el patio del MOMA». Hoy, yo tecleo en pijama y Luis recibe a Letizia ataviada con un dos piezas rojo.

Rojo.

–Buen día, soy Gladys. ¿En qué puedo atenderles? Pasen, pasen por aquí...

Para comprar la muñeca en la tienda de la Quinta Avenida es necesario fabricarla primero. Elegir una carcasa. Luis elige

136

una carcasa de trapo con apariencia de niño. Yo, una de niña. Les ponemos los ojos en la cara. Los ojos de mi muñeca serán verdes. Los del muñeco de Luis, marrones. Estamos sobrecogidos. Hay algo religioso y quirúrgico en esta transacción comercial. Luego, debemos elegir los atributos de nuestros replicantes. *Smart, rich, beautiful*. Selecciono estos adjetivos de un tablero y se los asigno a mi muñeca con mi varita mágica. Preservo la intimidad de Luis. Este juego se está convirtiendo en un asunto muy personal. No sé cómo se comporta el muñeco de Luis cuando se despierta por las noches. No sé si lo quiso sumiso o rebelde. *Gay or Sad*. Visto a mi Gloria Vanderbilt con ropajes repolludos. El Toby –¿Smith?– de Luis cubre sus vergüenzas con un vaquerito y exhibe al aire su débil torso pálido de trapo. No hemos escogido carcasas negras ni amarillas. Pero hemos tenido que meter a cada engendro un corazón dentro del pecho antes de que la dependienta diera una puntada en su piel de trapo y el corazón quedase encerrado para siempre. Luis repite la operación dos veces. Algo no va bien. Creo que pronunciamos algunas palabras mágicas antes de meter nuestros dedos en el afelpado interior de los monstruos. Temo que se pongan a hablar.

–Que pasen buen día, señores.

Algo no me cuadra en la sonrisa de la dependienta. Quizá ella conozca secretos que nosotros ignoramos. Aprieto los muñecos dentro de la bolsa. Tengo la impresión de haber cometido un pecado. Somos el doctor Frankenstein, Pigmalión, Anna Wintour.

–Qué rico que huele aquí...

Quizá a Gloria Vanderbilt no le agrade el perfume de mi habitación. Acaso querría haber sido aún más hermosa. Quizá no elegí bien su mata de pelo caoba y ondulado. Quizá robe mis pitillos para fumárselos de noche en una boquilla larga. Cada vez que exhala su humo, me envenena. Está resentida conmigo. Puede que Toby le reproche a Luis no haberle colocado bien el corazón. Ha hecho de él un enfermo crónico. Está condenado al cateterismo y el *bypass*.

Gloria Vanderbilt será convenientemente olvidada por mi prima Carlota. Toby aún descansa en el cuarto de baño de Luisgé y Axier.

Ahora Luis vive en Los Ángeles y lo echamos de menos. Nos manda un vídeo para mostrarnos que ha vuelto a aprender a conducir. Nos enseña su casa y nos habla de la alegría de Axier. Luis siempre ha estado presente en cada uno de mis momentos literarios. Cuando me sentí muy enferma de una ansiedad que no solo es patrimonio de la juventud, sino también de las trabajadoras precarias y las mujeres menopáusicas y de quienes no tienen para pagar el gas, mi amigo me eligió como presentadora de su novela *La misma ciudad*. Él había escrito sobre la insatisfacción y la impostura. Yo me ahogaba. No me salían las palabras. Se me atascaban entre los bronquiolos y no podía pronunciarlas por el esfuerzo buceador de coger aire. Usé cartulinas pintadas y un power point. Luis me presenta:

–Marta Sanz es mi hermana.

Lo dijo delante de Mónica y Teresa, sus hermanas de sangre. De su padre, aún vivo, y de su madre, que cosió muchísima ropa. La familia vivió en un piso cercano a Marqués de Vadillo. En esa glorieta yo asistí al colegio Concepción Arenal entre los doce y los catorce años. La vida rebota. Un día recibo un correo: «Tú eres la niña pecosa y delgada que se sentaba con Fernanda al lado de la ventana...». Las palabras llevan el remite de un librero de Villaviciosa de Odón con quien compartí aula en séptimo de EGB. Félix Domínguez me vio como yo habría querido ser vista. Me hizo entender que alguien me miraba cuando yo siempre he creído que sucedía lo contrario. Félix me redime de mi invisibilidad y eso me concede una naturalidad nueva.

No tengo que ponerme de ninguna manera. La pose ausente resulta innecesaria.

–Mi hermana...

Más allá de Marqués de Vadillo, siguiendo la línea de la calle Antonio López, está la calle San Delfín, donde viví algunos años de niña. Al lado, en el puente de Praga, se levanta la estación de bomberos donde trabajó el padre de Pilar Adón. El abuelo de Luis fue camarero. No nacimos en un barrio alto de Barcelona. Trazamos una cartografía. Una genealogía de sangre roja. Un rojo no institucional. Sangre roja y advenediza. De planta trepadora que crece sobre los cristales de los invernaderos. Nuestra vivencia no legitima por sí sola los textos literarios, pero enfoca la realidad con otros ojos. Somos otros y otras. Nuestro glamur es opaco, y encierra una cucaracha y una felicidad.

No estamos obligados a hablar de las cartillas para pegar cupones, pero tampoco podemos empeñarnos en contar eternamente *Casablanca*.

Luis, que es mi hermano, sabe bien qué es lo que quiero decir.

PREMIADA *PRÊT-À-PORTER*

Aún no sé qué me pondré para mi ingreso en la Academia. Puede que no me concedan ese honor por culpa de mis jugueteos lingüísticos, mis monstruas y centauras, la obcecación de titular en femenino las columnas de *El País*: «Spam-tada», «Jesusita», «Españolísima», «Tralarita», «Verdadosa», «Pijoapartada», «Antígena», «Conejilla», «Extremocentrista», «Selenita», «Glaseada», «Estrellita»...

Quiero engordar. Quiero comerme la grasa del jamón de Jabugo, que, sin grasa, ni es jamón ni es jabugo. Quiero que mis metáforas salgan como las larvas de las hormigas del cuerpo de la hormiga reina. Sin parar. Sin parar. Transparentes. Deslizantes. Pegajosas.

Si ese día llega, aún no sé qué me pondré para leer mi discurso. La tarde en que Manuel Gutiérrez Aragón leyó el suyo yo llevaba unos pantalones anchos de crepé, de talle alto, ajustados a la cintura con un cordoncillo de pálidas escamas color vainilla; unos tacones discretos; una blusa –era imprescindible–, también en amarillo muy pálido, semitransparente, con cuello Mao y discretos bordados geométricos de la firma Purificación García. Heredé la blusa de mi madre. Desprendo un aura de ligerísima ebriedad, nada inconveniente, que me suelta la lengua un poco más que de costumbre y borra de la mirada ese punto torvo de una juventud que se cree desplazada y superior. El ademán desenvuelto forma parte del atavío. No suelo ir a los sitios «producida», tan apropiada, tan de firma. Suelo destacar por comprarme los calcetines en los mercadillos. El dinero que gano me lo gasto en boquerones y cervezas. Pero el día de la lectura del discurso de Gutiérrez Aragón decidí maquearme más que de costumbre porque él es el único que me llama «Sanz, Sanz, Sanz» desde que leyó *Black, black, black*, una novela que quedó medalla de bronce en el Premio Herralde el año que él lo ganó. Jorge Herralde, en persona, me llama por teléfono:

–¿Te importaría que pusiéramos en el libro que has quedado la tercera en esta edición del premio?

–Por favor, un placer, un honor, encantada.

Cada vez que Jorge Herralde me llama por teléfono a mí me da un ataque de orgullo y de clase, porque no puedo evitar recordar que mi editor cenó y estuvo de copas con Patricia Highsmith. Ha compartido mesa y mantel con mucha más gente, pero a mí lo de Patricia es lo que más me impresiona. Herralde se ríe.

–Entonces ¿no te importaría?

–Pero ¿cómo me va a importar?

(Silencio.)

–Qué rara eres.

140

O algo así me respondió. Yo lo que quería era ser amable. No quería ser rara ni misteriosa. Quería ser amable y agradecida. Y me dio un poco de miedo ser rara, pero también me halagó. Quizá en aquella época era demasiado ingenua y estaba demasiado encantada, después de mis penurias editoriales, como para darme cuenta de que ser la tercera implicaba reconocer que había dos mejores que tú. Hay quien borra su nombre en estas circunstancias. Evita la posibilidad de las comparaciones. Se defiende. Pone a resguardo su vanidad. Ahora entiendo que Jorge se divirtiese con mi rareza y no sé si hoy, a mis cincuenta y seis años, habría tomado la misma decisión. Mi entusiasmo ha adoptado formas sinuosas. Me deprimo a ratos y también envidio. Luego se me pasa. He asumido que mi desclasamiento literario y mi entradita en el Olimpo fue provisional y simbólica. Que se me ha pasado el arroz. Que nunca me compraré un chalé en Suiza para recrearme en mi misantropía. Que no soy misántropa ni alcohólica ni vendo los cientos de miles de ejemplares necesarios para emprender maravillosas operaciones inmobiliarias. Que mi escritura me incapacita para alcanzar mis aspiraciones aristocráticas. Y que menos mal y gracias a Diosa porque, si no, me iba a convertir en una hija de puta y una clasista. Bebería Moët Chandon a diario, aunque la elección de esa marca ya está revelando mi condición de advenediza porque me consta que existen champanes muchísimo mejores, menos populares en su dimensión inasequible, no selectos, sino verdaderamente exclusivos. Lujo silencioso. Lo digo con resentimiento mirando mi fondo de armario con actitud reflexiva. Mi extracción social me da para tener un par de prendas buenas, pero, si de verdad yo fuese rica de familia, me podría permitir ir zarrapastrosa a cualquier sitio y elevar mi pordioserismo posado a tendencia. Nadie me impediría el acceso a las joyerías de la Place Vendôme ni a los salones del Ritz ni a las bodegas Camacho, sitas en la parte alta de la madrileña calle de San Andrés. A las tabernas bajé, a los palacios subí. Nunca tendré dinero para comprarme un chalé suizo con forma de reloj de cuco depositado sobre una capa de nieve. Ni siquiera lo deseo, pero me produce cierto rencor no poder aspirar a él. No poder aspirar siquiera a cambiar mi casa por una más grande donde llevarme a vivir a mi madre y a mi padre. No poder decidir y, por tanto, no ser libre en esta sociedad de consumo.

Insisto: estas páginas ejemplifican un nuevo tipo de literatura social. Hablo de mi trabajo y de no poder cumplir mis sueños. Hablo de treinta años de carrera literaria. Hablo de clases dentro de la clase artístico-literaria. Hablo de las condiciones para tomar el ascensor social y de que, como en todos los sectores laborales, en el mío también funcionan la herencia, el monopolio y dar con la fórmula de la Coca-Cola. Porque quizá la literatura ha mutado en líquido edulcorado que te hace cosquillitas en el paladar. Por eso, me emponzoño en las metáforas oscuras y en otros localismos y me obceco en una infelicidad estilística que es una forma de coherencia y autodestrucción. No me gentrifico y me cabreo porque no me traducen. Me miro el ombligo lo que me da la gana. Incluso creo que ni siquiera he de recurrir al argumento de que mi ombligo es el ombligo de todas y lo personal es político y escribo lecciones de anatomía porque en realidad son lecciones de geografía e historia. Mi ombligo es político y estoy un poco cansada de pedir perdón. He sido gilipollas y honesta hasta las lágrimas.

Deserto.

Con la boca pequeña cargada de palabras, preparo una deserción.

Me atraganto.

La Nochevieja de 2022 casi me asfixio con un trozo de solomillo de vaca. Hacía mucho que no comía solomillo de vaca. Fue el ansia. Siempre el ansia o la ansiedad. La percepción de lo que se acaba o de lo que no llega.

Sin embargo, no lo negaré, atesoro una selección de instantes únicos que conforman mi privilegio y mi alegría, más allá de todo resentimiento. Acaso para otra escritora no serían momentos excepcionales, pero para mí sí. Porque mi madre nació en Cuatro Caminos y bajaba a por agua al caño de la fuente y vivía en un quinto sin ascensor. Y su vecina epiléptica se incrustaba en el hueco de debajo de la pila cada vez que le llegaba el aura. No había quien la sacase de allí.

Por cariño a Gutiérrez Aragón y mitomanía cinéfila, Sanz Sanz Sanz acude a la Academia y al posterior cóctel en el Palace. Sanz Sanz Sanz se emborracha un poco, pero nunca estridentemente. De modo que sus hábitos etílicos tampoco podrían esgrimirse para negarle su nombramiento. No tendría por qué sucederle lo mismo que a Marguerite Duras, que, cuando le preguntaban por qué no tenía un puesto en la Academia Francesa, se disculpaba:

—Perdón, yo bebo.

Yo no bebo como bebía Marguerite. Tampoco bebo como bebía Patricia. Bebo. Pero no de esa manera, y cuento, además, con la confianza de Juan Antonio Tirado y de Olga Merino, que no son académicos pero me postulan entre sus amistades. Juan Antonio Tirado precisamente me hace llegar, a través del WhatsApp, un curioso mensaje de Juan Mayorga, a quien entonces no conocía personalmente: «Puedes decirle que he sugerido su nombre como posible académica». Cuando lo conocí en el Gutun Zuria de Bilbao me dijo que estaba muy guapa y, a estas alturas de mi vida, casi ninguna observación me puede parecer más amable y encantadora. A veces me ruborizo y se me come viva el pudor. Así que no sé qué me pondré cuando ingrese en la Academia, una institución en la que yo solo aceptaría entrar por la alegría que pudiera proporcionarles a mi madre y a mi padre. Eso me haría aceptar con gusto, del mismo modo que acepté mi herraldiana medalla de bronce:

—Por favor, un placer, un honor, encantada.

Lo haría por la recuperación de la confianza en el género humano que mi padre va perdiendo con el paso del tiempo y para que mi madre mostrase su sonrisa más extraordinaria, aunque a su sonrisa se le haya descolocado un diente y ella se queje de no ser ya la misma mujer de la portada de *La lección de anatomía*. Lo cual me produce cierto regocijo porque, si fuera la misma, eso significaría que la habríamos embalsamado. Yo tampoco soy ya la niña de la portada de *Daniela Astor y la caja negra*. Soy una señora a la que últimamente se le cae mucho el pelo y le duelen los misterios de su cuerpo y las graciosas pecas le mutan en manchas y capilares rotos y tiene un tumorcillo en la vesícula. Y herpes zoster. Culebrilla viajera que recorre su sistema nervioso. No obstante, pese a ser bajita, mantengo un tipo extraordinario que me permite lucir pantalones de tiro alto ajustados a la cintura y blusas semitransparentes para ir al nombramiento de Manuel Gutiérrez Aragón como académico de la lengua:

—Sanz, Sanz, Sanz, qué alegría...

Las hijas de Isaac Rosa me llaman «martasanz», todo seguido, sin respiración, para no confundirme con sus madres. La primera y también la segunda mujer de Isaac se llaman Marta. Cuando estoy con él y su familia no necesito ponerme de tiros largos, pero si alguna vez a él le conceden el Premio Nacional de Literatura me vestiré de largo muy gustosamente.

En la feria de Frankfurt, que en 2022 tuvo a España como país invitado, no asistimos al cóctel ofrecido por los reyes:

—No tengo traje oscuro.

Me dijo Isaac Rosa.

—No sabría qué hacer con tanto protocolo.

Me dijo Sara Mesa.

—¿Había un cóctel?

Me dijo José Ovejero.

—O sea ¿que no vais a ir?

Me dijo Silvia Sesé.

Nos fuimos a comer salchichas. No fue un acto de rebeldía epatante, sino de republicanismo y celebración de la amistad.

Más íntima. Menos protocolaria. Al salir de los restaurantes nuestra ropa olía a la grasa de la cocina alemana. La fritanga, con distintas modulaciones, es universal y siempre se pega a la ropa. Trasladas el olor dentro de la maleta en el regreso a casa. Es un genio de la lámpara, un efluvio, una revenida magdalena de Proust.

No sé qué me pondré en mi ingreso en la Academia. Dudo entre una casaca, étnica y colorida, o un sobrio blazer negro, cruzado, que deje al descubierto un escote que ya no es níveo, sino jaspeado como el mármol de las escaleras de las sucursales bancarias. Como el turrón duro.

Recuerdo perfectamente mi atuendo a la hora de recoger otros premios y honores que se me han concedido a lo largo de mi vida: en El Ojo Crítico llevaba unos pantalones celestes de lino y un jersey de algodón blanco con escote de pico. La misma indumentaria con la que leí mi tesis doctoral. Economías de guerra. Repito modelo como las reinas ecológicas. Si yo fuese reina, jamás luciría la misma tiara.

A la cena del Premio El Ojo Crítico no me acompañó Constantino, que escribió una faja muy buena para la novela ganadora, *Los mejores tiempos*. Algo así como «De por qué los hijos de los progres se hicieron conservadores». Año 2001. Novela sobre la Transición cuando la Transición aún no estaba de moda. La presentación en el Café del Foro de Madrid corrió a cargo de Belén Gopegui y Carlos Paris. La escritora Lidia Falcón me preguntó por qué el narrador del libro era un hombre y yo le contesté que para no restarle protagonismo al personaje de la madre. Temblaba. La pregunta de Falcón me ardió por dentro. Me rebelaba contra ella, pero quería estar a su lado. Entender bien la pregunta. Interpretarla como la pregunta de una madre que te quiere. Sin embargo, me rebelaba porque en su interrogante había una atadura, un nudo, y yo entonces ya empezaba a cansarme de la perversa relación entre las ataduras y la felicidad. El bondage siempre me ha dado repelús. Yo quería escribir con la mirada y la voz de las mujeres, pero también meterme en las rijas de los ancianos y en los ladridos de los perros lobo, y que esas voces, como los muñequitos de fieltro con que nos forramos los cinco dedos de la mano para contarles cuentos a las niñas, provocaran una conmoción de dolor de ovarios y piernas varicosas de dependienta que permanece ocho horas de pie. Pero en las preguntas ajenas a menudo hay una atadura y un dedo extendido. No una curiosidad genuina, sino un «Te estás equivocando» y un «Te advierto» del que no se aprende nada.

No recuerdo el modelo que elegí para el día de la presentación, pero sí que cuando se publicó me llamaron de *El Cultural* para decirme que iban a hacerme una foto. Me puse nerviosísima, porque eso significaba una entrevista, cierto protagonismo positivo en el suplemento. A las dos horas de haber concertado la cita, volvieron a llamarme:

–Bueno, es que no vamos a ir.

–¿Por qué?, ¿qué pasa?

–Nada, pero es que no nos viene bien.

–No hay problema, yo puedo encontrar otro hueco. Pedir permiso en el trabajo.

–No, de verdad, no vamos a ir.

–¿Mañana quizá?

–...

–¿Pasado?

La tristeza y el desconcierto me condujeron a la abyección. Al final, la explicación estuvo muy clara: al crítico Ricardo Senabre no le había gustado nada mi novela. Había dos razones de peso: confundí la palabra «levadizo» y «elevado» al hablar de un puente, y había narrado una escena en la que un hijo –el hijo que no debía haber sido el narrador de la novela, según Lidia Falcón– contempla, admirado, cómo se maquilla su madre. «¡Inverosimilitud!», dictaminó el crítico. El niño miraba de esa manera inquietante porque la novela estaba escrita por una mujer. «¡Inverosimilitud!», dictaminó Senabre cual huevo Humpty

146

Dumpty, dejando bien claro que lo importante no es lo que las palabras signifiquen, sino saber quién es el que manda. Pensé que el veredicto del crítico reflejaba sus prejuicios respecto a las cosas por las que un hombre, un niño, puede sentir admiración y deleite. Laura Freixas refrendó mis impresiones cuando comentó esta reseña en uno de sus ensayos feministas sobre sociología de la literatura. A veces, cenamos con Laura y con Alain y estamos a gusto, aunque no les digamos toda la verdad: optamos por la calidez frente a la polémica. Buscamos puntos de encuentro. Quizá esa forma de cortesía y afecto no es tan descabellada. Respeta y afianza la posibilidad de un vínculo. Ve la botella medio llena.

No sé si tengo razón en mis justificaciones respecto a la voz narrativa de *Los mejores tiempos* o mi cerebro reptiliano desarrolla destrezas argumentales para defenderse. Era una voz que no complacía ni a Lidia Falcón ni a Ricardo Senabre. Quizá esa fuese su mayor virtud; en todo caso, el Premio El Ojo Crítico me devolvió la respiración.

Constantino me dijo que *Los mejores tiempos* era la primera novela que yo había escrito sin mirar a las piernas de los futbolistas. Con la cámara enfocando todo el partido. Luego volví a las piernas tantas veces como quise. Necesitaba piernas, ombligos, occipucios con bocas que hablan desde debajo del pelo. Contar lo grande a través de lo minúsculo y corporal. El cuerpo canta y se retuerce, y en él se dibuja el mundo. Constantino, mi editor, no me acompañó en la cena en el Larumbe –no vio mis pantalones de lino azul– y los asistentes al acto me lo hicieron notar. Era una huérfana. Había sido abandonada por culpa del monopolio y la multinacional. Después de escribir *Los mejores tiempos*, Constantino me dijo que me fuera de Debate, la editorial en la que se habían publicado mis dos primeras novelas, porque a Debate se lo había comido Bertelsmann y él no sabía si allí nos iban a querer. A él le quisieron en todas las mutaciones y canibalismos empresariales, aunque es cierto que lo

147

confinaron en un cuartito en el que incluso pegaba los sellos del mailing. Él atesoraba un capital simbólico –contestatario– que posiblemente supieron aprovechar. A mí no me quisieron nada. Y me dejaron con mi hatillo y mi cáscara de huevo en la cabeza, como al pollito negro, Calimero, en la puta calle.

Cuando cuento las cosas dos veces es que aún me queda una fibra de rencor. Mi rencor nace de lo que no termino de comprender.

Ahora Penguin Random House –desde el año 2001 hasta hoy ha habido otras alianzas y canibalismos empresariales– me pide fajas que confecciono primorosamente. Pero me acuerdo de los abandonos generales y de los particulares abandonos. Como durante la noche de la entrega del Premio El Ojo Crítico. Me hicieron sentir tan fuera de lugar que se me soltó la lengua y acabé contando que le cortaba a mi marido las uñas de los dedos de los pies. De puro nerviosismo. Ese año también le dieron el premio a Leonor Watling y a José Hierro.

No le reprocho a Constantino que conservara su trabajo. Sin embargo, entonces se produjo un punto de inflexión. No cenó conmigo. Solo me llamó por teléfono. Algo se iba fracturando, aunque lo visitara en su despacho de Ríos Rosas con asiduidad hasta el año 2011 y él estuviera pendiente del destino de *Amour fou* y presentara la edición de La Pereza en la librería Antonio Machado y nos viéramos circunstancialmente en eventos tan peculiares como el homenaje que le dieron cuando salió de Random. Algo, rotito, aunque él hubiese presentado *Animales domésticos*, ya en Destino, en el Café del Foro. En aquella época poníamos de largo los libros en los bares más que en las librerías. Yo le había dedicado la novela: «A, ante, bajo, cabe, con, contra, de...». La lista entera de las preposiciones y detrás el nombre de Constantino Bértolo. Que ya no era mi editor. Que no está, pero sí está en mi vida. No se marcha. No me marcho. No lo echo. No me echa.

La pieza-premio de El Ojo Crítico me la entregó Lorenzo

Silva, un hombre siempre generoso conmigo, con quien empaticé en el congreso de Iria Flavia en 1998 por la seriedad con la que nos tomábamos las cosas, porque nos retirábamos a la misma hora y por lo mucho que une el orden alfabético.

Lorenzo Silva me entregó El Ojo Crítico, bronce y mármol, advirtiéndome de lo mucho que pesaba y de que tuviera cuidado: no era la primera vez que se separaban las dos piezas de la escultura, el bronce del ojo del pie de mármol en que se incrustaba. Ya se habían sufrido varios accidentes. Guardo mi ojo. Los objetos, más o menos afortunados estéticamente, de mis premios, y ese acopio, en el que ni se desaprovecha ni se desprecia nada, también es una marca de clase. No meto mis galardones en el trastero ni en el cuarto de baño. No tengo tantos y los que tengo los pongo en valor. Los exhibo tan orgullosamente como exhibía mis sobresalientes en matemáticas. Nunca me he podido permitir la dejadez ni repetir curso. En las estanterías de mi casa hay espacio para mi Ojo y mi Herralde y mi Cálamo y mi Tigre Juan y mi Vargas Llosa de relatos y mi Tenerife Noir y mi Castelló Negre y mis premios concedidos por bibliotecas e instituciones culturales.

No guardo mi finalista del Nadal, porque, como finalista del Nadal, solo me dieron una patada en el culo.

Constato que mis premios de juventud fueron sucedidos por sendas patadas en el culo.

Lo que me hace tener dudas sobre la inteligencia estratégica de los premios comerciales.

Antes de que me echaran de Destino, el día anterior a la ceremonia de concesión del Premio Nadal, me recomendaron no salir de mi dormitorio del Palace por si alguien me reconocía antes de la entrega. Ilusos. Podría haberme paseado por toda Barcelona sin necesidad de llevar gafas oscuras a lo Greta Garbo. Nadie habría sabido quién era yo. Nadie lo sabe. Pero te encierran en una habitación de hotel veinticuatro horas antes de que los nombres del ganador y la finalista se hagan públicos.

149

Y eso te hace sentirte tan estúpidamente importante como cuando, a la mañana siguiente de la fiesta –te levantan a las seis de la mañana para empezar a conceder entrevistas–, pides unos huevos fritos con beicon y te los suben a la habitación en una de esas bandejas de plata con tapadera que, al ser levantadas, inundan la alcoba del olor a tocineta chamuscada. El alzamiento de la tapadera también trae a tus oídos un ¡tachán! y la visión de una paloma que sale volando.

Para participar en los actos del Premio Nadal, mi madre me regaló dos vestidos: uno que compramos en el mercado de Fuencarral de Madrid con estampado *animal print* –el inglés desplaza al francés en la moda, ¿qué fue del *prêt-a-porter* y del *evasé?*– en tonos grises, escote profundo y ajustado a la cintura por una banda elástica de color negro. Este me lo puse en la presentación de Madrid. Esta presentación de *Susana y los viejos,* finalista, y de *Llámame Brooklyn*, de Eduardo Lago, ganador del Premio Nadal en 2006, fue uno de los espectáculos cómicos más recordados en los mentideros literarios: Álvaro Pombo ofició de presentador y dijo que la novela ganadora la había escrito un escritor con cara de perro pachón. Eduardo Lago no se sintió cómodo con el calificativo y Pombo no asistió a la cena posterior al acto. Lorenzo Silva, mi presentador, y yo cenamos estupendamente. Lago tuvo unas críticas maravillosas y unánimes por su *Llámame Brooklyn*. Acompañados por Pilar Lucas, la jefa de prensa de Destino en aquel momento, un mito en nuestro mundo editorial, hicimos una gira por España. Nos llevamos bien. Yo había leído su novela y él no había leído la mía, pero declaró ante los periodistas que se notaba que había calidad de página.

–Bueno, no he leído la novela. Pero la he hojeado y se nota que hay calidad de página.

Asiento y sonrío. Dentro de mí, evalúo cómo debería sentirme. Me coloco en mi lugar de finalista. Asumo que tengo la obligación de leer el libro del ganador, pero él no tiene ninguna obligación respecto a mí.

–Gracias, gracias.

Perdí alguna entrevista –tenía muy pocas– porque Lago estaba de juerga con Malcolm Otero Barral. Pilar Lucas hacía chocar sus tacones contra el suelo con nerviosidad. Esperé. Sonreí. Cuánta gratitud. A veces creo que agradezco demasiado y que tanto agradecimiento me da la medida exacta de quién creo que soy. Me viene a la cabeza mi madre y su lapicero midiéndome contra el dintel de una puerta. Debería haber sido más alta. Debería haberme enfadado, pero como yo no suscitaba ni remotamente el mismo interés que el ganador decidí que lo oportuno era el silencio.

Cada vez que me piden una dedicatoria, escribo: «Con agradecimiento», «Con gratitud». Y algo más: clavículas, latidos rojos, lecciones, escaleras, persianas que se levantan. Pero gratitud, siempre.

Me equivoqué, pero en realidad acerté con mi modestia. No se le podría llamar «falsa modestia» a esa modestia que me calló la boca. No era una modestia ejemplar, pero tampoco era retorcida. Lo hice mal, pero lo hice bien. A todo el mundo le conté la versión encantadora de los acontecimientos. Tampoco me quedaba otra opción. Me habrían llamado «envidiosa».

–... no he leído la novela. Pero la he hojeado...

Debo agradecer la inteligencia de Eduardo para salvarme la vida.

Con *Susana y los viejos* inicié uno de los caminos recurrentes en mi literatura: cómo nombramos el cuerpo de las mujeres, cómo representamos la violencia contra el cuerpo de las mujeres, cómo ese nombre que ponemos al cuerpo está atravesado por la marca de clase. El chocho de Clara, la papirofléxica vagina de Pola. Las protagonistas del relato son la geriatra Susana Renán y una mujer de la limpieza, licenciada en Filología Hispánica, Clara Martínez. *Fortunata y Jacinta* descansan debajo de la piel de los personajes de *Susana y los viejos*, que entre otras cosas puede leerse como una novela de adulterio y una reflexión sobre el sexo en la ancianidad, el sexo como abuso o cuidado del cuerpo que necesita ayuda. Enfermedad y muerte con «un sentido del humor buñuelesco», dijo el crítico Fernando Castanedo, al que poco después *La lección de anatomía* le pareció demasiado larga. «Servidora de Venus» se titulaba la crítica en *Babelia* de la novela finalista del Nadal: el título es sugerente, pero no sé yo...

La satisfacción nunca puede ser completa.

Para la entrega del premio en Barcelona mi madre me compró un modelo negro vintage, de tela brillante, corte imperio, media manga, ajustadísimo, con cremallera lateral y falda por encima de la rodilla que acompañé con unos zapatos rojos de ante. Estaba espectacular. Al encontrarme con el jurado, alguien dijo: «Esta es Susana y nosotros sus viejos». Afirmación que refuté amablemente y, de nuevo, con una gratitud estúpida.

Al día siguiente me llamaron «fea».

–La fea que ha quedado finalista del Nadal.

Después del Nadal contactaron conmigo desde la revista *Yo Dona* y me ofrecieron participar en tertulias de sociedad. Me llamaron, entre otras razones, porque mi imagen no era desagradable, así que los comentaristas de mi belleza deberían poner en salmuera sus lenguas viperinas. Lo conté en *Monstruas y centauras.* Quedaba bien en las fotos que nos tomaban mientras conversábamos sobre temas tan variopintos como el papel de las mujeres en los procesos de paz, el auge de los culebrones, seducción y poder o la vida a partir de los cuarenta. Me llamó Carmen Gallardo, íntima y escritora, que nos colocaba intentando combinar los colores en las fotos de grupo. Se ponía delante de nosotras —no recuerdo si éramos cuatro o cinco— y sopesaba la conveniencia de situar a una mujer vestida de rojo al lado de una que iba de rosa. Sopesaba si el conjunto quedaría mejor rompiendo con una camiseta azul cobalto tanta calidez cromática.

–No, mejor tú te pones en el centro y tú, ahí, adelántate un poco.

Carmen tomaba notas en una libretita y mordía el lápiz mientras nos observaba ladeando la cabeza. Mi amiga tenía mirada de artista plástica, que ha utilizado más tarde para escribir novelas históricas como *La reina de las lavanderas*, centrada en la figura de María Victoria del Pozzo, esposa de Amadeo de Saboya, o recrear la figura de la reina Sofía. Carmen se deslumbra ante reinas y princesas. Creo que su preferida es Mette-Marit. Cuando me habla de reinas, pienso en cromos y en barajas de póquer. Mi íntima es roja como el interior de las sandías, que va a juego con su cáscara verde. Roja y monárquica. Tenemos que asumirlo. Yo no la entiendo, pero la quiero mucho. Mi madre más porque Carmen se preocupa de si llevo la ropa arrugada o de si mis zapatos combinan con los pantalones o de si el color verde me sienta mejor o peor.

Mi madre valora los cuidados estéticos que Carmen me dispensa.

Por amor a Carmen, yo me he quedado en pelotas delante de Isabel San Sebastián, otra de las tertulianas de *Yo Dona*. Hacíamos un cambio de ropa porque grabábamos dos tertulias la misma tarde. Nos cambiábamos en el vestuario iluminadas por esas bombillas que rodean los espejos en los camerinos. Quizá lo recuerdo así por la escena en la que Bette Davis se desmaquilla delante del espejo ante la mirada atenta de Thelma Ritter en *Eva al desnudo*. Esa imagen, que forma parte de mí, inspira la portada de *Farándula*. Es de justicia señalar la blanca armonía del cuerpo de Isabel San Sebastián. Yo a ella también la vi.

Recogí el Cálamo (Otra Mirada) por *Daniela Astor y la caja negra* con el mismo modelo que el Nadal de Barcelona. Antes de la entrega del premio, mi editor, Jorge Herralde, se cayó en un bordillo zaragozano. Y se lastimó de verdad, pero aguantó con estoicismo y sonrisa toda la ceremonia. De ese premio conservo una de las fotos que más me gustan: Isaac Rosa, El Roto y yo –premiados y premiada– posamos en la librería Cálamo. El fotógrafo nos enfoca desde el piso de arriba. Tenemos cara de chiste. Quizá nos la contagia Isaac.

No recogí el Tigre Juan porque estaba volando hacia el Hay Festival de Jalapa, en el que amadriné a la escritora Cristina Morales, que acababa de publicar *Los combatientes*. En Jalapa, con el amadrinamiento de Cristina, descubrí que ya nadie me consideraba ni joven autora ni autora revelación. Aprovechamos el acto para ciscarnos en toda la literatura estadounidense y en su consagración imperial a través de las páginas de *Babelia*, suplemento con el que colaboro hace años. Rafael Reig nos regañó un poquito:

—Hombre, no sé, ¿y Scott Fitzgerald?

Nos importaban una mierda Scott Fitzgerald y David Foster Wallace. Tampoco nos importaron mucho ese día ni Kate Chopin ni Emily Dickinson ni Lillian Hellman ni Dorothy Parker ni Patricia Highsmith ni Sylvia Plath ni Anne Sexton ni Lucia Berlin ni Diane di Prima ni Tillie Olsen ni Ursula K. Le Guin ni Patti Smith.

—¡Una mierda!

Todo. Sin paliativos. Es lo que tiene la mierda y el aletargamiento cerebral por el efluvio de la mierda. El sentido del espectáculo transgresor.

—¿Y Faulkner?

Reig, tímido.

—¿Sherwood Anderson? ¿Dos Passos?

—¡Que Dos Passos ni Dos Passos!

—¿Y Frozen? ¡Hay que joderse con Frozen!

—¿Franzen? ¿Jonathan Franzen?

—Ese.

—A lo mejor anda por aquí...

—¡Pues que venga si se atreve!

—¿Hawthorne? ¿Melville?

—Pero ¿a quién le importan esos?

—¡Adúlteras! ¡Ballenas!

–Vale.

Quiero recordar a Reig levantando los hombros.

No insultamos a Bob Dylan porque aún no le habían concedido el Premio Nobel.

Años después, Cristina Morales escribió *Lectura fácil*. Cristina tuvo dificultades con ese manuscrito. Me escribió. Me las contó. Pero la eclosión de la novela y su consagración fueron sensacionales. Su libro, sus declaraciones, sus bailes en el Reina Sofía. Fue como si un chaparrón nos hubiese sorprendido en mitad de la calle. Pánfilas y pánfilos. Extasiados, sorprendidas. Orgiásticos y bacanales. La ropa húmeda se nos pegó al cuerpo para descubrir nuestras vergüenzas y la posibilidad del placer. Cristina, ya premio Nacional, me mandó una imagen de un amour fou cualquiera colgado en un café vienés.

Le respondí que me sentía triste. Tardó mucho en volver a escribirme. Me parece bien, pero también me parece mal. Me parece bien porque a veces regodearse en la tristeza no sirve de nada, pero me parece mal porque estaba triste.

En sus correos, a veces, Cristina me llama Martu. Me siento vasca instantáneamente. Y me acuerdo de mi abuela Juanita, que nació en Santurce. Para mí, ella siempre fue Cristínula. La transformo en libélula. Nos escribimos algunas veces. Sin asiduidad, pero con amor.

Para la ceremonia del Tigre Juan mandé a Chema como representante. Pensábamos que éramos finalistas por *Daniela Astor y la caja negra*. No sabíamos que íbamos a ganar *ex aequo* con Sergio del Molino y *La hora violeta*. Mientras yo volaba para certificar la pérdida de mi juventud y la llegada del relevo generacional, Chema conducía hacia Oviedo con un papelito en el bolsillo. En aquel papel yo recordaba mis conexiones con Asturias a través de mi bisabuela Carola, ama de cría, nacida en Pravia. Chema leyó el papel, emocionado, en los salones del hotel Reconquista, y cuando aterricé en Ciudad de México, antes de tomar el vuelo a Veracruz e iniciar el viaje por una carretera en obras que me llevaría hasta el hotel de Jalapa en el que Vicente Molina Foix me prestó su conversor eléctrico, casi nada más aterrizar, Chema, con un entusiasmo que lo trastabillaba, me dijo:

–Hemos ganado.

Y fuimos felices por lo menos hasta que llegué a la habitación del hotel jalapeño, que tenía la cama justo encima de las centrifugadoras de la lavandería. Cada vez que volvemos a Oviedo todo el amor es para Chema. De mí se han olvidado. Porque no fui y, por tanto, no pude lucir ningún modelo memorable. El jurado del Tigre Juan es uno de los más admirables que conozco, Fernando, Natalia, Ángela, Eduardo, Vicente... Lo leen todo durante todo el año. Se reúnen durante todo el año. En la edición que Sergio del Molino y yo ganamos *ex aequo*, el premio no tenía dotación económica. Al año siguiente, la dotación fue de decenas de miles de euros. Mi relación con los premios casi nunca es satisfactoria del todo. A mí el dinero sí me importa. Ahora a Oviedo me invitan Alejandro y la gente buena de El Manglar.

Me comunicaron por teléfono el Premio de la Crítica de Madrid. Los poemas de *Vintage* gustaron mucho. Nunca se celebró un acto de entrega. Al menos, uno al que yo fuese invitada. Así que posiblemente ese día estaría en pijama y zapatillas de lana. Para recibirlo habría portado una lira. El Premio del Gremio de Libreros por *Monstruas y centauras* consistió en un original de Fernando Vicente: las mujeres de su cuadro danzan desnudas alrededor de una hoguera; yo, por mi parte, llevaba vaqueros pitillo y un jerseicito verde claro con el que salgo en un montón de fotos. El acto tuvo lugar en la feria del libro de Valencia y me lo entregó Juan Marqués. El ganador en el apartado de ficción fue Santiago Lorenzo con *Los asquerosos*. Me hago una foto con Matías Escalera en la plaza del Dos de Mayo; posamos con el Premio Casa Bukowski. Voy de trapillo. El Premio Ontinyent Negre lo recogí como mujer fatal: vestido de punto negro, ceñido al cuerpecillo, y botines de tacón alto para lucir unas piernas fuertes y bien torneadas que son el orgullo de una mujer bajita. Las enseño poco, porque no quiero que nadie se distraiga. Los botines fueron una premonición del trofeo: una lámina metálica con forma de zapato de tacón. Lucía sobre la teta derecha un broche de amapola roja que me habían regalado mis hermanas de la Librería de Mujeres de Tenerife: allí recogí el Tenerife Noir con un vestido sin mangas, largo, plisado, con estampado de grecas y abertura frontal. Me arropé con una cazadora vaquera. El año anterior había estado en Tenerife con Domingo Villar, musical y melancólico. Compartimos dos días y me contó muchas cosas. Era un hombre con una gran necesidad de desahogo. Murió de muerte negra y prematura, igual que Alexis Ravelo, alegría de la huerta y excelente persona.

Escribimos para dejar testimonio y hacer necrológicas.

En Mazarrón me dieron un trofeo que he perdido. Águilas doradas que sacan las garras. Llevé un vestido estampado en distintos brochazos de azul y compartí mesa con una especie de Mrs. Universo, que lució banda y tiara durante toda la cena; con Bigote Arrocet, que se ofreció a presentarme a los mandos más altos del mundo editorial –me dejó estupefacta–; y con Rodolfo Sancho, delgadísimo y muy guapo, antes de rodar la serie *Isabel*. La jefa de cocina le estaba esperando en la puerta:

–Hijo mío, entra a ver a las chiquillas, que hasta que no entres andan todas desbaratás...

Sancho entró amablemente. Hoy las cosas han cambiado mucho. Rodolfo Sancho fue a recoger un premio en nombre de Asunción Balaguer y me cayó muy bien. Comió como un pajarito para no parecer un oso cuando llegase el momento de vestirse con los ropajes del siglo XV. Porque la televisión engorda.

–Hijo, entra, que están todas las muchachas desbaratás... Que no dan pie con bola.

Se oyeron gritos en la cocina.

Recogí el Premio Herralde, cuando quedé medalla de oro con *Farándula*, con un traje gris sin mangas, con sobrefalda, muy años cuarenta. Me sentaba muy bien porque entonces pesaba unos cuarenta y cinco kilos. Ahora peso incluso menos. Estoy ensayando mi desaparición. En la sala de juntas del Círculo de Bellas Artes no cabía ni un alfiler. Me acompañaron Jorge Herralde, Luis García Montero y Fernando Royuela. Al acto también acudió Shangay Lily. Ya estaba muy mala, pero vino a verme y yo me enteré de que me leía. Me llenó de orgullo.

Ahora, instituida en poder cultural, soy jurado del Premio Herralde de Novela, cuya L Edición dejamos desierta. Silvia Sesé, Isabel Obiols, Esther Gómez de la librería coruñesa Moito Conto, Juan Pablo Villalobos, Gonzalo Pontón y yo. Lo dejamos desierto porque somos unos perfectos canallas. Nos gusta hacer daño. Elevarnos con nuestras omisiones. Vengarnos de nuestro dolor.

–Imbéciles.

No sé qué me pondré para entrar en la Academia, algo sobrio y sin plumas de avestruz.

Para recoger el Nobel iré desnuda.

Maculada y desnuda.

Sin ropas que delaten mis presunciones y lo que quiero mostrar que soy.

En Castelló Negre me han concedido el premio extraordinario por toda mi obra. Pedro Tejada ha destacado mi persistencia como valor literario. Me he mordido una uña. He llevado un traje de chaqueta, pantalón negro con jersey rojo de cuello vuelto. No se ha visto nada porque he pasado frío y no he tenido ocasión de quitarme la chupa. Me han regalado cariño y confianza. Me han regalado un párrafo o aparición fantasmagórica de Constantino Bértolo sobre mi manera de mirar la realidad, una placa de vidrio y una araña metálica en recuerdo del amor que les declaré a los artrópodos en *La lección de anatomía*.

En ese libro no apuré la copa del asunto perenne de mi biografía. Escribir es ser una escamoteadora.

Yo escribo.

No escribí sobre estos temas en *La lección de anatomía*. Algunas cosas no habían sucedido, pero otras las filtré como si fuesen el alquitrán del tabaco, quizá porque en mi cabeza resonaban voces como la de mi amigo José Ovejero; palabras que él aún no había hecho públicas pero que de algún modo ya estaban comiéndome el corazón y deteniéndome la mano. Asuntos que también a él le comen el corazón. Ovejero en su cuento «Todo lo que sucede a nuestro alrededor nos sucede a nosotros», incluido en *Mientras estamos muertos*, reflexiona a propósito de los textos autobiográficos punibles: desde los que se centran en la infancia y la familia hasta los que hablan de las enfermedades o del malditismo etílico. A todas estas autobiografías les impone penas y castigos, que se rematan con el epítome de la culpabilidad autobiográfica: «Y si se trata de la historia autobiográfica de un autor exquisito entregado a juegos de palabras, alusiones metaliterarias y guiños culturales, porque hablar de la realidad es una vulgaridad y el arte, el auténtico arte, debe ignorarla, aparte de cárcel, recibirá no menos de cincuenta latigazos».

Pero el arte también es realidad. Vivimos en un lugar tan concreto como la calle San Delfín de Madrid y, a la vez, dentro de la baldosa de Mary Poppins. Al revés o complementariamente, que una traductora pernocte delante de un ordenador cobrando 0,08 euros por palabra es un dato significativo: esa tarifa conforma el arte. El puto arte.

A lo largo del proceso de escritura de *La lección de anatomía* yo coincidía punto por punto con Ovejero y, en las oscilaciones del péndulo cultural que nos llevan de Málaga a Malagón, puede que las insoportables historias de escritores frustrados jugaran un papel relevante en ese rechazo. Ahora juguetear con las palabras no me parece un abracadabra para huir de lo real. Jugar con las palabras puede ser una máquina de guerra. Las palabras están en lo real y lo construyen. También el sentido del humor tiene una dimensión insecticida. Ahora percibo la misma deshonestidad en borrar de la autobiografía de una escritora la mortadela con aceitunas, la limpieza de los quemadores y las sábanas remendadas, que en desgrasar el relato autobiográfico de la extravagancia de aquel Flaubert niño que iba a buscarse a la cocina para ver si se encontraba allí.

Nunca seré una escritora exquisita. Ni cuando me empeño en escribirme como escritora.

Nuestro trabajo es un trabajo del que resulta muy feo hablar, porque no se considera un trabajo. Pero lo es. Un trabajo. Y yo estoy muy interesada por la literatura que habla del trabajo. Y necesito insistir: este libro es un ejemplo de literatura social.

Escribir no debería darnos vergüenza. Leer no debería darnos vergüenza.

–Gafapasta, cuatro-ojos, elitista, pedante, Oscar Wilde.

–Oiga, yo también soy una chica de barrio. Oiga, yo empano mis filetes. Oiga, yo pago mis impuestos. Oiga, yo no sé conducir.

Querido José, aquí tienes mi espalda. Puedes golpearla con tu látigo, que siempre será un látigo de amor.

Estas cosas no las conté en *La lección de anatomía*. Escamoteé una parte de mí que podría ser reveladora, no de ese narcisismo que se presupone a quienes nos dedicamos a la escritura y no tanto a los tenistas que trabajan los músculos de sus brazos y los observan empapados de sudor, sino de un estado de cosas en el mundo donde la gente como yo tiene miedo de ser soberbia, vanidosa, engreída, irónica, superior, encastillarse, no ver, caer en el alcoholismo, exponerse demasiado o ser arrumbada en el desván, decir de menos, decir de más, padecer la afasia de las genias, olvidar las reglas de acentuación de hiatos y diptongos, cometer errores de sintaxis porque quien mucho habla mucho yerra... Tenemos miedo, sobre todo, de esa acción indescifrable a la que se alude como «escribir bien», porque esta es una disciplina en la que es mejor no desempeñarse con virtuosismo. Así lo cuenta en «Todo es verde», que pertenece al libro *La niña del pelo raro*, Foster Wallace, un escritor que acabó ahorcándose. Igual que Gerard de Nerval.

En los días malos pienso que nos deberíamos ahorcar todas. Ellos también, por supuesto.

En «Todo es verde» el profesor Ambrose comenta el texto de una alumna: «El profesor Ambrose lo resumió muy bien, aunque con bastante tacto, cuando dijo en clase que por lo general los relatos de la señorita Eberhardt no le convencían porque siempre parecía que estuvieran gritando: "¡Mira, mamá, sin manos!"». La escritura literaria no es como el patinaje artístico. Con la escritura literaria hay que fustigarse y apretarse bien el corsé, clavarse las ballenas en la chicha. Hay que valorar el tiempo, el dinero y el esfuerzo de una clientela que no tiene ni un minuto que perder con las masturbaciones sin manos de las escritoras que atesoran un léxico de más de mil quinientas palabras.

Esto que escribo es una exageración y me alegro. Porque es una exageración no tan exagerada.

El exceso de facilidad al escribir se censura como destreza culpable. Todas somos zurdas contrariadas. Umbral fue un estilista, Umbrala sería verbosa. Aún no hemos entendido que para ser una escritora como Dios manda has de cumplir con las exigencias de la moral cristiana, de la ética protestante y del espíritu del capitalismo. Y más: pretenderse de izquierdas y escribir resulta casi imposible; si adoptas las fórmulas realistas, pecas de ranciedad o de tener un talante demasiado comercial; si experimentas, eres elitista, incomprensible, cierras las puertas a quienes no saben, no porque no quieran saber, sino porque no han tenido oportunidades de aprender casi nada.

El universo está pensado para ser de derechas. Las personas de derechas no sufren luxaciones. El mundo entero es su zona de confort.

161

Lionel Shriver se equivoca.

Escribí *La lección de anatomía* escamoteando esa artística parte de mí que también soy yo. Lo hice por temor a que me acusaran de clasismo y porque quedaba muy bien decir aquello de que el yo es la primera persona del plural. Para ciertas cosas sí y para ciertas cosas no. A veces conviene ser más específica y sofisticada. Ahora me concentro en todo lo que oculté y tengo la impresión de que, en este desvelamiento, saldrán a la luz miserias comunes. Retazos de nuestra contemporaneidad más triste. Errores. Manipulaciones políticas que achatan el valor de las palabras y entronizan al empresario, ensoberbecen a la clase obrera humillada que no se reconoce en su nombre, piden humildad y modestia a los canarios colocados en los túneles de las minas para detectar los escapes de grisú. La metáfora, ya lo dije, es de Kurt Vonnegut. Pero eso también está feo decirlo. No, no se puede decir. Tampoco se debe citar o hacer acopio de nombres a los que no todo el mundo tiene acceso. No. Ni siquiera en la época de internet. Pero, si no se citan los nombres, ¿cuánto vamos a perder? Si yo no repaso los fragmentos que me forman y digo María de Zayas, Marguerite Duras, Vonnegut, Valle-Inclán, Bob Fosse, escritor anónimo del siglo XVI, Goliarda Sapienza, Fritz Lang, Lorca, Vallejo, Storni, Dostoievski, Dorothy Parker, Gadda, si no digo esos nombres y los mezclo con mi padre y con mi madre y con mi amor y mis animales de compañía –gatas calicó y gatos grises, perritas de ojos negro aceituna– y mis trabajos, ¿quién recordará y podrá disfrutar de una película en blanco y negro y descubrirá que las palabras siempre, siempre son una tintura subcutánea que va trazando esa vida que algunos, como si no estuviéramos abocados a morir, corrigen con el arte del tatuaje?

Admiramos el trabajo de una buena panadera o de un albañil fino. De un ebanista. De un cura que reconforta en la iglesia a sus feligreses. Pero nosotras debemos sonreír, bajar el tono de voz, pedir disculpas, mostrar tímidamente las jorobas de las emes, confesar lo mucho que nos costó aprender a dividir con decimales y cerrar un poquito la boca en la pronunciación de la grandiosa abertura de la a.

Decir que tenemos miedo.

Porque, además, es verdad: tenemos miedo.

En «Mustélidos», publicado en *Mala letra*, un cuento de Sara Mesa, un lector increpa a una escritora: «¿Qué piensas de los imbéciles como yo que van a una librería, abren la cartera, sacan un billete de veinte euros, o la tarjeta de crédito, o lo que sea, y compran tu libro? ¿Qué piensas de los que te leen? ¿Te parece que están a tu altura? No, ¿verdad? Los desprecias, ¿verdad?». La escritora acaba pidiendo perdón por escribir. Por conjurar «el peligro escribiendo sobre el peligro». Pide perdón.

Yo hago una reflexión sobre los lectores. Digo «lectores» jugando a esa distancia, a esa separación, con la que Sara Mesa construye sus personajes: un hombre lee y una mujer escribe, y en ese proceso se revelan fragilidades y daños infligidos. Mi reflexión relaciona lo que acabo de decir con la autobiografía y es la siguiente: escribir la autobiografía de lo no común, de lo literario, de lo literario en declive, de lo literario que ya no es modernismo ni realismo, ni lectura espeleológica, ni contar a través del símbolo y la correspondencia, implica separarse de los nuevos modelos de lector. Este libro se escribe para los lectores que aún leen como yo he leído. No exploro la posibilidad renovada. Me quedo con un momificado pájaro en mano que me mata mientras me da la dicha. Renuncio a la realidad difusa y pixelada que puede concretarse en un monstruo o una maravilla del retablo. Me quedo con esa masa lectora que se va retrayendo como un pétalo y pasó de los treinta mil miembros a los tres mil y llegará a los trescientos y se convertirá en una cabeza de alfiler. Y con esa contracción la punta se expandirá, de nuevo, se transformará en un agujero y romperá aguas. Me quedo con esa masa resistente que me dice que voy por buen camino: este libro tiene futuro porque los lectores de lo común han desaparecido, enredados en la malla de los post y la cotidianidad fotogénica de Instagram, y ahora solo quedan los lectores letraheridos y los lectores de lo monstruoso y paranormal. Este libro es el relato de una extraordinaria aventura y de una extraordinaria relación con el lenguaje. No de una relación correcta o académica. Es una relación llena de imperfecciones y muy apasionada. Una relación tóxica.

Ahora seguimos el ejemplo oulipiano de mi abuelo Ramón, con sus puntos y sus comas como apéndice a sus novelas, y cambiamos al femenino todos los sustantivos «lector» y «lectores» de los párrafos anteriores. A ver qué ocurre. Cuando formé parte del equipo de lectura de Debate en la época de Constantino, hicimos experimentos: si los personajes de un libro se llamaban Elliott o Sandy, los rebautizábamos como Juan y Manuela. Inmediatamente la calidad del texto se devaluaba y a menudo la historia se nos caía de las manos.

«Mustélidos» es un cuento magnífico. La gente que nos lee nos dice cosas a la cara. A veces están en su derecho, pero su derecho no se asienta en el gasto por haber comprado un libro. En la actitud no servicial de una poeta. De un escritor.

En la caseta de la Librería de Mujeres de la feria del libro de Madrid estoy firmando al lado de la Mala Rodríguez. Su cola es inmensa por mucho que ella me señale con el dedo:

–Miren, miren, vengan aquí, aquí hay una escritora de verdad.

Nosotras solemos leernos con avidez y generosidad. La Mala no se está cachondeando de mí. Lo dice en serio. Lo dice porque siente vergüenza ajena de mi soledad.

Luego con una polaroid nos hacemos un selfi. La Mala ahora dice, igual que Ellroy, que ella no quiere pagar impuestos, pero en el selfi nuestro escorzo resulta un espectáculo.

En otra edición de la feria estaba al lado de un poeta youtuber. Las niñas y sus madres hacían cola para que les firmase poemas misóginos y, de pronto, un grupo de mujeres jóvenes se plantó delante de él y comenzó a lanzarle botellas de agua y puñados de arena. Yo me puse a gritar «¡Estoy con vosotras, estoy con vosotras!», pero las centauras estaban poseídas por las emanaciones del fragor de la batalla. Se llevaron al youtuber unos seres misteriosos que le tapaban la cabeza con un jersey mientras le guiaban en su huida por el parque del Retiro. La caseta de la librería Antonio Machado tuvo que echar la persiana y se acabaron las firmas. Salí ilesa de debajo del mostrador.

–Vivimos tiempos convulsos.

Le digo a la librera de la Librería de Mujeres cuando le cuento la anécdota. Ella me da la razón.

Debería publicar este libro cuando me hubiese muerto. Pero, pese a las pandemias, las guerras y la posibilidad de que me pongan de cara a la pared, no tengo previsto morirme próximamente. La frescura y el deslenguamiento, la valoración tan contemporánea del desparpajo, solo te llegan de verdad cuando vas doblando la curva de la madurez y empiezas a transformarte en una enjuta viejecita aparentemente inofensiva. La sonrisa ya instalada casi siempre en el rostro. Canosa pelusilla en la cabeza. La mano como la garrita de un ave criada en la libertad de picar gargajos de avicultor. La saliva de Apolo en las cuerdas vocales de la pobre Casandra.

Qué difícil presentarse como una escritora de izquierdas cuando, para los críticos de izquierdas, está feo hablar del mundo literario y, a la vez, está feo hablar de la vida interior, que fue un invento de las clases pudientes y sentimentales allá por la baja edad media y el renacimiento occidental. Todo está feo. Solo se puede hablar de los demás a través de unos mecanismos inalámbricos. Como si hablar de los demás no estuviera feísimo también. Empiezo a estar un poco cansada de transferir mis emociones a la lengua de las perras para legitimarlas –mis emociones– en público. Aprendo a hablar a través de la lengua de la perra, la serpiente y el cancerbero. Pero también aprendo de mi lengua pequeña mutante que no es la misma a los quince que a los treinta, a los cincuenta y seis que a los ochenta y tres –Diosa oiga mis oraciones y me conserve en buen estado–. Escondemos la vida interior, lo que nos une y separa de nuestras comunidades, pero algo no está bien explicado, porque lo cierto es que yo tengo una intensa –adjetivo exacto– vida interior, condicionada por una promiscua vida exterior, pero también por mi dotación genética. Y por los alimentos: acaban de descubrir que las mujeres somos más bajitas que los hombres porque, desde el origen del mundo, nuestra ración de comida fue más pequeña. No es que la proporción de comida se adecuase a la longitud de nuestras extremidades, sino que nuestras extremidades no dieron de sí todo lo posible porque se nos alimentaba poco.

Tener una intensa vida interior o escribir autobiografía no me convierte en cómplice del capitalismo. Pongo mi cuerpo por delante para evaluar los daños.

Tengo un cuerpo.

También tengo un lenguaje.

Y con mi cuerpo y mi lenguaje escribo novela social. Porque la escritura es, para mí, algo inevitable y también un trabajo.

Sé bien lo que digo.

Escribí *La lección de anatomía* desde estas represiones. Algunas represiones no están de más, pero ya no tengo cuarenta años ni me miro desnuda delante del espejo. A los cuarenta estaba lista para una medición. Ya no. Preferiría sacar mi metro de costurera y apuntar los centímetros de pecho, cintura y cadera de los cuerpos ajenos, y cortarles un traje a los demás. Hablar de mi indumentaria y de las máscaras que me importan. Del uniforme de escritora de Marguerite Duras y de mis vestidos de fiesta.

De cómo por fin he conseguido reírme en las fotos mostrando los dientes y sin taparme la nariz.

–¿Marta Sánchez?

–Sí, la misma.

Es Navidad. El mensajero y yo preguntamos y respondemos a través del telefonillo, y él sube los tres pisos salvando de dos en dos los escalones. El corazón va a romperle la caja torácica. Tiene prisa por verme en persona o quizá haya dejado la furgoneta de reparto en una zona prohibida. El mensajero no puede esperar mucho de mí a estas horas de la mañana. Pero unas tetas siguen siendo unas tetas y puede que, además, sean unas tetas sugerentes a través del mañanero batín entreabierto. Al desgaire, la teta blanca entre la tela. Su insinuación. Cuando abro, al mensajero los ojos casi se le salen de las órbitas. Me interroga con insultante incredulidad:

–¿Marta Sánchez?

–Sanz. Marta Sanz.

(Sanz, Sanz, Sanz.)

Su entusiasmo y su prisa se tornan burocráticos. El corazón del profesional de la mensajería se desacelera. Cómo este ingenuo pudo pensar que Marta Sánchez, compositora de letras para el himno nacional, vivía en un tercero sin ascensor.

–¿DNI?

Me da una caja blanca de poliestireno expandido –así se llama– y corre escaleras abajo. Su fantasía se difumina instantáneamente. Quizá la misma que le ha salvado de oír arañazos dentro de la caja que me acaba de entregar. Algo raspa las paredes de plástico y produce sonidos que dan dentera. La caja palpita. Algo se mueve dentro. Tengo miedo de transportarla con demasiada brusquedad y dañar lo que contiene. Las delicadas patitas de una de esas arañas tejedoras de telas que conservo con veneración durante los veranos: las telas brillan, al trasluz, entre los tallos de los lirios, la citronela y unas bellísimas malas hierbas de las que brotan campánulas rojas. Las telas de araña

167

se camuflan en los dos metros cuadrados de tierra que mi padre cuida como un jardín en su adosado de Murcia. La caja contiene un ser vivo que raspa las paredes de su prisión. Huele al mar estancado en el puerto. También huele a inminencia de la muerte y transustanciación laica.

–¡Ay, Virgen de los Ángeles!

Mi amiga, mi agenta, Ángeles Martín, ha cumplido su promesa. Me ha enviado una centolla por Navidad. Viva. Una centolla viva. Me la remite desde Moaña, su lugar de residencia actual. Aunque se le haya caído el pelo y luego le haya vuelto a salir, Ángeles me hace alegres llamadas telefónicas desde el Atlántico:

–El marisco está baratísimo. Un día te voy a mandar algo rico. Unos percebes, almejas, una centolla...

En Moaña se cultiva el mejillón.

A Ángeles a veces se le va la fuerza por la boca. Yo le contesto que sí, que sí, pero no me la acabo de creer. Al comienzo de nuestra relación, mi talante asertivo era una estrategia de clienta; después, se transforma en consideración hacia su enfermedad. A Ángeles le digo que sí a todo. Como si no me percatase de que es ella la que trabaja para mí y no al contrario. A Ángeles, alegre como Antoñita la fantástica, se le cuela dentro de los ojos una tristeza. La tristeza de sus ojos a veces refleja el mundo exterior y a veces le sale de un lugar del cuerpo que la esclerótica contiene para que no se derrame por todas partes y lo ponga todo perdido. Cuando está triste, Ángeles es consciente de la tristeza de sus ojos y ese conocimiento redobla su melancolía. Sin embargo, en ocasiones, Ángeles Martín, campanilla, transmite bienestar:

–Una centolla estupenda...

No la creo. No la puedo creer.

Pienso en el horror del periplo de la centolla. Mi sensibilidad se exacerba con el destino de las crías de foca matadas a palos. Los golpes les revientan los oscuros ojos tiernos. El hielo se pone rojo. Se ensucia de rojo. Escribir que «se tiñe de rojo» sería una malversadora opción poética. La sangre de las crías ensucia la nieve, no la tiñe. Los galgos colgados de los árboles. La cabeza decapitada de un perrito en el arcén de una carretera murciana. La masa amorfa de una rata despellejada junto a una hormigonera en una obra del centro de Madrid. Un pájaro gordo que se ha caído del nido y no deja de piar. Una ristra de gatos muertos alrededor de la cintura de un concejal del Partido Popular en un pueblo de Castilla-La Mancha. El exterminio de las cotorritas. Hoy Ángeles está triste:

–No encuentro a Odisea. Ay, no la encuentro.

A veces Ángeles, cálida como manta de mohair, es un poco descuidada. La gata salió de la casa y no ha regresado. Pensamos en atropellos. Pensamos, con optimismo, en familias secuestradoras de gatas ajenas.

No sé qué decirle a Ángeles porque, en el fondo, la culpo un poco de su pérdida. La culpo de su exceso de confianza y de sus distracciones. De sus momentos radicalmente luminosos y despreocupados. Cuando le ocurre lo contrario, la culpo también por su tristeza intempestiva. Quiero muchísimo a Ángeles. A veces me pone nerviosa. Espero que me llame para darme buenas noticias que no acaban de llegar. Otras veces no sé cómo puedo ayudarla.

–Una centolla estupenda.

Me duelo de los roedores y de los cefalópodos. De los artrópodos. De los felinos y de los monitos que se usan para hacer experimentos. Me duelo de los crustáceos y de los cerdos que luego me proporcionan la sofisticada experiencia umami al comer jamón. Soy una ingrata con los cerdos y con todos los animales que me dan un placer que sería imposible sin sus ejecuciones sumarísimas. Me duelo de toda la fauna. Y me la como. Sin reservas. En realidad, estoy exagerando mi voracidad omnívora y mis contradicciones: no como vísceras.

Pienso en el periplo de la centolla. Me meto en su caparazón. Son mis uñas las que raspan desesperadamente el poliestireno expandido. Llego a la cocina y le doy la caja a Chema.

–Lo ha hecho. Ángeles lo ha hecho.

Y me marcho de casa. No voy a evitar la muerte de la centolla. No voy a comprarle un acuario. La centolla es un animal muy dañado y su destino es inevitable. No tiene salvación. Y yo, que me la voy a comer esta noche chupeteándome los dedos, no quiero ver cómo Chema la saca de la caja y la mete en una cazuela de agua hirviendo hasta que el caparazón verde fango se enrojezca y, en un ratito, esté a punto para ser despiezado con pinzas y pinchos.

–Oye, no es muy grande, pero está gustosa.

Dice un comensal en Nochebuena. Unas horas antes, me había parecido oír gritar a la centolla. No lo soporto. Me voy de casa. No sé a dónde me voy. Chema tampoco estará pasándolo bien, pero a veces soy una mujer muy egoísta que no se culpa por ello. Paseo por mi barrio y entro en una tienda de excentricidades para regalarle a un familiar por Reyes un cojín con la forma de la bacteria *Neisseria gonorrhoeae*. Si se le echa un poco de imaginación, *Neisseria* guarda cierto parecido con la centolla. Me marcho y dejo a Chema con el bicho que nos ha regalado Ángeles Martín, inconsciente de que su regalo es para mí un trauma y un motivo de reproche nunca formulado. Porque yo nunca le confieso las tripas que se me rompen ni las noticias que espero recibir y no llegan. Me muerdo la lengua. Mientras paseo, escribo un wasap a la que fue mi agente literaria desde el año 2005 hasta muy poco antes de morir: «Querida Ángeles, qué maravillosa centolla. Esta noche toda mi familia se va a acordar de ti y te lo va a agradecer». Al principio mentía a Ángeles después de cada disgusto: «No pasa nada», «No te preocupes», «Quedamos a las ocho y tomamos algo», «Estoy bien, tranquila», «¿Cómo estás tú?». Mi objetivo consistía en que ella me situara entre sus clientas preferidas. Por comprensiva, por buenita, por paciente, por empática. Luego empecé a mentir para no hacerle daño y porque decirle la verdad tampoco habría servido de mucho. «Querida Ángeles, qué maravillosa centolla...» Miento y luego despotrico. Solo en ese último círculo de lo privado que se reduce a un nombre: Chema. Miento porque no quiero herir a Ángeles. No quiero ni rozar su piel, pero por dentro me voy haciendo mala. Aunque esa maldad no es incompatible con mi amor, es más, diría que forma parte de él.

«... qué maravillosa centolla...»

En otras ocasiones, sospecho que soy igual de ingenua que cuando tenía cinco años y pensaba que era malísima y que, cuando me descubriesen, me repudiarían –yo excremento, yo centolla–; sin embargo, todo el mundo estaba al tanto de mi maldad de chichinabo. Incluso mi diabólico desorden, mis muñecas rajadas con tijeritas de punta roma y mis extraños recortables resultaban graciosos. La precocidad siempre es ingenua. Entre esas pelusas, ahí, maduró el huevo de mi temperamento artístico. Igual que a los cinco años, el hecho de que me crea mala invita a la gente a aprovecharse de mí. Porque estúpidamente yo hago mucho por mejorar y controlar mis bajos instintos pensando que estos son venenosísimos y que, cuando paso por la calle, los transeúntes deberían protegerse con mascarillas antigás de mis emanaciones. Me parece que Ángeles nunca llegó a conocerme, y si llegó a hacerlo, eso me obligaría a reconstruir toda nuestra relación: yo sería un clown carablanca, una lista tonta; y ella un augusto, sorprendente, pícaro, entusiasta.

Nunca solté de la mano a Ángeles.

Esperé sus llamadas y las respondí con alegría. Incluso las llamadas más devastadoras.

–No quieren tu novela, Marta.

(*Amour fou*, *La lección de anatomía*, *La lección de anatomía*, *Black, black, black*, *Amour fou*, un círculo vicioso, el infierno...)

–Tú tranquila, no te preocupes. Yo estoy bien...

A ella le tocaba darme malas noticias y a mí fingir que esas malas noticias no eran para tanto. Se le quebraba la voz:

–Estoy hecha polvo.

No digo que mintiera, pero a mí no me animaba con esa tristeza empática. Yo, en esos momentos, habría necesitado un chute de adrenalina. Si Ángeles mentía para acompañarme en mi duelo literario, mal; si no mentía, un poco más de hipocresía habría sido mucho más estimulante. Con estas reflexiones, en realidad, lo que se pone de manifiesto es que mi agenta no podía hacer nada por mí. Hubiera hecho lo que hubiera hecho siempre se habría equivocado conmigo.

–¡Virgen de los Ángeles, una centolla viva!

–...

–Oye, pues está gustosa.

Ella siempre estaba allí.

Conocí a Ángeles durante la presentación de *Capanegra*, una novela de José Antonio Sánchez Villasevil publicada por Debate. La presentación consistió en una comida en la Cava Aragonesa de la madrileña calle Espronceda. El presentador fue Rafael Chirbes, que, por aquellos años, había publicado en Debate *La buena letra*. Chirbes era amigo de Constantino Bértolo, quien lo había llevado a la Escuela de Letras para que charlase con el alumnado. Ese había sido mi primer encuentro con Chirbes. Yo sosa. Él atónito porque Constantino me dedicó palabras halagüeñas. Era de noche. Estaba oscuro. Yo habría querido que esa noche no se acabase nunca. Pero se acabó. José Antonio era el alumno más temible de la Escuela. Formulaba preguntas incisivas que dejaban temblandito a los profesores invitados. Nos creíamos más listos que nadie. El semillero de la inteligencia literaria. Los únicos habitantes del planeta azul con derecho a reír porque manteníamos los ojos abiertos; tan abiertos que aún ignorábamos que se nos iban a cuartear y a caer de la cara como polvo. Nos reíamos por lo bajini, por cobardía y como una forma de desprecio hacia las autoridades literarias invitadas a la Escuela los viernes por la tarde. Solo José Antonio se atrevía a reír en voz alta. A nuestros profesores les complacía esa pizca de maldad como síntoma de un concepto trinitario de la literatura: Gándara, Suñén, Bértolo. Me fascinaron los nombres cuando los vi impresos en el programa del curso. De dónde vendrían esos seres. ¿Argentina?, ¿Países del África virgen?, ¿la Suiza italiana? Bértolo.

Repito todas las estupideces que me han dejado marca.

Qué bruta era o cómo me gustaban las peliculerías. Qué ganas tenía de dejarme seducir. Las onomásticas estaban mucho más cerca. Bértolo es apellido gallego y Bértolo, ahora, cuando escribe poemas, se llama Tino de Feliz y yo lo llamo Rosalío. Entonces, alegría, trascendencia, impertinencia, sentido crítico. Buscábamos algo ingenioso, algo que pudiera complacer a nuestros maestros, mientras Benet y García Hortelano conversaban de sus cosas; Rosa Montero nos relataba los hábitos sádicos de Proust contra los cuerpos de las ratas; Clara Janés enamoraba a todo el auditorio; Javier Marías nos explicaba la diferencia entre el guion largo y el guion corto; o Álvaro Pombo constataba la inutilidad de nuestros estudios literarios y nuestro imperdonable derroche de dinero:

–¡Esto no se aprende, muchachos! Esto no se aprende.

Todos éramos muchachos y también éramos, sin saberlo, «¡Oh, capitán, mi capitán!», como en la película de Robin Williams, y nuestros profesores se sentían orgullosos de exponernos a las ideas de Pombo –garantía de incendio en cualquier acto–, que no pensaba lo mismo que ellos –¿o sí?– y, de una forma no tan soterrada, les estaba llamando «ladrones» y «mercachifles». Nosotras –ellos, también– buscábamos la pregunta ingeniosa para complacer a nuestros maestros; y, sin ninguna ironía y sin sentirme víctima de ninguna abducción, afirmo que esa búsqueda, como ejercicio intelectual, aún hoy me parece muy bien. Buscar una pregunta. Buscar. Hablar desde algún sitio que luego puede romperse. Ser consciente del sitio y de los desniveles del terreno. La posibilidad de un púlpito. Buscar una pregunta que solo José Antonio se atrevía a formular con una crudeza casi barriobajera.

173

El día de la presentación de su libro, José Antonio estaba emocionado, dulce y humilde, casi impresionado, y yo me alegré mucho de compartir esa comida con él. No recuerdo en calidad de qué asistí. Quizá como lectora de la editorial. Porque Constantino me invitó y porque la editorial aún pertenecía a Ángel y Lourdes Lucía, compañera de la Escuela que me dio mi primer trabajo: contabilizar los ingresos por venta de libros a través de las tarjetas de crédito. Lourdes Lucía nunca llegó a comprender que le había dado a una mona un cartucho de dinamita. La comida fue elegante.

–No es muy grande, pero está gustosa.

Más allá de su textura de enfant terrible, José Antonio era y es un escritor. Indago en internet y solo encuentro una referencia a *Capanegra:* la librería Rola tiene un ejemplar que vende a un euro. Descubrimientos como este y otras desapariciones insólitas de la historia de la literatura justifican el exceso de fe que se deposita en las agentes literarias. También me provocan una sensación y dos pensamientos.

Sensación:

1) Siento la goma de borrar actuando en mi contorno.

Pensamientos:

1) Todo es una reverenda mierda.

2) Soy una malagradecida.

Escribo «Soy una malagradecida» y, en parte, lo pienso, pero también me rebelo contra esa obligación de agradecer todo el rato, contra la genuflexión permanente y el picante autoflagelo. Escribo «Soy una malagradecida» y, en el fondo, espero que una voz, desde la penumbra cavernaria, me quite la razón: «No, no, pequeña, tú te lo mereces todo». Podríamos borrar «pequeña» del enunciado. Paula, Pauline, Paulette, pequeña, como la protagonista de *pequeñas mujeres rojas* y la hija de Ángeles, Paula, sus ojos verdes e inmensos y el corazón casi roto según la cardiología y otras disciplinas. Paula y yo nos damos un gran abrazo en el homenaje que le rinden a Ángeles

Martín después de su muerte. Ella me regala un recordatorio. Se lo agradezco con los mismos sentimientos que cuando recibimos aquella centolla que teníamos que matar.

–Una centolla estupenda.

Constantino había contratado a Ángeles Martín como jefa de prensa de Debate. La literatura como cualquier otro producto, pero atendiendo a su especificidad, también tiene que venderse. Creo que no duró mucho porque salía carísima, pero ese puesto me permitió cruzar unas palabras con ella el día de la presentación de la novela de Sánchez Villasevil. Ángeles tenía un don para su oficio: generaba confianza. Irradiaba un optimismo raro, como si todo fuese a salir bien. Luego casi nada terminaba de salir, pero a priori todo era posible, y cuando al final no lo era, Ángeles te lo decía como una amiga que había perdido el diez por ciento, pero a la que no le importaba la pérdida económica: lo importante eras tú. Ella estaba abatidísima y tú la consolabas:

–No te preocupes. Yo estoy bien.

Ángeles era una agente literaria como la copa de un pino. Una agente literaria con la que forjé una amistad. Me presentó a su hija, me invitó a cenar en su preciosa terraza y me hizo partícipe de sus problemas. Tenía muchos. Ángeles desapareció de Debate y luego la volví a encontrar en una fiesta de Planeta cuando el grupo editorial se ubicaba en el palacio que está enfrente de la actual Casa de América. Fiestas de azotea nocturna.

–¡Mira! Ha venido Antonio Gala.

Antonio Gala. Vuelven a mí los pensamientos 1 y 2, y la sensación 1.

También Antonio Gala ha muerto. No prematuramente. Tampoco con la pompa y circunstancia que habría requerido su notoriedad durante décadas.

La noche de la azotea, yo acababa de publicar *Animales domésticos* en Destino, pero, al igual que mis personajes, sentía que socialmente me iba depauperando. Mi músculo de clase media podía deshacerse en el pozo del lumpen literario, la desaparición o la sordidez bohemia. Quizá por el encanto de la caída y de las minorías culturales, el encanto de anular al pérfido y jodido Bértolo, que siempre ha sido y será un duendecillo que se acuerda de mí por Navidades y me manda «Happy Christmarx and Merry New Engels», me invitaban a las fiestas y a los pases de cine de Planeta. Hay cosas que me han pasado a mí que no tienen nada que ver conmigo. Algunos castigos se concretaban contra mis nalgas, pero no eran para mí. Eran una forma diferida de castigar a mi maestro. Puede que él ni se enterase, pero en última instancia la marca me la quedaba yo. Lo sé de una manera que no quiero saber del todo. Borrosamente, lo sé. Yo agradecía muchísimo aquellas invitaciones al cine porque, durante el periodo crítico de mi vida, esas veladas cinéfilas me hacían sentirme escritora cuando casi todo el mundo me estaba poniendo el culo como un tomate. Me hacían pertenecer a un territorio que, no tan inusitadamente, me esperaba o se acordaba de mí. Se acordaba de mí Ana Gavín, que, cuando me echaron del grupo, tuvo la amabilidad de decirme:

–La vida da muchas vueltas. Nos volveremos a encontrar.

Y siguió invitándome al cine y, más tarde, me encargó *Éramos mujeres jóvenes*, un ensayo sobre los usos amorosos en la Transición española que puso de manifiesto que nunca seré Carmen Martín Gaite. Ni pertenezco a su generación.

En aquella fiesta de Planeta –«¡Ha venido Antonio Gala! Debe de estar haciendo pis»– fue Ángeles quien se me acercó mientras yo estaba aprendiendo la importancia de medir quién inicia el movimiento de aproximarse a quién y quién saluda en primer lugar. Maniobras orquestales. Tableritos de ajedrez. Ella se acercó y yo compartí con ella todas mis inseguridades. Ángeles fue propositiva:

–Tenemos que hablar más despacio.

Estaba nerviosísima cuando fui a visitarla en su oficina de García de Paredes. Me abrió la puerta una secretaria con acento cubano. Esperé un poco. Y luego hablamos más despacio. Al día siguiente le di todos mis contratos de edición y creí que mi vida iba a cambiar. Mi agente literaria sería lo más parecido a un hada madrina. Tres toques de varita mágica y los ratones se metamorfosearían en caballos blancos; las calabazas en carrozas; y las zapatillas deportivas en zapatitos de cristal.

–Marta, han rechazado tu novela.

(*Amour fou, La lección de anatomía, La lección de anatomía, Black, black, black, Amour fou...* Un atasco, el agua del fregadero a punto de rebosar.)

Mi personalidad queda al descubierto: soy una mujer que va a comerse con deleite un animal que le provoca compasión. No hay palabras para describir mi comportamiento. Tampoco el de Ángeles. Porque parece mentira que, después de más de diez años juntas, aún no me conozca lo suficiente como para entender que a mí no se me puede regalar una centolla viva ni un pavo para sacrificar en casa.

Ángeles y yo mantenemos un vínculo contractual desde el año 2005, desde el reencuentro en aquella terraza, hasta poco antes de que muriera. Me devolvió todos los papeles. Ya no podía hacer nada por mí ni por nadie. Le debió de doler muchísimo. Para ella, lo más importante era su profesión. Vinculaba a ella las amistades. Y eso hizo que se llevara muchos disgustos. Cuando pienso bien, me parece que sus expectativas respecto a la lealtad estaban equivocadas; cuando pienso mal y me transformo en una hija de puta, sospecho que la amistad podía ser una táctica para amarrar a la clientela. Yo me quedé, porque en un momento dado me importaron un bledo las tácticas y comprendí que hacerle daño a Ángeles no me permitiría dormir bien por las noches.

–Tengo un bulto en el pecho.

Nos lo dijo en la esquina de la calle Fuencarral con la calle Colón. Ángeles se había detectado el bulto hacía tiempo. Lo dejó crecer. Tenía mucho trabajo. No tenía tiempo que perder.

177

Así que lo perdió todo. Lo consumió. Tenía problemas con la casa y problemas de dinero. No podía atender a esa dureza, ese pipo que arruga la piel y la pulpa del pecho. Creo que Ángeles estaba aterrorizada. Desde ese día, Chema y yo intentamos acompañarla todo lo que pudimos. Después de las operaciones. La mastectomía. Las quimios. Quedé con Ángeles en los extintos cines Lumière, ubicados en un pasadizo de Princesa. Vamos a ver una de risa con Kristen Wiig y Rose Byrne. *La boda de mi mejor amiga*. Ella lleva un turbante verde. Está muy guapa. Luego, comemos unas crepes en la crepería de la calle Martín de los Heros. Ángeles quiere llegar a todo y me cuenta sus planes. Los premios a los que nos vamos a presentar. Las opciones. Quiere trabajar más que nunca para olvidarse de lo inolvidable, pero lo inolvidable repercute en el trabajo. Con la enfermedad, Ángeles llega tarde a los plazos de entrega para presentarnos a premios. Nunca reconoce sus despistes y yo no le reprocho nada. Pero me cabreo y me cabreo aún más por cabrearme porque sé que está enferma. Preferiría que no me hiciese promesas. Y no le digo nada, y me siento una mierda porque no sé reaccionar como una persona adulta más allá de la compasión. Ella no quiere afrontar la realidad. Colaboro para que mi amiga se acomode en su ficción. Hemos mezclado en un grumo el trabajo y el afecto, incluso antes de que se manifestase la enfermedad, y eso no nos hace ningún bien a ninguna. Durante las crisis yo sigo en mi callejón sin salida, y llega un punto en el que las necesidades se invierten y no sé si yo necesito a Ángeles o es ella quien me necesita a mí. El tiempo pasa y empiezo a conocer más gente de la que ya conoce ella. Me quedo a su lado, porque Ángeles ha estado al mío en las épocas de cada negativa. La tranquilizo:

–No te preocupes. Estoy muy bien.

(Trago raspas de pescado y bolas de naftalina y engrudo.)

Yo no buscaba calidez ni comprensión: quería soluciones y un carácter ejecutivo. Alguien que pudiese cuidar de mí como una tiburona. Pero Ángeles no era una tiburona. Vivía en la conciencia de la dificultad y transformaba cualquier pequeño logro en una inmensa alegría. Para mí, los pequeños logros siempre han sido logros pequeños. Ángeles Martín me dio muchas malas noticias y me mandó una centolla agonizante dentro de una caja cuando ya se había atrevido a irse a Moaña para cuidar de su hija Paula y para que su hija Paula cuidara de ella.

—El marisco aquí está baratísimo. Te voy a mandar unos percebes.

Quizá los percebes dentro de su caja de poliestireno fueran menos expresivos que aquella pobre centolla.

La Navidad de 2005 Ángeles me llamó para decirme que el jurado del Nadal se había reunido y yo había quedado finalista. Pero le debo sobre todo una cosa: que presentara *Black, black, black* al Premio Herralde. No ganamos. Pero, al final, Ángeles me encontró una casa. Luego vinieron los despistes, la enfermedad, mi desconfianza ante la fragilidad de la mujer que debía enseñar los dientes por mí.

—Las centollas, ¿muerden?

A Ángeles algunas personas la dejaron en la estacada; otras confiaron en ella hasta el final. Las entiendo a todas.

En nuestra última conversación me contó que la estaban sometiendo a un tratamiento experimental. Las metástasis le habían llegado al cerebro y, de noche, se despertaba rodeada de gigantes. Ella huía y acababa metiéndose debajo de la cama. Me hizo este relato con la serenidad de quien sabe que todo es mentira, pero que, mientras la pesadilla se vive, no existe nada más verdadero. Ángeles murió después de haber aguantado mucho. Pecho, estómago, cerebro, hígado, huesos, calvicie, problemas para caminar, para comer. Siempre la vi con una sonrisa que se le iba amarilleando por culpa de los medicamentos. Los ojos eran otra cosa. Murió y le hicieron un homenaje en el Galileo Galilei. Paula me dio el recordatorio. Conté con los dedos y allí faltaba mucha gente. Incluso algunas personas a las que ayudó a encumbrarse. Comprendo a esas personas, pero al mismo tiempo no puedo comprenderlas. Pese a mis tira y afloja y mis malos pensamientos, el paso de los años convirtió a Ángeles Martín en mi familia. Me importan muy poco sus estrategias y sus pequeñas mentiras respecto a lo que me dijo que había hecho sin hacer en realidad –«Mandé todas las copias», «Entramos en plazo»– porque acabó regalándome centollas vivas y narrándome sus espeluznantes aventuras con los gigantes que la cercaban en su escondite de debajo de la cama.

–¿Cómo es tener un agente?

–Yo tengo una tía segunda que se llama Ángeles.

En el homenaje conté con los dedos y me faltaron una, dos, tres escritoras y un escritor. Como mínimo. Sin embargo, hicieron acto de presencia Constantino y Manuel Rico, mi primer editor de poesía y también cliente de la agencia de Ángeles Martín. Amigo. Y estuvieron Sara Gutiérrez y Eva Orúe. Y Ainhoa, tan preocupada por mis traducciones a otras lenguas. Incluyo a Ainhoa dentro de mi colección de amigas altísimas: a menudo he sentido una afinidad extravagante con mujeres que me podían meter debajo del brazo y salir corriendo. El punto y la i. Yo, la i, Campanilla, Pepita Grilla, un piojo. Al homenaje también asistió la escritora Berta Vías Mahou, que en los últimos tiempos acompañó a Ángeles mucho más que yo. Oímos la voz de Ángeles, que hasta su último aliento luchó por la escritora Yolanda González. En la despedida tendió un cabo del que Yolanda se pudiera agarrar. Aquella tarde se produjo un momento mágico y otro de humor negro. Al conectar el vídeo, quizá una despedida, que Ángeles había grabado, solo pudimos oír su voz. En la pantalla, negro. Agradecimos esa negritud quienes queríamos recordarla con su bellísima sonrisa y sus mechones teñidos de violeta y rosicler. Guardo dos fotos de Ángeles Martín: en una viste de rojo y en otra de azul. Luminosa. Me regaló un gato de cerámica que conservo encima del piano.

Le dediqué *Daniela Astor y la caja negra*, por la compañía y porque, más allá de todas mis quejas, de mis expectativas enormes, de mi voracidad, Ángeles me había encontrado un techo bajo el que empezar a crecer.

Agradecí que el vídeo se estropeara para no llevarme conmigo una imagen terminal. Las imágenes terminales desdicen la otra parte de la vida. La arrugan como un papel que se quema. Son falsas e invasoras. Hay que poner una tapa sobre los ataúdes de los seres amados. No exponerlos a la luz. Ni a las miradas sucias que buscan el alargamiento de las orejas y el filo, más afilado por la muerte, de la nariz. Las agrandadas narinas grises.

El humor negro llegó con Carmen Paris, que cantó «La fiera» en la despedida de Ángeles Martín.

—Nadie ya teme a la fiera, que la fiera ya murió...

Alguien debió haber corregido el repertorio. Ángeles nunca supo ser fiera ni tiburona ni centolla mordedora ni maquiavélica. Quizá le habría gustado. Con sus clientas practicó un modo fino de piedad peligrosa que muchas le consentimos con gusto y por el que no la podemos culpar.

Echo de menos sus llamadas tristes. Chema escucha atento mi parte de las conversaciones y, cuando cuelgo, me pregunta:

—¿Qué?, ¿qué ha pasado?

Chema espera un contrato internacional, una traducción, una adaptación cinematográfica a cargo de Michael Haneke. Yo también lo espero todo. Sentada. Y digo que no, que ya no espero. Que la hora ya pasó. Y bailo con mi tutú de Alicia Alonso *El lago de los cisnes* como cuando era una niña.

—¿Qué? Cuéntame.

—Nada.

—¿Cómo que nada?

—Nada.

—...

—Ángeles perdió a Odisea.

Somos unos miserables.

También echamos de menos los envíos con remite de Ángeles Martín.

–¿Marta Sánchez?

–Sí, la misma.

La centolla araña la caja. Pero no muerde.

POSTALES Y SAPONIFICACIÓN

Pasábamos las vacaciones navideñas de 2005 en nuestro chalecito adosado de la playa. Insisto: el chalecito adosado a cien metros de la playa es el lugar más lujoso al que podemos aspirar. A la derecha, Lázara nos regala berenjenas de su huerto y, a la izquierda, Huertas y Fernando hablan en francés a sus nietas para que no se pierda el idioma que aprendieron cuando emigraron. En ese contexto socioeconómico –aquí se habla francés, pero se comen pimienticos asados– estábamos jugando a cualquier juego de cartas, quizá al mus, y antes del órdago a la chica –jugador de chica, perdedor de mus– sonó el móvil. Era Ángeles.

–Somos finalistas del Premio Nadal.

Cuando vuelvo a la mesa de juego y doy la noticia, madre, padre, esposo manifiestan un escepticismo defensivo frente a una felicidad demasiado grande. Inasumible:

–Hija, hoy es el día de los Santos Inocentes.

–¿No será una broma?

–Pero ¿quién te ha llamado?

–¿Te puedes fiar?

–¿Seguro?

Podía fiarme. En el Palace de Barcelona, una empleada de Destino me recoge a la puerta de la habitación secreta en la que me han mantenido encerrada durante veinticuatro horas. Me mira de arriba abajo:

—Estás perfecta.

Mi interior rebulle de goce estilístico.

Al entrar en la sala donde esperan los miembros de jurado, uno de ellos me hace un cumplido:

—Esta es Susana y nosotros sus viejos.

Es un cumplido. Pero yo respondo «No, no, no». La imagen viene a mi cabeza siempre que recuerdo ese momento de gloria. La repito. Vuelvo a marcar su silueta con las palabras. No quiero que sus perfiles se diluyan. La fijo como una fotógrafa empeñada en que el contorno de una luna llena no se desdibuje en la imagen. Las lunas llenas no se dejan atrapar por fotógrafas aficionadas o artistas del selfi. Desparraman su luz por todas partes y dejan de ser un círculo perfecto. Por eso, el tiempo de exposición ha de ser largo. Por eso, en la escritura, la repetición adquiere un significado especial.

El comentario sobre mi persona, además de un cumplido, no era tan venenoso como pudiera parecer, pero constataba que el jurado del Premio Nadal 2006 solo estaba integrado por hombres. Al día siguiente en un blog me llaman «fea» y ese es el bucle del que no puedo salir. El golpe bajo del que no me puedo proteger.

—Ella es Susana y...

Sí. Puede que sí.

Los Santos Inocentes no operaron en su día señalado, pero sí lo hicieron sobre el destino de *Susana...*, una novela que recibió buenas críticas y críticas regulares, pero que no me colocó en ningún puesto sobresaliente de la literatura española. Mi padre analizó la situación literaria con su mirada de sociólogo que le toma el pulso a la realidad y a la cultura, y me hizo una proposición:

—Hija mía, ¿por qué no escribes una novelita negra, como hace todo el mundo, y la titulas *Black, black, black*?

Mi padre es una persona muy importante en mis devenires literarios. Siempre está dándole vueltas a mi felicidad y cree que merezco mucho más de lo que posiblemente merezco. Su confianza en mí a veces me produce una alegría que no se puede nombrar –es una alegría mística– y otras veces me hace polvo. Porque mi padre padece cada agravio comparativo. Cada ausencia en un medio de comunicación. Cada palabra tibia. El tamaño o la inexistencia de la foto. Siente cada ausencia como una puñalada que no me permite hacer de la necesidad virtud ni encontrar los resortes de mi propio consuelo y mi tranquilidad. Mi padre me mete los perros en danza, porque él siempre ha pensado que soy muchísimo más fuerte de lo que realmente soy. No puede creer que algunas veces meto la cabeza dentro de un hoyo o me ahogo en un vaso de agua. En otras ocasiones me deslizo por la superficie del océano como un buque fantasma o atravieso el desierto como un tanque misterioso.

He contado esta anécdota mil veces y hoy la escribo para que no se pierda. Tengo una especie de desconfianza muy analógica en las nubes y en las virtualidades, y reivindico los manuscritos encontrados en Zaragoza, las arcas perdidas y los cálamos. Aún soy de una civilización, acaso pronto extinguida, que cree firmemente en que hay que escribir de dentro hacia fuera y de fuera hacia dentro, construir el relato, fijarlo. Aunque, a las palabras no se las lleve exactamente el viento, solo la escritura logra la perduración, la conservación, el envasado al vacío.

–Hija mía...

He contado esta anécdota mil veces en mil circunstancias diferentes y jamás pensé que nadie la llegase a interpretar como algo ofensivo.

–¿Por qué no escribes una novelita negra...?

Sin embargo, en el Festival Centroamérica Cuenta, celebrado en Managua en mayo de 2017, Leonardo Padura se lo tomó a mal y recalcó que él escribía sus novelas negras con mucha seriedad. Le molestó el diminutivo y quizá consideró, no sin razón, que yo era una frívola: me gusta la farándula, las tapaderas de plata que esconden huevos fritos con beicon para desayunar, las chicas Ziegfeld que fueron Hedy Lamarr, Lana Turner y Judy Garland. Desde aquí envío mis disculpas retrospectivas a Padura y solo me permito añadir que yo también escribo mis novelas, incluso mis novelitas, con mucha seriedad. Casi, casi con la misma seriedad con la que los grandes varones abordan sus grandes obras y exhiben su particular sentido del humor. Nuestras ambiciones son más modestas: nos conformamos con que nos lean con cierta profundidad y que nuestra risa de mujer no constituya casi siempre una ofensa porque es una risa que viene de abajo, de algún lugar subalterno, irritante. Incluso si se produce durante el coito con un hombre, la risa genera desconfianza: se cuestionan el placer y la alegría genuinos, el hombre piensa «se está riendo de mí», «de mi pichula», «de mi falta de fuelle».

Yo no me puedo reír demasiado. Es mejor que como escritora me reconcentre y ponga cara de que algo me duele muchísimo por dentro. Cuando hago eso, me pueden llamar «quejica», pero no resulto tan ofensiva como cuando cojo aire y me expando. Mi amiga Ara, que es poeta y persona, me dice: «Despliega». Y yo hablo o canto moviendo las manos y siento cómo brillan las palabras en áreas iluminadas del cerebro. Las palabras se deslizan hacia la lengua y hasta las orgásmicas puntas de los pies.

–¿Y se puede saber por qué habla usted con esa seguridad?

Me pregunta un diplomático retirado en la sede madrileña del Instituto Cervantes. Yo me he expresado con la misma seguridad que mis entrenados compañeros de mesa. Quizá con un toque adicional de dulzura que, más tarde, se me clava en el corazón. Mi estado de gracia y mis gracias son intolerables, y la previsión de esa intolerancia consigue que, otras veces, cada pensamiento, como una pieza rígida, se me obture en la cabeza. Un trozo de madera se me atasca en las meninges y la boca no lubrica la saliva necesaria para expulsar la idea.

–Hija mía...

El análisis sociológico de mi padre se concentra en la percepción de que, entonces y aún hoy, el prestigio del género negro-criminal, relacionado con la idea de que la literatura atrapa y seduce, tiñe incluso las novelas que no son de género. Montañas rusas. Maletín del prestidigitador. Entonces y aún hoy, cada palabra adquiere una enunciación misteriosa y nada es lo que parece, porque, si las cosas son lo que parecen, terminan decepcionando. Sin esa pulsión por descubrir el secreto no merece la pena leer. Arrinconamos la verdad en las ficciones o en los rezos fanáticos para no encontrarla en la estadística o en el punzante cómputo del frío que pasan algunas familias dentro del hogar. Y, sin embargo, puede que la verdad literaria no radique en el descubrimiento de que la señorita Amapola mató al padre Prado en la biblioteca con un estilete. Accedemos a la verdad literaria cuando el lenguaje nos electrocuta y levanta la página delante de nosotros. Identificamos una espina, entendemos el punzante cómputo del frío. El origen de la felicidad o del insomnio.

—Hija, ¿qué dices?

—No sé, papá, es una hipótesis.

Tengo más.

En ocasiones veo muertos e intuyo que, hoy, no merece la pena leer novelas que no tengan un cuarto con fantasma al final de la escalera. También cada novela de *Los cinco* escondía un pasadizo secreto. Me gustan mucho esas novelas. Muchísimo. Pero también me gustan otras. En todo caso, no pienso consultar las historias de la literatura para corroborar el momento en el que la narratividad la colonizó. El horror al destripamiento de las historias, el *spoiler* —lo escribo en inglés para que se me entienda— y la definición de la calidad en función de la velocidad de lectura forman parte de la transformación de los géneros literarios actuales. El dato de esa colonización, esta modalidad de la literatura colonial que emana del imperio de Amazon y de la idea de la cultura como industria, está grabado en mi rabadilla con un punzón más penetrante que el que dejó constancia de la caída del Sacro Imperio Romano Germánico o perforó las piedras y las lápidas para que no olvidáramos nunca los nombres de los soldados muertos en la Primera Guerra Mundial. El dato se reconoce en la huella dactilar que queda impresa en cada libro que escribo. En la marca de agua del papel que uso.

El dato soy yo.

Recogí el guante que mi padre me tendía porque, por aquellos años, ya había leído mucha novela negra y, sobre todo, había visto muchísimo cine negro gracias a un ciclo que echaron —¡ese es el verbo!— en la segunda cadena de la televisión española cuando yo era estudiante de bachillerato. Grababa las películas en cintas de VHS y, en las grabaciones, ponía muchísimo cuidado en eliminar los anuncios. Después numeraba y catalogaba cada cinta con una vocación taxonomista y bibliotecónoma. Hace no tanto tiempo, en un arrebato de modernidad digital, para que nadie me acusara de nostálgica desfasada y, sobre todo, por un problema de espacio, creo que tiré todas esas cintas. O quizá se humedecen en un rincón del trastero de esta casa desde la que escribo. De esta casa en la que se ambienta *Black, black, black*.

—... una novelita negra, como hace todo el mundo...

Me encanta mi casa, los colores con los que la hemos ido ensuciando, las manchas móviles de nuestras gatas de cuatro colores, nuestras gatas mariposa, calicó, gatas de la suerte, la sombra gris de mi gato Brumario, una reverberación fantasmal, los cantos desiguales de los libros, destartaladas ediciones de bolsillo con las hojas dobladas en las esquinas y las hojas de guarda garabateadas con mi letra. Mi letra, enfermedad subcutánea del papel. Un arácnido que pica. En el salón de mi casa las cortinas desparejas son rosa fuerte y de rayas verdes, naranjas, amarillo limón. Las postales de grandes actrices, que mi amigo el escritor Óscar Esquivias, travestido de Liza Minnelli, me manda para cualquier ocasión, se apoyan en los huecos de las estanterías. Algunas fotos de este batiburrillo se reproducen en *Parte de mí*:

Burgos, 24 de diciembre de 2013

Katha, querida:

Te escribo en mitad de la ciclogénesis explosiva, con un tiempecito que parece más del Apocalipsis que del Génesis. No tengo aquí ningún retrato de tu dilecta Joan Fontaine, pero te mando esta estampita de «Santa Juana», que era como Manuel Puig llamaba a Joan Crawford...

En la postal, una imagen tomada por Ruth Harriet Louise a una jovencísima Joan Crawford, vestida de blanco, apoyada en una escalera. Óscar no se va a enfadar conmigo. Él conoce de sobra los riesgos que se corren con las escritoras autobiográficas. La alusión a Manuel Puig es importantísima: por obra y gracia de Puig, yo soy Katha o Kate o Katie, y Óscar es Liza con sus uñas pintadas de verde —«Sofisticadas, ¿verdad?»—, porque, según los cuadrantes astrológicos del escritor argentino, cada persona es del signo de la estrella de cine a la que le dieron el Oscar el año en que esa persona nació. Yo nací el año en que le dieron un Oscar a Katharine Hepburn, Óscar nació cuando Liza Minnelli arrasó con *Cabaret*. Como ocurre siempre con los grandes escritores —con las escritoras también—, Óscar Esquivias no da puntada sin hilo y la alusión a Joan Fontaine es muy pertinente: mi gran polémica estética con Rafael Chirbes se basó en mi preferencia por la hermana Fontaine frente a la suya por la hermana De Havilland. *Rebeca, Carta a una desconocida* y *Esclava del mal* constituían para mí argumentos imbatibles frente a Lady Marian y a la excelente Melania de *Lo que el viento se llevó*. Guardo pruebas documentales, correos electrónicos, que no me da la gana de sacar. Hay que confiar en la palabra de ciertas personas. Y en la belleza de la memoria agazapada en los sesitos frente a la pulcritud electrónica de las agendas. Incluso frente al hambre de las hormigas blancas. Recupero, contradictoriamente, otros documentos.

Segovia, 22 de enero de 2013
Querida Katha:
Siguen saliendo fotos y más fotos, ¡Zarco está haciendo un gran trabajo! Te escribo a las puertas de los juzgados de Segovia (bueno, en el bar de enfrente, para ser más precisas), donde acabo de recoger mi libro de familia (que me ha decepcionado, yo creía que iba a tener más sellos, fotos, hologramas..., pero nada, ¡está rellenado a boli, no te digo más!). Cae una nevada tal que esto parece una peli de Greta Garbo. Besos judiciales. Liza.

En uno de los sellos para el franqueo de la postal, el rey Juan Carlos dice: «Lo siento mucho, me he equivocado, no lo volveré a hacer». El bocadillo es de Óscar Esquivias. Yo sé que él no se va a enfadar conmigo por desnudarlo un poquito en público. Por revelar su matrimonio con Michael York. En la postal James Stewart y Katharine Hepburn están a punto de besarse en un fotograma de *Historias de Filadelfia*. De ahí la referencia a las fotos del texto de Óscar, quien, durante una temporada, me mandaba preferentemente imágenes de mi estrella rectora: Katha Hepburn. Sin embargo, como siempre que se trata de ponerle puertas al campo de mi viscosa identidad, de aproximarme a ella a priori, algo falla: ahora resulta que Hepburn obtuvo su Oscar por *El león en invierno* en 1968 y yo ya no soy Hepburn, sino Taylor, Elizabeth. Esta estrella de mi destino me cuadra un poco más, pese a que mis ojos no sean iridiscentes, porque yo nunca me bañaría en un lago helado y, coincido con Elizabeth en su precocidad a lo Lassie y en sus achaquitos de vieja. Si le diese rienda suelta a mi naturaleza salvaje, también yo me bebería el agua de los floreros y estrecharía lazos con Michael Jackson.
—Ebony and ivory live together in perfect harmony...

189

(Espero que, a estas alturas, nadie necesite traducción de esa cancioncilla entonada a dúo por Michael y Paul McCartney.)

En realidad, las ayudas externas, el molde para perfilar una identidad viscosa –también la racial, Michael–, nunca me sirven: por mucho que me empeñe en el misterio y la seducción de mi signo de Escorpio, ha llegado un planeta nuevo que me desbarata las poses. Creo que ya ni siquiera soy escorpio. Ya no sé ni lo que soy y debo revisar mis rasgos de carácter de pe a pa. Por culpa de Ofiuco. Tampoco puedo aferrarme al ascendiente: durante un tiempo fui piscis. Me lo diagnosticó una astróloga hija de su madre que, además, pronosticó:

–Escorpio con ascendiente piscis, agua y agua, llorar y llorar...

La muy cerda. Pues ahora resulta que no. Como ya dije, mi amigo Carlos Pardo se colocó su gorro de Merlín y me aclaró que tanto él como yo somos escorpio con ascendiente aries. Un par de cazurros, malas bestias, empecinados. La descripción tampoco es halagüeña.

La postal de Óscar me indica que Zarco, el protagonista de *Black, black, black*, está haciendo su trabajo de investigación y rastreo por papelerías y tiendas cinéfilas de un modo mucho más impecable que en la novela en la que desempeña el papel de uno de los narradores protagonistas. La cinefilia zarquiana es mi propia cinefilia –una más condicionada por el papel cuché que por la definición del plano secuencia–. Puede que también sea la cinefilia de Óscar Esquivias y de Luisgé Martín y de Vicente Molina Foix, que fue miembro del jurado que no me dio el premio por *Black, black, black*, pero me abrió las puertas de Anagrama. Vicente quiso pasear conmigo a lo largo de la Castellana después de una comida. Me contó lo mucho que le había gustado la novela y también que quien más la había apoyado era Salvador Clotas. Me hizo mucha ilusión que me apoyara un señor a quien yo no conocía. Hoy ya no sería posible tal cantidad de pureza.

Dos kilos de pureza como poco.

190

El punzante cómputo y una prístina pureza en la que el empeño de Clotas ni siquiera estaba proyectando el favoritismo de una amistad. Nada. Dos perfectos desconocidos. Ahora el reconocimiento se produce por acumulación. Sería injusto que fuese de otro modo. Implicaría cuarto y mitad de desmemoria y medio kilo de ingratitud. Pizcas de envidia.

–... *live together in perfect harmony!*

Greta Garbo debe de resultarle fascinante a Óscar. Garbo a veces fue mujer fatal, aunque la fatal por excelencia sea Marlene Dietrich. Óscar Esquivias y Elena Medel, mi actual editora de poesía y una escritora mayúscula, presentaron el *Libro de la mujer fatal,* un volumen ilustrado que me encargó Chavi Azpeitia y que hice en compañía de Virginia Rodríguez. De nuestro trabajo en común aprendí muchísimo, y *Los íntimos* es, en gran medida, el resultado, la puesta en negro sobre blanco de una lección que dicto en el Máster de Edición de la Autónoma todos los años. La profesora es Virginia. El director, Eduardo Becerra.

Durante la presentación, la voz de Óscar, pautada y profunda, casi sacerdotal, levantó pasiones. Elena se quedó encantadoramente bloqueada. Por entonces, ella era becaria en la Residencia de Estudiantes y aún le pedía a la cocinera que le dejara la cena guardadita por si llegaba tarde. Elena hoy me cuida. Yo confío en ella. Elena es una escritora mayúscula cuya extracción social implica que cada uno de sus conocimientos ha sido fruto del aprendizaje y el esfuerzo. A menudo está muy cansada porque tampoco a ella ni uno de sus átomos culturales de prestigio le llega directamente de una corriente sanguínea azul. Azul como esos frascos de *eau de cologne* de Yves Saint Laurent que se llaman Rive Gauche. En Elena hay un gran talento y una acumulación de fatiga que nos habla, como poco, de que, si de verdad existiera la igualdad de oportunidades, esta sería siempre falsa porque unas escalan desde más abajo y por una pared más escarpada. Quizá su equipamiento nunca le permita coronar los ocho miles.

–¡Elena Pérez de Tudela!

–No, no. Medel. Elena Medel. Poeta. Narradora. Editora.

Óscar me pidió una foto de mi ombligo para un número de la revista *Mirlo*. Asís García Ayerbe, fotógrafo, captura imágenes para la publicación. Asís logró congelar la imagen de una Marta ciclista absolutamente desenvuelta y absolutamente falsa. Yo no montaba en bicicleta desde los doce años, pero en la foto de Asís parece que siguiese haciéndolo todos los días. Yo, detenida sobre la bici mientras pedaleo; a mi alrededor, el mundo velocísimo se difumina. Guardo otras fotos memorables: Marta Virgen María con su san José de Mordzinski; Marta en un puente berlinés con el pelo revuelto y un anillo de jade, de María Rapela; muchísimas fotos hermosas de Lisbeth Salas. En la revista *Mirlo* se esconden muchos ombligos amados: el de Luisgé Martín, el de Nuria Barrios, el de Pilar Adón, el de Vicente Molina Foix... Hojeé la revista con morbo.

No reconocí mi propio ombligo.

Este fallo me hizo desconfiar de mis capacidades como escritora autobiográfica. También me convenció de que quizá debo persistir. Para progresar adecuadamente.

–... una novelita negra...

Óscar nos dedicó a Chema y a mí un cuento en el que Greta Garbo desempeñaba el papel protagonista. Óscar nos dedicó un cuento; Luis García Montero, un poema; Luisgé Martín, una colección de relatos. Chema y yo como siameses. Juntos en el ojo de nuestros amigos. Es lógico. Incluso halagador. Soy gregaria y soy amante. Tejo redes sin saber coser botones. Uno del derecho y otro del revés. Ahora, Chema y yo estamos esperando que alguien nos dedique, por fin, su gran novela americana.

En mi cincuenta cumpleaños, Constantino me regaló una caja roja –una manualidad filosófica–; Luisgé y Axier, con Palmira y Miguel, me regalaron un e-book; Almudena Grandes, Luis García Montero y una parte del grupo de WhatsApp «Entre copas» –Ángeles, Bienve, Edu, María– una caja con fungibles: jamón Joselito, vino, más viandas, jamón Joselito, jamón –este libro no está patrocinado–. El día de mi cincuenta cumpleaños me regalaron aproximadamente diez pañuelos y yo no cumplí con la superstición de dar una moneda a cada persona que me hizo ese obsequio. Por lo visto, si no lo pagas simbólicamente, te enfadarás con quien te lo ha regalado. No he llevado a cabo el recuento de las amistades que se han enfriado durante el último lustro. Si lo hiciera, quizá me sorprendería. Acaso la pandemia haya sido de verdad devastadora. Diez pañuelos en hermosas cajas. Óscar y Rafa, su marido, me obsequiaron con dos entradas para una proyección de *Metrópolis* de Fritz Lang en el Auditorio Nacional: la orquesta en directo acompañaba los fotogramas. Inolvidable.

Antes, en 2010, aún había muchísimas cosas que me hacían ilusión. Hablar a solas de mi novela con Vicente Molina Foix. Momentos insólitos para mí, ojos que me miraban y me abrían una expectativa que aún estaba a tiempo de cumplir.

Mi posición hoy no es la misma. Ya no es tan fácil ilusionarme. Incluso diría que es extremadamente difícil. Y habría que calibrar si esa nueva actitud hacia el oficio repercute de alguna forma en mi escritura. Es probable. Puede condicionar la dosis de complacencia que se maneja con cada libro escrito. Quizá complacer ya no me importa en absoluto o quizá ya no me queda tanto tiempo para ser complaciente y me esmero en el ejercicio de cierta amabilidad. En cada declaración sobre la escritura personal anida un autoengaño. También una cantidad infinita de verdades y la certeza de que este es un oficio de seres caducifolios. Palabra en el tiempo. Una profesión de gente con maletines que ocultan un singular instrumental.

–Agujas, punzones, tinta invisible, metrónomos, microscopios, catalejos, hilo de sutura, memorias portátiles, alambre, sacapuntas, gomas de borrar, biblias de hotel o Holy Bibles, papel verjurado y papel cebolla, lacre, analgésicos e hipnóticos, magnetófonos, diapasones, bisturíes, fonendoscopios, metáforas y enumeraciones.

—¡Tijeras!

—No me da la gana.

Vuelvo a recordar que este libro es literatura social. Habla de un trabajo y de cómo el fuera repercute en el dentro. Las formas son permeables a las circunstancias de la historia: a la vanidad, a la depresión, al éxito, a lo efímero, a las cuentas de resultados, a las expectativas, a la recepción crítica, a las humillaciones, a las alabanzas, a la incapacidad progresiva de ser feliz o de sentir un agradecimiento genuino y un poco lamentable que yo, sin embargo, sí le manifiesto sin hipocresía a mucha gente.

A los íntimos. A las íntimas.

A personas que se acercan y te dicen algo inesperado, no necesariamente halagador, que te hace sentir que tu oficio sirve. Lo cual no significa que tu oficio sea siervo. A veces resulta difícil marcar la frontera. Hasta en los sueños se cuelan los despachos de las editoriales y la corteza laboral se transforma en pura médula psicoanalítica: este libro está lleno de Antonio Machado y anoche mientras dormía soñé, bendita ilusión, con Manuel Vázquez Montalbán, que me regalaba unas partituras de villancicos. Fun, fun, fun. Después de entregarme el regalo, Vázquez Montalbán había adoptado la forma de Richard Pryor. Quizá el sueño reflejase mis dos encuentros con el escritor: aquel en un pasillo durante un curso de verano en El Escorial, en el que él me confundió con otra o pensó que me conocía y me invitó a tomar un aperitivo al que yo nunca acudí; aquel otro en el que se tropezó a la salida de un acto en la Biblioteca Nacional y salió manoteando de debajo de una bandera de España. Se hizo mucho daño. Mis dos visiones del admirado escritor expresan un problema de identidad. Me habría encantado ir a ese aperitivo al que nunca fui. Me habría encantado sacar estos momentos de un espacio mítico personal y haberlos grabado con un teléfono móvil. Miento: no me gustaría en absoluto. Ni me hubiese atrevido. Esos recuerdos, que ahora se me filtran en el sueño, desbordaban ilusiones. Entusiasmo. Esperanza respecto a lo que podría haber pasado. El relato se me escapaba de la boca por puro orgullo. Por pura incredulidad. Las novelas negras de Vázquez Montalbán eran grandiosas novelitas negras...

–... como hace todo el mundo, hija mía.

Quizá para curarme de esa pérdida de ilusión que también se relaciona con el paso natural del tiempo y el vértigo de los cambios, con las nuevas tecnologías y la política, quizá para aliviarme, mi casa es una película en tecnicolor. Un lugar alegre. El disfraz y la patita por debajo de la puerta. Mi casa es maravillosa, pero me recuerda que no me puedo marchar. La compramos en el año 1998 o 1999 –no comprobaré las escrituras– y, cuando mi abuelo melómano y mi abuela Juanita murieron, mi padre, con la parte de la herencia que le correspondía, liquidó nuestra hipoteca. Chema y yo no nos lo podríamos haber permitido. Mi padre y mi madre nos dieron años de tranquilidad y de aquí salen todos los personajes que recorren las páginas de una novelita negra que acabó siendo la primera parte de una trilogía. Aquí viven aún los niños aceituna y su desaforada madre, que ha perdido energías y capacidad para el aullido; aquí vive el sacerdote que ocupa una vivienda del interior y el marido de Leo, que en *Black, black, black* había muerto: en realidad, Leo murió antes, durante la pandemia, y no pudimos bajar a darle el pésame a nuestro vecino en condiciones normales.

–Pasad, pasad.

–No podemos pasar. Ni darte un abrazo.

Convivo con personas de las que hice personajes. Personajes muertos que aún colean. Me avergüenzo de tanta crueldad. Y también me río con la alegría de que mi vecino sea un superviviente que nos mira perplejo desde el umbral de su casa.

–No podemos pasar.

La hospitalidad del viudo se me clavó en el corazón. Él no tiene ni idea de que yo ya lo había hecho morir de un cáncer pancreático: la supervivencia de mi vecino me alivia cuando temo que el verbo pueda hacerse carne. Atenúa esa sospecha. Porque el verbo sí se hace carne algunas veces. En la escalera queda el recuerdo de Piedad y su carrito de la compra, cargado de piedras. En los cuartos trasteros se siguen dando las condiciones ideales para la saponificación de los cadáveres. La lucha de clases de la diabólica comunidad, que obligó a mudarse a Jorge Martínez Reverte, se ha enriquecido con los matices de la globalización y la gentrificación, los apartamentos turísticos ilegales y la incredulidad de un vecindario de siempre que asiste atónito a la mutación –al desmoronamiento– de la ballena dentro de la que vivimos.

Zarco camina por una calle en blanco y negro y, al entrar en este portal, se quita las gafas de sol. Entonces la película se llena de los colores que Olmo, un vecino daltónico, su duendecillo amor, nunca podrá ver. El rojo de los tomates se torna grisáceo. Regresa el blanco y negro.

Yo soy Zarco. Yo soy Paula. Yo soy Luz. Yo soy Claudia, la escritora del cuarto piso. Yo no soy, en puridad, ninguno de los cuatro. Pero sí.

De esta casa y de este barrio nacen también los relatos «Extrañas en un tren» y «Jaboncillos dos de mayo» que ilustró Fernando Vicente. Juan Casamayor propició este encuentro y la publicación de este hermoso libro. De esta experiencia vital surgió el concepto de estilos gentrificados, los estilos como las calles de los centros de las ciudades; los estilos franquiciados, idénticos a sí mismos, confortables y altamente traducibles... Con este concepto justifico mi escasez de traducciones. Excepto en Italia, donde posiblemente gracias a la textura a lo via Merulana de *Black, black, black* son más sensibles a mis novelas. Mis malestares nacen, en realidad, de una complicada relación con los lectores. Yo no les doy la razón, pero los tengo presentes. A veces me vengo de su desamor. El discurso se superpone al discurso. Para explicar teóricamente este aspecto traumático de mi existencia literaria, le di vueltas a la cabeza y encontré la eureka-noción del lector cliente. Solo muchos años más tarde he llegado a descubrir que, del mismo modo que el lector no es un cliente, tampoco yo soy una competidora. A veces se me olvida. Porque guardo muy dentro de mí el demonio del capitalismo. Cuando detecto el origen de mis perturbaciones, suplanto a un exorcista y cumplo con los rituales sobre o contra mi cuerpo cansado. Esta novela social forma parte de un protocolo de limpieza. Solo escribo lo que creo que debo escribir. Lo que puedo escribir. Con mis herramientas.

Comenté con Constantino la eureka-noción del lector-cliente una de las últimas veces que lo visité en su despacho de Random House:

–Voy a escribir una novela negra que sea y no sea una novela negra y que evidencie la bestsellerización del género negro, desactivado políticamente por un abaratamiento retórico, una previsibilidad, que lo transforma en artefacto confortable para un lector reducido a su exclusiva faceta de consumidor. Voy a escribir una novela que provoque al lector-cliente expresando que la violencia del discurso literario se vincula con la seducción retórica y el encantamiento de las tramas más allá de la sangre, los degollamientos y la corrupción política de las multinacionales (aunque estoy segura de que la corrupción política de las multinacionales también se filtra en los estilos...). Utilizamos, repetimos, géneros anestésicamente violentos, bajo la coartada falsa de que son géneros de denuncia, para lavar la conciencia de un espacio de recepción que ha reducido el ser de izquierdas a la posibilidad única de ser socialdemócrata.

Constantino me dijo que fenomenal.

–Y la familia, ¿cómo va?

197

—Muy bien, gracias.

Aquella fue una de las últimas veces que yo fui a verle para contarle mis planes y pedirle su bendición mientras él se concentraba mirando más allá de mí o por detrás de mí.

—... una novelita negra, como hace todo el mundo...

Con esta novelita las cosas se enderezaron tanto que hay quien piensa que *Black, black, black* fue el primer libro que escribí.

En el trastero de mi casa aún se saponifican pequeños animales y otros frutos de la imaginación. Sin embargo, siento que las cosas se han vuelto a torcer. De ahí surge esta pulsión elegiaca por escribir.

Mi padre, ingenuamente, me sugiere que me presente al Premio Planeta. Que lo gane. Pero yo no sabría hacerlo: hay algo que se cuela en mi escritura, un gusano del corazón de los perros, que me incapacita para ciertas formas de la seducción. Con mi cuerpo me pasaba lo mismo cuando era adolescente. Ahora me miro en el espejo y me veo verdaderamente bien. En los noventa, mis alumnos me preguntaban cada año:

—Marta, ¿por qué no te presentas al Premio Planeta?

—Bueno, a mí no me hace falta eso. La gente se presenta a los premios porque no tiene editor. Yo ya tengo uno.

A mis treinta años, yo era más ingenua de lo que mi padre finge serlo ahora. Porque mi padre sabe que *black, black, black* y no, no, no. Además, no sabrían qué hacer conmigo: una escritora política pija, una estilista de clase media, una escritora rara a diosa gracias. Lo único que lamento es el asunto de la mansión. No poder comprar una mansión —una casa muy grande— en el centro de Madrid para cuidar a mis padres, vivir con mi marido, trabajar en ella. Envidio a Espido Freire y su casa en el barrio de Salamanca y su bañera con patas. Viajé con Espido a Tesalónica y, en una escala durante el vuelo, contamos un número sorprendente de rabinos en la zona de embarque. Luego nos dimos cuenta de que todos se subían a nuestro avión y, por un segundo, sentimos un escalofrío del que logramos sobreponernos. Envidio los ingresos de Manuel Vilas. Esa es mi forma de ser Salieri y envidiosa. No envidio las metáforas ajenas. Ni las historias. Ni los signos de puntuación.

ACORDARSE

Sería incapaz de reconstruir con exactitud el espacio en el que me encontré, por primera vez, con Jorge Herralde. Sí recuerdo la barra de un bar, pero el que fuera la barra de un bar no significa que estuviera bebida. Habría bebido algo, pero nunca bebo tanto como para perder el control. Sola me prohíbo perder el control. No puedo permitírmelo. No me fío de nadie. Sola significa no estar con mi marido. En fiestas míticas, con elefantes pedorros, a lo *Babylon*, en jardines de verano llenos de danzarines, a lo Gatsby en su Egg, sola, yo me aprieto. No me libero. Me ato y me encierro entre mis dos brazos. Cuando vi por primera vez a Jorge Herralde no estábamos en un despacho ni en un acto solemne. Recuerdo unos peldaños para bajar a una barra. Focos verdosos. Cristales y licores de alta graduación. Como ocurre con la infancia hipertrofiada en la memoria, recreo con mucho detalle lo lejano y las primeras veces de la niñez. Mi suegra, desde el vapor de su demencia senil, canta «Las vacas del pueblo ya se han escapao, riau, riau», pero no sabe si ha desayunado ni reconoce el rostro de un hijo al que podría confundir con un padre o un hermano. Lo reciente, lo que ha perdido su consistencia extraordinaria para formar parte de la cotidianidad, se me desdibuja. Podría reproducir las caras de 1995 con los ojos cerrados. La presentación de *El frío* en Libertad 8. Aquella fue la última vez que compartí algo con Alfonso Azcona, que me comparó con Albertine Sarrazin o con una de esas escritoras francesas que yo habría podido ser. En Libertad 8 puedo ver a mis abuelos vivos disfrutando de su nieta; a los periodistas de *La Gaceta del Taxi* cubriendo el acto; y a mi tía Pili, sentada en un pasillito, ya con la cabeza un poco del revés. Los ojos muy abiertos. Parecía muy asustada.

–Pili, qué alegría verte.

Pero la tía Pili se escondía un poco y ya no me achuchaba con la efusividad de antes. Desconfiaba. Miraba de reojillo, buscando. Nada de lo que hubiese podido encontrar la calmaría.

Ese gesto asustado me hace entender a otras personas que se retraen y te apartan cuando creen que has alcanzado algo parecido a la notoriedad –efímera, chorra–. Se adelantan al gesto de rechazo. Se alejan de tu vida porque temen molestarte. Estar fuera de lugar. Comienzan a no conocerte sin que tú hayas hecho ningún gesto para marcar distancia.

Mi tía Pili fue una de las pocas mujeres de mi familia con vocación artística y, como es preceptivo, tanto en la realidad como en la tradición literaria, acabó enloqueciendo.

Mi tía Pili tuvo su capítulo en *La lección de anatomía*. Pero también merece ser citada aquí, aunque solo sea como una nota a pie de página. Como una mujer, cariñosa, vital y creativa, que empezó a no conocernos demasiado pronto.

Otras caras, las de ayer mismo –ayer mismo es para mí todo el siglo XXI–, se me borran como si mi retina ya no las pudiese percibir. Temo confundirme y tratar como conocido a un desconocido. O al contrario. Contesto con amabilidad correos electrónicos de personas que no podría identificar si coincidiéramos en una habitación. La pregunta es por qué contesto. La respuesta es que me mueve un resorte automático que salta aun a riesgo de perder muchas horas del día. Coloco sobre el concepto de eficacia, incluso sobre el concepto de supervivencia, mi amabilidad. No quiero que nadie salga lastimado. Trabajo un poco más para que nadie salga lastimado. «Lastimado» es un participio de serie estadounidense doblada en Puerto Rico en los años sesenta o setenta. «Lastimado» es un participio que for-

ma parte de la parte más afectada de mi lenguaje. Marxiana-
mente como los contratantes de la primera parte.

—Billy se lastimó aparcando el carro...

Lo conté en *La lección de anatomía,* soy como mi abuela
Juanita. El fantasma de mi abuela Juanita, que ocupa la bola al-
godonosa de esa amabilidad que a veces me obtura la respiración, va a acabar conmigo.

«Querida Estefanía, claro que puedes mandarme tu libro...»

«Pero, Ángel, cómo no me voy a acordar de ti...»

Fundido en negro. Tocar con los dedos un rostro. A ciegas.

He impartido clases durante más de veinte años. Las sigo
impartiendo. Voy por la calle con el miedo de tropezar, al do-
blar una esquina, con una alumna y no reconocerla. Se va a enfadar conmigo. La gente se enfada porque todos somos muy
importantes y hemos perdido la conciencia de que la democracia nace de la convicción respecto a nuestra mediocridad y de la
necesidad de apoyarnos porque nadie es tan tan excepcional, y
hay que bloquear el acceso al poder a los tiranos y los embauca-
dores. Pero la gente se enfada. Y yo no paro de fingir y, por mi
parte, no espero nunca que nadie me reconozca. Siempre me
presento:

—Soy Marta, ¿te acuerdas de mí?

Mi suegra no se acuerda. Relevantes miembros del campo
cultural me miran con cara de extrañeza, se llevan los dedos a la
mandíbula como preguntándose quién soy. Se acuerdan perfectamente, pero no se quieren acordar. A veces, en un acto de
alegre soberbia, me digo que quizá soy yo la que no debería
acordarse de ellos.

De todo hay en la viña del Señor.

Miguel Ríos siempre se acuerda de mí. Y yo alucino.

También pienso que la excepcionalidad es un golpe de
suerte, aunque para algunas personas con un ADN concreto,
con unos antecedentes políticos concretos, con una concreta
manera de ser, con una tendencia maléfica a enredarse en el

bucle de las peores profecías de autocumplimiento, la suerte no existe casi nunca. Es decir, deja de ser una cuestión del azar para transformarse en una cuestión de colegios carísimos, contactos y gente al mando que esté dispuesta a tomarte en serio. La suerte, la suerte es demasiado poética. Demasiado increíble. Yo no me habría enfadado si, después de aquel día en la barra del Café Salambó de Barcelona –¿es posible que las piezas empiecen a encajar?–, Jorge Herralde no me hubiese reconocido en una segunda ocasión. Me habría parecido de lo más natural. También me habría herido.

«Querida Marta, fui alumna tuya en el año 2003, te mando mi poemario...»

Recordar la primera vez que vi a Jorge Herralde será una tentativa, una aproximación. La primera vez que lo vi y hablé con él. Porque lo había visto sobre un escenario. En el Círculo de Bellas Artes o en algún lugar así.

–Mi obra es mi catálogo.

Diría Jorge.

Recordar la primera vez que se ve a un ser de leyenda requiere un esfuerzo ímprobo, ya que es fácil mezclar realidad y ficción, y el deseo con la certeza. Jorge Herralde podría haber salido de la pantalla de mi televisión. Primero una pierna y después la otra. Podría ser un pixel de mi Pantone cerebral. Herralde tiene la consistencia de los seres legendarios –dragones de Sant Jordi, manticoras y hadas madrinas– y a la vez es un hombre de carne y hueso, al que últimamente le torturan sus acetábulos y sus retinas: la notoriedad de los íntimos de quienes aquí se habla saca estas páginas del espacio de la imaginación librescā, para acercarlas al género de la crónica o de la memoria culturalmente relevante. Del informe médico.

–Chismografía, al fin.

Jorge Herralde afirma que esa es la materia –los chismes– de la que está hecha la literatura. Quizá llegar a ser el chisme de otra persona constituya un objetivo vital. Un propósito no menor.

–¿Sabes algo del pérfido Bértolo?

Yo me cuento como parte de las voces que me habitan, y decanto cada voz desde mi sistema nervioso, y mis palabras son las palabras de una multitud. Ese es el único faro desde el que podemos relatar lo que sucede, lo que no sucede, lo que podría haber sucedido y lo que podría suceder. Me parece que da igual que usemos pasamontañas o nos retratemos en un desnudo lampiño por efecto de las depilaciones. Hoy, en la radio, he confesado mi amor adolescente por un pollero del mercado de Barceló. Usaba el hacha como nadie. Tenía los brazos muy fuertes y el pelo ensortijado. La declaración de mi amor representa ciertos amores inconfesables de mujer. Yo confieso. Y mi confesión no es indiferente, aunque quizá diese lo mismo que la hiciera en primera persona del singular o del plural, en tercera persona, en una miríada de primeras personas distintas.

–¡Omnisciencia selectiva múltiple!

–¡Epifanía!

Hoy opero con los mismos retrovisores que en *La lección de anatomía,* pero con una nómina célebre. Menos célebre. Celebérrima. Estampada contra el suelo desde la celebridad. No tan célebre como se habría esperado. En el proceso de búsqueda de la celebridad, que a veces no coincide con el proceso de búsqueda de la palabra exacta o de la enumeración, pero que a menudo sí coincide –no nos engañemos– con la posteridad. Mis neurotransmisores mantienen en pie y, al mismo tiempo, deforman la crónica y el memorialismo: los llenan de esa única posibilidad de verdad que siempre es grande y temblona. Tomo prestada la metáfora de los retrovisores de un chico de mi clase que se llama Omar. Más adelante quizá él me escribirá un correo, pero ahora mismo soy yo la que abusa un poco de él.

Jorge Herralde es un ser legendario que forma parte de mi vida. Lo que vuelve a poner de manifiesto que la ficción es verdad.

–¡Epifanía! Te alabamos, Señor...

–¿Has visto últimamente al pérfido Bértolo?

Sí, estaba malo.

Como casi todas nosotras. Lentamente. Poco a poco.

PERFIL BAJO

El mito Herralde se acodaba en la barra del Café Salambó de Barcelona. Mantenía una conversación con Fernando Schwartz, que en aquella época era muy famoso porque había presentado, en compañía de Máximo Pradera, un programa de entrevistas en Canal Plus. Por aquel magazín pasaban todos los años los premios Nadal. Yo encendía la televisión y me quedaba admirada con la juventud de José Ángel Mañas o con la labia de Juana Salabert. Embobada. Anhelante. Juana y José Ángel habían sido finalistas como yo, pero a ambos durante un tiempo las cosas les fueron muchísimo mejor que a mí. Lo mismo que a Lola Beccaria o a Nico Casariego. Al menos, así lo percibía yo. Es muy probable que ellos lo percibiesen exactamente al revés y, en ese punto, juegan un papel relevante la susceptibilidad y la incapacidad para tomarnos las propias medidas de quienes nos dedicamos a este oficio de eufóricas vanidades y tendencia simultánea a la automutilación.

–¡Yakuza!

Durante una temporada, Juana y José Ángel, finalistas todas, se integraron en este mundo de los íntimos, aunque luego la vida te despega por razones, no demasiado dramáticas, de las que nadie tiene la culpa. Descendencia, carácter, afinidades políticas, desidia, desequilibrios e imprevisibilidades en la balanza jerárquica, problemas de percepción y de autopercepción, mudanzas, impaciencia, derechos que no se tienen y, sin embargo, se esgrimen. Distancias involuntarias e inexplicables. No recuerdo la última vez que vi a José Ángel Mañas, pero sí un viaje a Toulouse cuando él vivía allí con Nathalie, su mujer, y aún no habían tenido hijos. Viajamos acompañados de nuestros amigos

204

Ricardo e Inma. Y lo pasamos muy bien. Cagamos por distintos bares y kebabs de Toulouse porque éramos muchos y había un solo cuarto de baño. Su hospitalidad fue genuinamente inolvidable. A José Ángel lo conocimos porque quisimos entrevistarlo para la revista *Ni Hablar* cuando él acababa de escribir *Historias del Kronen*. Queríamos un texto o una entrevista para un número sobre polifacéticos, ya que José Ángel escribía y, además, tocaba el bajo en un grupo. Era muy musiquero. Nos pusimos en contacto con él a través de uno de sus amigos, Andrés, que lo protegía como un guardaespaldas. Me parece que no llegué a conocer en persona a Andrés, pero me lo imagino con las facciones de Joe Pesci. Hablar directamente con José Ángel era muchísimo más difícil que hacerlo con Juan José Millás, con Manolo Vázquez Montalbán o con Ana María Matute.

Andrés apretaba los dientes:

–¿Para qué lo queréis?

–Correcto.

–¿Cómo será la entrevista?

–Le cuento y os digo.

–Contraseña.

–Correcto.

–Punto de encuentro.

–Correcto.

–Roger. Cambio y corto.

Peliculero. Mistérico. Nos sentimos muy honrados en la revista. Hasta ese instante nunca habíamos pensado que un escritor necesitara tanta protección. Los fondos reservados deberían utilizarse para cuidar no solo de Bárbara Rey. Existen otras glorias culturales que aspiran al anonimato y, a la vez, quieren vender libros. La posición Salinger es legítima, pero dificultosa en España. Fomentamos con José y Nathalie una amistad desinteresada que se terminó. Los quise mucho. Nos anunciaron en el salón de nuestro piso que se iban a casar. Se quedaban hasta las cuatro o las cinco de la mañana, aunque José era alérgico a los gatos. Nosotros teníamos tres gatos que se convirtieron en metáfora de la muerte en *La lección de anatomía*. A José Ángel le lloraban los ojos. Temíamos que se asfixiase. Resistía por el encanto de nuestras conversaciones. Su resistencia era la punta del iceberg de su afecto. José es de esas personas capaces de leerse a Henry James de cabo a rabo si se lo recomienda alguien en quien confía.

–José, Henry James es maravilloso.

En Toulouse, Mañas nos despertaba leyéndonos a Lao Tse y nos dejaba fumar en el balcón. Nuestra función intestinal se activaba al instante. Lao Tse, nicotina, kebabs de Toulouse.

En aquellos años, tanto José como yo practicábamos cierta misantropía cultural que nos mantenía unidos. Su misantropía era buscada. La mía forzada por las circunstancias del campo literario.

Hay amistades que perduran y se superponen a nuevas amistades. Otras se evaporan, aunque en algunos momentos alcanzasen niveles de insoportable intensidad. Hay amistades que se evaporan por motivos intrascendentes. A ciertas evaporaciones es preferible no darles demasiadas vueltas.

En la barra del Café Salambó, yo ya había quedado finalista del Nadal y no me habían entrevistado. Creo que a Eduardo Lago, el ganador, tampoco. Así que deduzco que el programa de Canal Plus había llegado a su fin. Herralde y Schwartz conversaban con una copa en la mano mientras Rafael Reig y yo nos acercábamos a ellos como dos seres de un planeta claramente inferior. Nosotros proveníamos de un planeta con menos luz y menos oxígeno. De gente más bajita o que lo parecía. No teníamos los ojos azules y es muy probable que no vistiéramos adecuadamente. Nuestra cabellera canosa, cuando se decidiera a brotar, no iba a exhibir ni de lejos la brillante espesura de la de Jorge Herralde. Reig y yo estábamos allí porque habíamos sido jurados del Premio Salambó.

–¡Hombre, Rafael!

Saludó Fernando Schwartz. Enseguida entendí que Rafael Reig acumulaba más galones que yo.

Al salir del hotel en el passeig de Gràcia, Reig se enfadó mucho porque no había bares y acabamos tomando una cerveza en una heladería. Un desajuste que nos humilló y nos hizo sentir fuera de lugar entre las guindas y las pajitas para sorber batidos. Después cogimos un taxi y Rafael demostró sus conocimientos taurinos a un taxista encantado con la conversación. Yo no me lo podía creer, pero en realidad me lo estaba creyendo todo. Al llegar al Café Salambó nos reunimos para elegir el mejor libro del año. Reig y yo íbamos a votar por *El padre de Blancanieves* de Belén Gopegui, y de hecho la novela de Gopegui entró con fuerza en la primera ronda. Competían también un libro de Javier Marías, uno de Vila-Matas –*Exploradores del abismo*– y unos microrrelatos de José María Merino. La anécdota ya es conocida. Reig argumentó:

–Con los microrrelatos me pasa como con los pepinillos en vinagre...

–¿Sí?

–Uno me gusta...

–¡Oh!

–Dos no me disgustan...

–Ay...

–Pero tres me empachan...

–Ji, ji, ja, ja.

Ganó Merino.

Y nos pusimos a beber. Yo poco.

Y vimos a un ser legendario apoyado en una barra.

Y nos acercamos a él como seres de otro planeta con menos luz y menos oxígeno. Nos vi más bajitos y peor iluminados. Con menos lustre.

Schwartz saludó a Rafael Reig y me presentó a mí como su esposa. Decidí asumir el papel porque me divirtió y, de no haberlo hecho, me habría sentido obligada a dar muchísimas explicaciones. Solo dije que me llamaba Marta Sanz. Schwartz ya le había contado a Herralde que Reig y yo teníamos una hija de unos siete años, Anusca. Rafael no le quitó la razón al informado periodista –¿lo oyó?–. En aquel momento, intervino Jorge Herralde:

–Pero, entonces, tú eres... ¡la famosa Marta Sanz!

La famosa Marta Sanz, casada con Rafael Reig, madre de una hija. Nos casamos en Pradillo y parecíamos los muñecos de una tarta de bodas. Mi parto fue tan difícil como el de mi madre y, aunque a Rafael y a mí nos encantan las niñas, decidimos que ya habíamos cumplido con nuestro mandato biológico. Cayetana Álvarez de Toledo y Jordan Peterson, abeja reina de todos los *incels* –célibes involuntarios que odian a las mujeres que no los aman: lo he escrito en inglés para que se me entienda–, estarían satisfechos de nuestra aportación a la natalidad. Vivíamos en un piso luminoso en la glorieta de Embajadores y éramos muy amantes del cocido madrileño y del vino de pitarra.

No te jode.

–¡La famosa Marta Sanz!

No me lo podía creer, pero hoy que Jorge Herralde forma parte de mi vida colecciono varias hipótesis en torno a su intervención. La hipótesis número uno es que me estaba tomando el pelo y no tenía ni idea de quién era yo; la número dos es que no tenía ni idea de quién era yo, pero Jorge Herralde también disimula a veces y finge que está al tanto de todo. Por si acaso. En «la famosa Marta Sanz» latían la retranca herraldiana, la burla simpática, el orgullo que el mítico editor sabe transmitir a una interlocutora que ingenuamente se dice a sí misma «Anda que si es verdad...» y el conocimiento de un estratega que no deja pasar una y piensa «Anda que si...». La respuesta de Herralde también podría ser el resultado de esas llamadas de mi agenta, Ángeles Martín, que yo nunca presencié y que, como una santa Tomasa, hicieron de mí una incrédula y una malagradecida.

A ratos.

Comprendí el disimulo de Herralde porque yo también finjo cosas, y eso que no soy un ser legendario ni un dragón de Sant Jordi.

–¡La famosa Marta Sanz!

La palabra «famosa» no alude solamente a la acumulación de trabajos valiosos que te ha granjeado esa fama y te ha colocado en el carrilito de la posibilidad del éxito –sea eso lo que fuere–, sino que también implica que, para bien o para mal, estás en boca de la gente. Que se habla de ti. Con lengua viperina, indiferencia, esperanza, tibio respeto, simpática veneración.

–Chismografía, al fin.

De modo que, aunque la frase de uno de los editores míticos del campo cultural español fuese una manera de tomarme el pelo, yo me sentí fenomenal. Sobre todo después de haberme enterado de que el año anterior, cuando *Susana y los viejos* había sido finalista del Premio Salambó, una miembro del jurado dijo que yo no sabía poner ni las comas.

–¿Esa? Esa no sabe poner ni las comas...

Así de mesurada, discreta y justa –o justita– es la gente que se dedica a este generoso oficio. Como si poner las comas fuera fácil. Otros tres miembros del jurado, cuyos nombres mantendré en secreto, escandalizados por el juicio ortotipográfico de aquella vigilante jurada, vinieron a contármelo y a levantar acta notarial.

–¡... Sanz!

Era muy probable que Herralde no me conociese, pero tenía la impresión de que, a partir de ese instante, nunca más sería una desconocida para él. En mi confianza se revela un deseo que acaso sea el mismo deseo de mis antiguos alumnos cuando se encuentran conmigo y yo interpreto mi papelito de maestra memoriosa. Y somos felices. Hasta la próxima ocasión.

No entendí por qué Reig no corrigió a Schwartz para aclarar la naturaleza de nuestro vínculo. Éramos compañeros de viaje y, de hecho, él ya me había formulado su teoría de que las mujeres y los hombres no podíamos mantener una amistad, y también me había explicado en qué consistía un polvo libanés o sobaquero. Nuestras relaciones estaban claras. Yo llamé por teléfono a mi Chema; él llamó por teléfono a su Violeta. Luego fuimos jurados derrotados en el Salambó, Fernando Schwartz nos casó y me regaló provisionalmente una hija. Estos acontecimientos tuvieron lugar en 2007. Yo, tan inocente, aún no habría publicado *La lección de anatomía* y no le pude reprochar a Schwartz ni su ignorancia ni su laguna al no estar familiarizado con el desnudo integral al que me sometí en 2008 con mi novela autobiográfica. Muchas editoriales prefirieron dejarme tapada, pero Malcolm Otero Barral y Palau se atrevieron, y desde ese instante, cuando mis amistades no se acuerdan de la fecha de mi cumpleaños o de que detesto el hígado tanto en sus variedades castizas como en las más sofisticadas, les recrimino:

–Pero ¿es que tú no has leído *La lección de anatomía* o qué?

Mis amistades tienen la obligación de estar al tanto de las minucias y grandezas de mi vida desde 1967 hasta el 14 de noviembre de 2007, fecha de mi cuarenta cumpleaños. Mi libro no miente. Aspira a contar la verdad buscándola. Y a entenderla.

–A este libro tenemos que darle una segunda oportunidad.

Me dijo Herralde. Y se la dio en 2014. Jorge admiró la belleza de mi madre en la foto que le pasé como portada, le pidió a Rafael Chirbes un prólogo y me sugirió revisar la novela para darle un aire nuevo; yo introduje un par de capítulos que se merecían dos amigas, orilladas en la primera versión, y parcelé el texto en tres bloques temporales: «Vallar el jardín», «Los gusanos de seda» y «Desnudo». Correspondían a la infancia, la adolescencia y esa juventud que enseguida muta en madurez.

Luis Goytisolo, inmenso autor de *Antagonía*, valoró la novela muy positivamente. Esa valoración que tanto me enorgullece es fruto de la simpática recomendación, del trabajo, del trabajo como simpática recomendación de Jorge Herralde, que fue compañero de pupitre del pequeño de los Goytisolo.

210

Mi segundo contacto con Herralde, después del de la barra del Café Salambó, se produjo una soleada mañana de 2009. Mañana soleada a la fuerza porque, como ya he comentado, él me preguntó si no me importaba que, en la edición de *Black, black, black,* pusiesen que había quedado tercera en el Premio Herralde por detrás de Manuel Gutiérrez Aragón y de Juan Francisco Ferré. Yo dije que lo pusieran. Que lo pusieran mil veces y mil veces lo pusieran.

El acontecimiento vital de aquella conversación, además del hecho de que una figura mitológica me estuviese llamando por teléfono, se produjo cuando Jorge hizo la siguiente revelación:

–Lali y yo nos hemos reído mucho leyendo la novela.

Lali. Quién era Lali. Lali es, sin duda, uno de los personajes más complejos de la vida y la ficción españolas contemporáneas: Lali, rubia, delgadísima, eterna, afilada, pura energía solar, brillo concentradísimo en chispa, baila con Carrère en los aniversarios de Anagrama; Lali recoge, después de una fiesta, al batallón borracho de la escritura de los noventa ayudada por el incombustible Ignacio Martínez de Pisón –«¡Yo recogeré primero a los de Anagrama!», le advierte a Ignacio–; Lali cuida el archivo, el tesoro, la chismografía, la correspondencia, las perlas de la editorial; Lali pide en las cenas y elige a los comensales; Lali te ofrece «¿Hacemos un pica pica?»; Lali es una lectora sagaz y una fuente inagotable de anécdotas; Lali tiene un sentido del humor a veces malvado; Lali sabe reclamar sin ser completamente ofensiva pero manifestando su discrepancia; Lali te acoge y ya no tienes nada que temer; Lali te cuenta cómo Bigas Luna rodó *Caniche* en la casa de los Gubern y, entonces, las acepciones de los términos «bizarro», «provocación» y «modernidad» se quedan muy, pero que muy cortitas en el mundo de hoy; Lali acompaña a Jorge y lo conoce y lo cuida; Lali es social y es confianzuda y tiene un ojo que para qué... Pese a nuestras realidades paralelas y a que hemos nacido en estrellas distantes, me siento cómoda con Lali porque ella lo ha conseguido y nunca le agradeceré lo suficiente el cariño que nos ha dispensado a mi marido y a mí.

Al principio, Lali me daba miedo.

–Oye, Fulano –un pitido tapa el nombre–, que a la baronesa Beatrice Monti della Corte von Rezzori no le has gustado nada...

–Pero, ¡Lali!, dímelo en privado...

–Nada de nada. No lo intentes más. No le gustas tú ni le gustan tus libros.

«No le gustas tú.»

Lali da noticias con una espontaneidad buldócer. En esas actitudes atisbo una cuestión de clase que nos permite entender en qué consiste la campechanía. La campechanía es un lujo que solo unos pocos se pueden permitir. Solo las advenedizas asumimos la supuesta moderación de una alta burguesía encorsetada en sus rigidísimas normas. Las advenedizas con conciencia de clase. Las advenedizas con complejos. Las advenedizas que procedemos de un lejano planeta con menos luz y menos oxígeno. Todas las advenedizas somos la marquesa de Merteuil cuando se clava un tenedor en el muslo sin soltar ni una lágrima. Nuestra contención es nuestro poder.

–Lali y yo nos hemos reído mucho leyendo la novela.

No sabía yo lo importantísimo que era eso. Cuando voy a Barcelona, sola o acompañada por Chema, Lali y Jorge me invitan a cenar. Incluso en momentos delicados de salud. A mí me gustan los garbanzos con langostinos del Belvedere y la bodega Sepúlveda de Barcelona. Jorge Herralde opta por los restaurantes con reservado –La Ancha, Igueldo– y el helado de turrón.

–¿Y de postre?

–Yo, helado de turrón.

O de avellana. Puede que de higos. De segundo, quizá haya tomado taquitos de merluza rebozada. De primero, compartiremos croquetas y ensalada de tomate con ventresca. Revuelto de espárragos trigueros.

Los reservados garantizan cierta intimidad. Mi primera cena con Herralde y otros personajes de Anagrama se celebró en uno de estos reservados. Yo era la nueva y me costaba desenvolverme bien entre escritores para mí admirados y con solera dentro de la casa, que parecían no disimular tanto como yo. Modosita. Apretadita. Sonriente. Al menos, los cubiertos siempre los he utilizado en su correcto orden, y sé beber con equilibrio –ya lo estoy diciendo demasiado– y escuchar con atención. Es importante. Los escritores –ese día todos hombres– contaban anécdotas con gracia y ese toque de maldad que a menudo aderaza la buena narración. Las palabras explotaban como fuegos artificiales y recuerdos encadenados de un mundo sobre el que yo casi carecía de experiencia. Debía familiarizarme con sobrentendidos sin cuyo conocimiento no se capta el chiste. Pensaba qué podía decir. Cómo intervenir. Cada palabra que pudiese pronunciar se me quedaba en la punta de la lengua porque la veía como un manoteo frente a las narices de los comensales. Mi pequeña aportación narrativa o mi chascarrillo dejarían al auditorio no mudo de admiración, sino mudo de esa mudez incómoda del que no sabe cómo encajar ni qué decir frente a la cortedad ajena. La corta. Yo. La desajustada. La que no patina bien sobre hielo y se pega una culada cómica delante de los expertos en el doble Axel. Ahora sospecho que mi mirada intrusa podía no ser del todo cómoda. Entonces Herralde, a cuya derecha me había sentado Lali, me preguntó:

–¿Y tú no dices nada?

No mentí:

–Yo soy de perfil bajo.

A Jorge aquella respuesta le hizo muchísima gracia y, dentro del relato mítico de nuestras relaciones, he fijado ese momento como hito fundacional de una historia compartida gracias a ciertas afinidades en el sentido del humor. Aunque, ahora que lo pienso, puede que Jorge ni siquiera me oyese, igual que Reig no oyó la narración familiar de Fernando Schwartz. Casi siempre estamos rodeadas de personas que ni nos oyen ni nos ven. Quizá ni yo misma me fije ni atienda a todo el mundo. Hoy he descubierto que he olvidado completamente a una compañera de la facultad que incluso guarda un poema que yo escribí en 1988. Acaso, en mi primera cena con Anagrama, hablé muy bajito para que mis palabras solo llegasen a los oídos de Jorge y nadie pudiera descubrirme.

–... bajo.

Quizá Jorge no me oyó, pero se carcajeó por pura cortesía. O quizá tenía una fe inmensa en mi gracejo y estuvo seguro de que había dicho algo divertido. Esa confianza nutre lo que se llama «política de autor». O quizá sí me oyó, lo cual no significa que ahora deba recordar el nanosegundo concreto de una cena que fue importantísima para mí y posiblemente, más allá de la energética alegría de vivir que caracteriza a Jorge Herralde, insignificante para él. Esto es como cuando se va al médico y la paciente barrunta que su grano es un cáncer y se va a acabar el mundo y, efectivamente, el grano es un cáncer, pero para el dermatólogo el mundo se acaba todos los días y el grano es uno de tantos. Un problema de dimensiones y de su percepción, que genera violencias y malentendidos. En todo caso, si Jorge no se acuerda de mi modestia un poco malvada, no podría desdecirme y, además, como buen editor, intuyo que no me desdiría porque *si non e vero, e ben trovato*.

–¿Y tú no dices nada?

Sí, tengo algo más que decir. Rompí una norma sagrada cuando, al publicar *Un buen detective no se casa jamás,* fui yo quien invitó a cenar a los Herralde y a los autores de la casa –ese día, de nuevo, todos eran hombres– después de la presentación. Presentamos el libro en Tipos Infames. Mi vida literaria ha estado muy unida a esta librería madrileña, a Gonzalo y a Alfonso, a Curro, que se fue a montar con Marga su editorial en Barcelona. Mi vida literaria también está muy unida a Lola Larumbe, de Alberti, y a Jesús Trueba, de La Buena Vida, que cuenta conmigo para los eventos literarios experimentales y me usa como conejilla de Indias. Me siento unida a Aldo, de la Antonio Machado, y a Jarcha, la veterana librería de Vicálvaro en la que me siento como en casa. A María y Pino de Enclave y a Santiago de Sin Tarima.

En la puesta de largo de *Un buen detective no se casa jamás*, Marcos Giralt, con quien compartí algunos paseos muy agradables en una gira brasileña, con quien subí al Corcovado y al Pan de Azúcar, con quien caminé en Brasilia por la explanada de los ministerios y la plaza de los Tres Poderes que tomaron los bolsonaristas en 2023, con quien comí carne en Belo Horizonte y bebí cerveza en la plaza de la Catedral de São Paulo —los pobres zombificados eran del color del pavimento—, fue uno de mis presentadores. La gira brasileña se la debemos a Paula Pascual y a Andrés Barba. Javier Montes me llevó al portal del edificio en el que vivió Clarice Lispector. Fue un viaje increíble. Metimos ropa para diez días en el equipaje de mano. Andrés estaba empeñado en que evitáramos las facturaciones.

—No me van a caber ni las bragas.

Logramos embutir la ropa en el mínimo espacio. Pero un escritor se saltó la recomendación de Andrés y las arrugas de nuestro vestuario no sirvieron de nada.

Marcos Giralt Torrente aparece en una foto promocional de *Páginas amarillas* que nos hicieron al lado del Retiro. Marcos pertenece a la aristocracia literaria española: por razones genéticas y por estilo. Por apostura también. Marcos, Lola Beccaria con su mechón blanco; Lucía Etxebarria con un perrito en los brazos; Fernando Royuela, trajeado y escapado de la oficina; Daniel Múgica, con quien coincidí algunas veces en las páginas de los suplementos... Mirar esa foto me desazona. Éramos muchísimo más hermosos de lo que creíamos. Me atreví a darle consejos a Marcos cuando era él quien me los debería haber dado a mí. Marcos frecuentaba a Marías o a Bryce Echenique. Yo no. Supongo que se reiría un poco de mi atrevimiento. Yo había publicado dos novelas, no había cumplido los treinta años y ya me consideraba una mujer con experiencia en el mundillo. Mientras le aconsejaba esto y lo otro, cómo simultanear trabajo y escritura, los dineros, las editoriales, él me escuchó con respeto y paciencia. Quizá con una punta de aburrimiento y con poca curiosidad.

–¡La famosa Marta Sanz!

Catula, cateta, hipotenusa.

El otro presentador de *Un buen detective no se casa jamás* fue Jorge Herralde. Un llenazo: repetí el modelo negro de la entrega barcelonesa del Nadal que luego volví a utilizar en el Cálamo. Había prometido a Herralde que, si venía a Madrid, le invitaría a cenar. Él no se lo debió de creer, pero al final fue así. A la cena se sumaron, además de Lali, Jorge y Marcos, los escritores Salvador Clotas y Vicente Molina Foix. Anagrama se ha feminizado mucho con el paso de los años y ahora puedo ver a Cristina Morales vendiendo fanzines en la selecta pérgola del hotel Formentor. Oigo sin querer –lo juro– las conversaciones con uno de sus maridos a través de los delgados tabiques que separan las habitaciones...

–Cristina, habla más bajo. No queremos saber...

Recuerdo los jardines del hotel Formentor: Basilio Baltasar le da un premio a Annie Ernaux o a Calasso o a la nieta de Piglia, que lo recoge en nombre de su abuelo ya muy enfermo. En los jardines de Formentor, que ya nunca serán, me siento como cuando éramos niñas pequeñas y jugábamos a ser otras personas, y un parque con cacas de perro se transformaba en los jardines de palacio. Allí, Nadal Suau y Begoña Méndez beben un gin-tonic a solas, porque están un poco cansados de tanta sociabilidad y eran un matrimonio anarquista que se buscaba y se gustaba; Sabina Urraca habla de *Clavícula* y me coloca en un altar superior de la literatura universal sencillamente por comentar mi libro en Formentor; Edurne Portela, Sara Mesa y yo nos hacemos una foto vestidas de largo: Edurne de verde, Sara

216

de *animal print* –no es necesario que explique el término, *isn't it?*–, yo de gasa color crema con topos blancos; allí, Lupe de la Vallina fotografía los prometedores pies de Sara Mesa. Y mis pies. Desnudos sobre una hamaca de lona. Sobre el césped que llega casi hasta el mar. Hoy no me dejaría hacer esas fotos: tengo juanetes.

Esa puerta, que ya no existe al menos de la misma manera, nos la abre Jorge Herralde. Las flores. El mar. La posibilidad de ser Agatha Christie, que se casó con un arqueólogo para que la encontrara eternamente bella.

En enero de 2023, Jorge Herralde recibe la medalla de oro de Formentor, que hoy es un Brigadoon que se materializa en otros lugares porque, en el primigenio, en el origen de un cosmos perturbadoramente perfecto, ya no puede ser. Paraíso perdido e isla del doctor Moreau. En una tertulia en Toledo, celebrada en el hotel Eugenia de Montijo, un hombre me pregunta, actualizando el efecto mariposa, si cada vez que una escritora de izquierdas da una charla en un hotel de cinco estrellas en algún rincón del mundo muere un gatito. El hombre no es un submarino de un periódico digital de ultraderecha. En Toledo he ido a trabajar, y el lugar de mi trabajo coincide con la noción de un marco incomparable. Frecuento los marcos incomparables y las asociaciones culturales, que son incomparables de otra forma, los institutos, las bibliotecas de barrio, las librerías. Incluso he ido a tertulias que se celebran en casas particulares con anfitrionas que emulan a madame Verdurin. Pero el hotel Eugenia de Montijo no es mi casa ni la del hombre que me pregunta. Rechazo el franciscanismo y la predicación con el ejemplo que nada tienen que ver con la coherencia y sí con la envidia cochina. Con cierta sumisión para dejarse fustigar. Una mujer como yo nunca debería salir de los institutos periféricos o de las casas okupadas. En eso debería basarse una coherencia que a mí me maniatase y a la vez hiciera felices a los periodistas de los digitales ultraderechistas que sí podrían vivir, sin contradicciones y con placidez, en Formentor sin levantar sospechas. Yo debería dormir debajo de un puente y contraer la lepra. Amo a los gatitos y muy especialmente a mi gata calicó, pero una y mil veces pisaría las escalinatas de Formentor y nadie podría entender lo mucho que lamento que esa tentación, ese pecado contra mi coherencia y la coherencia de escritoras anarquistas y escritoras francesas que escriben para vengar a su clase y a su género, haya sido borrado de su complicada punta peninsular. Porque al hotel Formentor se accedía por una carreterita tortuosa. Para describir la carreterita cedo la palabra a uno de mis padres fundadores, el abuelo Ramón:

—Es como una cuerda metida en un bolsillo.

Esta historia, que no es *La lección de anatomía* —lugar de la intimidad y de ese relato privado al que hay que prestar oídos—, está llena de padres fundadores y de mujeres crisálida. Los unos y los otros atraviesan el cuerpo y la escritura.

Poco a poco, Anagrama se feminiza. Veo a Sara Mesa con la misma cara que yo aquella primera vez del reservado. Puedo recordar su presentación de *Cicatriz* en la librería Alberti, con Rafael Chirbes. La conversación sobre un forúnculo que le había salido en la espalda, la receta del adobo, la imprevisibilidad de una muerte que se presentó unos tres meses más tarde. En la cena del detective que no se casa jamás solo estábamos Lali y yo. Comentando nuestra invitación a los editores, Marcos constató un hecho:

—Jorge, esto no sienta precedente.

Comprendí que mi gratitud, hecha cena, mi deseo de agradar y de ser hospitalaria en mi ciudad, de devolver lo que me daban cuando iba a Barcelona, había sido un gesto inconveniente. No hay quid pro quo entre un editor y sus autores —con sus autoras, tampoco—. No hay quid pro quo con Jorge Herralde. No debe haberlo.

—Yo, un helado de avellana.

A mí, sin que medie contradicción en lo que voy a decir, el

dinero no me importa nada y, a la vez, me importa muchísimo. No me importa porque me han enseñado a compartir, pero me importa porque marca una distancia. No me importa porque he ahorrado una cantidad razonable –no tanta como para cambiar de casa–, pero, si no la tuviera, el dinero sería completamente fundamental en mi vida. No me importa porque me embarra y odio los bancos y las cajas de ahorro, pero a la vez me repele esa actitud señoritil e impropia de mi clase. Soy una señorita, pero no lo soy. Soy una señorita que invita a cenar a Herralde. Nosotros dejamos propinas ostentosas porque no hemos nacido en un barrio alto. Porque no sabemos comportarnos como las personas que tienen dinero de verdad. Del trato frecuente con la moneda, en mi familia solo pudo presumir mi abuelo Quintín que fue cajero en el Banco de España. No como Mariano Rubio. Cajero de ventanilla. Contar y contar. Pasar los billetes vertiginosamente entre los dedos y pasar los papeles para contar una historia. Contar con orden, ponerle la gomita al grupo adecuado. Contar y contar. Nosotros no contamos las monedas que dejamos en el platillo, así nadie nos reconocerá. Mi abuelo siempre llevaba billetes nuevos. Impolutos. Parecía un atracador. Pagaba a tocateja.

–Lali y yo nos hemos reído mucho...

Invitamos a Jorge y a Lali por haberse reído y haberme llamado y haberme publicado como si yo fuese Patricia Highsmith. En otra cena en la plaza de San Ildefonso en Madrid, un camarero confunde a Jorge Herralde con otro catalán ilustre:

–¡Coño! ¡Punset!

Invitamos a Jorge porque, sin él, yo ahora sería una escritora invisible, porque es un editor que me ha acompañado en los mejores momentos y también en los peores. Jorge coge el teléfono para decirle a un crítico hasta qué punto es imbécil. Lo dice con elegancia. Lo dice. Jorge se enfada con la editorial italiana que ha traducido *Farándula* y, después, no ha movido un dedo por su promoción. Esa compañía es fundamental para una escritora de piel fina como yo que, por cierto, se alegra y hace alarde de la finura de su piel en su vida íntima y en sus tratados literarios para pieles delicadas. No todo el mundo ha de cubrirse la musculatura con la dura piel de los hipopótamos o las coraza-cucaracha. Invitamos a Jorge porque la sugerencia de escribir la segunda entrega del detective Arturo Zarco fue una petición suya. Y, después de mis experiencias editoriales, no estaba dispuesta a decirle que no a Herralde bajo ningún concepto. Cuando acabé *Un buen detective no se casa jamás*, decidí que los libros de Zarco, Luz y Paula serían una trilogía. Como el mismo trío de voces que los cuenta. Al acabar *pequeñas mujeres rojas*, Jorge Herralde me mandó una de sus celebérrimas notas: «Un pajarito me ha contado que tenemos nuevo Zarco... ¿Será verdad tanta belleza?».

Otras notas de Jorge no habían sido tan halagadoras. Cuando entregué *Daniela Astor y la caja negra* me escribió: «Estoy desconcertado».

Y aquel desconcierto no era bueno.

«Querido Jorge, el desconcierto es un buen lugar desde el que leer.»

Casi con toda seguridad le diría más cosas en mi correo, porque yo no soy, especialmente por escrito, tan lacónica como Herralde. Supongo que le daría más argumentos para defender *Daniela*, pero entre las justificaciones esa frase me salió bordada: «Querido Jorge, el desconcierto...».

No recuerdo si guardo las notas de Herralde en la carpeta «Anagrama» o en la carpeta «Amigos». Sería interesante calibrar la inconveniencia de desdibujar ese límite. Mis dudas de archivo. Todos los malentendidos y ventajas que implica borrar la frontera entre quien te paga y quien incluso te puede querer. «Apreciar» sería en este contexto un verbo pertinente y aplicable al ámbito del trabajo y al del afecto. Que tú quieras a la persona que te paga es un sentimiento que no ha de confundirse forzosamente con la abyección.

–Póngame a los pies de su señora.

Qué difícil es romper los moldes.

–¿Y tú no dices nada?

Digo que me falta algo importante por escribir a propósito de las notas de Herralde. En la primera época de nuestra correspondencia, yo esperaba con avidez que mi pantalla parpadease con un correo electrónico de mi editor y fui intuyendo que entre él y yo, además de la pantalla, existía alguien más. Alguien que tecleaba en la máquina las palabras manuscritas de Jorge, su caligrafía psicopatológicamente sospechosa. Pequeñas pulgas aplastadas. Asimétricas. Arcanas. He visto la caligrafía de Herralde esconderse entre las líneas de mis manuscritos. Mis letras-insecto se van agrandando con el paso de los años. Temo que las de Jorge aún conserven su morfología de ácaro.

«Estoy desconcertado.»

Debía de haber entre sus notas manuscritas y mis respuestas, miedosas y cómicas, mis respuestas que buscaban el establecimiento de una complicidad indisoluble, una complicidad de vidrio soplado, debía de haber alguien que teclease y quizá sonriese con nuestras ocurrencias, se pusiera de un lado o del otro, protestara por tanto cruce dialéctico ingenioso de las narices.

«El desconcierto es un buen lugar desde el que leer.»

Así que un día me dirigí a esa sombra y apareció Silvia López. Ella agradeció que mis palabras le hubiesen devuelto un cuerpo que desde luego tenía y que muchas personas, en su correspondencia con Herralde, olvidaban, escamoteaban, tachaban. Silvia nos invitó a Chema y a mí a comer en la azotea de su casa. Tuve la sensación de subir a lo alto de la torre de la princesa. De habitar un alado palomar. Silvia fue una de mis informantes eróticas cuando escribí *Éramos mujeres jóvenes*. Es una persona dulce y merecedora de amor. Silvia trataba a Jorge de usted y a mí me parecía un exceso, y, sin embargo, en el tratamiento hay una línea. Tomo conciencia, como si no lo supiese o como si lo hubiera querido olvidar, de las escaleras y las escalinatas. De los lugares que ocupamos. Recuerdo que, en *La lección de anatomía*, conté que un jefe amigo, a quien mi tía Maribel tuteaba, le dijo cuando ella estaba enferma de cáncer y se le había caído el pelo y le había vuelto a salir de esa otra manera un tanto desarticulada o vaporosa de quienes han pasado por una quimioterapia, aquel jefe amigo le sugirió que se peinara mejor. No podía ir tan despeinada al trabajo... Un jefe amigo. Los jefes no son amigos, aunque tampoco deberían comportarse como enemigos.

—¿Y tú no dices nada?

Me costó, pero ahí entendí que Jorge Herralde no es mi jefe. Es otra cosa. El vínculo que establecemos con nuestras casas editoriales me parece digno de un relato y de una novela social. Por eso escribo este libro. Silvia se fue de Anagrama, porque sintió que había tocado techo y, aunque traducir en caracteres digitales la inextricable caligrafía herraldiana, ser depositaria de confidencias jugosas, conocer secretos que pocas personas guardan, poseer el don mágico de la mujer invisible y también parte de su dolor, ser pantalla, fantasma, mujer de mucha confianza, trabajadora, conocer a personajes públicos que son personas excelentes y a personajes públicos que huelen a azufre, aunque todas esas misiones y trabajos fuesen apetecibles, ella quería conocer otros mundos. Quería ayudar. Mantuvimos durante un tiempo la relación, pero ya no sé nada de ella. Ni ella de mí. Lo lamento tanto.

Hoy al otro lado de la pantalla cósmica de mi ordenador portátil se manifiesta de vez en cuando la imaginativa y colorista Pepi Bauló. Yo, al menos, la veo así.

—¡La famosa Marta Sanz!

Oigo a Jorge Herralde, apostado en la barra del Café Salambó, tomando quizá vodka con naranja. De postre, tal vez deguste con deleite y glotonería un helado de turrón o de avellana. No estoy segura. Ahora, a pequeña escala, al menos en el corazón de Jorge Herralde sí soy famosa. Y no es que la fama me importe, es que vivimos en un mundo repelente en el que la fama se exige para poder escribir. Y yo quiero seguir escribiendo sin que nadie me diga lo que no debo decir o lo que debo decir para que el auditorio aplauda y salga muy complacido de la representación. El público usa su resentimiento, y cada vez más, en esta época crítica para la comprensión lectora, el modernismo anglosajón y la poesía culterana, también experimentamos rencor quienes nos dedicamos a la literatura. Ese rencor es un síntoma de la agonía. Qué triste –inconveniente, desagradable, obsceno– es ver agonizar a un animal moribundo. Dale a esa perra con un palo en la cabeza. ¿No ves que está sufriendo? Quítenmela de la vista. Ya.

–¿Y tú no dices nada?

Yo seré una vaca onomatopéyica. Usaré palabras que suenan a cuerdas rotas y, rompiendo las cuerdas, quizá encuentre un significado. Antes o después de la escritura. Mientras escribo.

«¿Será verdad tanta belleza?»

Gracias.

Aunque a veces lo siento un poco veleta o quizá demasiado generoso en la ampliación de los metros cuadrados de su piso corazón, sé que Jorge tiene una memoria excelente –también para lo malo– y no te borra al ritmo de los tiempos ni las modas.

Conmigo ha sido un editor afectuoso y valiente.

No soy la única. Pero soy.

PETRICOR

Cuento estas cosas, enumero estas maravillas, porque no las doy por supuestas. Porque me parece increíble que me hayan sucedido a mí, aunque a ratos caiga en la tentación de sentirlas como un merecimiento. Se me pasa la borrachera. El efluvio. Yo lucho. Me dejo las tres cuartas partes de la osamenta. Pero agradezco a quien me ha franqueado el paso porque hay personas que, igual que yo, merecen el acceso a los jardines y a los dormitorios de Formentor, a los patios floridos de Cartagena de Indias –ay– o al parador de los Reyes Católicos y, sin embargo, nunca consiguen la llave electrónica. Dónde están las llaves, matarile-rile-rile, dónde están las llaves, matarile-rile-rón...

Otras veces, pienso que ninguna de estas maravillas es suficiente. Ni el país de las maravillas entero, con su liebre y su niño-cochinillo, es suficiente.

Agradezco intentando que la gratitud no sea una manera de minusvalorar mi trabajo.

Porque esto es una novela social que habla de trabajo. Quedan patentes las desigualdades. Levanto de memoria esta narración –es fácil con tantas flores aromáticas y el salitre y el sabor de los alimentos, con la rentabilidad literaria del estímulo sensorial–, porque me parece increíble que me hayan llegado a suceder estas cosas. Los acontecimientos en los que me moví como figura al fondo o en el centro de la fotografía dan cuenta de una época. Mis manualidades están en la realidad y se filtran por ella como el agua en el suelo. Peleo. Soy responsable.

Todo huele a petricor. Todo huele a una palabra.

Experimento el placer de pronunciarla. Qué, qué increíble que todo esto me haya sucedido a mí. Casi estoy en la misma situación de quien ha visto un alienígena y ha de contarlo, aunque ignore si le van a creer. ¿Qué hacía yo en esos decorados y paisajes?, ¿me lo merecía? O más exactamente, ¿se lo merece alguien en este mundo de borrones y productos tóxicos, descampados y freidoras de aceite?, ¿es obligatorio hablar desde la culpa y la expiación?, ¿por qué solo algunas, las que llegan de los lugares no previsibles, han de justificar sus ascensiones, pero nunca lamentarse de sus caídas?

¿Cuándo sacarán las tijeritas para eliminar del conjunto mi figura recortable?

¿Estoy sintiendo ya el corte sobre mi piel y, por eso, me reescribo y me repaso los contornos?

Puede que la exhaustiva nómina de ilustres y semiilustres en este cronicón de corte apunte hacia el complejo, la incredulidad, la sensación de quedarme fuera o de poder ser defenestrada. Annie Ernaux pasaba por allí y yo la miré intensamente. En la Escuela de Letras compartí espacio con Rosa Chacel. Hablé con Carmen Martín Gaite en el salón de Lourdes Ortiz cuando quedó finalista del Premio Planeta. Lourdes alguna vez tuvo miedo de noche. Nos llama por teléfono. Chema acude a su casa para tranquilizarla. Lourdes publica *Urraca* y no está contenta con sus liquidaciones. Lourdes prepara un prólogo para *Viaje desde detrás de tus ojos* de mi tío, de mi amigo, de mi hermano, Nacho Pastor. Lourdes Ortiz jugó un papel importante en nuestras vidas igual que Daniel Sarasola, que la acompaña y la protege en una edad que ya no es la mejor. Pero creo que Lourdes siempre me miró con un poco de desconfianza: ahora soy yo la que se pone en su lugar y siente en sus carnes la fragilidad de ciertas posiciones que no son apoteósicas en el campo literario y, por tanto, no quedan grabadas a fuego y son susceptibles de desplazamientos y eclipses. Esa chispa de inestabilidad en la mirada de Lourdes es hoy mi chispa de inestabilidad.

–¿Quién es usted?, ¿qué hace aquí?

Ojalá, si alguna vez tengo miedo en mi casa de noche, pueda llamar a alguien por teléfono.

Me hago una foto lanzando besos a la cámara con Caitlin Moran. Irvine Welsh se ríe de la soberbia de Borges ante la contemplación del manuscrito de «Pierre Menard, autor del *Quijote*», durante una visita guiada por Alberto Manguel a la biblioteca de Buenos Aires. Welsh tiene que descender medio metro desde su estatura hasta mi oreja para introducir por ella sus cáusticas impresiones, que pueden ser perfectamente un invento mío, un error de interpretación, la interferencia creativa de toda traducción, ya que mi inglés se ha ido durmiendo con el paso de los años. Por mucho que conozca el significado de *spoiler, outfit, bluetooth* y *crash*. Irvine y yo desayunamos huevos y zumo de naranja en Eterna Cadencia.

–*Morning, Martha!*

James Ellroy me espera con una camisa de cuadros rosados y una pajarita a la puerta de la Fundación Mapfre de Madrid. Me anota en una hojita de papel la transcripción fonética del nombre de su madre, para que yo lo pronuncie correctamente en una presentación. *Giniva. Jiniva. Yiniva.* Geneva Odelia Hilliker Ellroy. El crimen sin resolver de *Mis rincones oscuros*.

–*I am sorry, Mr. Ellroy, but I speak English like Tarzan.*

Ellroy se carcajea estruendosamente, despide a la traductora, me oculta bajo su ala, entramos en un reservado. Soy muy chiquitita. Tengo pecas. Él escribe en una hoja la transcripción fonética del nombre de su madre. Me cuenta un secreto: le han pagado una cantidad inmoral por venir a hablar de coches a Madrid. Una cantidad inmoral incluso para él, que, más allá de toda apariencia de buenismo, incluso de decencia, vota a los republicanos porque protegen su dinero y no le hacen pagar demasiados impuestos.

–Mi carrrrrooooooo...

Ellroy pronuncia su conferencia con las botas encima de la mesa. Está cómodo, aunque poner los pies sobre la mesa forme parte de una performance. Yo ya estaba relajada. El escritor angelino no se había rebelado contra las palabras de mi presentación sobre su obra. Desconecto. Lo miro. Sonrío. Veo sus botas sobre la mesita baja del escenario. Ellroy nunca más se acordará de mí. Y eso que, cuando acabó el acto, me preguntó:

–*Am I a monster,* Marrza? *Do you think that?*

(Traduzco para la resistencia del nacionalismo de Guijuelo, para quienes desconfían de la globalización y la gentrificación, y desdeñan las cajas sonrientes de Amazon, para quienes se resienten con la destrucción masiva de la lengua de Shakespeare y de Sylvia Plath. Traduzco: «¿Soy un monstruo, Marta? ¿Piensas eso?».)

Ellroy no me pareció un monstruo, pero por lo visto sí se lo parecía a algunas de sus exmujeres. Ellroy pone conferencias transatlánticas para conversar con su perro mientras deja a los periodistas plantados. O ignora sus preguntas. A mí me trató muy bien. Quizá habría debido darle un papelito con la transcripción fonética de mi nombre en español.

–*Do you think that*, Marrza?

La obsesión por la nómina de ilustres, por el selfi con Caitlin Moran, es un estigma de clase. Y puede que también un estigma de lengua. Porque ni la familia de Welsh ni la de Moran ni la de Ellroy tienen más pedigrí social que la de la nieta del mecánico melómano. Pero hablan en inglés hasta cuando conversan con su perro. Este detalle idiomático es muy importante, por eso a menudo escribo en inglés para que todo el mundo me entienda. *Spotify, short list, in-ears, Airbnb...*

Veo en una plataforma digital series y documentales de escritores. Sobre todo, de escritoras. Blixen. Woolf. Sontag. Atwood. Wilde. Carroll. Tolkien. Forster. Lawrence. Eliot. Plath. Ursula K. Le Guin.

–*Mon, Dieu!* ¡Violette Leduc!

–¡Umberto Eco!

En España tenemos un programa que se llama *Imprescindibles*, pero ignoro si lo exportan. Yo acabo de colaborar con la directora Blanca Torres en uno de esos *Imprescindibles* reflexionando en voz alta sobre lo que, como niña de la Transición, significó para mí Marisol y su mutación hacia Pepa Flores. El rayo de sol y el corazón contento en tránsito hacia el recuerdo de la oscuridad del cuarto trastero, la explotación, los abusos, el origen. Hace años, en otro espacio televisivo, *Epitafio*, tomaban la palabra quienes habían muerto. No era un programa de güijas. Difuntas y difuntos tomaban la palabra antes de morir, pero siempre me pareció que no se desinhibían del todo: nadie se quiere dar cuenta de que un día morirá. Hablaban con las mismas consideraciones, con la prevención cortés y necesaria, de los vivos. Manuel Vázquez Montalbán no podía prever que moriría en un aeropuerto tailandés. O quizá sí. Los aeropuertos son una casa para los viajantes de comercio culturales, para las vendedoras de cremalleras poéticas. En los aeropuertos hay desfibriladores, pero a Vázquez Montalbán no le sirvieron de nada.

Todas moriremos en un aeropuerto. En tránsito. En un no lugar con los carteles en inglés. Existe una alta posibilidad de que esto suceda.

La muerte en aeropuerto o en accidente de tráfico es una de nuestras enfermedades laborales. Como la soriasis, la ansiedad o los problemas oculares: a Begoña Méndez, a Lina Meruane, les inyectan sustancias en el ojo con una aguja hipodérmica. Remedios Zafra, ensayista brillante con quien tengo una intimidad poco promiscua pero profunda, padece una discapacidad visual y auditiva. Nadie lo nota. Va perfectamente maquillada, vestida con una elegancia de vanguardia, detrás de su naturalidad y de su artificio hay muchísimo trabajo y una enorme consideración hacia los demás. Remedios y yo chapurreamos un inglés deficiente en la recepción de un hotel en Princeton. Lo intentamos con denuedo y como prueba de superación personal. La recepcionista nos mira como si fuéramos idiotas. Nosotras estamos obligadas a hablar inglés, pero ella como recepcionista de hotel no está obligada a hablar ninguna lengua extranjera.

Me planteo la posibilidad de autobautizarme como Linda Jonhson Lennox. Y ambientar mis aventuras en Milwaukee, capital del estado de Wisconsin. Tal vez, esta estrategia *ficcionalizadora*, la traslación de las coordenadas, lograría legitimar mi confusa experiencia en los vasos comunicantes de la literatura y de la vida.

Lo mejor de todo sería escribir en inglés. Pero me interesa la lengua. Y mi lengua muy particularmente. Quizá por esa razón comencé a escribir.

Karen Blixen escribe en inglés para llegar a alguna parte. Se preocupa por la promoción y por las editoriales que tratarán sus relatos como merecen. Considera relevantes los exteriores industriales de la literatura, aunque aparentemente no afecten a sus cuentos góticos ni a sus fantasías de mujeres con cicatrices que les recorren el cuello de la oreja a la clavícula. A mí el exterior industrial de la literatura me parece el hueso de ciruela de la literatura. Me lo parece tanto que he de practicarme un exorcismo. «No pensar, no pensar, no pensar en estas cosas», me digo a mí misma sin dejar de ser consciente de que esta parafernalia constituye un tema y es un engrudo del que no se escapa.

Quiero contar la alegría del privilegio sin ser desagradecida. Cuento las anécdotas repetidas en mis presentaciones y charlas. Lo que se graba y se cuelga en las redes. No me fío de que la felicidad permanezca en la nube ni en las plataformas digitales. Solo la huella digital de lo que avergüenza permanece. La huella que te ficha cuando la entintas y la aprietas sobre un cartoncillo. Pero ya no hay tinta y la huella de la piel casi está borrada por el abuso de los geles hidroalcohólicos que nos colocan frente al abismo de un nuevo anonimato. Tal vez la felicidad solo perdura en el papel, y por eso nos empeñamos en esta escritura. Pertinaz como mala hierba.

Quiero contar que he sido muy feliz. Y que he tenido mucho miedo. Y que ese miedo de perder la felicidad que se tiene es un sentimiento profundamente burgués. Y que lo burgués es lo que hemos confundido, razonablemente, con lo humano.

Quiero contar el desgaste. Las mujeres estamos condenadas a una humildad obligatoria y a una gratitud muy muy sincera. Sabemos que no somos casi nada y, si lo somos, es porque alguien nos ha abierto un hueco que toda la vida tendremos que justificar. Nuestra listeza da miedo. Nuestra listeza siempre es demasiada. Abruma. Irrita.

Quiero contar que quiero estar y que me dejen en paz. Y eso es imposible.

No quiero que mi gratitud hacia los otros aminore la posibilidad de que mi trabajo haya sido un buen trabajo.

Soy una malcriada. Pero, sobre todo, una trabajadora feroz. Welsh, Moran, Ellroy: los tres me habrán olvidado. La elección del futuro perfecto es un acto de optimismo. Quizá me han olvidado en pretérito perfecto. El tiempo verbal es otro acto de optimismo porque el pretérito perfecto se proyecta hacia el presente y, sin embargo, Irvine, Caitlin, James me olvidaron a los cinco minutos de conocerme. Los tres me olvidaron, en un cerrado y redondo pretérito indefinido, a los cinco minutos de conocerme.

DESDE EL REMOLINO DE LA SEMANA NEGRA

Guardo dos fotografías robadas en el metro de Madrid. Me las enviaron dos amigas que he contratado para que congelen escenas memorables en los transportes públicos. En una de ellas, un chico joven con barbita lee *Black, black, black*. En la otra, una mujer de mediana edad se concentra en un ejemplar de *Farándula*. Yo misma fotografié a una mujer que leía *Persianas metálicas bajan de golpe*. Posó para mí con una sonrisa. Diosa me los proteja. Pero, en los autobuses de Gijón, las madres hablan con sus hijas de *Daniela Astor y la caja negra*. Este hecho verídico, que me revela Ángel de la Calle, se coloca en una categoría superior de mi vanidad.

Miguel Barrero es el nuevo director de la Semana Negra de Gijón, pero durante muchos años la dirigió Ángel de la Calle, que es, además, uno de los mejores novelistas gráficos de este país. Su trabajo sobre la vida y muerte de la fotógrafa comunista Tina Modotti me gustó muchísimo. También en Gijón he tenido una de las colas más largas de mi vida para firmar ejemplares de *Monstruas y centauras*. En Asturias las *muyeres* se hacen camisetas con las frases de los libros que les gustan y puedo decir, en voz alta, que mi libro *les prestó mucho*. Desde el año 2010 pocas veces he faltado a la cita gijonesa, que considero el reverso de las Conversas de Formentor.

Mi primera vez en la Semana se produjo gracias a la recomendación de Fernando Marías, que también se nos fue antes de tiempo. Hombre discreto, elegante, imaginativo. Inventaba espectáculos literarios en los que nunca me atreví a participar. En parte, por querer ser coherente con una visión de la literatura que aspira a alejarse de las lentejuelas —esas lentejuelas que, sin embargo, están tan dentro de mí: mi corazón, lentejuela escarlata— y, en parte, por modosita. Me equivoqué, porque la espectacularidad de Fernando Marías era explícita, farandulera, nos *juglarizaba* con alegría, y no quedaba encubierta en los golpes de efecto y en los saltos mortales de las tramas de los libros. La espectacularidad de Fernando Marías consistía en subirte a un escenario para contar tus experiencias sexuales. Reales o fingidas. Ensayé con Luisgé Martín y con Cristina Fallarás. Entendí que, al lado de esos dos, hablando de sexo mitológico —no voy a entrar en las modalidades domésticas—, no tenía nada que hacer.

—Me metieron una bola dentro de la boca, me pusieron cara a la pared y entonces...

Ese era Luis.

Yo nunca me habría dejado meter una bola dentro de la boca, pero quizá debería haber esbozado una narración surrealista, evocadora de Kiki de Montparnasse, Colette y la literatura performativa, en lugar de ponerme al lado de esos sacerdotes del templo que predican contra la banalización cultural mientras su pichula lleva la voz cantante.

—Dice mi pichula...

Nuestros coños son masticadores. Entonan canciones de amor. Tararean.

Fernando Marías murió en 2022 y en el tanatorio abracé a Palmira Márquez, a Cristina Fallarás tras sus gafas oscuras y a Juan

Bas, amigo de la infancia de Fernando, escritor y director de Ja!, festival de la risa de Bilbao: allí intercambié ideas con Pilar Adón sobre underground y glamur; Edu Galán, Manuel Rodríguez Rivero y yo elucubramos sobre la sátira. Manuel, lector sagaz, atento y oportunamente dadivoso, me amenaza:

—En mi diario voy a escribir que eres mala. Porque tú eres mala, mala.

No sé qué escribirá Manuel en su diario, pero él con sus palabras me defendió de la vesania de un testaferro literario. Un testaferro literario que no sabía leer y no entendió todo el amor del prólogo que escribí para los primeros *Diarios* de Rafael Chirbes. Lloré mucho después de haber sentido como un regalo el encargo de la escritura de ese prólogo. Ahora echo mucho de menos «Sillón de orejas», la documentada y fina —me quedo corta con los adjetivos— sección de Manuel Rodríguez Rivero en *Babelia*. Manuel también me abroncó en la sala de espera de un aeropuerto por haber adelantado el dinero de un viaje para hacer un bolo literario. Tenía razón.

En Ja! entrevisto a Soledad Puértolas. No nos conocemos bien. Cree que soy una avispa y, en realidad, soy un melocotón en almíbar. Antes de salir al escenario nos «microfonan». Cuando te microfonan a veces te dan un magreo impresionante. No es un magreo por gusto: es una exigencia profesional. No hay modo de meter los cables entre la ropa. En el microfonamiento noto la delicadeza de Soledad Puértolas. Y su retranca. A mí los micrófonos de diadema se me caen de la cabeza, y se me enredan con el pelo y con las gafas. Hago indefectiblemente el ridículo. En otra edición del festival, Carolina Ontivero, codirectora de la Risa, me entrevista. Elijo de música de fondo «Los delincuentes» de Kiko Veneno...

«Me quiero asegurar que mi sombrero está bien roto y los rayos pueden entrar en mi cabeeeeeza. Te quiero conquistar con el suave viento, gratis y fresco, de mi abanico de cristal, de mi abanico de cristaaaaaaaaaaaaaaaaaaaaaaal.»

Qué placer me proporciona teclear estas palabras.

En el Ja! de 2023 converso con Juan Arnau sobre inteligencia artificial. Hemos ido muchas veces a Bilbao. En las más exquisitas condiciones. Becada, kokotxas al pilpil, perretxicos con huevo de corral, steak tartare... Banville no come casi nada. Creo que es vegetariano. En Bilbao me olvido de la hipercolesterolemia y otras goteras. Suspendo el juicio sobre mi dieta y rectitud. Confío en las estatinas.

No podemos creer que Fernando ya no esté aquí. Nunca entablamos una relación de íntima amistad, pero él me dio muchas cosas. Bilbao, Gijón. Fernando habló con Taibo, porque le había gustado *Black, black, black*, y me presenté en la Semana Negra con mi amigo Luisgé Martín. Sucedieron tantas cosas. Inesperadas primeras veces e instantes fundacionales de mi vida.

Nada más llegar nos comimos una fabada en la terraza del hotel Don Manuel. Sus vales de comida son muy preciados. Sus raciones abundantes. Elaboran guisos de cuchara y rebozados repolludos. Los pasillos del hotel huelen a los fritos de cocina; el aroma es puro deleite y puro veneno. Comemos fabada al sol en un julio que, al menos para mí, en Gijón nunca es lo suficientemente caluroso. Pese a la fabada, me compro calcetines y un jersey. No voy preparada para las noches gijonesas. Nunca voy preparada. Juan Madrid pide públicamente una mujer que sepa cortarle las uñas de los pies. Juan Madrid mojó su pan en mi salsa de chipirones –en sentido recto– y, con el paso de los años, se dulcificó y, por fin, en un encuentro en Astorga, tan negro como la salsa de mis chipirones, reconoció que no había parado de mojar pan en mi plato. Eran los tiempos anteriores a Gijón, los tiempos del nacimiento de *Ni Hablar* y de la Escuela de Letras. Cuando Juan reconoció su voracidad y sus intromisiones en mi salsa, acababa de sufrir un ictus y ya no me llamaba «linda», pero seguía abominando de las literaturas oscuras y del flujo de conciencia.

–Sientobloom, grasientobloom...

En la Semana Negra hay un Cristo crucificado sobre un misil estadounidense que preside la carpa principal. Hablamos de literatura entre el tufo a churrería y los cánticos de la tómbola.

–Me gusta la chochona, quién quiere la chochona, que viva la chochona.

Megafonía y sirenas de cacharritos de feria que van a empezar a dar vueltas en tres, dos, uno... Me encantan los coches de choque y los conduzco locamente quizá porque no sé conducir. Miro a los feriantes y no encuentro mejores personajes para un noir cutre o para un noir sofisticado. Ahí no hay torres de marfil y nadie se queja de que no se puede concentrar. Los actos están repletos de mujeres y hombres de todas las edades que llevan abalorios recién adquiridos en los puestos. Libros de segunda mano. Una lata de cerveza y un cucurucho con algo de comer. La Revoltosa y La Buena Letra. Entre otras muchas librerías en Gijón. Conocemos a Javier Pintor en una cena y, desde entonces, él es nuestro hombre –y nuestro amigo– en A Coruña. Mer y Javier siempre nos abren las puertas de su casa, y nos lo cuentan todo, y cuando Chema se quedó en paro, Mer se puso emprendedora:

–Vamos a montar una empresa de reformas.

Imaginamos electrocuciones. Muros maestros derrumbados. Humedades.

–Nos forraremos instalando duchas.

Inundación. Catástrofe. Fachadas desprendidas. Escapes de gas.

Aquel primer año gijonense, conocimos a Carlos Zanón, el único escritor que se ofrece a subir conmigo, de noche, en la noria. Soy una niña caprichosa. Alguien me concede el capricho y, entonces, digo que no. Aquella noche Carlos me parece el hombre más dulce del mundo y no voy desencaminada: durante el confinamiento me manda una canción al día y, antes de la peste, en uno de mis viajes a Barcelona, me recoge en el hotel. Carlos se ha puesto colonia y ha traído el coche.

–Nos vamos a cenar a Sitges.

Las estrellas van a brillar para nosotros por encima de nuestras cabezas y el mar estará en calma. Carlos me halaga y me rejuvenece. Noto la vanidad del cuerpo, pero le digo que no, que se hace tarde, que Sitges queda muy lejos. Acabamos cenando frituras sobre papel satinado en el Madrid-Barcelona del carrer d'Aragó. Nos chupamos la grasilla de los dedos. Me hace confesiones que nunca compartiré con nadie. Yo le escucho y siempre le escucharé.

Cuando nos vemos, sabemos que nos queremos. Mucho. Pero hay cosas que no se hacen, no se dicen, no se tocan.

Aquel primer año gijonense, Cristina Fallarás lleva en la mano una rosa que hace juego con su ígnea cabellera. Me dice que ha leído *El frío* y que yo no soy como las demás. Me ruborizo. Desde entonces la quiero tanto como a veces me abruma. Su fuerza, su desinhibición, su estridencia, su valentía me reducen a un tamaño microscópico. La miro y callo. Qué podría decir. En la presentación de *El evangelio según María Magdalena*, que tuvo lugar en el Teatro del Barrio de Madrid, soy una de las doce apóstolas que acompañan a Cristina. Allí también están Lucía Lijtmaer, Gabriela Wiener y Fefa Vila, socióloga feminista, con quien estudié durante un curso. El mundo son círculos concéntricos. Fefa está muy guapa y me da paz. Me dulcifica y me seda. Nos llevábamos muy bien en la universidad –hicimos un examen de estadística en el mismo grupo de trabajo del que también formaba parte un funcionario de prisiones– y, cada vez que coincidimos, vivimos la fantasía de que la intimidad no se ha roto.

–La media y la mediana no eran lo mismo, ¿o sí?

En la presentación, Itziar Castro se queda en pelota picada, pero conserva sus calcetines para no coger frío. Nunca he asistido a un desnudo integral más conmovedor y verdadero. Itziar también se acaba de marchar. Era muy joven. Amparanoia nos pone los pelos de punta. Cristina, con resonancia de evangélica Magdalena aragonesa, nos dice que siempre estaremos juntas, que siempre podremos contar las unas con las otras. No pondría la mano en el fuego por casi nadie, pero por Cristina Fallarás sí. Siempre la echo de menos, aunque a veces sea muy arrolladora para mí. Juntas caminamos por el paseo de la Princesa en San Juan de Puerto Rico. Un hombre, anhelante, la mira y se acerca. Ella le da una orden:

–Agarre, caballero, agarre aquí.

Bebemos ron. Bailamos. Nos pican los mosquitos, pero no nos matan. A Cristina no la mataría ni un hipopótamo. Su invulnerabilidad me tranquiliza muchísimo y me quedo a su sombra. Con ella nada malo me puede pasar. O quizá la profecía sea exactamente la contraria. Con Cristina llegan los maremotos y la tierra se abre delante de nosotras. Estamos en el Festival de la Palabra en Puerto Rico en pleno brote de la chikungunya epidémica. Todo el mundo parece cansadísimo, salvo en los minutos dionisiacos. Los minutos torbellino.

–Agarre, caballero, no se corte.

El hombre se ríe y se acogota. No sabe dónde agarrar. Querría agarrarlo todo, pero no le dan ni los brazos ni el valor. Cristina y yo vestimos de verano. Sudamos por la humedad y el esfuerzo físico. Por estar entusiasmadas. Rosa Montero lleva ropa de invierno para que no le piquen los bichos y no contraer la enfermedad. Nos ofrece su loción antimosquitos. Rosa está triste y tomamos con ella una copa de vino blanco en el hotel. Años más tarde, en la feria del libro de Lima, bajo la panza de burro, Rosa, Ray Loriga y yo cogeremos una furgonetilla rumbo al aeropuerto, al lado del Callao. Ella le dirá a Ray:

–Tú tienes corazón de alcachofa.

Montaremos un trío llamado Corazón de Alcachofa y sus Mariachis. Hablo del viaje en el que Ray y yo compartimos cervezas y conversación casi justo después del desayuno. Con

Cristina, en Puerto Rico, conoceremos a Sofía Irene Cardona y a Vanessa Vilches, beberemos con ellas en un bar, lo pasaremos de miedo y se formará un vínculo: volveré a San Juan con estas mujeres y se pondrá a llover cerca de Río Piedras y llevaré alpargatas y me dirán:

—¿Alpargatas en el Caribe? A quién se le ocurre. Imposible.

Ese día, con los pies empapaditos, me sentaré a la misma mesa que Marta Aponte Alsina y años más tarde leeré con gozo indescriptible *La muerte feliz de William Carlos Williams*. Mantengo el contacto con Sofía Irene, con Sofff, que me ha puesto correos para contarme de sus enfermedades y su viudez. Siempre animosa, ahora quiere cursar un taller de escritura literaria. Ave Fénix boricua. Hermosa mujer.

Junto a Cristina, en Gijón, en Madrid o en San Juan de Puerto Rico, en Salobreña invitadas por Juan Madrid, siempre soy una mojigata. No la veo mucho, pero la echo de menos porque cuando pienso con ella pienso mejor. Con Cristina me vienen estos pensamientos a la cabeza: «La devaluación de la carne de las mujeres en el mercado laboral, el paro, la temporalidad, el riesgo de pobreza y exclusión, repercute en la devaluación de las mujeres en el espacio íntimo, el acoso, el maltrato, la violación, el feminicidio». Cristina presenta mi *Cíngulo y estrella* en la librería Alberti. Ella misma es una poeta sensacional, que escribe *Posibilidad de un nido*. Unas líneas describen este poemario: «Esta autobiografía poética con posible final feliz es un torrente de lenguaje. Fallarás es una fuerza de la naturaleza. Jabata. *Inamordazable*». Deberíamos pensar más en Cristina Fallarás como poeta. Mi madre la ve en las tertulias de la televisión.

—Menudo coraje tiene. Qué pedazo de mujer.

Cuando a mi madre, que es de naturaleza hipercrítica, alguien le gusta, yo me doy un puntito en la boca.

Nosotras podemos decirle a un hombre desconcertado:

—Agarre, caballero, agarre aquí.

Buscando el placer. O por pura compasión. Se llama «consentimiento».

Aquel primer año en Gijón, en el sótano del hotel Don Manuel, se representa *La venganza de don Mendo*. Elia Barceló se sabe de memoria el papel de Magdalena, pero Alfonso Mateo-Sagasta no domina el de don Mendo ni José Carlos Somoza el del Rey. Fumamos en el sótano del hotel Don Manuel. Yo, que entonces fumaba, allí no fumo porque tengo suficiente con el humo de los otros. Me asfixio. Estamos en una semana negra, bogartiana y bacalliana, y este sótano parece una zorrera. Taibo fuma y bebe Coca-Cola: el bigote se le tiñe del color anaranjado de la nicotina y del marrón meloso del refresco.

—«¿Es que tan mal expréseme,
»doncel, que no comprendióme?
»¿No miróme? ¿No escuchóme?
»¿Tan poco afable mostréme
»que apenas viome ya odióme?»

Recita Elia Barceló, Magdalena pendón, ajena al humo del tabaco. Impecablemente.

En mi siguiente visita a Gijón, creo que Taibo ya no está. La alcaldesa, Ana González, presenta la reedición de *Amor fou*, que ha hecho Anagrama. Comemos en El Planeta con Araceli Iravedra y Luis García Montero, lector nocturno de poemas. Por el camino se nos pierde Luis Artigue, que se enfada con razón. Tiempo después, también en Gijón, reflexionamos sobre la violencia del discurso y de la realidad. Y Claudia Piñeiro, que acaba de ganar el Hammett por *Catedrales*, dejando arrumbada la candidatura de *pequeñas mujeres rojas*, se alía conmigo en un cuestionamiento del mal como sustancia negra, segregada por una glándula, al margen de ciertas maneras de organizar el mundo. Hablamos de capitalismo. Aborto. Fosas. Asuntos que a veces resultan incómodos en una literatura que, según los cultísimos, se mancha con la reivindicación y se convierte en panfleto. El panfleto es un género literario. Claudia Piñeiro y yo nos entendemos. Ella presenta mis *pequeñas mujeres rojas* en la feria del libro de Buenos Aires. Consigue que algunos fragmentos de *Black, black, black* se traduzcan al inglés.

En Gijón, Ángel de la Calle me da estatuillas de premios que nunca gano. Mi casa está repleta de Rufinos de Enrique Herrero y una Rosie, la remachadora, preside mi escritorio. El 10 de julio de 2020, justo después del confinamiento, día de Santa Rufina y fecha del cumpleaños de mi difunta abuela Rufi, Ángel de la Calle me otorga un premio especial porque a él le da la gana. Qué buen premio. Luego en una terraza una mujer me dice:

—En Asturias no hay amapolas.

No puede ser verdad.

Un buen detective no se casa jamás es traducida al italiano y en septiembre de 2014 el sindicato italiano de la policía me invita al Festival I Sapori del Giallo que se celebra en Langhirano, localidad próxima a Parma. Me acompaña Luigi Scaffidi de la editorial Nutrimenti, un hombre que hizo muchísimo por mí en Italia. No sigo en contacto con él y estoy arrepentida. En Langhirano, de repente, comencé a entender el italiano por intercesión de la escuela de santos traductores de Toledo. Naturalmente todo era una fantasía, pero me sirvió para comunicarme con eficacia. Aunque no hablo ni una palabra de italiano. De hecho, solo chapurreo el madrileño. No soy como Alicia Giménez Bartlett, una íntima, que ama a los perros y lo habla todo. Mala y divertida. Más buena que el pan. Estuve con ella hace poco en Nápoles presentando la traducción a la lengua de Dante de *pequeñas mujeres rojas*, esta vez publicada por Sellerio. Maria Nicola, la traductora, me enseñó de mi texto cosas que yo ignoraba y, con sus preguntas, también me ayudó a comprender por qué mi literatura es poco cosmopolita. Maria Nicola vibra con la parquedad poética y los románticos zapallitos de Federico Falco. Hace bien.

«No llores, Marta, no llores. Sé libre y no llores», me dice mi demonia.

También he aprendido muchas cosas dialogando con Katie King, que me traduce al inglés –con publicación o sin ella–, y de Konstantinos Paleologos, traductor al griego de *pequeñas mujeres rojas* para la editorial Carnívora. Este libro es un bellísimo fetiche para mí.

En Nápoles, Alicia comentó sus libros y yo los míos, pero todo el público obviamente iba a ver a Alicia. Alicia Giménez Bartlett es una reina de las letras en Italia. Empatizo con ella a través de la delicada hilatura de su sentido del humor. Alicia dice:

–Cuando me preguntan si mis novelas son autobiográficas, yo les respondo que todo lo que tiene que ver con crímenes y sexo es estrictamente autobiográfico. Lo demás, no.

Pero en Nápoles Alicia dice:

–*Quando mi chiedono se i miei romanzi sono autobiografici, rispondo che tutto ciò che ha a che fare con delitti e sesso è strettamente autobiografico. Il resto no.*

Alicia es una monstrua que comparte vínculos y actividades secretas con otras monstruas de Barcelona: Olga Merino, Mercedes Abad y Cristina Fernández Cubas. Si yo viviera en Barcelona, no me despegaría de estas mujeres. En todo caso, solo para encontrarme en secreto con Paula Bonet, que escribe las cosas más hermosas de mis poemas y pinta óleos de coños en primerísimo plano que yo coloco como pórticos de la gloria sobre el quicio de la puerta de mi dormitorio conyugal.

Carlos, el marido de Alicia, acaba de morir. No puedo soportar la desolación de Alicia ni imaginarla sin él dando un paseo por la bahía de Nápoles o al lado de la Ópera de Viena. Esa fue la última vez que los vi mirarse con un arrobo persistente y real.

En Langhirano comí tortellini con mantequilla. A todas horas nos daban exquisitos tortellini con mantequilla que aumentaban la bola ya crecida de mi colesterol. Rodeada de poliziotti. Inquietísima. *Tortellini* y *poliziotti* que asistían a los actos por interés literario y se pasaban información a través de pinganillos y radios. Seguridad y vigilancia. Quizá si alguien me hubiese formulado una pregunta maleducada o insultante, en lugar de ensayar una respuesta conciliadora y paciente, una sonrisa de payasa triste, podría haber chasqueado los dedos e inmediatamente dos maravillosos *poliziotti* hubiesen agarrado por los hombros al preguntador-terrorista, lo hubieran levantado del asiento y lo hubiesen encerrado en algún lugar para trabajarle minuciosamente el bazo a golpes. Nadie se muere por que le extirpen el bazo. Solo hay que llevarlo a tiempo al hospital. Los *poliziotti* no tuvieron que golpear a nadie, pero, cuando nos acabamos los tortellini de la cena, me llevaron a dormir a una casa apartada del centro de Langhirano. Una casa en las afueras. Con jardín y valla. Me escoltaron tres *poliziotti*. Uno era siciliano y yo no podía parar de pensar en Luca Zingaretti, el comisario Montalbano. Era igual de calvo y picarón. Tocho y de tez morena. El *poliziotto* siciliano me hacía ojitos. Los tenía claros. Yo me ponía colorada y miraba hacia otra parte. El *poliziotto* y sus compañeros me acompañaron a mi casa de las afueras. En medio de ningún lugar. Podrían estrangularme o cortarme en pedazos pequeños y nadie oiría mis gritos. Nunca me he sentido más insegura que en aquella casa con los *poliziotti*. Incluyo al siciliano romántico.

–*Signora?*

Me abrieron la puerta. Conectaron los plomos y encendieron las luces. Me enseñaron cada dependencia. Mi dormitorio decorado en tonos granate. El cuarto de baño. Hacía frío dentro de aquella casa cerrada. Los *poliziotti* clausuraron los postigos de las ventanas por dentro. No entraba ni una gota de luz natural y nocturna, y la luz, interior y artificial, tenía una potencia de cuarenta vatios. Volvieron a indicarme dónde debía dormir. Entonces el *poliziotto* siciliano me regaló una fragante rosa roja que acepté con modestia y turbación.

–*Per te, bella signora.*

Ni por un instante pensé que el siciliano pudiera estar riéndose de mí. Y esa seriedad me inquietaba muchísimo más que la burla. Di tres pasos atrás un poco espantada. Ellos desde el umbral de la puerta se despidieron:

–*Buona notte.*

Echaron la llave por fuera. Me dejaron encerrada. Hasta el día siguiente. Pasé la noche en vela amenazada por un mosquito trompetero del tamaño de mi brazo. Conseguí alejarlo de mí una hora tras otra, pero no logré espachurrarlo quizá porque soy un poco animalista y lanzo flojamente el zapato contra la pared. Mato sin convicción. Me felicito por fallar. Pero sigo despierta. Al amanecer, el mosquito me pica. Me lo imagino con la cara del *poliziotto* siciliano mientras me chupa la sangre. Esto no me habría sucedido si a mi lado estuviese Cristina Fallarás. Aunque el amor de las mujeres está marcado por fantasías de violencia, secuestro y exclusividad, el encierro al que me sometieron los *poliziotti*, entre ellos el siciliano, rompió mi sueño de amor, vampirismo y muerte.

El 30 de enero de 2023 me llega la noticia de la muerte de Alexis Ravelo. Me pongo muy triste. Son tiempos de muertes prematuras que nos obligan a recuperar y acopiar los recuerdos a toda prisa. Por lo que pudiera pasar. Antes de que no sea posible o el mundo cambie tanto que nos falle hasta el código de comunicación. Antes de que desaparezca esa comunidad lectora con la que aún nos podemos entender. Alexis tenía cincuenta años. Vaya risa la de Alexis. Vaya prosa. Formé parte del jurado que le concedió el Premio de Novela Negra Ciudad de Getafe. Compartí mesa con él en la feria del libro de Fuerteventura y en Barcelona Negra. Me invitó a Los Llanos de Aridane, pero no pude ir.

Con la noticia de la muerte de Alexis también me doy cuenta de que siempre es más fácil entonar una elegía que mantener vivos a los fugaces personajes, las personas indelebles, que dan vueltas dentro del remolino. Todas juntas despertaremos en Kansas.

Los tomo de la mano para que no desaparezcan en el aire.

Para que no se ahoguen.

Para que no se marchen jamás.

INMORTALIZAR

Inmortalizar a alguien es siempre un infinito acto de amor. Esto lo saben muy bien mis familiares directos. Inmortalizar a personas que no son tus familiares directos también es un acto de amor. Más grande. Desmesurado. Porque, a fin de cuentas, no son ni tu madre ni tu padre ni el perrito que te ladre. Constituye un acto de amor desmesurado cuando congelas –la dejas ahí quieta como una mariposa disecada, una flor entre las páginas de un cuaderno o esos insectos que se asfixian dentro de una gota de ámbar–, cuando congelas a la persona incluso en una novelita de bolsillo o en un pulp, y no en una edición en tapa dura y papel, con excelente gramaje, en un color no completamente blanco. Porque, si el papel es completamente blanco, nos enceguecemos y leemos mal. Una levísima tonalidad cremosa. Un punto amarillento. Una fibra cálida frente a la agresividad de un blanco azulino o nuclear.

Inmortalizar a una persona, que no es un familiar directo, en un libro es un acto de amor inconmensurable incluso cuando lo has retratado como un villano. Incluso cuando no eres capaz de vender ni siquiera una primera edición y el libro acaba destruido en una inclemente trituradora de papel.

En la colección de relatos *A escondidas*, de Iban Zaldua, me doy de bruces con una afirmación tan ingeniosa como falsa de Somerset Maugham: «Es difícil ser buena persona y escritor al mismo tiempo». Me revuelvo contra esa pose maligna y, de verdad, creo que pesa más el amor que la supuesta inmoralidad de apropiarse de pensamientos e historias que no nos pertenecen, adulterándolos, con la excusa del arte. Somos pícaros y ladronzuelas de vidas que no hemos vivido; sobre ellas o desde

243

ellas, aplicamos la imaginación, la maravilla y la premisa de lo que podría haber sido y, en ese gesto, la máscara –la malformación, la estilización, la tergiversación, el intento de mímesis– ilumina lo real. Superponemos las realidades propias y ajenas. A su vez, el supuesto relato autobiográfico funciona como metáfora, como otra máscara que quienes leen se pueden poner. Al final, se trata de jugar con el límite entre la realidad y sus representaciones, pero también de cuestionar el límite que separa lo mío de lo nuestro. Las combinaciones entre el juego de la realidad y la ficción se cruzan con las distintas modalidades de las primeras personas del singular y del plural: cómo pasamos lo ajeno o lo propio por la túrmix de la ficción o de un lenguaje distinto a la fantasía, pero no a la historia y a cómo la historia impregna las palabras, un lenguaje, que trate de circunvalar lo real –incluso lo verdadero, como mínimo lo auténtico– sin recurrir al disfraz libresco.

Concluimos: la máscara y los disfraces no son exactamente lo mismo.

Concluimos: nos declaramos a favor del común en la expresión de las vivencias.

Tú me imaginas y yo también tengo derecho a imaginarte. Incluso desde el nombre propio.

Cuando hablo de ti, no te robo nada: te estoy contando y me cuento. Cuando hablo de mí, mis palabras te incumben: me estoy contando y te cuento. Nos cuento. Estoy apelando a ti, te busco, nos busco en mis palabras.

Te temo, pido mucho de ti.

Te necesito.

EN PELIGRO

No estuve en peligro en China. Dentro de una farmacia tradicional de Pekín, Noni Benegas y Elvira Navarro se dejan mirar la lengua, las uñas y el iris. Salen con recetas para adquirir hierbas que les sanarán la vesícula y les mejorarán la circulación. Yo me niego a que un médico me lea e interprete las transparencias de mi alma que es mi cuerpo que son mis enfermedades secretas e innombrables. Me aprieto en la silla de la sala de espera y aguardo. En China, Elvira y Noni salen admiradas de la consulta por la perspicacia y las prácticas nada invasivas del galeno pekinés. Luego vemos una raíz de ginseng gigante, caminamos por la Ciudad Prohibida, comemos ensalada de medusa y pollitos partidos por la mitad con su cabeza y su pico y su ojito que, desde la mesa giratoria, nos mira. Ojito vidrioso de pollito pekinés. En Manila comen huevos podridos que no llegamos a probar –pido mil disculpas por el asco colonialista, ese inevitable tic que me lleva a rechazar los huevos negros, podridos, que esconden en su interior patos a medio formarse...–. Todo es una cuestión de imperios más grandes que invaden imperios más pequeños. China no ha conseguido aún que aceptemos sus medios pollitos partidos por la mitad con una perfecta Gillette, y, sin embargo, comemos cosas tan absurdas como los calamares agriopicantes o la ternera en salsa de ostras. En Madrid, los estadounidenses sienten náuseas cuando van al mercado y ven a Bugs Bunny despellejado y colgado de un gancho. Algunos lloran y quieren volver a su casa situada en un suburbio de Charleston. En Perú yo no consentí degustar un cuy y estuve a punto de volver a casa llorando también. Todo es cuestión de imperios que residualmente transitan por lugares en los que dejaron marcada la huella de su bota. En China comemos olla mongola, un guiso indescriptible, que Elvira Navarro, inmejorable comedora, ya conocía gracias a sus incursiones por el universo chino de Madrid. Lo retrata muy bien en sus novelas.

No estuve en peligro en Japón, porque en Japón nadie está en peligro hasta que entra en un sex shop del que quizá, si llega a la octava planta, no pueda salir. La sofisticación de ciertas crueldades, el erotismo tanático, te pueden dejar seca en el acto. El horror y/o la complejidad del sexo se gradúan e intensifican según vas subiendo en el ascensor del sex shop. Mi cicerona y ángela de la guarda, Teresa Iniesta, me contó que Paco Plaza, cineasta de terror, no pudo pasar de la quinta planta. Teresa me contó otras muchas cosas, pero ella no puede dudar de que callaré.

«Bueno...», duda mi demonia.

Las escritoras autobiográficas sabemos guardar nombres secretos de amores de juventud y nombres de gente muy anormal que se hace llamar «artista». Estar en confianza, crear complicidades con profesionales de la gestión cultural, aumenta ese bagaje chismográfico que es la sal de la vida. Ya lo hemos comentado. En Tokio también cabe la posibilidad de que te electrocutes contra la taza del váter caliente del hotel. O morir en el metro ahogada en tu propio vómito porque nadie se acercará a ayudarte por si te humilla. Tú, descubierta en tus vicios y tu vulnerabilidad. Sin embargo, nadie te robará en el metro ni te empujará a un andén al que saltan esos japoneses suicidas que dejan un sobre para que sus familiares paguen la limpieza y los desperfectos del servicio público. El andén y los trenes se ponen perdidos de sangre y restos de cerebro. No estuve en peligro ni siquiera cuando el taxista me llevó a un hotel que no era el mío y yo le decía «No» y él me contestaba «¿Eeeeeh?» y yo le decía «Villa Fontaine» y él me contestaba «¿Eeeeeh?» y yo daba un saltito ratificando la inmovilidad de mi culo sobre el asiento trasero del taxi. En aquellos días no tan lejanos, Google Maps no funcionaba bien en Tokio. La numeración de las calles resulta incomprensible para alguien que no sea nativo y para los nativos también. El taxista comenzó a dar vueltas a la manzana y yo, al fin, llegué a mi hotel para colocar mis posaderas sobre la taza caliente del váter mientras orinaba escuchando pajaritos piadores y sonido de aguas dulces. No corrí peligro en Tokio –peligro de perderme a cada paso, peligro de no poder salir de allí jamás– porque me acompañó un ángel de la guarda. En

246

Tokio existen muchos gatos comunitarios y las chicas visten a los chicos a juego con ellas. Hay bares de suricatos y de erizos. Ni siquiera corrí peligro cuando, de vuelta de mi aventura tokiota, escribí una columna compartiendo estas impresiones y el embajador de Japón en España me amonestó.

No corrí peligro en Manila. Pese a los huevos, embriones de pato fermentados que se llaman *balut*. No, eso no me lo voy a comer. Apretaré mucho la boca y de ahí no saldrá ni una palabra ni una indiscreción, ni se abrirá una rendija contra la que arrojar el *balut*. No corrí peligro en Manila, aunque me apoyase en sus árboles de cables eléctricos y montáramos en vehículos a pedales, casi a ras del suelo. La cara se nos cubrió de hollín y, en los puestos de comida callejera, los platillos metálicos se lavaban con las aguas fétidas de los alcorques. No padecimos disentería ni cogimos parásitos. No corrí peligro entre el bullicio y los colores de Quiapo, aromáticas sampaguitas, gatos blancos en los vestíbulos de los cines, chanclas de colores. Las imágenes perduran en el pasillo de los archivos fotográficos de mi mala cabeza. Sección fotos en color con las que, durante años y gracias a la invitación de Andrés Fernández Rubio, construí las descripciones de mis artículos para «El Viajero». Sin embargo, en Manila, que dejó de ser el nombre de una cafetería de Madrid en la que yo eructé a la edad de tres años, tras beber un refresco gasificado de naranja, delante de mi padre, como si se me rompiera todo el cuerpo, como si fuese un hombre groserísimo al que inmediatamente miraron mal las señoras que allí comían sus tortitas con nata –mi padre no sabía si regañarme o llevarme al hospital–, en la auténtica Manila, donde las señoras pudientes pasean por los centros comerciales de Port Bonifacio y comen *cheesecake* al estilo de Nueva York, casi muero de una pena honda, cerca del aeropuerto, al ver a una niña desnuda que llevaba a su hermano en la cadera y pedía limosna. Le escribí un poema que apareció en *Clavícula*, pero la literatura no exorcizó la imagen y aún puedo verla, delgada y sucia, sin eufemismos. Sin interponer entre mi ojo y su cuerpo el prisma deformante del colorín del pobre.

No corrí peligro entre las ratas de Washington Square. Ni en las azoteas de Damasco antes de la guerra. Ni visitando Palmira en un jeep que el conductor arregló metiendo un peine en alguna parte del motor. No corrí peligro en los autobuses de línea sirios estornudando, bien atendida por otro conductor que me daba pañuelos y té caliente, y, a través de los cristales de sus ventanillas adornadas con cortinillas de flecos y flores de plástico, me mostraba a la manera de un experimentado guía turístico:

–*On the right, camels.*

En esa ocasión mi marido y yo viajábamos con Eduardo Becerra. María, su mujer, se había quedado en casa porque aún no había superado su fobia a los aviones. Con María, con Eduardo, con Ángeles y Bienve, con Luisgé y Axier, hemos disfrutado de magníficas cenas en Madrid: a cada pareja le toca cocinar un día. Hemos probado delicias fastuosas gracias a Bienvenido Martínez. Carne rellena de cigalas. Manjares fantasiosos. Callos. Experimentos peruanos.

Tampoco corrí ningún peligro en Lima paseando con Jordi Gracia y Chema: atravesamos la plaza de Armas completamente tomada por la policía después de una manifestación. Creo que me puse dramática, como esas actrices de reparto a las que tanto admiro, y dije que veníamos de muy lejos.

–Por favor, por favor...

Los ojos de llama degollada o, en su defecto, de una rata cuy que no, no me comí. Comí carne de vicuña y chupe de camarón. Ceviche y cebiche.

–Venimos de muy lejos...

De demasiado lejos.

–Quizá no tengamos otra oportunidad...

Y nos dejaron pasar sin tirotearnos los pies con sus armas reglamentarias.

248

A Nicaragua llegamos de la mano de Claudia Neira. No corrí peligro en la boca del diablo, con los pelos del demonio, los cabellos de Pele, que salían de la tierra, la humeante boca del volcán, el abismo, a nuestros pies. Podría escribir que en Nicaragua la luz del cielo apacigua los colores chillones del agua contenida en los cráteres de los volcanes muertos. De cobalto a celeste. Tonalidades pastel ajenas a la violencia cromática, fosforescente, del verde de la chagüita, plantas crecidas en el aguazal. El conductor del taxi que nos llevó de Managua hasta Granada nos contó que en la chagüita amortajaban los cadáveres de los guerrilleros. La impersonalidad de Managua, aplanada por los terremotos, produce un helor, pero aquello no se podía llamar «peligro». Podría escribir todo esto de los colores y lo hago porque no lo puedo evitar, a sabiendas de que soy una paisajista mediocre.

No corrimos peligro en la plaza principal de Guayaquil, pese a que los anfitriones nos pedían que nos pegáramos a las paredes y no pasásemos dos veces por el mismo sitio. Estaban creando un efecto de peligrosidad exótica. Esa intención estética –el efecto de peligrosidad exótica, la sensación de no habitar la realidad sino una tela pintada, lo que Zarco tiene de mí y yo de Zarco– me liberó de cualquier miedo o sensación de peligro cuando vimos el asalto a un furgón blindado. Miguel Ángel Hernández salía de la habitación de su hotel sin ventanas con habones provocados por la picadura de criaturas entomológicamente irreconocibles, pero que sin duda debían de ser enormes.

No corrimos peligro en los laberintos de la ciudad convento de Santa Catalina en Arequipa. Perú.

Ustedes ahora me ven con salacot y cantimplora, viajera neocolonial, y entienden mucho mejor o no entienden en absoluto mis dolores de clavícula. Tampoco entienden ninguna de mis quejas. O tal vez sí.

–Venimos de muy lejos...

Y con esa cantinela el vigilante nos enseña *La marcha de la humanidad* en el Polyforum Siqueiros de México D. F. un día en que el museo está cerrado, a oscuras, sin un alma. Nos enciende las luces, conecta los altavoces. Nosotros levantamos la cabeza para contemplar cada figura mientras él nos las explica ejerciendo, quizá por primera vez, de guía, de maestro de ceremonias, de iniciado en la obra magna de David Alfaro Siqueiros, un artista con afán cosmogónico, revolucionario, afortunadamente ajeno a toda humildad, buscador de la grandeza. Quién pudiera mirarse con ese empaque y esa convicción. David Alfaro Siqueiros, al tomar aire por las mañanas, sentiría el ensanchamiento de sus pulmones como alas. Nunca cucaracha. Visionario y transformador. Me gustan los hombres como David Alfaro Siqueiros y, sin embargo, pienso que los hombres de acción han hecho un daño irreparable a la literatura. Los siete machos amputan el adjetivo. Escriben con el cuchillo entre los dientes. No se andan nunca por las ramas. Machotes. Predicadores del alcoholismo y amantes de las bellas mujeres. Las otras, las que son como yo, no somos buena compañía y para escribir tampoco servimos. O no se nos ve o damos miedo. Papá, por favor, yo te pido que me creas, y mi padre, que es un buen hombre, me cree.

He estado en Guadalajara, pero no fui con mis amigos a comer hormigas. En el D. F. con Paola Tinoco, una soldado, paso diez horas haciendo entrevistas en la librería del Fondo de Cultura Económica con una pausa para comer. Acabo de ganar el Premio Herralde con *Farándula*, pero a mi presentación en México vienen cuatro gatas y cuatro mexicanos. Me presenta Laura Martínez Belli. Durante la comida no bebo mezcal para no tener necesidad de echarme la siesta. Comemos muy rico. De noche, sola en el hotel, no corro peligro, pero paso muchísimo frío por culpa de la humedad de la ciudad de la eterna primavera. Duermo vestida. Me cubro con el anorak de plumas que llevo siempre cuando viajo a cualquier parte.

El vigilante del Polyforum David Alfaro Siqueiros se lo sabía todo. Se le veía orgulloso, ascendido de rango, muy contento. Nosotros disfrutamos de la extrañeza de un instante genuino. Irrepetible.

—Quizá no tengamos otra oportunidad...

Ahora ustedes piensan que de cada viaje podría haber sacado una novela, pero yo no soy ahorrativa. Tiendo a derrochar y a repetir materiales. A lo loco. Pantagruélicamente. Mi vida es riquísima al menos desde el punto de vista de sus geolocalizaciones. Google Maps y Google Fotos tienen un problema conmigo. «Este año ha dado usted cinco vueltas al mundo.» «Berlín, 2021.» Mi vida es riquísima desde el punto de vista de sus geolocalizaciones. Quizá no lo sea tanto contemplada bajo el obsceno microscopio de la vida interior. Poco a poco, la anécdota de la escritora con su maletita de ruedas, sus comidas, sus encuentros fugaces, ha ido sustituyendo la profunda vida interior, siempre contrariada, de la niña salvaje. La que hoy, a punto de ingresar en la tercera edad y conseguir un carné barato para montar en autobús —me permito esa licencia poética, en realidad soy mucho más joven—, grita:

—Libélula, salivazo, lesbiana, fibrilación, volátil, muslo.

Licuefacciones líquidas («¡Redundanta!») de un orgasmo semántico. La redundanta saca el dedo corazón de entre su manojito de dedos y piensa: «Que te den». Se sonríe al recordar que encontró una de las palabras más fascinantes de su vida en un libro de ciencias naturales. «Nebulosa.» Joder, qué palabra.

—Nebulosa.

La vida, aun estando de viaje y en tránsito, no puede ser igual después de haber descubierto semejante palabra.

No corrí peligro sobre las líneas ferroviarias de la Gran Bretaña: desde Edimburgo a Leeds de Leeds a Leicester de Leicester a Birmingham. No corrí peligro en la biblioteca Bodleiana de Oxford ni contemplando paisajes de película a través de las

ventanillas de trenes tan lentos como los de *Los apuros de un pequeño tren.* Intercambio imaginario:
–Excuse me, madame, is this the correct platform to get to Leeds?
–Of course, darling.
Intercambio real:
–Excuse me, madame, is here the right place to going Leeds?
–Pardon?
–Leeds? Here?
–Yes. I suppose...
Ni siquiera he corrido peligro chapurreando un inglés que, en mi caso, es una traducción directa del imperfecto castellano de Valladolid. Nunca he corrido peligro. Si exceptuamos estar en peligro por haber escrito estas palabras atentando contra toda cortesía intercultural. Por seguir atentando contra los dictados de los hombres de las letras y las armas que sí viven en peligro a cada minuto y se dejan la vida eligiendo cada verbo, verbo, verbo de acción. Disparar, cazar, follar, saltar en paracaídas. Cavilar, rumiar, sospechar, intuir... Eso no tanto. Secuencia sintáctica con tres subordinadas: hay que amputar y sorber el veneno de todas las serpientes.

En Argelia no me dejaron salir del hotel ni visitar Tipasa, el lugar de nacimiento de Camus.

En Buenos Aires no he corrido peligro jamás.

Ni en Vitoria.

Ni en Vicálvaro.

Ni en Olot.

TRAJÍN

No me recuerdo escribiendo. No tengo un plano cenital de mí misma como escritora en el que me vea aporreando las teclas del ordenador o apretando contra la página la punta de mi falsificadísimo bolígrafo Swarovski.

Con tanto trajín, lo raro sería que pudiese verme en esa posición. Estatuaria. Exenta. Estereotipada.

Me veo en la puerta de embarque de un aeropuerto. En una estación. En una biblioteca pública conversando, sobre todo, con mujeres.

Y, sin embargo, escribí todos estos libros. Lo hice. Los escribí.

CHALECOS AMARILLOS

Isaac y yo habíamos sido invitados por una universidad parisina y, con nuestras obligaciones cumplidas, una mañana luminosa –lo era–, salimos a las calles y echamos a andar. En la universidad habíamos reflexionado en voz alta sobre un asunto por el que nos preguntan con frecuencia: cómo ser realista sin serlo y cómo no parecer realista siéndolo profundamente. A esa paradoja estilística que escamotea el realismo decimonónico como estilo del bestseller actual y busca caminos experimentales sin caer en el jeroglífico se le coloca ahora el marbete de «nuevos realismos». He de confesar que yo ya estoy en otro punto de la línea: soy poeta y escritora de *autocienciaficciones*, como diría mi admirada Begoña Méndez.

Luz de París.

Las sesiones nos han desecado las meninges y ambos necesitamos aire fresco. Emociones no retóricas. Salir de la hoja de papel. Dejar de ser monigotes y adoptar la forma de uno de esos hombres de acción que me dan tanto miedo.

Isaac Rosa y yo, en París, una mañana luminosa, vamos en busca de los chalecos amarillos. Como dos hombres de acción. Yo, también, hombre. Aguerrido. De zancada larga. Sí.

A Isaac y a mí nos unió un hombre de acción, pero los detalles de ese encuentro me los guardo momentáneamente. A esa reserva momentánea, a esa forma de flotar o quedarse suspendido en el aire, que en realidad es una anticipación, se le llama «prolepsis». En inglés, *flashforward*, para que nos entendamos. París está desierto. Acordonado. Tomado por diferentes fuerzas del orden. Como si fuésemos invisibles, nosotros paseamos casi a solas por las Tullerías, llegamos al Obelisco, atravesamos los puentes, vemos estatuas ataviadas con chalecos amarillos y creemos oír cánticos y consignas a lo lejos. Aguzamos el oído y nos chupamos la yema del dedo índice para orientarnos por el soplido del viento. Olfateamos en una y otra dirección como perros o cerdos buscadores de la preciada trufa blanca. Rastreamos. Buscamos infructuosamente el epicentro de la protesta. Acaso no lo perseguimos con el empeño suficiente, porque estamos entretenidos con otras cosas. París desierto. Luminoso. Iluminado para nosotros, que venimos de agotarnos bajo los neones de las aulas universitarias y con nuestras lucecitas de cuarenta vatios fundidas por el esfuerzo intelectual. Ahora disfrutamos de un extraordinario París exento. Anómalo. Las avenidas se extienden y alzan solo para nosotros. Cuando hablo con Isaac, levanto la cabeza, me empino, y él mira hacia el suelo, del que yo florezco como una campanilla.

Amarilla.

–Por ahí parece que se oye un murmullo...

–Sí, sí, vayamos por ahí.

Los chalecos amarillos no han arrojado para nosotros suficientes miguitas de pan. O quizá los gorriones gourmet de París se las hayan zampado todas untándoles mantequilla salada.

–O mejor vayamos por allá.

–Por allá, por allá...

Isaac es alto, delgado, fibroso. Lleva gafas de gafapasta y parece que se sonríe, aunque no se esté sonriendo. O quizá sí, se está sonriendo todo el rato. Tiene cara de juerga. Los ojos oscuros, la frente huesuda –no lo juraría–, los dientes grandes pero en su sitio. Pelo en la cabeza. Aún. Es un hombre enjuto al que le gusta correr. Y corre. Allá donde va Isaac corre. Luego regresa y se une a las actividades comunes. Parece poco hablador, pero lo cierto es que le gusta hablar. Y habla deprisa. Hablar y correr como acciones simétricas. Me encanta que Isaac me hable, porque estoy segura de que a otras personas no les dice ni papa: solo las observa como un chaval tímido que luego podría ser muy cruel con las lagartijas. En París conversamos, con una posición incómoda del cuello y a esa velocidad vertiginosa a la que me veo obligada a caminar porque una zancada suya equivale a cuatro mías. Mi amigo activa sus radares para localizar a los chalecos y yo, en lo más profundo de mi corazón y con un poco de vergüenza, no me los quiero encontrar.

–Sí, sí, por allá. ¡Los estoy viendo!

Disimulo. Carezco de espíritu reporteril. Yo soy más de magdalenas que evocan úteros maternos y del búcaro de flores de la señora Dalloway. Puede que esté en riesgo de extinguirme, pero no me gusta el peligro ni imaginar la remota posibilidad de un golpe. Mimosas de París. Escaparates con macarons. Los parterres de las Tullerías.

–*Marchons, marchons!*

Caminamos, y cuando llegamos a una glorieta, los chalecos ya se han ido de allí. Vemos los rastros. Otra estatua embutida en su chaleco y otros parisinos, no amarillos, que se suben al bronce para volverlo a dejar desnudo. Paso una cuenta de mi rosario fantástico y exclamo por dentro «¡Bien!». No sé si realmente vamos al encuentro de los airados manifestantes o realizamos una filigrana virtuosa sobre el plano de la ciudad para no dar con ellos nunca. Bulevares de París solo para nosotros. Caminamos sobre una brillante postal. Detectamos señales a un lado y a otro, y utilizamos el reojo y la sensibilidad del tímpano para ir al este o al oeste. Nuestro empeño no es tan extraordinario.

–¿Por ahí?

–¿Cuánto tiempo viviste en Benidorm?

Los chalecos andarán por la Rive Gauche. Nosotros paseamos dulcemente hacia Montparnasse mientras conversamos sobre mi infancia en Benidorm. Esa infancia sin demasiados nombres ilustres –Lefebvre, Bofill, un día con Paco Rabal y otro con Umbral y Pilar Velázquez en la inauguración de una tienda de muebles de diseño, Teresa Gimpera en un Festival de la Canción–, esa infancia que desencadena la escritura de *La lección de anatomía* y que, ahora, me hace pensar que mi vida no merece más atención que otras vidas, pero tampoco menos. Me he esforzado en aprender a escribirla. Todas las vidas tienen su relevancia democrática, así que ¿por qué la mía no debería incluirse dentro de esa gran palabra golpeada que ahora escribo en mayúscula: DEMOCRACIA?

Soy maja y tengo sentido del humor.

Isaac y yo comentamos aquellos años en los que la niña Marta, sobre todo, luchaba por ser normal. Más normal. La niña Marta luchaba por ser normal no porque se considerase extraordinaria, sino *subordinaria* más bien. Yo no quería ser la hija del sociólogo ni de la fisioterapeuta. De una pareja bellísima y bajita. Pequeñitos y perfectos. Cardinale y Jacques Perrin. Schneider y Delon. Bardot y Louis Jourdan. Alucinógenos. Después de la presentación de *Mientras crece la ciudad* en la librería Tipos Infames, Ana y Mariví, a quienes apodamos «las hermanas», comentan al ver a mi madre y a mi padre, ya casi octogenarios:

–Qué pareja más guapa.

Nunca he corrido peligros; ni siquiera mientras intentaba hacerme con el poder en un territorio en el que siempre fui una extraña. Benidorm es de las pocas ciudades españolas a las que jamás me han invitado como escritora. Me invitaron a comentar *Monstruas y centauras* en Alfàs del Pi, el lugar más cercano a la ciudad donde pasé mi infancia y en la que he ambientado varias novelas. Siempre, aún hoy, una extraña. Con Isaac hablé de las mudanzas y de cómo nos fuimos desplazando desde la parte alta de Benidorm hacia los apartamentos de la playa. Viviendo como veraneantes perpetuos. Sin posibilidad de obtener el carné de residencia. Benidorm se superpone sobre las cuadrículas vacías del gran París. Y los gritos reivindicativos nos parecen cada vez más lejanos.

–*Marchons?*

–Puf.

En la frustrada persecución de los chalecos amarillos, en el juego sin venda de la gallinita ciega, en la excepcionalidad de un París silencioso, nuestros móviles comienzan a recibir enloquecidos mensajes.

«Apartamentos en Benidorm.»

«Primera línea de playa.»

«Hoteles en Benidorm. Todo incluido.»

«Benidorm. Temporada baja.»

«Inolvidables vacaciones en el Mediterráneo: Benidorm, Costa Blanca.»

Estamos en peligro inalámbrico. Algo graba nuestras conversaciones. Se acaba de colocar la primera semilla de *Persianas metálicas bajan de golpe*. Me extraña que esto me suceda con Isaac porque fue él quien me indicó que quizá sería conveniente colocar una tirita sobre la cámara de mi ordenador portátil. Luego llegó la pandemia y, por razones de supervivencia comunicativa, olvidamos nuestras prevenciones.

«Apartamentos en primera línea de playa. Días. Quincenas. Meses. Temporadas.»

No encontramos a los chalecos. Quizá no queremos encontrarlos, y, en cualquier caso, sería mucho mejor que nadie lo supiera. Aunque geolocalizados en París, el algoritmo predice unas vacaciones benidormenses y tira de nosotros hacia el paseo de la playa de Levante. Quizá no estamos recorriendo los bulevares de París. Estamos ya en otro sitio. En otro lugar siempre lejano. Esa es la razón de una invisibilidad gracias a la que podemos recorrer impunemente las calles tomadas por la policía. Ya estamos en Benidorm pisando el pavimento del paseo de la playa de Levante. Vamos a beber un coco loco. Llevamos escuetos bañadores amarillos. No correremos, pero nadaremos en el mar.

«Benidorm, tierra de luz y alegría.»

Nos sentamos en una terraza del boulevard Montparnasse y pedimos dos cervezas grandes que nos bebemos en el acto para recuperar la corporeidad. Llamamos a la familia y, después, desconectamos los móviles para que nadie pueda seguir nuestros pasos.

–*Marchons?*

–Mejor otra cerveza.

No queremos que los chalecos amarillos nos localicen.

No queremos que sepan que hemos huido a Benidorm para que María Jesús nos toque «Los pajaritos» con su acordeón y otros temas localizables en Spotify.

En Benidorm aún le deben una calle a María Jesús. Qué ingratitud y qué despropósito.

«Quiero correr el rumor que si me pierdo algún día me busquen en Benidorm.»

Por imperativos de la métrica, el letrista incurre en un queísmo. En la música ligera este tipo de perturbaciones sintácticas es habitual. Llego a conocer a Isaac gracias a un alumno a quien posiblemente intento corregirle las perturbaciones sintácticas o descubrirle el maravilloso mundo de la literatura. Pero él ya viene aprendido de casa y es un tipo bastante retador que se sienta a mi lado en el autobús:

–Seguro que, como todos los matrimonios, el tuyo también acaba mal.

Peligro. Un hombre de acción. Un hombre de acción gallego. Me hace muchísima gracia Pepiño. José Manuel Cendón Docampo quiere ser reportero de guerra. Me río en su cara e intento expresarle, con cierta dulzura, que va a tener que comerse muchos bocadillos de chorizo y muchos platos de espinacas para lograr sus objetivos. Pepiño es un poco tocapelotas en clase. Y en el autobús también. Pero me hace muchísima gracia su chulería y su seguridad en sí mismo. Me hace gracia que, enseguidita, me llame:

–Martiña...

Pepiño ha olvidado completamente el protocolo de la relación profesora-alumno, pero yo no se lo voy a recordar. Nos hacemos amigos. Mi alumno de la asignatura Literatura y Medios de Comunicación de primero de Periodismo me hace recomendaciones literarias:

–Pero ¿tú no leíste a Isaac Rosa? Joder, Martiña, lo tienes que leer. Que es un colega mío y es muy guay.

Escucho a Pepiño con un descreimiento y una distancia y una pose de «pero qué se habrá creído este». Le contesto que tengo muchísimas cosas que hacer y muchos libros por leer y que haga el puñetero favor de leerse *Bel ami* de Maupassant y *¡Noticia bomba!* de Evelyn Waugh, que están en el programa y no son moco de pavo.

–Pepiño, te voy a suspender.

–Pero ¿no lo leíste aún? Joder, Martiña, pues tanto trabajo no tienes.

La persistencia de José Manuel Cendón Docampo le llevó a alcanzar, al menos, dos metas existenciales: se hizo reportero gráfico y fotógrafo excepcional, no sé si de guerra, pero de situaciones y lugares peligrosísimos como, por ejemplo, Palestina, Etiopía, Sudán, manicomios en el Congo. Realizó un documental sobre mujeres quemadas por el ácido en Colombia. La segunda meta lograda se resume en que yo leí a Isaac Rosa y me pregunté lo mismo que Pepiño me preguntaba a mí: «¿Y cómo es que no lo leíste antes?». Desde *El vano ayer* he disfrutado de todas sus novelas. En Madrid presenté *La habitación oscura* a oscuras como él quería. Solo me permitía llevar un casco de minero en caso de necesidad lumínica y me pareció bastante ridículo. Preferí usar una memoria que por entonces aún estaba más fresca que una lechuga iceberg. Isaac me ha correspondido con el interés por mis libros y ha llegado a leerse incluso las notas a pie de página de mi antología de poesía de la Transición, *Metalingüísticos y sentimentales*. Las notas al pie de esa antología, que tuvo como embrión una tesis doctoral, ocupaban páginas enteras con una letra cuerpo seis. Isaac y Marta, su mujer, las leían cuando se metían en la cama. No sé si para dormirse o para descojonarse. Isaac y yo nos hicimos amigos gracias a la intercesión de Pepiño, que fue secuestrado en Somalia. Isaac nos avisó. Creo que pasamos uno de los peores momentos de nuestra vida. Cuando al final Pepiño fue liberado y escribió un libro que Isaac y yo presentamos en Casa de América, yo solo tenía una pregunta para él:

—¿Has podido hacer caca, Pepiño?

Muchos periodistas entrevistaron al fotorreportero liberado, pero a nadie se le ocurrió que quizá ese podía haber sido para él un motivo de gran sufrimiento. Dieta de carne de cabra, nervios, piedras, fusiles, poca agua. A Pepiño mi pregunta le pareció interesante. También nos relató algunos episodios peliculeros y algunas posibilidades de fuga que se quedaron en meras imaginaciones cuando Pepiño y su compañero de cautiverio intentaban responder a la pregunta «¿Y luego qué?». Les quitamos el fusil y luego qué. Nos vamos corriendo y luego qué. Nos cogen y luego qué. Su único temor residía en que los secuestradores pudieran encontrarse con otra banda criminal y quisieran canjearlos. Pepiño está seguro de que fue el traductor quien los vendió a los delincuentes.

Pero no pasó miedo porque es un hombre de acción.

En cuanto conoció a Chema dejó de decirme:

—Seguro que, como todos los matrimonios, el tuyo también acaba mal.

Los hombres de acción son leales a sus camaradas. Pepiño ahora está casado con Sarah, que es australiana —no pudo irse más lejos—, y tiene un hijo y dos hijas. Me manda un vídeo de sus hijas jugando:

—*Mary, dance with me!*

Son encantadoras. Isaac tiene tres hijas a quienes yo, con no mucha originalidad, llamo «las rositas». Ellas a mí me llaman «martasanz», porque está Marta, la madre de Olivia, primogénita de mi amigo, con quien he hecho pis en el váter del restaurante marroquí donde anuncié mi abandono de la literatura, me he subido a los cacharritos de la feria en Águilas y he buscado gatitos entre los setos; y está Marta, la madre de Carmela y Elvira, la mediana y la pequeña de Isaac.

–¡Ha venido martasanz! –anuncian las niñas cuando llegamos.

Isaac y Marta viven en Hortaleza, participan en las actividades del barrio y compran en un grupo de consumo en el que cada vecino asume una responsabilidad: hacer cuentas, recoger la mercancía en origen, organizar los pedidos, repartirlos... Me parecen coherentes y admirables. Yo pienso «Ni de coña» y me regodeo en mis contradicciones y en mi estilo florido y pequeñoburgués. Mi comunismo es más íntimo. Admiro la falta de caparazón y concha de Isaac, que, en sus novelas, se atreve a hablar de comunidades igualitarias en las que la gente bebe «refrescos extremeños». Ni de coña.

–¿Otra cerveza?

–*Marchons!*

Solo tengo prohibida la entrada a un lugar de su casa. El cuarto de baño. No puedo entrar porque Isaac me lo prohibió expresamente cuando presentó en Madrid *Black, black, black.* La descripción de un cuarto de baño le hizo consciente de su expresividad y de mi desvergüenza a la hora de contarlo todo: el color de las toallas, las lavativas, los pelillos pegados al jabón con olor a limones salvajes. En casa de Isaac aprieto los muslos y retengo la orina.

–¿Otra?

–Ay.

Quedamos con Isaac para curiosear en la acampada del 15-M y sumarnos al entusiasmo. Mi entusiasmo era un entusiasmo de visita. Isaac llegó a la Puerta del Sol con su hija Carmela subida en los hombros. Menuda atalaya. Sin embargo, la niña expuso enseguida otros intereses:

—Papá, ¿y cuándo tomamos el aperitivo?

Carmela nos cayó estupendamente y nos la llevamos por ahí a comer gildas y pinchos de tortilla. Isaac no come carne, pero una vez se comportó conmigo con una crueldad inusitada: estando yo en Palencia, en compañía de la lúcida Concha Lobejón, del radiofónico Tomás, del incisivo Manuel Manrique y de Toña, que me enseñó cómo se pronuncia Coetzee —¿Cutchía?— porque Toña sabe inglés y yo diría que también afrikáans, con las personas buenas de la Universidad Popular, estando yo en Palencia, comiendo morcillitas y otras delicias cárnicas castellanoleonesas, me tocó leer el fragmento de *La mano invisible* en el que Isaac describe el trabajo en los mataderos, el sufrimiento animal, el coste de la carne que a mí malvadamente se me queda entre los omnívoros colmillos de vampira y depredadora. Frente a Isaac a veces me siento un mal bicho.

Isaac y yo firmamos manifiestos. Somos escritores políticos que, además de intentar practicar una escritura política, colaboran con organizaciones sindicales, asociaciones, partidos. Con gente buena y generosa que hace política. Cuando Isaac no está en casa, llama por teléfono a sus hijas. Cada noche. Doy fe porque he compartido con él paseos por París en persecución de los chalecos amarillos. Él quería encontrarlos y yo no sé si quería de verdad. Pienso: «Que no nos vean, por Diosa, que no nos vean».

—¿Por allí?

—No, mejor por allá...

El Ministerio de Cultura organizó como actividad previa a la feria de Frankfurt dedicada a «España: creatividad desbordante», en 2022, una gira previa por Alemania. Fuimos Isaac, el artista plástico Javier de Isusi y yo. Estuvimos en Colonia, en Bremen y en Jena. Antes de que ellos llegaran, yo pasé por Berlín y, al entrar en mi primera habitación de hotel, me encontré con una pareja que follaba alegremente. Escribo «alegremente» porque también hay gente que folla con pena, con dolor y con virtudes fingidas. Los acompasados piececitos de los follarines –vuelvo a tomar la palabra prestada del poeta Martínez Sarrión– se detuvieron en seco cuando vieron a una señora con una maletita rosa de ruedas.

Nos miramos durante unos segundos.

Luego me fui por donde había venido.

–Ay. Mejor por allá.

Mis explicaciones en la recepción berlinesa fueron gestuales, pero expresivas y convincentes. Muy ordinarias para alguien de mi tamaño. Pero sé mover bien las manos y los brazos. Arriba y abajo. Flexionando los codos y cerrando los puños. Me alojaron en la habitación para personas en silla de ruedas. Sirenas y centauros. Nunca me he duchado en un lugar tan grande. Alexanderplatz se convierte en un territorio un poco hostil, aunque huele igual que el Benidorm de mi infancia –cebolla frita, salchichas, hamburguesa, grasa animal recocida–, y mis ahijadas berlinesas, agrupadas en La Maloka Feminista de Berlín, me dispensan mil atenciones. La maloka María Manrique es la hija de Manuel, el mejor lector de Palencia y de ese mundo que, a ratos, se contrae como la cabeza de un alfiler pese a la lejanía de los puntos que lo integran. Le escribo a Manuel un texto para celebrar su cumpleaños. Me lo ha pedido María. Rasgo la hoja de papel e incluyo un fragmento:

Para Manuel, un hombre que parece de pocas palabras
y, sin embargo, las tiene casi todas

No recuerdo exactamente cuándo conocí a Manuel. Puede que fuera en un aula de la Universidad Popular con Concha Lobejón. Puede que ella me hubiese invitado para hablar de Daniela Astor y la caja negra *y por allí anduviese un hombre afilado, con cara de* listo y sonrisita, que me preguntó sobre la conveniencia del lenguaje inclusivo. Y puede que la pregunta no me la dirigiese exactamente a mí, sino que fuese un amable pellizco retórico hacia Concha. Pero no podría asegurarlo. Porque la memoria tiene estas cosas tan extrañas: está la bruma y, luego, dibujándose contra ella, aparecen unos perfiles nítidos, muy nítidos, basados en la sensación y el detalle. De ese fogonazo, que no estoy segura de haber vivido, permanece la impresión de que Manuel me cayó de maravilla. La intuición de que era un tipo exigente me hizo sentir el privilegio de su compañía.

Porque siempre que he ido a Palencia, allí ha estado Manuel Manrique. Para elegir el mejor vino después de la presentación, para sorprenderme con sus lecturas, para mostrarme lo tonta del haba y lo prejuiciosa que puede llegar a ser una señora como yo, porque ¿quién iba a pensar que un lector como Manuel se escondía en Astudillo? El campo, la lectura, se concilian en Manuel a través del concepto de cultivo. En alguna de mis visitas a Palencia, Manuel me ha pedido recomendaciones literarias. Yo me ponía en plan metralleta: «Lee a Lina Meruane, lee a Mariana Enríquez, lee a María Fernanda Ampuero, lee, lee, lee...». Pero Manuel ya se las había leído a todas y me explicaba por qué sí o por qué no. Joder con Manuel... (...) En Palencia casi siempre presenta mis novelas Concha Lobejón, pero recuerdo aún los comentarios de Manuel sobre Farándula. Me dijo que las frases tenían tal densidad y tal concentración de ideas que había que leerlas muchas veces para corroborar que lo leído era efectivamente lo que habías creído leer porque, además, eso que habías creído leer era una salvajada. Ese día quise mucho a Manuel. Por su finura. Le quise igual que le quise cuando después de la presentación de Persianas metálicas bajan de golpe le preguntó a Chema, mi marido: «Oye, y tú a esta, ¿qué le echas de comer?». Manuel es una combinación de exquisitez y espíritu silvestre que sintoniza conmigo. Me fío de Manuel. Me hace reír. Me enseña. Es un castellano ilustrado. Un socarrón.

Un hermano de Manuel conoce de siempre a Arantza, la hermana mayor de mi amiga Elvira. Llego a Isaac por José Manuel Cendón, un alumno que me llamaba Martiña. Todo en menos de seis pasos. Las malokas cuidan de mí hasta que me encuentro con Isaac y Javier en Colonia. Como si estuviera haciendo un Interrail y ya fuese demasiado tarde para mí. No sé alemán –tampoco– y los compartimentos para dejar el equipaje son demasiado altos. Soy una señora de cincuenta y cuatro años que pesa cuarenta y siete kilos, y mide uno cincuenta y ocho. No soy una persona independiente, pese a que he viajado mucho sola. Necesito de los demás. Sentirme arropada. Desconfío de los hombres de acción. No me da vergüenza reconocer mis necesidades ni mi agradecimiento hacia las personas que envuelven mi fragilidad con papel burbuja.

–Gracias. De corazón.

Cuando llega Isaac me sube las maletas a los altillos de los trenes. Yo me desacobardo, pero no solo por eso. Me desacobardo porque él es una persona que cuida. Me gusta el tono de voz con que habla a sus hijas. Me gusta que me cuente sus preocupaciones domésticas. Las cosas cotidianas. Con Isaac hablamos de maridos, mujeres, padres, madres, mudanzas, médicos, trabajos. Una infancia en Benidorm. Refrescos extremeños. En nuestras conversaciones brillan por su ausencia la epanadiplosis y los contratos ventajosos. Y, sin embargo, él está ahí si hace falta. Buscar un contacto. Arropar un libro. Le cuento que estoy escribiendo este, y él solo me formula la misma pregunta que, en una escena de *Amanece que no es poco*, Luis Ciges le plantea a su hijo cuando han de compartir cama:

–¿Me respetarás?

A través del teléfono, más allá, me imagino a Isaac con su cara de juerga.

En Jena me levanto en medio de una cena con estudiantes para irme al hotel. Estoy cansada y al día siguiente tenemos que levantarnos a las cuatro de la madrugada para coger dos trenes y un avión.

–Muchas gracias. Lo siento, tengo que irme.

–*Marchons?*

Isaac me mira con su cara de juerga. Parece incluso sorprendido. Me levanto. Beso a la anfitriona. Vuelvo a agradecer. Me voy. He dejado limpio mi plato de macarrones. Y a los estudiantes quizá un poco desilusionados. Pero yo ya solo bailo en mi casa. Como una peonza.

–Espera...

Isaac se apunta. Javier se apunta. Nos vamos los tres callejeando por la minúscula Jena, moteada de estatuas. La Jena donde permitieron a Karl Marx leer su tesis doctoral. De camino al hotel, es posible que Isaac marque el número de sus niñas para ver cómo les ha ido la jornada. La habitación verde del hotel es muy confortable.

Isaac ignora que yo no me habría atrevido a decir «Muchas gracias. Lo siento, tengo que irme...» si él no estuviera por allí.

–¿Por ahí?

–¡Venga!

Como muchas otras cosas, a los chalecos amarillos los vimos de soslayo.

De soslayo.

Creo que Isaac logró entender el movimiento.

Yo no.

LA CONTRACCIÓN DE LA COMUNIDAD LECTORA

Escribo *Los íntimos* desde una actitud vanidosa, pero también desde el impulso de servir a una comunidad que quizá no es la mía. No llego a identificarla bien.

Escribo este libro desde el lugar que más me duele.

En agosto, cada mañana, entre las nueve y media y las diez

266

y media, camino por la orilla del mar a paso ligero. Recorro diez, once, doce playas, deprisa, metiendo el estómago, apretando los glúteos, erguida, con la disciplina de las sargentas de la Guardia Civil o de las escritoras de novela –las bardas son otra cosa–. Pim, pam, pim, pam. Cuando vuelvo a Madrid, los veraneantes me echan de menos y preguntan por mí.

–Su hija, ¿se ha ido ya?

–Sí, ayer.

–Ay, qué pena.

–Es que los veranos no son eternos, ya sabe...

Mi sombra se proyecta grácil en la superficie de la arena mojada. A principios de agosto es una sombra informe que, poco a poco, se define, se remete sobre sí misma, marca una silueta. Los goterones de sudor me chorrean por la frente y los vecinos lanzan hipótesis sobre mi edad y mi oficio. Puede que incluso lancen hipótesis sobre mi condición sexual. Estoy tan fuerte. Algunos años incluso han hecho apuestas sobre mi nombre:

–¿Se llamará Mari Carmen, Celia, Mari Huerti, Elena sin hache?

–Pregúntaselo, pregúntaselo...

–¿Se llamará Antonia, Eugenia, Rita, Concepción, Ramona?

–Se llamará... ¡La enana saltarina!

En la playa, en agosto, protagonizo una historia y luego me transformo en quien la escribe.

Podría ser la entrenadora de la selección femenina de fútbol. Llevo coleta. Camino con determinación. Un vecino, que se llamará Pedro o Juan o Antonio, me para mientras se come, a la yodada orillita del mar, un bocadillo de atún con tomate. Bebe un refresco isotónico para ayudar a la gimnasia de la masticación. Dice:

–Por favor, un momentico.

Paro con cortesía y marcialidad de excelente servidora de la ley. Estoy a punto de llevarme la mano justo encima de la ceja.

–Que me ha dicho mi amigo que eres escritora.

–Qué va. Soy comandante de la Guardia Civil.

Acabo de ascenderme. Quiero ser la inspectora de una novela de Dolores Redondo, la comisaria de un libro de Eva García Sáenz de Urturi. Quiero correr de noche por las calles de la Ciudad Blanca y entrar en un cálido portal para follarme, agarrada coreográficamente a los barrotes de la escalera, a un poli más joven que yo –qué vergüenza, qué vergüenza–. Follarme al Kraken.

Me gustaría dejar con la boca abierta a mi vecino comedor de bocadillos. Me gustaría que entendiese que el pim, pam, pum de cada mañana, playa arriba, playa abajo, también mi regreso a crol nadando desde la cuarta boya, sorteando la resaca, el peligro de la medusa picadora y de las traicioneras corrientes de un Mediterráneo que parece un plato de sopa pero no lo es, forman parte de un durísimo entrenamiento.

–¿Qué?

La comandante de la Guardia Civil, en biquini de rayas, va embadurnada de crema protección cincuenta y calzada con escarpines de plástico para evitar las picaduras de los peces escorpión y de los sargos mordisqueadores; para evitar que las piedrecillas de la arena, por la fricción y el rozamiento, por la insistencia de los pasos rápidos al caminar contra –no sobre, contra– la arena, le rajen y le llaguen esa delicadísima piel que la comandante no quiere endurecer por mucho que vea y aguante –son gajes del oficio.

–Doctor, no me oculte ningún detalle. Pero no se regodee.

–Como verá a través de esta incisión...

–Doctor, deje el bocadillo.

El forense deja su bocadillo de atún con tomate al lado del instrumental.

–Y no mastique con la boca abierta.

La comandante, en la sala de las autopsias y en cualquier otro sitio, promete, no jura, conservar por siempre su piel delicada, mantener el debido respeto y defender su derecho a la fragilidad de su piel de amapola. No permanecerá impasible. La comandante, mujer imaginativa, que juega como las niñas y las escritoras a ser a ratos lo que no es, responde:

–Sí, sí, yo escribo.

–¡Pues te voy a buscar en internet!

La escritora tiembla. Internet no es el sitio más favorecedor para sus libros, aunque a veces se lleve la sorpresa de que no la trata tan mal y se dé golpes en el pecho por su clasismo culpable y, a la vez, se resista a la tentación de caer en la complacencia ante un exceso de elogios. La escritora también tiene noticias de que, en no pocas ocasiones, el exceso de elogios trae aparejadas lapidaciones. Y falta de perspectiva. Desconfianza. Sin embargo, «que me quiten lo bailao», deben de pensar Dolores o Eva, que quizá hidraten su piel delicada recostadas en una tumbona del jardín de sus chalés de quinientos metros cuadrados.

–¡Te busco, pero ya!

El vecino corre hacia su móvil y busca mientras la escritora completa otra de sus playas, para arriba y para abajo, con el corazón en un puño, sopesando la posibilidad de que el vecino se haya metido en un foro de esos que califican con una estrellita sus libros o en otro que le suele asignar cinco estrellitas. Pim, pam, pum, y las vísceras desbocadas. Cuál será, cuál será. A veces, en los clubes de lectura o en los rincones virtuales, se encuentra una flor: la mujer que me explica las relaciones entre los personajes femeninos de *Persianas metálicas bajan de golpe* con verbo económico y sensibilidad exquisita en el club de lectura de El Agente Secreto, librería ubetense; Ara, desde la red y por fuera de la red; Lidia, bajo el pseudónimo de Vida; las mujeres lectoras de Palacios del Pan. A veces, desconfiamos demasiado. Otras, no lo suficiente. Pisa es implacable con sus informes. Ese será el muro contra el que golpearemos la cabeza. El vecino me para otra vez.

–Pero es que tienes muchísima cosa. No me va a dar tiempo a todo.

—Son muchos años.

—¿Cuántos años tienes tú?

—Lo pone en Wikipedia. Pero empecé a publicar en 1995.

—Pues no me va a dar tiempo. Pero voy a leer algo seguro.

—Gracias.

—Te advierto que tengo muy mala leche.

—Estupendo. Yo también.

Y me río y camino hacia la otra punta de la playa a una velocidad vertiginosa preguntándome si este vecino que habla de política a voz en grito con sus compañeros de sombrilla y no está contento con la inmigración marroquí es un miembro de esa comunidad a la que yo convoco, o acaso las comunidades lectoras se contraen como un bígaro fuera de su conchita, se resecan, buscan un centro a partir del cual desaparecer introduciéndose en otra dimensión. Quizá me leen muchos hombres como este, hombres que me explicarían cómo arreglar los problemas más acuciantes de España, o quizá este vecino se sienta orgulloso de mí o puede que le dé aprensión la próxima vez que me vea. Porque no me entiende o me entiende demasiado bien. Pese a todo, casi tengo la convicción de que las comunidades lectoras van menguando como una viejecita que se encoge porque no tiene ganas de hacer pilates ni de subir los escalones de dos en dos, las comunidades lectoras se estrechan tan peligrosamente que reafirmo la capacidad de resistencia, la necesidad de resistencia, de cierta literatura que parece que ya no le interesa a nadie. O a casi nadie. También es cierto que nunca se ha leído tanto como ahora: noticias dentro de pantallas, recetas, menús del día, tablas de gimnasia, mensajes de amor en Tinder, foros de madres y padres del colegio concertado, policiacos mágicos, avances de series, bulos. Epidérmicamente. A la contra. Hay quien lee con un exceso de reverencia y buena voluntad. No mi vecino.

—Te advierto que tengo muy mala leche.

—Estupendo. Yo también.

Quizá debería escribir para hombres como este. Dispuestos a darme un rato de su tiempo. Al menos de boquilla. Quizá no se puede escribir solo para un grupo complacido o iniciado. O para un grupo selecto. Ferrer Lerín, después de asistir a una de mis charlas en Formentor, declama:

—Qué aguerrida doncella.

Es posible que el irónico Ferrer Lerín me lea y alguno de sus amigos como José Luis Falcó, la lentitud personificada, un hombre heterónimo, el Doctor Merck, la Tacones, el papá de Milicifuti Burgo de Arias, también me lea. José Luis también es amigo mío. Lo conocí en un congreso sobre el poeta Luis Feria en Tenerife. Nos escribimos durante mucho tiempo. José Luis pasó meses con una temperatura corporal de treinta y cinco grados y yo me preocupé. José Luis se ha casado con Laia, la hija de uno de sus mejores amigos, escritor excelente y persona buena: Alfons Cervera, autor de libros como *Maquis* o *Claudio, mira*. Un hombre cuidador, como Isaac Rosa. Alfons vive en Gestalgar, hace memoria, se preocupa de su hermano Claudio, que cualquier día puede quemar la casa con una colilla. Claudio lleva las cuentas de la lotería del pueblo, colecciona pasquines y revistas de cine. Posee una inteligencia especial que no le sirve para valerse por sí mismo. Presentamos *El boxeador* en Sin Tarima de Madrid. Con Miguel Rellán, Susana Martins, Luis Mendo, Bernardo Fuster. Somos casi todos personas mayores. Lo dice Santiago, el librero:

—Aquí el que esté por debajo de los cincuenta que levante la mano.

Nos reímos, pero probablemente no tiene ninguna gracia.

Alfons puede decir verdades molestísimas —puños, golpes contra un saco colgado de la rama de un árbol—. También llora conmovido por la compañía y la ternura. Nos escribe: «Os quiero un huevo».

Y nosotros a ti, Alfons.

Alfons también es amigo de Javier Maqua, Gloria Berrocal,

Carlo Frabetti, que una vez me pidió en matrimonio y, a mí, mujer enamorada del amor, Karenina fin de siglo, me hizo ilusión. Redes para atrapar pajarillos minúsculos como insectos. El mundo es un pañuelo. Sí.

Otros conocidos de Ferrer Lerín no se acercarían a mí ni con un palo. No reúno las condiciones mínimas de feminidad y exquisitez.

–Te advierto que tengo muy mala leche.

–Estupendo. Yo también.

Pero mi piel de amapola ha sufrido un arañazo que pudre mi epidermis completa. Soy una niña –una señora, una comandante de la Guardia Civil, una mujer que hace instrucción en una playa de Murcia–, soy una niña de clase media que aspira a que su papá y su mamá la miren con orgullo. Les deseo una larga vida para que puedan disfrutar de éxitos que no sé si llegarán. Me cago en quienes me niegan esos éxitos y no les proporcionan esa felicidad a mis progenitores. El tiempo pasa. Y yo tengo que recoger ya mi Premio Nobel y darles en los morros a los escépticos vecinos o a los que se ponen de puntillas para dirigirse a mí y comienzan a hablar con más eses o abriendo un poco más las vocales. Con un afán de perfeccionamiento y un ideal de lengua que me ofende. Y, a la vez, me halaga.

Es probable que a mi abuelo mis libros le hubiesen parecido espantosos. Mi abuelo se cabreaba con los trazos a lo Cézanne en los paisajes que pintaba mi padre. Pero quiero creer que, a mi abuelo, por amor –no es mala razón–, le gustaban mis libros: le dio tiempo a leer algunos que rescaté dedicados de su modesta biblioteca cuando hubo que vaciar la casa al morir mi abuela. El reconocimiento social de la simiente, el orgullo sanguíneo y familiar, atenuarían la irritación de mi abuelo ante las metáforas de vanguardia y los finales infelices. Temo que la literatura ya solo puede ser popular en un sentido perverso, inmóvil, mercantil. Igual que cierta música pop, que nos alegra la vida y nos congela el conducto que conecta tímpano con una posible expansión del cerebro. Luego me hago cruces por mis malos pensamientos y me llamo «elitista» dándome golpes en el esternón.

–Que me ha dicho mi amigo que eres escritora.

–Qué va. Soy comandante de la Guardia Civil.

El año que viene las mujeres mayores seguirán haciendo gimnasia acuática en plan Esther Williams o quizá con algún referente más moderno, a lo Ona Carbonell. Acaban la sesión bailando el corro de la patata. Los hombres mayores, desacomplejados, juegan con ellas y yo me pongo nerviosa porque su retroceso a un mundo infantil es un poco vergonzoso, un poco impúdico, y a la vez está lleno de una felicidad genuina que nadie debería poner en peligro. Tenemos a la vez todas las edades: las niñas que fingen ser *influencers* o tiburonas de las finanzas, las mujeres de setenta que juegan a la tula, los hombres de cuarenta y cinco que meten tripa recordando su torso de los veinte. Lo que fuimos y lo que somos y lo que pensamos que seremos. Todo a la vez. Debajo de un toldo, un profesor de pilates corregirá la postura de sus alumnas y un muchacho seguirá alquilando canoas para remeros que quieren atravesar el límite de las boyas. Los buceadores tirarán pan en el agua para que se acerquen los sargos mordisqueadores de pantorrillas y las voraces lubinas que reciben su nombre de esa hambre que comparten con los lobos.

–El corro de la patata, comeremos ensalada, lo que comen los señores, naranjitas y limones, achupé, achupé, sentadita me quedé...

Aplausos.

Me preguntaré si escribo para esta gente. Si el problema radica en mí, en que soy inaccesible, o si no debo renunciar a una manera de entender la realidad y los libros, porque no hay nada bueno en ese retroceso a la fase anal del género humano, en esa ascesis corporal que escamotea la muerte y que a mí también me lleva a hacer sentadillas y pasear por la playa como si fuese una militar en combate. Me preguntaré si debo escribir para estas personas, que son mi vecindad, o el mejor favor que les puedo hacer es escribir como lo hago y que ellas intenten comprender otras palabras. Fuera de la costumbre. Yo miro con persistencia para intentar comprender y comprenderlos, comprenderme, y no me tengo ninguna piedad.

Me preguntaré si lo más honesto en mi caso es la soberbia o la resiliencia. Si la soberbia es un acto de generosidad y triple mortal, y si la resiliencia se parece a bajar los brazos.

O quizá cada cosa tiene su momento: no es incompatible jugar al mus, hacer pilates, ver *Grand Prix*, leer un libro.

–¿Se llamará?

–¡Clemencia! Se llama Clemencia esta mujer.

El año que viene mi vecino saldrá de debajo de su sombrilla y me dará el alto. Y temblaré esperando su veredicto. Será un veredicto indocumentado –seguro que este hombre no ha leído *La broma infinita* ni la poesía de Quasimodo– que me herirá por su juicio y también por el mío, al calificar su veredicto de indocumentado con esa soberbia, ese instinto de protección o ese diagnóstico de la realidad al que no podemos renunciar por muchas mayorías silenciosas, buena gente y amantes de Julio Iglesias que haya por el mundo. O amantes de Bizarrap. Me da lo mismo.

Quizá soy como mi abuelo. Ojalá fuéramos muchos.

–¡Alto ahí!

La Guardia Civil soy yo y solo yo tengo autoridad para dar el alto, pero me pararé estremecida.

Luego, escribiré mis novelas un año tras otro entre el olor de los pimientos asados, las niñas que cantan a voz en grito las canciones de Aitana Ocaña, los exabruptos de la COPE, los aullidos cuando aparece una cucaracha en el patio, los comentarios sobre la salud entre las vecinas, el ruido de las televisiones de una tribu que se va quedando día a día más sorda y necesita subir el volumen.

Cuánto me gustaría compartir palabras con estas personas. Encontrar las palabras para estas personas que están y no están fuera de mí. Las llevo muy dentro. El convencimiento de que yo tengo la culpa convive con la sensación de que existen ecosistemas que pudren a sus caballitos de mar. Ni yo soy una adolescente contra el mundo ni el mundo está perfectamente acabado como un copo de nieve. Perfecto y blanco. En la antípoda absoluta de la torre de marfil me abstraigo y escribo porque soy una trabajadora. Escribo: «Con la descripción del artefacto es suficiente». Escribo: «Lea despacio». Creo que las voces y los olores se quedan fuera y escribo sobre otros asuntos más sofisticados. Logaritmos neperianos de la escritura. Esferas celestes. Abstracciones y palabras cruzadas. Movimientos del alfil en el juego del ajedrez. No puedo estar más confundida. Porque la realidad existe y esta playa y todo lo que me rodea se me quedan dentro, dentro, barrenan los límites, las cosas en mí y yo en las cosas dejando mi acelerada estela que corta el lebeche, y también escribo: «En agosto, cada mañana, entre las nueve y media y las diez y media, camino por la orilla del mar a paso ligero. Recorro diez, once, doce playas, deprisa, metiendo el estómago, apretando los glúteos, erguida, con la disciplina de las sargentas de la Guardia Civil o de las escritoras de novela —las bardas son otra cosa—. Pim, pam, pim, pam. Cuando vuelvo a Madrid, los veraneantes me echan de menos y preguntan por mí».

EL ÚLTIMO POETA ROMÁNTICO

—«Premonición de cieno, florestas calcinadas las conciencias y un atisbo de ardor en el estómago. Fuiste hipócrita y hablaste en los palacios con saliva potable para monstruos y te hiciste más fuerte e izaste tus palabras triunfadoras sobre los cuchitriles de los débiles y alzaste al sol las alas para asirlo cuando su luz estaba más perfecta...»

Fernando Royuela lee mirando a cámara, queriéndosela comer, y José Ovejero corta su recitación acelerada, intensa, dramatúrgica...

—No, no, no... Esto estaba muy bien, era muy interesante, pero...

En 2017, José Ovejero y Edurne Portela rodaron un documental, titulado *Vida y ficción*, para responder a la pregunta de por qué seguimos escribiendo en estos tiempos en los que parece que la literatura, al menos la literatura tal como la hemos conocido, ya no importa nada. Parece que ya ni siquiera la realidad importa. José y Edurne no veranean en la misma playa que yo, pero a veces compartimos preocupaciones en diferido. Estamos inalámbricamente conectados desde puntos lejanos y rústicos de la península ibérica: las emanaciones intelectuales y sentimentales de una aldea en la sierra de Gredos alcanzan una cala protegida por el perfil montañoso de un dragón, con cuerno de rinoceronte, que duerme entremetido en el mar. La voz en *off*, la voz de José, dice en el documental:

—¿Por qué seguimos escribiendo?

Para responder a la pregunta se llevaron a cabo entrevistas a escritores y escritoras de distintas generaciones y registros, que persisten en el alocado e inquietante, tal vez inevitable, acto de escribir. Hay quien tendría que atarse la mano a la espalda para no pulsar la tecla, para no agarrar el lápiz. Hay quien tendría que cerrar los ojos fuertemente para no mirar la realidad de esa forma específica que te lleva a escribirla luego. A veces la realidad se impone con sus rifirrafes bélicos, sus asesinatos y sus amores fou, y se cuenta lo que no pasa desapercibido; otras veces, contar o no exactamente contar, escribir, balbucear, aprender un lenguaje para indagar en el mundo o indagar en el mundo para aprender un lenguaje, son los presupuestos desde los que se miran las cosas. Esa idea no se solapa con el vivir para contarlo de García Márquez, aunque se le parezca mucho. Cantaría Silvio Rodríguez: «Que no es lo mismo, pero es igual».

–«... izaste tus palabras triunfadoras sobre los cuchitriles de los débiles.»

Fernando Royuela recita rodeado de luz y de muñecas cabezonas; Luisgé Martín hace pereza en la cama con Axier, que dibuja; Antonio Orejudo se planta en medio de un ventoso desierto de Tabernas y la camiseta se le pega a las tetillas; Manuel Vilas se define como escritor español y Ana Merino juega con construcciones infantiles; Sergio del Molino, siempre cauto, asegura que «no cree en las generaciones, pero existe confluencia de miradas»; Méndez Guédez es un escritor exiliado que pasea por el Retiro; Rafael Reig, marxista, ejerce de librero en Cercedilla y nos llama la atención sobre las relaciones de poder en el amor y la literatura; Cristina Fernández Cubas aparece con un terrorífico retrato al fondo y recuerda, con clase, a una *nanny* narradora; Sara Mesa acaricia a su perrita diabética –preciosa Alice– y conversa sobre el cuento con Hipólito G. Navarro; Rosa Montero reflexiona sobre la muerte en el corazón del bosque; Aixa de la Cruz, desde Bilbao, declara que, si fuera aún más joven, se vería como creadora de videojuegos; Juan Gabriel Vásquez juega al billar y enchola la bola en la tronera; Andrés Neuman explica que *yo* es lo mismo que *nosotros*; yo hablo del cuerpo y de mi cuerpo entre las bellas imágenes de postal del salón de mi casa mientras Edurne enfoca las máculas mutantes de mi piel...

En la Universidad para Mayores de la Complutense de Madrid, intenté enseñar actualísima literatura usando *Vida y ficción*. A mis estudiantes les gustaba mucho. También les gustó descubrir nombres desconocidos. Yo recibí otro baño de humildad. Tengo ya los dedos arrugados, como esas personas que pasan demasiado tiempo en el agua. Tengo dedos de vieja por los años que me deforman las articulaciones y por la cantidad de baños de humildad que he recibido. Estoy bautizada y soy anfibia.

—A ver, ¿qué escritores españoles actuales conocéis?
—Pérez-Reverte.
—¿A quién más?
—Almudena Grandes.
—Esa es escritora.
—Ya.
—¿Alguien más?
—Pérez-Reverte.
—Seño, ese es repe.
—¡El de *Patria*!
—Qué bonita *Patria*.

Trabajo para complementar mis ingresos como escritora. Trabajo porque nunca he dado clases a personas de entre cincuenta y noventa años, y la curiosidad nos mató al gato y a mí. Trabajo porque, si me pasara el día entero escribiendo en mi casa, me volvería loca, o tal vez esa supuesta enajenación camufla el hecho de que, a veces, resulta difícil mantenerse con el oficio de escribir. Quiero creer que las tareas paralelas sirven para enriquecer la escritura y, a la vez, pagan las facturas de la luz.

Mi editorial me ofrece contratos ventajosos, de modo que estas reflexiones nacen, en mi caso, de la inercia; sin embargo, el hecho de que sean una inercia, casi un tic, no significa que sean falsas. Declara el actor Antonio de la Torre: «Aunque me vaya muy bien, hay un pobre en mí».

En la Universidad para Mayores, Pilar, Concha, Vicente, Fernando, Juanjo, Daniel, Eulogio, Ana, Laura, Carmen y todos sus homónimos y homónimas empezaron mirándome con desconfianza. Allí me encontré con mujeres maduras en paro que no querían perder el tiempo ni la cabeza; con mujeres casi analfabetas que se ponían a estudiar ilusionadas y estrenaban sus estuches hinchados de bolígrafos y lápices; con jubilados que habían sido ingenieros y ahora aspiraban a perfeccionar sus conocimientos artísticos y a exhibir públicamente su cinefilia y sus mitomanías...

–Märta Torén tenía los ojos más bonitos del cine y protagonizó *Sirocco* con Humphrey Bogart.

Había gente que vivía en carísimos chalés de la periferia madrileña y otras gentes que habitaban humildísimas viviendas de protección oficial en barrios con infraestructuras precarias. Gente con la vida ya muy hecha, manías, prejuicios solidificados en los que lentamente abríamos grietas. La grieta duele y deslumbra. Poco a poco, el vínculo que íbamos estableciendo se parecía a la dependencia. Su cariño era exigente y sus exigencias cariñosas. Yo me desvivía por estar a la altura. Tanta intensidad no podía durar demasiado.

–¿Alguien más?

–¡Puah! Muchísimos más.

–Y muchísimas. Que lo que no se nombra no existe, seño.

Muchas de mis alumnas –de mis alumnos, también– leen *Clavícula* y se produce una paradoja: se sumergen en la historia de una mujer que relata su metamorfosis hacia otro estado de su cuerpo. Yo soy más joven que las mujeres de mi clase. Ellas ya han superado ese estado. Algunas me miran alarmadas, con conmiseración. No entienden por qué cuento eso ni que ese cambio natural se considere un motivo literario.

–Roth escribe sobre su cáncer de próstata.

–Pero no es lo mismo, seño...

–¿No?

Algunas alumnas se miran con concentración las manchas de las manos. La textura plástica de las manos. Resbaladiza. Otras se retrotraen a un momento que no desean revivir. Saben de lo que hablo.

En la Universidad para Mayores utilizo referencias y ejemplos demasiado actuales para quienes me escuchan. En la Escuela de Escritores, con alumnas más jóvenes, sucede lo contrario:

–El tono de esta novela recuerda al regusto agridulce de *El apartamento* de Billy Wilder.

(«El regusto agridulce» ejemplifica el registro lingüístico de mis clases: redicha, teatral, pronuncio cuidadosa pero aceleradamente, enfatizo con mi cuerpo, con las manos. El verbo florido y la expresividad kinésica hipnotizan. La cobra sale del cestillo y se contonea. Casi nunca pica.)

–¿Habéis visto la película?, ¿os acordáis de Jack Lemmon?, ¿de Shirley MacLaine?

A mi lado, Clau, cabeza rubia de pelo corto y revuelto, ojos azules, sonrisa casi crónica –ya he señalado que las prosopografías, especialmente las de los personajes femeninos, para mí son importantes–, dice que no con la cabeza.

–¿No habéis visto *El apartamento*?

Pregunto con enfática lentitud e indignada incredulidad. Enfática e indignada son dos adjetivos funcionales. Su labor no es ornamental.

Clau tiene dieciocho años. Sabe muchísimas cosas, pero quiere aprenderlo todo. Quiere hacer la revolución sin sangre.

–No se puede, Clau.

–Que sí, Marta, que sí se puede.

«Sí, se puede», dice y piensa la incruenta Clau. No corre por sus venas ni una gota de escepticismo ni sus glóbulos rojos conocen las miserias del amor romántico, aunque se enamora con fuerza y sin sometimiento, de un modo que a mí me costaría entender y desde luego no podría practicar. No tiene un pelo de tonta. Cree porque quiere creer y es fuerte. Esta cargada con un montón de energía que no convendría desaprovechar. Deseo que no se apague o, peor, que se enturbie a lo largo del camino.

Clau no ha visto *El apartamento*, pero la ve y le gusta tanto que ahonda en la filmografía de Billy Wilder. Me estremece el poder de mi palabra. También me hace cosquillas. Es un honor que una mujer inteligente de dieciocho años me escuche con atención. Cuando acaba el curso, Clau me regala un ejemplar de *Celia muerde la manzana* de María Luz Melcón. Un regalo precioso y difícil de encontrar. Años más tarde, también en la Escuela de Escritores, me tropiezo con Marián, que es sobrina

280

de Melcón y no tenía ni idea de que su tía hubiese escrito novelas. Se produce en el aula un instante parapsicológico. Una carga estática yergue los pelillos de nuestros antebrazos y cierra el círculo de la clase corpórea y de la virtual. Porque, desde después de la pandemia, damos la clase en dos dimensiones distintas –presencia, ausencia; carne, fantasma– y, a nuestras habilidades docentes, sumamos las del manejo de la cámara de Francis Ford Coppola.

–Marta, no se te ve bien.

–Espera, pongo el zoom.

Entro en las habitaciones de mis alumnas vitorianas o de escritores residentes en la ciudad de Bogotá.

En realidad, cuando Marián descubre esa faceta oculta de la identidad de su tía María Luz, nos damos cuenta de cuál ha sido la relación de muchas mujeres con la escritura: el secreto y la desaparición. Cambiamos el enfoque parapsicológico por la sociología.

Al acabar el curso, Clau no quiere que perdamos el contacto.

–En la Movida, mi madre y tú os lo habríais pasado genial.

Qué maja, Clau. Me acuerdo de mí misma en el Rock-Ola viendo el mítico concierto de Gabinete Caligari. Me acuerdo de mí misma cantando a voz en cuello «Yo soy quien espía los juegos de los niños» en el Edurne, un bareto de los patios de Aurrerá. Mi grupo preferido era Ilegales. Quizá esta preferencia funcionaba como medida compensatoria para refrenar una congénita cursilería. Mi cursilería amordazada. Así nos formamos. Practicándonos una especie de ortodoncia cultural: corrigiendo la posición de nuestros dientes y poniéndonos aparatos estiradores en las piernas para alcanzar el tarro de mermelada. Así sucedía antes, al menos. Nos conocíamos bien. Me encantaban los Ilegales. Porque Jorge Ilegal no era como esos malotes que, aquí y ahora, me dan un retortijón y dos náuseas.

Seguro que a Clau también se los darían. Dos náuseas. Un retortijón.

Clau me cuenta intimidades en las cartas que me envía por correo electrónico. Firma preciosamente con un toque, personal y antiguo, que me conmueve: «Tu Clau». Son cartas que podrían haber llegado metidas dentro de un sobre.

«Tu Clau.»

Que Clau se sienta un poco mía, que experimente un vínculo, me induce a pensar que lo que hago merece la pena. Confío en la educación y en el doble sentido de los aprendizajes. Podría gritarlo. Solo algunas veces.

En las aulas de la Escuela de Escritores, a través de Zoom, Paula me avisa de que se va a ir de clase antes de tiempo porque tiene entradas para un concierto de Rigoberta Bandini. De repente, el cuadradito en el que aparece su cara se queda a oscuras. Paula se ha ido a cantar «¿Por qué dan tanto miedo nuestras teeeeeetas?». Me hace muchísima gracia que Paula me dé explicaciones. Me parece muy bien. Le pongo un diez en mi cuadernito blanco.

Estas mujeres jóvenes me escuchan y me entienden. Lo veo en la alegría o la sorpresa de sus ojos. No les doy demasiadas explicaciones para justificar la naturaleza literaria de *Clavícula*. Ellas buscan gustarme sin darme la razón todo el rato. Claudia, Paula, Inés, Nicole, Marta, Laura, Lola, Lorena, Isolda, Raquel, Natalia, Irene, Montse, Nerea, todas, también me gustan a mí y procuro ponerme en su lugar. Siento miedo. Su atención y su confianza me anclan a la vida y me hacen pensar, a ratos, que mi escritura importa.

«Tu Clau.»

Las miro con felicidad y me preocupa lo que les quede por sufrir. A cada una su dosis. Me gustaría que no tuvieran que sufrir nada de nada. Que siempre conservasen esa actitud fuerte y curiosa. Así fuera. Amén.

—Pérez-Reverte.

—¿Algún otro nombre?

—Isabel San Sebastián.

–Dulce Chacón.

–Gracias al cielo.

Llevé a Fernando Royuela a una de las sesiones de la Universidad para Mayores. Mientras él explicaba su forma de entender la literatura, me percaté de que a sus amigos no nos hablaba con la misma naturalidad. En el aula, José Ovejero no habría interrumpido su recitación del poema:

–No, no, no... Esto estaba muy bien, era muy interesante, pero...

Sospecho que José se equivocó al parar la lectura. Porque aquellos versos no eran muy interesantes, sino lo más interesante. Lo más. En aquellos versos, Fernando se escribió un autorretrato.

Aquella tarde miré en serio a Fernando. En lugar de concentrarme en sus ojos o en su boca articuladora de sílabas, fijé mi mirada en un punto por encima de su hombro izquierdo. Esa lateralidad insólita caracteriza la concentración de quienes escribimos. Desde ese lugar, un hombre cansado rejuveneció delante de mí. Desde que Fernando pasó por mi clase, las cosas cambiaron.

–A ver, ¿a qué escritores españoles actuales conocéis?

–El mejor es Fernando Royuela.

Mi amigo se quedó allí. En el aula. Salió de los fotogramas de *Vida y ficción* para hacerse omnipresente.

–«... y te hiciste más fuerte e izaste tus palabras triunfadoras sobre los cuchitriles de los débiles y alzaste al sol las alas para asirlo cuando su luz estaba más perfecta...»

–Increíble.

–Una pasada.

–Pero él no es así...

–¿No?

–No me lo pareció cuando vino a hablar con nosotros.

–¿No?

Fernando llegó a dar su charla vestido con traje. Vendría del trabajo y estaría cansado. O quizá ni vino con traje ni estaría cansado, pero yo lo imagino así porque las primeras veces que vemos a alguien preparan nuestra retina y nos inducen a reproducir lo recordado, el espejismo, para siempre. Aquel día con los mayores, él expresó ideas y sentimientos verdaderos e inquietantes. Sobre todo para mí.

Luego, invité a Carlos Pardo y, como ya dije, los hexámetros dactílicos fueron demasiado dactílicos para mi alumnado. No les salían las cuentas de tónicas y átonas, cortas y largas. Fue otra tarde maravillosa porque todas las tardes en aquel lugar lo eran mientras ojos con presbicia me escrutaban, me exprimían, me exigían atención.

–¿A qué escritores españoles de hoy mismo conocéis?

–Si te pintaras las uñas de rojo, serías una mujer perfecta, Marta.

Tomo nota del comentario. En este contexto puedo llegar a ser una mujer muy seductora. He de andarme con tiento para que la erótica de la tarima no nuble mi inteligencia.

A veces, como soy pequeña, alguien se arroga el derecho, incluso la obligación, de darme lecciones que yo no siempre recibo dócilmente:

–¿Tú no tienes hijos?

–No.

–Pues tener hijos es lo más bonito del mundo.

–Quizá, pero yo no quise tenerlos.

–Tú te lo has perdido.

–Puede que tú te hayas perdido otras cosas, querida.

En la época de los docentes sumisos, soy una profesora contestona.

–¿A qué escritores de hoy mismo conocéis?

–Pérez-Reverte.

–Pero el mejor es Fernando Royuela.

Vida y ficción comienza con la entrevista al que, para mí, es el último poeta romántico, Fernando Royuela.

–«Premonición del cieno, florestas calcinadas las conciencias...»

284

–No, no, no... Esto estaba muy bien, pero...

La primera vez que vi a Fernando fue en una de las presentaciones de *Páginas amarillas*. Él había escrito un relato sobre una sirena atrapada en la red de unos pescadores que, mezclando erotismo y gula, se la comen. La sirena es a la vez carne y pescado, mujer y alimento. Me pareció el mejor relato del libro. Me divertí, hablaba de comida –un tema que nos une mucho: sus personajes zampan empanadas de gato y los míos chupan mandarinas agusanadas–, y su escritura bárbara se asentaba en una musicalidad y una dicción familiares para esa niña que había crecido amando viciosamente las palabras. Los adjetivos y sustantivos más que los verbos. Todo hay que decirlo.

–Libélula, clámide, lésbico, perdulario, farándula, tafanario...

–¿Tafanario?

–Nalgas carnosas y redondeadas. Parte posterior, asentadora, del cuerpo humano.

–O sea, culo.

–¿No me toques el tafanario?

–Dicho así suena raro. Hay palabras que solo hacen amistad con otras palabras en particular. Se *cuentan* cuentos, chistes, historias. No se *dicen* cuentos ni chistes ni historias. Tampoco se *hablan* los chistes, pero sí los idiomas.

–*Do you speak English?*

–Pues la verdad es que no lo sé.

Nos comportamos como las palabras. Siempre ha habido algo que unía la palabra Fernando y la palabra Marta. También siempre ha habido algo que, más allá de las palabras, dentro de los salones domésticos o de los restaurantes, nos separa. Una inhibición que intento entender mientras escribo estas líneas y utilizo las frases para ver mejor la realidad.

En 1998 yo no me acercaba a Fernando Royuela en las presentaciones de *Páginas amarillas*, porque era un señor con traje. E, igual que el día de la charla en la Universidad para

Mayores, me cuesta mucho dejar de verlo así. El emperador, en este caso, no va desnudo. No iría desnudo, aunque pusiera en ello todo su empeño. Hábitos y monjes. En aquellas presentaciones, tampoco me acercaba a Eduardo Becerra, catedrático de Literatura Hispanoamericana en la Universidad Autónoma y amigo queridísimo: su enorme estatura y el gorrito con el que cubría su cabeza sin pelo me producían desconfianza. Un gánster, un matón, un chuleras, un jugador de rugby retirado. Un malote de esos que me dan retortijones. Ni siquiera la dulzura y la mesura de María, su mujer, atenuaban la crueldad de mi juicio: María también es muy muy alta, y yo soy así de superficial. Cometemos injusticias por culpa de las primeras impresiones. Me gusta estar con María y Eduardo. Fernando era un hombre con traje oscuro que departía animadamente con Juan Manuel de Prada. En el hábito que hace al monje se incluyen las compañías y he de decir que De Prada y yo no nos llevamos bien en Iria Flavia.

–Eres una escritora bolchevique.

De Prada tenía un poquito de razón. Me ponen los poemas de Maiakovski y las pinturas de Varvara Stepánova y Liubov Popova, que murió de escarlatina demasiado joven.

También he de confesar que el escritor católico y yo nos hemos visto de poco a nada en los últimos treinta años. Y, si nos hemos visto, nos hemos dado educadamente el tafanario. De Prada y Royuela, en 1998, quizá 1999, tenían aspecto de señores residentes en estrictas capitales de provincias, jefes de negociado o amargados profesores de latín. No sé por qué escribe esto una persona que adora a los profesores de latín y a los señores residentes en estrictas capitales de provincias. Sobre todo adora a los amargados.

–«... hablaste en los palacios con saliva potable...»

A Fernando y a su colega parecía que los hubiese dibujado Mingote y, al pasar junto a ellos, yo creía escuchar conversaciones ingeniosas y vetustas como las que podrían haber mantenido los colaboradores de *La Codorniz*. Imaginé que utilizarían expresiones como «los anaqueles de las estanterías». Era joven, me gustaban los Ilegales, me hacía a mí misma la ortodoncia y el bondage cultural, y no, no me habría acercado a Fernando Royuela, que, para mí, era un hombre de otro tiempo en un sentido rancio de la palabra. Yo, joven y también un poco imbécil, no consideraba que el traje y la corbata de Fernando eran los de alguien que salía tarde de un trabajo innegablemente formal, absorbente, acaso bien remunerado. Quizá el escritor Royuela no tenía tiempo de cambiarse. Incluso si hubiese formulado ese pensamiento comprensivo, no me habría acercado porque, en la juventud, sospechas que hay mucha gente en el mundo para poder elegir y vives con estereotipos que te alejan de personas encantadoras. Qué le vamos a hacer. Por supuesto, cabe la posibilidad de que a Fernando le gustara vestir de traje y que no todas las personas que usan traje lo hagan a la fuerza o sean idiotas. Existen los dandis y, en mi amigo, algo queda de Wilde y de su forma de entender el arte político. En no pocas ocasiones los que usan traje ni siquiera son personas adineradas. De hecho, no suelen serlo. Son unos pringados. Los ricos suelen preferir el *look* astroso. Lo digo en inglés para que todo el mundo me entienda y porque hemos mentado a Wilde, que era irlandés, pero no importa. Los ricos suelen preferir el *look* astroso igual que los escritores de origen acomodado hacen pinitos con el realismo sucio.

Y les recuerdo: esto es una crónica, quizá una novela social, porque estoy hablando de trabajo.

No consigo recordar en qué situación –debió de ser mágica– se produjo el acercamiento que me hizo conocer a Fernando Royuela, un hombre que hoy me atrevo a catalogar como el último poeta romántico.

–«Premonición de cieno, florestas calcinadas las conciencias y un atisbo de ardor en el estómago...»

La Virgen.

Maravilla.

Etopeya de Fernando:

A Fernando Royuela le gustan las palabras tanto como a mí. Le gustan las palabras más que a mí, aunque a veces disimule. Quizá por pudor, por respeto, para entenderse mejor con la gente. Es un tímido y es un histrión, lo que podría haberle convertido en el alcohólico perfecto que no es. Podría haber sido un personaje más de *Luces de bohemia* si no hubiese aplicado la máxima de que la vida iba en serio y hubiese estudiado Derecho para ganarse la vida. Podría haber sido un personaje de *Luces de bohemia* si no hubiese amado. Un Latino de Híspalis. Fernando Royuela era un señor con traje y corbata, al que su pasión por la literatura le lleva a robar horas al sueño. A memorizar, con su memoria de abogado culto, versos, obras y autores de los que yo, doctorcita en Filología Hispánica, no he oído hablar jamás. Fernando escribe con un toque casticista. Es agrio y divertido. Su mirada mezcla la tristeza con el humorismo, el pop y el arte por el arte, el realismo descarnado con los zombis de la literatura fantástica, la posibilidad de la resurrección de un empleado de banca con estampas de juventud en un paisaje que es simultáneamente la superficie de Marte y la serranía de Cuenca. Fernando es un inventor, un metódico coleccionista –es aries, ignoro su ascendiente–, un sentimental al que imagino llorando ante la belleza de una página escrita con verdad y pulcritud, o con mentira y fárrago. Porque él no es fanático de una santa forma, sagrada y única, un ortodoxo, sino un escritor que busca el punto intermedio entre la fidelidad a sí mismo y la necesaria conexión con los lectores.

Puede que confíe en ellos. Ni idea.

Vive en ese conflicto y ha optado por colocar la literatura en un templo frente a la necesidad perentoria de ganarse el pan mejor que nadie.

–«Premonición del cieno, alzaste al sol las alas para asirlo...»

–Muy interesante, pero...

La voz de José Ovejero me dice que necesitamos un cambio de registro en la etopeya de Fernando, que es larga, porque quiero entenderlo y a veces lo veo bien, pero otras veces se difumina...

Mi amigo tiene algo del perro semihundido de Goya.

En ciertos momentos, me da por pensar maliciosamente que la pasión por la literatura de Fernando Royuela, que se revitaliza al evocar la *Sonata de otoño* y escuchar la crepitación de las hojas secas bajo las botas del marqués de Bradomín, católico y sentimental; que su reivindicación de la pureza y el entusiasmo en la literatura solo pueden practicarse si eres jefe del departamento jurídico de una compañía petrolífera. Entonces conoces tan perfectamente las triquiñuelas del capital, el expolio, la mentira, la depredación, conoces tan bien el ojo más negro de la bestia y el corazón de las tinieblas, el conradiano horror de Kurtz indemne por los siglos de los siglos, que reservas la literatura para lo que no está manchado. O, al menos, no luce tan sucio. Es preciso preservar un espacio de seguridad.

—«... hablaste en los palacios con saliva potable para monstruos...»

—¡Casa!

Dice el escritor niño que huye durante un rato de las garras de la bestia.

Fernando, borgeanamente, afirma:

—La realidad no existe.

Pero él sabe muy bien que esa afirmación es falaz. Y le salen la rabia y la sátira.

La realidad existe en forma de contrato ventajoso. También en el amable o desgarrador sonido de las letras incorporándose al mundo.

—No estoy de acuerdo, Fernando.

Él es consciente de que, aunque no sea un sacerdocio, la literatura tampoco es un *hobby*. Tal vez el hecho de que la escritura pueda ser un trabajo ensucie a sus ojos la palabra literaria.

Lo que no ignora es que el oficio de escribir pocas veces facilita una vida económicamente desahogada. Todo se enrarece cuando confluyen la idea de la literatura-templo y la literatura-mercado: mantener el concepto de la literatura como la hostia dentro del sagrario te lleva a caer, a desmoronarte desde muy arriba, con el ala requemada de Ícaro, te lleva a darte una hostia monumental cuando reparas en que el arte está tan sometido a los parámetros del capitalismo como la compañía petrolífera para la que aprendes inglés y defiendes razones con las que no siempre comulgas. Eso hace herida. No necesariamente callo o cicatriz. Una herida de la que la literatura no salva. Tampoco necesitamos que Taxi Driver regrese para limpiar las calles y salvar a Jodie Foster de la depravación. Royuela es el último poeta romántico y la literatura es su esproncediana Teresa mancillada por manitas y manazas y mercaderes sin escrúpulos.

—«Florestas calcinadas, cuando su luz estaba más perfecta...»
Pero...
No existe un recinto en el que sea posible congelar para siempre la luz.
No existe un recinto en el que podamos dar la versión más perfecta de nosotros mismos.
No existe un recinto en el que podamos salvarnos.
No existe un recinto en el que la realidad sea tan solo un reflejo. Ni las sombras de la caverna.
—La realidad no existe.
—El recinto, Fernando, es la realidad.
Mi grafomaniaco amigo, amante de muñecas japonesas y no-realidades paralelas, podría haber sido un sacerdote consagrado al evangelio de su arte. Pero la realidad y sus convenciones le dotaron de los atributos para ser verdaderamente un escritor: experimentar la falta, el esguince, el conflicto, la destrucción salvaje de los límites, la imposibilidad del orden, la asfixia que producen las comodidades y la clarividencia que nace de la exa-

geración. No hay que ser casi célibe, como Holmes, para erigirte en el mejor detective de tu tiempo.

(Paréntesis culto: descubro leyendo *Derivas* de Kate Zambreno que este último párrafo que a mí me parecía tan original e inteligente sobre las distracciones de la literatura como epicentro de la mismísima literatura ya ha sido escrito mil veces. Es imposible escapar. Mientras escribo, leo y, al leer, me pregunto qué estoy escribiendo si ya está escrito. Quizá la única esperanza es que no decimos lo mismo porque no usamos las mismas palabras y en *my sense of humour* –como las actrices españolas afincadas en Australia, he logrado olvidar la expresión en mi lengua–, ahí justo, hay un dolor, diferente al de Zambreno. Escribe Zambreno evocando a Rilke: «... las preocupaciones por el dinero, los olores. Todo lo que infecta su trascendencia». Se refiere, por supuesto, a la trascendencia de la literatura y utiliza el verbo «infectar». Leo esta frase de Zambreno mientras escribo este libro y me pongo enferma. Quizá sería mejor hacer exactamente lo contrario de lo que didácticamente preconizamos: para escribir con felicidad, sin la ansiedad de la influencia («¡Hey, Bloom!»), sería mejor no leer absolutamente nada. Un consejo que siguen artistas muy jóvenes. (Evas y Adanes. Envidiables.)

Las palabras de Kate Zambreno sobre Rilke también son realidad.

Fernando –con Borges, con Eco– dice que la realidad no existe. Como si Fernando Royuela tampoco existiera. Ataque de negación y pudor. Suicidio. Pero la realidad se le cuela en las palabras y vivifica las bellas imágenes.

–«Florestas calcinadas...»

Debería publicar una novela que guarda en el cajón. Le propuse un título que a él le pareció espantoso, pero que concentra dos de los atributos que compartimos: el alimento y la hipérbole. El título era *El apocalipsis de los pollos*.

Fernando Royuela presentó *Farándula* en el Círculo de Bellas Artes por las mismas razones que me llevaron a admirar su cuento en *Páginas amarillas*. El paso de los años, entre 1998 y 2016, había sumado a esas razones algunas más.

—«Florestas...»

Además de su presentación, la otra maravilla que sucedió con *Farándula* fue el escaparate que le prepararon en Tenerife mis amigas de la Librería de Mujeres: orquídeas, tonalidades moradas, fotogramas de *Eva al desnudo*, ejemplares del libro con portada de Jordi Labanda. Mis amigas, mis sores, esas mujeres a las que siempre agradezco y a las que cito siempre. Noto que les gustan de verdad mis libros. Me quieren. Se parten la cara por mí si es necesario.

Volvamos a las razones que me llevaron a elegir a Fernando como presentador farandulero. Son multitud: la admiración que siento por él, el hecho de que la novela hable de la precariedad de los oficios culturales a través del mundo del teatro, la intuición de que es de las pocas personas que entiende de verdad el sentido de mis enumeraciones y la raíz castiza de mis libros. La sátira. La empatía con Emilio Gutiérrez Caba cuando declara: «No creo que haya una docena de actores españoles con casa y yate».

Lo elegí muy egoístamente para presentar *Farándula*. Es verdad. Compartimos un sentido del humor en la palabra escrita que, sin embargo, no surge con facilidad cuando estamos juntos, aquí, al otro lado del espejo, en el salón de una casa donde Fernando nos ha preparado un excelente solomillo Wellington o unas verdinas con almejas que causan la admiración del escritor chileno Pablo Simonetti.

Fernando vivió una aventura con su Thermomix durante unas vacaciones en las que estuvo de rodríguez. Luisgé y yo quedamos con él, e insistió tanto en las maravillas que hacía su máquina que pensamos que su intimidad con el robot de cocina había llegado a un límite carnal. En la realidad del restaurante estábamos viviendo en uno de esos cuentos, implosivos y explosivos, estadounidenses, de Laura Fernández: una mujer se enamora de la voz de su electrodoméstico; la voz quería hacer publicidad y obtiene el amor de una consumidora. Podría ser también un cuento royueliano. Recordé el relato de la sirena que acaba cocida en mantequilla con la cola al punto y los senos tostaditos. Recordé su colección de muñecas japonesas. Me gustó tener un amigo friqui. Un amigo que algunas veces, sin que él se queje de nada, siento a punto de caer. Fernando discute como un kamikaze, pero sin enfado. El desacuerdo como una gota, otra gota, otra gota. Hasta el desbordamiento de la presa. Y casi siempre, en sus desmesuras, lleva razón.

–«Y un atisbo de ardor en el estómago...»

Él me presentó a Fernando Vicente, con quien hice un libro gracias a la intercesión de Juan Casamayor. También me presentó a Javier Pérez Andújar, y los tres, como señores con traje, nos comimos unas gambas y nos bebimos unos dobles de cerveza en la barra de Santa Bárbara, frente a la boca de metro de Alonso Martínez. Si alguien quiere conocer los misterios, las bizarrías, las excentricidades de Barcelona, debería caminarla con Javier Pérez Andújar. Lo mismo sucede en Madrid con Fernando Royuela. Su Madrid imaginario es más real que el de las aceras comidas por las terrazas de las franquicias y las ratas que, de noche, se dan un festín en la Plaza Mayor.

–La ficción es verdad, Fernando.

–¡Epifanía!

Compartimos una cartografía concreta e inesperada de nuestra ciudad: zonas del Retiro y los aledaños de Menéndez Pelayo, Bodegas Casas, las inmediaciones de la calle Gutenberg, donde vivían mis abuelos paternos, Andrés Torrejón y la Real Fábrica de Tapices. Cuando yo era una niña vieja y él un joven poeta romántico podríamos haber coincidido oliendo las rosas de la Rosaleda. Acaso emitiríamos un sincronizado suspiro. Luego a mí me mordería la mano un puto pato. Eso es y fue la realidad más allá de toda hipótesis floral y fantástica.

Advertencia: cortar el pelo no duele, pero los patos muerden.

Fernando pinta cuadros coloristas de rayas y puntos y formas geométricas con vértices y esquinas redondeados. Cuando cumplí cincuenta, me regaló una enorme bandera republicana pintada por él. Me encanta que mi amigo pinte siempre y cuando la pintura ni sustituya ni desplace a la creatividad literaria. Soy intolerante. Aunque quiero creer en su genio polifacético.

–Fernanduski, tus cuadros están llenos de alegría y de luz. Invocan. Corrigen. Abstraen. Desean.

Fernando sabe cosas que nadie imagina. Estrategias bélicas. Ciudades fantasma. Leyendas y mitos. Vericuetos contractuales. Zarajos de gato. Pasadizos con olor a pis. Capitales del mundo. Artistas punteros en el mercado del arte. Qué es un fondo buitre y la famosa epanadiplosis que se pasea por estas páginas en cuanto te descuidas. Fernando sabe cosas que nadie imagina. Y las que no sabe se las inventa.

Con él hemos paseado por un Rastro insólito.

Nos hemos bañado en su piscina comunitaria.

Fernando Royuela conoce el nombre del notario que guarda el exiguo testamento –de mí para ti y de ti para mí– que Chema y yo decidimos preparar por nuestra condición de matrimonio sin descendencia que se ha perdido lo más bonito de la vida. Hemos dejado nuestro piso –nuestro patrimonio– a sobrinos y primos casi más viejos que nosotros. Somos gente práctica.

Siempre que pasamos por la desviación del monasterio de Uclés, situada en la carretera que une Madrid con el punto de la costa murciana en el que mis padres disfrutan de su segunda humilde residencia, nos acordamos de Fernando, que, una vez, propuso pasar un fin de semana por allí. De eso hace quince, veinte años. Nunca hicimos ese viaje, que ya solo se dibuja en el territorio de nuestra imaginación. Ya nunca viajaremos a Uclés para no defraudar nuestras expectativas o porque creemos que ya estuvimos allí. Pero al buscar Uclés entre las lomas y los espejismos de la carretera siempre nos acordamos de Fernando.

A veces lo miro y veo a un hombre que sonríe y está a punto de romperse. Otras, veo a un hombre que sonríe sin más. Nunca sé qué anda pensando. Pero sus pensamientos me preocupan. Quizá mi preocupación sea muy estúpida.

–Eso está muy bien, es muy interesante, pero...

No veo a Fernando y, no obstante, lo veo muy bien. O viceversa.

El mercado editorial es tan salvaje como las compañías petrolíferas. Lleva de la misma forma sus cuentas de la vieja. Excluye, explota, aparta, renueva, justifica, emite su propio discurso filantrópico para ganar dinero. Siempre el conradiano horror de Kurtz en todo ámbito.

A Fernando le gustan los libros de Romain Gary, que se casó con Jean Seberg. La mujer de Fernando no le da la razón en todo, pero le apoya amorosamente. Con ahínco. Regina es positiva y propositiva. Tira hacia delante.

Fernando desconfía si le dices que sus escritos son buenos. Yo ya me he cansado de repetírselo. Por una parte, aventuro la hipótesis de que no quiere creerme para seguir sintiéndose románticamente insatisfecho, para que los elogios se agranden, para no atreverse; por otro lado, mis alabanzas se podrían interpretar como piedad peligrosa. Una piedad absurda, porque él es el escritor más dotado de nuestra generación y el fracaso ya no es posible: quedan los libros que escribió y pudimos leer, los libros guardados en un cajón que nadie ha leído y esos otros que nos dio a leer y sepultó sin hacer caso de nuestras alabanzas.

EL ASCENSOR SOCIAL

Llega un momento en el que te crees la falacia del ascensor social. Por los cargos de tus amigos y las dimensiones de sus hogares. Tus íntimos se dedican a la escritura, pero también hacen otras cosas y normalmente esas otras cosas les permiten acceder a residencias con piscina o áticos frente a un parque. Tú no has sido tan práctica y con tu trabajo tampoco has conseguido integrarte en esa aristocracia de la palabra escrita que llena canchas y estadios como estrellas de rock and roll –no soy Mariana Enríquez, no soy Elvira Sastre, no soy Irvine Welsh–, y solo con los beneficios de sus obras viaja en *business class* –traducirlo sería un insulto– y posee residencias, siempre inmodestas, en Madrid, Londres, París, Arequipa, Ciudad de México, Barcelona.

Y creo que, aunque nunca me lo ofrecerán, me daría vergüenza ganar el Premio Planeta.

El ascensor social constata la democracia y, a la vez, constata la desigualdad. La democracia consistiría en seguir conservando a tu amiga residente en el barrio de San Pol de Mar, Elvira, Elvirita, personaje protagónico de *La lección de anatomía* que, cuando descubre mi nombre en algún *ranking* de esos que nos tratan como velocistas o competitivos atletas de los géneros literarios, me escribe:

–Qué orgullosa estoy de ti. Lo has conseguido.

Entonces yo, que detesto los listados para curarme en salud y por otros motivos más ideológicos y profundos, querría ser la primera en todas las categorías tan solo por que mis antiguas compañeras de instituto, mi amiga Elvira, mi madre, mis primas, se sintieran orgullosas de mí. Cuando no aparezco en los puestos de honor, me resiento mucho. Por mí y por todas mis compañeras.

–¿Ves? Todo llega. Lo has conseguido.

Existe una distorsión entre lo que ve Elvira y lo que veo yo. Yo veo el no poder estar tranquila, apoltronada. Percibo la entrada en la madurez como un problema que limitará mi capacidad de concentración y movimiento; mis ganas de ir arriba y abajo, dar conferencias, reírme mucho, socializar. La edad como contrapunto de la fotogenia. Del buen talante y la mejor disposición.

Cuando me estrello contra la realidad y en los medios no se refleja lo que esperan de mí quienes me quieren, cuando me estrello contra la realidad y contra el mundo, hay quien me lo restriega por la cara como si no me importase. Ya no. Pero me importa. También hay quien permanece en silencio y yo lo agradezco; o tal vez preferiría que me dijesen algo. Cualquier cosa estaría mal. Mis seres queridos me confortan subrayando que la realidad, el mundo, están mal hechos. Impera la crueldad, la injusticia, los intereses malsanos. Sufrimos una clara devaluación del concepto de cultura.

–Hija, sufrimos una clara devaluación del concepto de cultura.

No me dicen lo mismo cuando el mundo me acepta. Cuando el mundo me acepta, se reconstruye automáticamente. Moviola: los cristales rotos vuelven a su sitio, de delante hacia atrás, lentamente, para configurar de nuevo una perfecta luna de cristal. Brindamos otra oportunidad al mundo. Quedan la esperanza y la luz de las excepciones.

Para los que no me quieren tanto, cuando la realidad y el mundo me acogen en su seno y sus clasificaciones, la aceptación me pone bajo sospecha.

Pero cuando los que me quieren me confortan diciéndome «sufrimos una clara devaluación del concepto de cultura», yo miro los nombres relucientes, los nombres que configuran el canon, y a menudo no tengo nada que reprocharles. Sus libros me parecen maravillosos. En ese momento, la ausencia quema y no cabe ya ningún consuelo.

Al día siguiente te levantas, te recompones y te vas a comer con tus amistades. Bebes agua del grifo si estás mala o Blanc de Blancs si te importa todo un carajo. Brindas.

No estoy tan segura de haber llegado a ninguna parte. El arroz se pasa en la perola. Experimento una competencia malsana con otras mujeres. Me avergüenzo, porque sé que ese toque insalubre vino a mí de un aire contaminado. Amo a otras mujeres. Quizá más de la cuenta. Me lo impongo porque sé que a menudo soy injusta. Las justifico. Peleo por ellas. Pero el orgullo de mi amiga Elvira me satisface de un modo tan delicioso que no puede ser sano. Cuando Elvira leyó nuestras andanzas etílicas y académicas en *La lección de anatomía* solo me pidió la sustitución de un adjetivo por otro: «mala» por «rebelde». Tenía razón. Y me dijo algo que me ayudó a entender que el texto, como materia autobiográfica, iba por buen camino. Elvira no recordaba la secuencia de los acontecimientos tal como yo la relataba; sin embargo, sí reconocía las emociones que yo describía, las que habíamos experimentado juntas en ciertos momentos álgidos de nuestros ritos de iniciación. Escribir y que Elvira siga siendo amiga mía prueba que no voy por mal camino.

–¿Nos vemos este mes?

–Venga, vale. Buscamos un día.

Al final no nos vemos casi nunca. Mis viajes. Sus obligaciones.

Transcripción de una conversación reciente por WhatsApp:

«Pon fecha y nos vemos».

«En septiembre no puedo. Estoy prácticamente fuera todo el mes...»

«Prácticamente todo el mes... ¿Y los días que te quedan?»

«San Millán de la Cogolla, Dénia, Carcaixent, Benicàssim, Barcelona, Premio Herralde, clubes de lectura, radio, clases...»

«¿Y cuando dices que estás fuera exactamente dónde estás?»

Más lejos. Más allá. En una escala planetaria o metafísica.

A veces solo quiero quedarme en casa y echarme una mantita de cuadros encima de la cabeza. Sentir el ronroneo de mi gata cerca del cuello o del estómago.

No es una excusa para no ver a Elvira. Mis viajes son la prueba de que vendo mis libros uno a uno. No puedo esperar a ver cómo crece la hierba frente a mí. Regar un poquito, echar una pizca de abono. No: yo escardo cada cebollino. Lo abono con bonitas palabras. Lo cultivo y lo cultivo. Mi movimiento es perpetuo. Me come el gusano del capitalismo. La actividad se convierte en adicción; el reposo se plantea como culpa. Cuando acaricio el pelo suavísimo de mi gata calicó, siempre debería estar haciendo otra cosa. Este espasmo productivo no nace únicamente de las sustancias de mi cuerpo, forjadas por la herencia genética, de clase, la educación: lo que está fuera de mi cuerpo –abrigo, comida, techo– también me obliga a estirar la musculatura hasta el límite para poder vivir del oficio que me gusta. De casi lo único que sé hacer.

En *El Correo* aparece una entrevista del actor Antonio de la Torre. Vuelvo a sus palabras, las repito, porque forman parte de mis rumiaciones: «Aunque me vaya muy bien, hay un pobre en mí». En la zona de comentarios solo hay uno: «Jaja, qué cínicos son». Escribí *Farándula* por personas como Antonio de la Torre. Me veo retratada en sus contradicciones. Jaja debería dar gracias por que algunos artistas de clase media se sigan sintiendo pobres y no se pasen el día nadando en el azul de sus piscinas. El olvido del origen te desliza hacia la categoría de los monstruos. Penélope Cruz, que Diosa te bendiga. Jaja es un necio, un resentido sin resentimiento productivo, que tampoco entendería toda la bondad de Marisa Paredes cuando, frente a la capilla ardiente de Concha Velasco, se indigna ante la presencia de una política de derechas:

–¿Cómo se atreve?

El arte es para todo el mundo. Sus sacerdotisas, sus artesanos, sus constructoras, sus artífices no tienen por qué ocultar ni sus orígenes ni sus filias y fobias políticas. Son tan humanos como el arte que practican. Por otro lado, resulta inevitable.

Yo siempre me sentiré pobre, aunque nunca lo haya sido. O lo haya sido muy relativamente. Lo que nunca me sentiré es rica. Una fibra de mí hace eco y resuena para recordarme la humildad de una expósita y de un pescadero represaliado al que se le resecaron los bronquios en el penal de Cuéllar. Si la fibra no fuera orgánicamente mía, yo elegiría sentirla como tal. Sin la culpa de ser una usurpadora. Hay elecciones que honran a los seres humanos.

Elvi y yo seguimos.

«¿Puente de octubre?»

«En esos días de octubre mi mami cumple noventa y tres años.»

«Qué maravilla, Elvi. Qué maravilla.»

«Dime cuáles son tus próximos viajes y a lo mejor podemos acompañarte a alguno.»

Carmen y Carlos se vinieron con Chema y conmigo a la inauguración de la feria del libro de León. Carmen –ya lo he contado– escribe biografías de reinas y se documenta minuciosamente. Aprendo con los libros de Carmen Gallardo. En León, Avelino Fierro y yo abrimos el evento literario de la temporada rodeados de las fuerzas vivas de la comunidad. Fue un viaje hacia el tiempo de los uniformes militares y las sotanas de oropel. Las condecoraciones y las bandas atravesadas sobre la vestimenta en el salón principal del ayuntamiento de León. En León están Natalia, Juan, Álvaro, Héctor, que cantaba «Suzette» con Los Flechazos, Eloísa Otero, que fue compañera en la Escuela de Letras y a quien, en algunos momentos, llegué a sentir como alguien muy parecido a mí y a la vez mi antípoda total. Rafael Sarabia me llevó a Toluca y paseé sus calles al lado de Juan Vico; en Toluca un hombre muy pequeño me invitó a bailar danzón en la calle. Tendría que haberle dicho que sí. En León, cecina. Todo lo que comemos en cada bolo. El vino con el que lo regamos. Las camas extrañas.

En León, en Madrid, en Gijón, he experimentado la alegría de encontrarme con Olvido García Valdés. Siempre me siento a gusto con ella. Mira con lentitud las cosas y no teme las pudriciones. La admiro. Sus poemas hablan por ella y me unen a ella.

escribir el miedo es escribir
despacio, con letra
pequeña y líneas separadas,
describir lo próximo, los humores,
la próxima inocencia
de lo vivo, las familiares
dependencias carnosas, la piel
sonrosada, sanguínea, las venas,
venillas, capilares

La capilaridad, el cuerpo, el miedo, la letra pequeña que masoquistamente se empequeñece aún más con el paso de los años. Como si quisiéramos incapacitarnos para leer nuestras propias palabras. Sentirnos al lado de lo ininteligible. De lo ajeno.

Olvido y yo compartimos orígenes pravianos. No la veo nunca. Pero cada vez que la encuentro es un sí. Ella se alegra y yo, más.

Mi corazón democrático evoca a ese amigo de Albacete que mira la luna, desde la piscifactoría en que trabaja, y me manda por WhatsApp un corazón rojo que late. Escribe: «Eres mi hermanita pequeña». Me importa una mierda que pueda parecer excesivamente protector. Me gusta lo que me escribe mi amigo mientras contempla la luna desde la piscifactoría. Entonces vuelvo al pasado y me miro con otros ojos. Todo lo miro con otros ojos. Rafa nos traía de Albacete tomates verdes en conserva. En ocasiones no entendí casi nada. O no quise. Para hacerme daño y para protegerme. Insisto en que estas emociones, aparentemente contradictorias, en los seres de carne y hueso se producen de manera simultánea. Esas contradicciones se transforman en autocrítica mientras estoy escribiendo un libro. Miedo y temblor. Una bolsa o acaso un agujero que succiona el oxígeno en la boca del estómago, quizá un poco más arriba, en un tramo del cuerpo que se relaciona con la respiración y los instrumentos musicales. Escribo desde una falta absoluta de comodidad y pulso cruelmente cada tecla de mi máquina. Después de tanta furia contra mí misma, ya no me arrepiento de nada. Nunca vuelvo a las líneas que escribí. Quizá, raramente, un día, en algún acto espectacular releo un parrafito. Me lo piden.

He sido muy valiente y muy cobarde. Racional hasta la náusea y profundamente inconsecuente. En la escritura y en la vida que transcurre sobre el curso del tiempo y del espacio.

Y, sobre todo, he sido demasiado amorosa. Aunque nunca sobre el amor cuando este ecosistema y esta forma de vida tienden a extinguirse, para mí el exceso de amor ha sido un defecto. Búsqueda e instinto de conservación. La inocencia y el colmillo retorcido. Todo amado. Y todo a la vez en todas partes. Como en la película.

ALL THAT JAZZ I: LAS ROSAS

Una productora audiovisual compró, hace ya tiempo, los derechos para convertir *Farándula* en una película o una serie de televisión. Calixto Bieito anteriormente había adquirido los mismos derechos para una adaptación teatral. Yo imaginaba una *Farándula* casi operística, fallera como el *Tirant lo Blanc*, que Bieito montó en el Teatro María Guerrero de Madrid. Aún conservo en la pituitaria el olor a paella que inundaba el patio de butacas y la osadía de darle el papel de Carmesina a Beth, medalla de plata en *Operación Triunfo*. Ese exceso y esa sensorialidad le convenían a *Farándula*, una novela que pretendió homenajear a actrices y actores españoles. María Asquerino, Gracita Morales, las familias Gutiérrez Caba, Merlo, Larrañaga, Guillén Cuervo, Petra Martínez y Juan Margallo, los Bardem y la Bardem, Banderas, Guillermo Toledo, la compañía Animalario... Esa gente me habita y yo pensaba en ellos y en *Eva al desnudo* de Joseph L. Mankiewicz cuando tecleaba, a ritmo de banda sonora, los capítulos de *Farándula*.

–Un, dos, tres y... ¡destaque!

–*All that jazz*...

El texto reivindica, sentimental y políticamente, un oficio imprescindible y, a la vez, inmerso en una precariedad colectiva que no desaparece ni debería blanquearse por el relumbrón de la minoría que triunfa. La llamada de Calixto me produce la misma felicidad que cuando era una niña y jugaba, corría, cantaba con todo mi corazón.

–¡Parapapapá!, ¡tacatá!

–*Money, money, money, money, money*... ¡Aaaaaaaaah!

Me recuerdo haciendo cada cosa con todo mi corazón –morritos fuera, cabeza apoyada en el hombro, costillas marcadas–, aunque quizá mis movimientos a ratos se refrenaran por una naturaleza preventiva. Por la conciencia precoz de que alguien siempre te anda observando sin cariño. Por el temor a caer.

–Pero ¿de verdad, Calixto? ¿De verdad?

Calixto me llama desde Berna o desde Locarno. Puede que desde Basilea. No me acuerdo bien.

–De verdad que sí.

Quedamos en Bilbao, valoramos la intensidad estética de una escenografía parca y Calixto me dice que quiere colgar mis poemas escritos con letras de alambre por el escenario. Ha leído mis poemas. Ha leído mis poemas. Ha leído mis poemas. Puede que mis poemas resuenen en la Ópera de Viena o en el Berliner Ensemble. Calixto es un creador de vocación internacional y a mí se me cae la baba.

–¿De verdad, Calixto?

–De verdad.

Sacaría a bailar a Calixto Bieito. Le pediría que me concediese todos los bailes.

Hablamos de actrices –mi tema preferido–. Núria Espert, Julieta Serrano, Marisa Paredes, Charo López podrían encarnar a la afásica Ana Urrutia. Nathalie Poza, Aitana Sánchez Gijón, Cayetana Guillén Cuervo, Emma Suárez podrían ser Valeria Falcón.

–Pero yo no soy de mandarle flores a nadie.

Esta declaración de principios ahora vuelve a mi cabeza cada vez que me acuerdo de lo que pudo haber sido y no fue.

–A nadie. O sí o no.

Usamos la fantasía para completar el elenco. Hablamos de una gira europea.

–Sin flores.

Calixto me llama desde Lausana o desde Locarno. Desde algún lugar del que no quiero acordarme. Tal vez Basilea. Me parapeto, porque temo desplomarme y romperme. Quizá tengamos que creer a los gurús del *mindfulness* –ya saben por qué lo digo en inglés– y mi autodefensa, decantada en energía negativa, paraliza los proyectos y neutraliza la buena suerte.

–Mira que, si al final no lo hacemos, me voy a poner muy triste...

–Lo vamos a hacer.

No creo en el *mindfulness*. Ni por un instante.

Calixto nos invita a ver su montaje de *Carmen* en el Teatro Real.

–¿De verdad?

Chema y yo nos ponemos un poco más elegantes que de costumbre. Nos encontramos en el lugar estético del ni fu ni fa, un lugar estético confortable, asequible, ecológico incluso. Reciclamos. Una pareja advenediza y desacostumbrada no tanto a la ópera como a los teatros de ópera pone el pie sobre su moqueta. No alcanzamos la elegancia de las señoras que se recogen el cremoso pelo rubio en una coleta baja puesta en valor con una pieza de joyería –veo clones de una aterciopelada María Dolores Pradera–, ni mostramos la desenvoltura de quien va a la ópera con un jersey, deshecho en sus propias pelotillas, y unas zapatillas de deporte. Chema y yo somos dos horteras de una respetuosa clase media. Miramos con admiración. No vamos de largo ni de traje, pero hemos planchado con rigor nuestras camisas blancas y nuestros pantalones oscuros. Pareceríamos dos camareros si no fuera porque yo me he puesto el collarcito de perlas que me regalaron cuando cumplí dieciocho años. El collarcito es justo lo que me faltaba para sentirme fuera de lugar.

Carmen nos fascina.

Casi lloramos con la misma euforia que me embarga cuando veo *All that jazz*. Elongada anatomía, elástica y eléctrica, de Ann Reinking. Todavía lloro por la pura belleza de las cosas. Luego ya pensaré en el dinero y los retruécanos escondidos en la pura belleza de las cosas y en el cálculo de la perspectiva áurea y en la localización del arbotante o el pilar gracias a los que el muro o la cúpula no se desplomarán.

Logro ver a Núria Espert en el papel de Ana Urrutia. Está plantada, como un ficus, en medio del escenario, paralizada en una silla de ruedas con la mudez y la aguda mirada de su ojo de serpiente. Ha sufrido un ictus. No se recupera. Calixto me dice:

—Yo no voy a enviar rosas a nadie.

Calixto atesora algo puro. Confío en él y en su deslumbramiento y en la persistencia que requieren estos montajes. Siento que me tiene aprecio y, sin embargo...

—¿De verdad, Calixto? ¿De verdad?

Nunca llego a creer que la belleza y la felicidad me iluminen de repente, como un foco, y quizá mis barruntos de negras tormentas malogren los embriones. Pero no. No creo que las personas en paro no encuentren trabajo por su actitud negativa. No creo que los individuos tristes, desconfiados, debamos responsabilizarnos de las fallas del sistema.

Un día llego a confesarle a Calixto que me habría gustado ser Thelma Ritter, la «sólida actriz secundaria del cine estadounidense», según Wikipedia, cuyas informaciones hoy se solapan con mis recuerdos y deseos infantiles. Me asusta este nuevo compuesto. Esta memoriosa farmacopea.

Cuando, gracias a Mireia Gabilondo, la adaptación está lista –¡anglicismo! No hay para tanto: perpetramos delitos lingüísticos más graves– y ya hay elegidos algunos actores, como Adolfo Fernández para interpretar a Lorenzo Lucas –o Lucas Lorenzo o un vate olvidado de esos que no sabemos si están vivos o murieron hace décadas–, todo se suspende. Adolfo Fernández me busca en la feria del libro de Madrid...

–Habíamos empezado con las lecturas en el Arriaga. No sabemos qué pasó...

–¿De verdad, Adolfo?

–De verdad. Nos quedamos muy sorprendidos.

–No habría flores.

Silencio.

Yo tampoco entiendo qué pudo suceder.

Acaso todo fuera culpa del ojo de serpiente de una primera actriz que no tenía flores ni ratones que comer. Acaso fueran mis negros barruntos. O la inconveniencia de un collarcito de perlas. Mi corazón de colibrí dejó de latir durante un instante.

–Gavilán, pío, pío. Gavilán, pao, pao.

En no pocas ocasiones he tenido la sensación de estar participando en algo, de algo, cuyo significado profundo nunca he llegado a comprender. No entiendo el alcance de la naturaleza de ciertas corrientes subterráneas y me muevo como un alga muerta que flota en la superficie del mar. Esa ingenuidad de alga muerta no consiste solo en un no querer enterarse de nada por si el conocimiento corrompe y te hace cómplice; esa ingenuidad, que ignora la dirección de las corrientes subterráneas impulsoras del cuerpo del ahogado y del alga arrancada de su mata, es la constatación de que estás fuera. No de que pretendas quedarte fuera, sino de que realmente lo estás. En otro sitio. Hay lugares a los que no te han dejado entrar. Careces de santo y seña.

–¿Santo y seña?

–Gavilán, pío, pío. Gavilán, pao, pao.

Calixto nunca me explicó nada y yo tampoco le pedí explicaciones por miedo a que mi herida se agrandase. Una explicación es lo último que yo hubiese podido soportar. Tanto si la explicación se basaba en un asunto intrascendente como si se hubiera basado en una persecución. La hipótesis tonta y azarosa podría haberme herido más que una razón de peso melodramático, odio y señalamiento.

Acaso llegó el hastío, la pérdida del entusiasmo, la relectura del texto en función de esa desgana.

Nada en el mundo me habría gustado más que hacer farándula de la *Farándula*.

Marcos Ordóñez, excelente escritor, excelente persona, después de leer la novela, siente curiosidad por la procedencia de mis conocimientos sobre el espectáculo teatral. A Marcos no le interesa mi conocimiento del teatro como género literario, textual; no le interesan mis lecturas de Shakespeare, Valle-Inclán o Lillian Hellman. Le interesa por qué sé lo que sé de la fragilidad de un oficio y de las personas que se dedican a él. Mi madre fue primera actriz en una compañía amateur. Yo le ayudaba a memorizar los papeles. Me daba miedo que mi madre se confundiera. Me encantaba aquel ambiente. Pero también lo pasaba mal. Clara Sanchis me quitó el temor a los olvidos sobre las tablas.

–Somos profesionales. Ya se nos ocurrirá alguna cosa.

Clara Sanchis se ha escapado de un cuadro del prerrafaelismo. Es una actriz versátil, una mujer inteligente. Me invita a sus estrenos. A todo lo que se inventa, porque las actrices se pasan la vida inventándose cosas. Nosotros la aplaudimos a rabiar y, a la salida, nos metemos en un bareto a beber cañas y cortar lonchas de jamón de una pieza más seca que la pata Perico. Desde la barra llamamos por teléfono a Pere Ponce para felicitarlo por su cumpleaños cuando él está haciendo de cura progre en una serie de televisión. Supongo que ni a Clara ni a Pere les gustaría ser recordados por un solo papel. Pero yo nunca he sabido nada de las tripas del teatro profesional. Solo soy una espectadora devota. Me he fijado mucho. La fascinación me llevó a fijarme y mi fijeza se detuvo y se quedó prendida a lo que el teatro tenía de farándula. Impregnaciones de la cultura popular. A mí el teatro no me fascinaba por Sartre. Me fascinaba porque Ana Belén interpretó, con un vestido verde, a una Adela estupenda en el montaje de *La casa de Bernarda Alba* de José Carlos Plaza. Ana Belén, con su excepcional talento dramático, era pura farándula. En el Teatro Español de Madrid también descubrí a Enriqueta Carballeira haciendo de Martirio. Había visto a Enriqueta Carballeira, dulce y determinada, en la televisión, pero la descubrí sobre el escenario del Teatro Español de Madrid. Más tarde, conocí a su hija, Arantxa Aguirre, cineasta, gracias a Germán Gullón.

—Yo no sé nada de este mundo, Marcos.

Él me dijo que estaba equivocada.

—Solo me fijo.

Me fijo siempre. Memorizo nombres, obras, lugares, genealogías. Como receptora tiendo a comprenderlo todo y a ponerme en el lugar de quien emite la frecuencia. Los papeles de mi madre se me quedaron muy dentro. El amor por la zarzuela de mi abuelo, sus fotos enmarcadas de Ana María Olaria, Luisa de Córdoba y *La gatita blanca* —yo la canto—. En las paredes del piso de la calle Gutenberg no se colgaba cualquier cosa: *La rendición de Breda*, el cuadro de las lanzas, y retratos de artistas de mérito. Durante una comida de domingo decidimos sacar a mi abuelo Ramón de un encantamiento. Le revelamos que el cuadro de Chaikovski, que adorna el comedor, no es realmente de Chaikovski.

—¡Coño! ¿Y a quién tengo yo colgado?

—A Pablo Iglesias, fundador del Partido Socialista Obrero Español.

—Ah, bueno. Pues entonces no lo descuelgo.

Mi abuelo creía en la conciliación de las izquierdas. En la unidad popular e incluso en el poder del arte para aliviar el rozamiento de izquierda y derecha: mi abuelo Ramón admiraba a Miguel Fleta, pese a su ideología falangista, aunque le gustaba especialmente el barítono Marcos Redondo, de quien tenía un cuadrito en sus altares. Redondo, que interpretó obras del maestro Sorozábal y del maestro Luna, también fue idolatrado por el padre, muy conservador, quizá el abuelo músico, de Marcos Ordóñez. Marcos y yo hemos hablado de todo lo que compartimos habitando lugares antagónicos. Madrid y Barcelona, mujeres y hombres, vencidas y vencedores. Compartimos farándula y experimentamos la empatía en la distancia corta. Recordamos las romanzas y las habaneras de una juventud que no fue exactamente nuestra: *Don Gil de Alcalá, La dogaresa, Las golondrinas, La corte de Faraón, El puñao de rosas, La Gran Vía, Luisa Fernanda, Don Manolito* y su foxtrot.

Mi abuelo Ramón visitaba al maestro Sorozábal. Qué fuerza me da el mundo del mecánico melómano, las garritas de astracán que mi abuela Juanita se ponía para ir bien guapa al teatro. Mi madre y mi abuela siempre contaban que vieron a la Jurado en el Teatro de la Zarzuela.

Admiración. Flores. La necesidad de las rosas en nuestras vidas.

Rosas, rosas, rosas. Quiero las rosas y los capiteles corintios y los sonetos con estrambote.

—No voy a enviar rosas a nadie. Pero a nadie.

Quiero también la transparencia irreal, el aparente hermetismo de lo escueto.

La teatralización de *Farándula* se detuvo y comencé a barruntar la hipótesis de una mano negra. Me empecé a preocupar por si había ofendido a quien yo jamás habría querido ofender. Afloró mi naturaleza abyecta. Sopesé interferencias y malentendidos. Qué dije. Qué hice. A quién. Pensé que quizá habría debido morderme la lengua, pero no recordaba haber escrito nada hiriente en el texto ni haber pronunciado una palabra más alta que otra. Quizá mi percepción de la violencia sea distinta cuando la emito que cuando la recibo y, desde luego, hay una distancia entre lo que yo creo decir y lo interpretado.

Rebobiné mis conversaciones con Calixto. No encontré ningún argumento para incriminarme. Quizá tampoco me habría debido tomar tan a pecho este revés. Pero me entró una tiritona.

Casi muto en animal descreído y escéptico. No lo soy. Confío tanto en las palabras.

Voy al cine y a la vuelta me preguntan:

—¿Qué tal la peli?

—No sé. Tengo que pensarlo. Las actrices están estupendas.

Siempre estupendas, siempre estupendos. En el Festival de Málaga me deslumbra la cultura, el ingenio y el poder camaleónico para pisar las alfombras rojas de Aura Garrido. Me conmueven sus transformaciones: la niña rubia con chándal, delgadita, que acabo de ver renace como pájaro tropical, pin-up destellante, una diosa, sobre la alfombra del festival. Corsés, maquillaje, joyas prestadas. La luz debía de estar dentro de ella, opacada por lo anodino del chándal. No es que el hábito haga al monje, es que la espectacularidad de la actriz se camufla para no ser revelada todo el rato. Semejante luminaria perdería su brillo si estuviese expuesta todo el día. Hay que dosificar el esplendor bajo el caparazón de la tortuga o el chambergo. Aura Garrido debería pagar un plus en su factura de la luz.

También deberían pagar un plus los hombres que, después de haber pasado la prueba de un escáner con contraste radioactivo, dicen cuando les preguntas cómo se encuentran:

—Estoy radiante.

Ese es mi padre, que, tras superar la prueba, no puede acercarse a criaturas menores de doce años, embarazadas, animales pequeños —perritos fifí, hámsteres, yo—. Cuando le duelen los testículos y le preguntas cómo está, él responde:

—Cojonudo.

Plus por luminosidad. Plus por contaminación lumínica. Plus porque necesito engancharme ilegalmente a esas luces cuando me miro por dentro y solo atisbo oscuridad, y me pregunto: «¿Dónde está mi colibrí?».

Mi padre acaba de sufrir un infarto.

—¿Cómo estás, papá?

—*Amazing.*

Mi padre habla en inglés para que todo el mundo le entienda.

Ahora los derechos de *Farándula* pertenecen a otro director. Vivo el silencio. Vuelvo a creer en la existencia de manos negras y mafias. Alguien ha hecho una mala interpretación, puede que el gremio actoral sea muy muy susceptible, o quizá yo no sé medir el filamento de veneno que se escapa de ciertas palabras bienintencionadas. Las mías.

—¿De verdad, Calixto?

Con Calixto vivo la gran desilusión. Oigo apagarse una a una las candilejas. El teatro se queda a oscuras. Admiro a Calixto Bieito y aún pienso que nuestras apariencias tranquilas ocultan excentricidades y demonios que se habrían entendido muy bien sobre un escenario. El exceso. La ambición. Los sentidos.

Fundido en negro.

—¡Parapapapá!, ¡tacatá!

—*Money, money, money, money, money...* ¡Aaaaaaaaah!

Me bamboleo como si mi cuerpo estuviese cubierto con un traje de tintineantes doradas monedas.

AVENTURA EN LA PAZ

En un valle profundo entre dos cuestas empinadas, la que baja y la que sube, en el hueco de la montaña rusa, en ese punto exacto de una carretera de circunvalación de La Paz, Bolivia, la capital administrativa más alta del mundo, a tres mil quinientos metros sobre el nivel del mar, en la meseta del altiplano andino, cuatro mujeres están atrapadas dentro de un coche sin gasolina a las once de la noche. En los asientos delanteros, Guara y la responsable de cultura de la embajada de España.

En los asientos traseros, Sara y yo. Cerramos las ventanillas y echamos los seguros porque las residentes en La Paz creen que nos violarán, nos robarán, nos matarán. Prepararán anticuchos braseados con nuestros corazoncitos de señoras semiacomodadas. Tres blanquitas y una más oscura. Las cuatro de un razonable buen ver.

Un agujero siempre es un agujero. Somos cuatro agujeros dentro de un agujero nocturno.

–Puede que nos ataquen los policías locales.

Guara no mira con buenos ojos al gobierno de su país y tiende a exagerar. Queremos creer que tiende a exagerar. Porque la necesidad es la necesidad y el resentimiento es el resentimiento, y algunas veces piensas que el que te roba lo hace con cierto derecho y cierta razón. Si te viola y te mata, no. Ahí no hay razones, sino pura bestialidad. Guara y la agregada cultural se han quedado sin batería en el móvil. Sara y yo nos los hemos dejado en el hotel. Nos agarramos con fuerza a nuestros bolsos.

–Ni se les ocurra salir.

Dice Guara. A Guara no le gusta Evo Morales y agiganta todos los peligros. El gobierno es responsable incluso de que ella haya olvidado repostar porque se ha enamorado de Sara y solo tiene ojos para los ojos claros de su amada, sus hoyuelos y su sonrisa de medio lado. Sara te observa lateralmente, tuerce un poquito la boca, hasta que la cara se le descompone en la expresión achinada de la risa. Se le esconden los ojos, pero, por debajo de los párpados, puedes percibir chispas y humedades. La risa también muestra unos dientes estupendos.

–¿Tú crees que tengo alguna posibilidad?

Me pregunta Guara enamorada por los pasillos de la feria del libro de La Paz. Acabamos de asistir a una intervención de Antonio Orejudo sobre Cervantes, y Sara y yo, desde la primera fila, hemos presenciado la metamorfosis de Orejudo, que ha comenzado en un tono de prudente profesor y, poco a poco, se ha ido haciendo grande detrás del púlpito, emitiendo palabras cada vez más gordas y ensanchando el pecho y abriendo los brazos como queriendo abarcar toda la sala de conferencias. Entonces nos hemos echado para atrás un poco sobrecogidas por el avasallamiento físico, pero muy impresionadas por la emoción y la profundidad del discurso. Después, en el pasillo, mientras el auditorio se arremolina alrededor del gran Antonio Orejudo, Guara enamorada me pregunta:

–¿Tú crees que tengo alguna posibilidad?

Y yo, que ya soy una mujer moderna, comprendo inmediatamente que no está interesada en Antonio y procuro no desilusionarla, pero tampoco puedo mentir. Le digo que Sara tiene pareja, que a mí me gusta mucho la pareja de Sara y me parece que a ella también, pero que no sé yo tanto de mi amiga como para vaticinar el fracaso sin paliativos de Guara, una bailarina paceña de cuerpo prieto y sinuoso. Sonrisón. Y, sin embargo, sin haber entrado nunca en las profundidades eróticas de Sara, sin poder asegurar si su relación es abierta o cerrada, bocarriba o bocabajo, con papeles o sin ellos, subrayadamente heterosexual o no, sin saber casi nada, estoy casi segura de que Guara no tiene ninguna posibilidad. Pero tampoco me atrevo a cerrarle la puerta. Con qué derecho. Con qué autoridad. Cuando Guara me formula su pregunta respecto a su hipotético éxito amoroso, reparo en que sé muchas cosas de Sara sin que ella me las diga y, a la vez, tengo el privilegio de saber otras que siento que me ha contado solo a mí. Ignoro si lo que siento es verdad, pero con Sara soy partícipe del misterio y de la carga estática de las palabras no dichas. A ratos me elige para la revelación y puedo decir que conmigo Sara Mesa sí es una narradora autobiográfica. Ella observa atentamente, calibra, calla con una timidez adusta que podría interpretarse como distancia. Se esconde como un animalito que teme que lo cacen o como una cazadora camuflada en su puesto. Las dos naturalezas se superponen en lo que veo e intento comprender. Ella con su ademán sugiere: «No tomes confianza antes de tiempo». En esa medida profiláctica hay sabiduría, pero también reparo. Sara es magnética. Es distante. Es cálida.

En el momento en el que comparto con Guara mis dudas sobre si debe o no debe sobrepasar la barrera de seguridad física de Sara, creo que la paceña se desmorona. Se le cruzan los cables y, entonces, se le va el santo al cielo con la gasolina.

Por eso, la mujer magnética, distante, cálida y yo estamos en el asiento de atrás de un coche parado en mitad de una autopista de circunvalación mientras ni la torpe enamorada, que quiere exiliarse del país e irse a vivir a Sevilla, ni la agregada cultural encuentran una solución para resolver nuestro problema. Nosotras somos su problema. Íbamos desde la feria del libro al hotel y, además, con cierta prisa, porque Sara tenía que madrugar. Habíamos pasado unos días increíbles en una ciudad que parece de otro mundo. Vista desde los cuatro mil metros de El Alto, La Paz evoca una superficie marciana. Una hondonada entre montañas de las que se descuelgan hilos de teleféricos que la recorren de un extremo a otro. Dentro de una cabina, Antonio Orejudo, Sara y yo vemos coches aparcados en azoteas. Nos preguntamos cómo pueden haber llegado allí:

–Lo han subido con una grúa.

–Lo han soltado desde una nave espacial.

–Lo han desmontado pieza a pieza en la calle y arriba lo han vuelto a montar.

La idea de las naves espaciales se relaciona con nuestra visión de los cholets, emblema del empoderamiento indígena, de exaltación de una estética, colorida y funcional, que nos ha dejado alucinadas en nuestro recorrido por la zona. Casi siempre me avergüenzo de las cosas que me interesan, pero en este viaje me interesan los cholets, los trabajos de las cholas y la exuberancia decorativa de las construcciones de Freddy Mamani. Los coches misteriosamente aterrizados en las abigarradas y grisáceas azoteas. En la cabina del teleférico también compartimos interesantísimos secretos escatológicos. Emite Antonio con voz de máquina expendedora:

–Para evitar el mal de altura hay que andar pasito, comer poquito y dormir solito.

Antonio lleva un mes dando vueltas por aquí y tiene pinta de experto explorador. No lleva en bandolera una cantimplora ni un salacot, pero no resulta difícil imaginarlo así. Su fisonomía es la de un alegre hipocondriaco. Un pájaro nervioso. Nos recomienda:

–Tenéis que beber mucha agua.

En la cabina del teleférico, yo, tan inmadura siempre e interesada en asuntos que me avergüenzan, pienso en la caca. En los coprolitos que obturan el intestino de las personas viejas. En los enemas y la retirada manual de las planetarias bolas de caca. No quiero llegar a ese extremo. Ser yo también una pájara que pone huevos demasiado duros.

Doy un buchito a mi botella de agua.

En 1997 o 1998 se celebró el primer congreso de Iria Flavia y allí coincidí por primera vez con Orejudo, que nos habló de un perro que se chupaba la polla o algo similar. Cuando leí *Ventajas de viajar en tren* lo entendí mejor. Casi todas las mujeres estaban enamoradas de Orejudo en Iria Flavia y quizá mi evocación de la mierda dentro del teleférico estuviese embadurnada de aquel recuerdo. Mientras intercambiamos consejos de supervivencia dentro de la cabina, me recorre la fuerza centrífuga de la velocidad que inusitadamente alcanzo al subir las cuestas de La Paz. No me atenazan los ahogos ni los tremendos infortunios físicos que padecí antes y durante la escritura de *Clavícula*. Por las calles de La Paz llego rauda a la casa rosa de María Galindo, que me hace una entrevista sobre *Daniela Astor y la caja negra*. Estamos dentro del cubículo de un estudio radiofónico –en La Paz vamos de cubículo en cubículo, somos pececillos sin agua– y ella desconfía de mí y analiza escépticamente la idiosincrasia violenta, para el cuerpo femenino, del fantaterror español. Supongo que no puede quitarme del cuerpo la coraza blanca y colonial. La empatía que podría existir por ser mujeres se reduce a un hilo finísimo que nos une con un latido muy débil, casi moribundo. Ella no me comprende y yo no encuentro las palabras para complacerla. Me encantaría complacerla, pero no las encuentro. Me encantaría estar a su lado, pero ella no me lo permite. Como si mi proximidad le robase algo. Vaticino cercanas catástrofes posfeministas y poscoloniales. Cierro los ojos. Voy a esconder la cabeza debajo de las sábanas dejando el culo fuera. Como las salvajes gatas de los pisos y los chalés periféricos.

En el asiento de atrás del coche, próximas y bajo la amenaza de tener que aproximarnos mucho más a causa del helor de los amaneceres, a Sara y a mí nos entra la risa floja mientras en los asientos de delante crece la tensión. Silencio.

–Ay, Dios mío.

Susurra la agregada cultural. El cielo de La Paz es de color marrón oscuro y por la izquierda nos sobrepasan coches a toda velocidad. El humo de los tubos de escape se huele y ensucia un poco más el cielo alto. Miedo dentro de miedo. Miedo basado en datos, pero también en infundios sobre los peligros de la capital administrativa más alta del planeta en el año 2018. Puede que 2017. No voy a comprobarlo en mi *curriculum* porque el relato de las vidas debe conservar esta aura de pequeña incertidumbre. Sara y yo dilucidaremos la fecha en otro momento sin necesidad de abrir los archivos telemáticos ni de preguntarle a Alexia ni a Siri ni a otras simpáticas custodias de la memoria digital.

El día anterior a que nos quedáramos sin gasolina en medio de una carretera, en la noche roja de La Paz, por culpa –culpa, sí– del atolondramiento romántico de Guara, Sara y yo discutimos a causa de internet. Ella aboga por su buen uso y yo me pongo loca afirmando que el medio es el mensaje y que el algoritmo todo lo convierte en publicidad y vigilancia. Cómo relataría el algoritmo ese instante estúpido de desavenencia. Me pregunto cómo lo habrá registrado con sus micrófonos ocultos.

Años más tarde, Sara se marcha de las redes y yo escribo un diario de confinamiento, *Parte de mí*, parodiando el fotogénico lenguaje de Instagram. Necesito salir al mundo: estoy en el trapecio, en la red, me balanceo sobre la hilatura wifi y derribo las paredes de cristal de mi casa mil veces visitada por los extraños. Pero aquella noche paceña Sara y yo discutimos y, más tarde, a la hora de irnos a la cama, ella me dice que por nada del mundo deberíamos discutir. Y me lo dice con una sinceridad y un sentimiento que se vienen conmigo hasta hoy, cuando, todavía, me mandan papeles a su nombre —sus liquidaciones, sus claves para entrar en plataformas de cobro— y la gente confunde los títulos de nuestros libros y hasta mi marido llega a casa contento porque ha visto en el escaparate de una librería un ejemplar de *Cicatriz*. Compartimos editorial, pero también cicatrices y clavículas, niñas, parques, violencias, Sara Mesa y Marta Sanz, las iniciales cruzadas, los nombres cortos, la profusión de aes. En algo somos completamente iguales y en algo completamente distintas, mi amiga Sara y yo.

Hoy Sara es mucho más reconocible que yo. No queda margen para confusiones. Sin embargo, Guara y acaso dos o tres señores rijosos me envidiarían mucho. Porque a mí Sara me sueña: «Estoy en Edimburgo y he soñado contigo. Dabas unas clases de matemáticas increíbles. A través de los números se entendía todo, el sentido del universo. Y cobrabas en efectivo, al final. Me parto yo sola. Un beso enorme». Sara, ahora que la confusión entre nuestros nombres resulta mucho más improbable, me escribe un wasap desde Edimburgo y se coloca a mi lado cuando siente que yo me he puesto muy triste y estoy a punto de desaparecer.

Ahora, mientras escribo, reconozco que tiendo a desdibujarme en la onomástica de otras escritoras y me acuerdo otra vez de Ana Santos: en la entradilla a la primera crítica de *El frío*

317

en *Babelia*, Ana figuraba como autora de mi novela. Una errata, un desliz, quizá premonitorio más allá de las similitudes entre los nombres. Así no hay quien se quede en el cuarto, cerrado y propio, de su vanidad. Se dan circunstancias incluso más humillantes: ya conté que los mensajeros confunden Sanz con Sánchez y esperan que les abra la puerta otra mujer, vocalmente mejor dotada; también una señora en un acto en Praga me pregunta si soy prima de Alejandro; algunos anfitriones no confunden mi nombre, pero sí los de mis libros, y me presentan como autora de la novela *Sonidos viejos*, versión pagana y musical de *Susana y los viejos*. Me da un poco de apuro corregir públicamente a mi maestro de ceremonias. Luego, fuera de escena, tampoco lo saco de su error y esa desidia se parece a una tímida venganza.

–Ay, Señor.

Aquel día del coche, embriagadas por la risa floja, entendemos el sentido de la provisionalidad y del azar, lo efímero de la existencia, de las celebridades, la futilidad de conseguir lo que se desea, de perderlo y recuperarlo. A mí me duelen ya los huesos y, aun así, no voy a parar de reír. El cielo de La Paz es marrón oscuro y Guara comienza a pedir disculpas desordenadamente.

–Mi mala cabeza...

Se queja. No recuerdo que la consolemos mucho. Ella y yo sabemos –Sara quizá sepa también– que no nos hemos quedado sin gasolina por su mala cabeza, sino por culpa –culpa, sí– de su locura de amor.

–¿Tú crees que tengo alguna posibilidad?

Recuerdo su vocecilla y, dentro de un coche en el que ya empiezan a empañarse los cristales de las ventanillas, me entran ganas de soltarle un guantazo. Quedarnos dentro del coche entraña mucho peligro. Me da miedo pasar frío o que alguien pegue la nariz a la ventanilla y escudriñe el interior. Me da miedo que una camioneta, conducida por un borracho, nos embista por detrás. La asfixia del soroche, que no he padecido por razones físicas, el mal de altura, se puede multiplicar por mil a causa del miedo o la histeria en el interior de un vehículo pequeño compartido por cuatro mujeres y sus cuatro úteros. Esos escenarios y la espera en sí, una espera infructuosa, me parecen mucho más temibles que echar a andar por el arcén. Lo digo sin claustrofobia pero con resolución. Lo digo risueña.

–Tenemos que salir.

Mis compañeras me miran.

–Somos cuatro mujeres.

Mis compañeras me miran.

–No nos puede ir tan mal.

Mis compañeras me miran.

–Somos cuatro mujeres.

«Somos cuatro mujeres», y mientras pronuncio esas palabras recuerdo episodios heroicos de chicas que dominan el arte del kung-fu y otros momentos más humildes de carreras veloces o patadones bien enfocados hacia el mismo centro genital de un varón embravecido. Certeros cabezazos en el estómago. Con una manada de dingos hambrientos, hombres a cuatro patas, no tendríamos muchas oportunidades, pero un hombre solo, con el deseo oscuro, no se atrevería a hacernos mal. Tenemos miedo y rabia dentro. Cuatro mandíbulas con dientes en perfecto estado. Disponemos incluso del arte de una retórica temible –ja, ja, ja–. Si alguien viene con pistola, no habrá nada que hacer. Me hierve la cabeza. Necesito echar a andar. No puedo quedarme quieta y, más allá del movimiento instintivo, no me parece una solución racional permanecer dentro de un coche hasta que se haga de día y nos encontremos en la misma situación a la luz de un sol que tiñe de color anaranjado y barroso las casas de la ciudad. Mi arrojo está formado por un toque de angostura, un tercio de lógica y dos de movimiento reflejo ante el terror. Todo con pausa. Aplomo. Una pizca de seguridad y sensatez. Esa es la máscara que se me pega al rostro casi siempre. Mi persona. Siempre que no me paralice la enfermedad.

–Salgamos.

Abrimos los seguros y salimos. Nos quedamos paradas al lado del coche. Esperamos, pero no sabemos a qué.

Unas noches atrás, Sara y yo visitamos los mercados de brujas del centro. Catedral. Escalinatas. Para llegar hasta allí tomamos un autobusito. Nos dirigimos a los últimos asientos. Y nos ponemos a mirar a la gente. Quizá mirásemos como escritoras, es decir, con la idea casi siempre difusa de transformar o transcribir esa experiencia, que, mientras es escrita, descubre otros niveles de profundidad. Hablamos, pero estamos mirando: la indumentaria de las indias y los hombres con traje. Miramos lo que sucede fuera, pero sobre todo la huella dactilar que se nos queda por dentro al registrar lo que sucede fuera. Qué me pasa a mí mientras el mundo está pasando. Aunque luego yo sea otra persona en una ficción. Una persona, por ejemplo, muy robusta, que en una circunstancia determinada de su vida sentirá lo mismo que yo creí sentir dentro de aquel autobús. Al meterme en la piel de otra persona, también yo me sentiré transformada. O quizá hable desde mi propia voz y todo el mundo pueda reconocerme, y en esa desnudez me sienta digna. Creo que en esas experiencias de la escritura no hay un camino ilegítimo. Contar desde detrás de la celosía o hacerlo con la ventana abierta. Saber que la celosía a veces es ventana, que las máscaras nos dibujan el cuerpo, y la ventana puede llegar a ser una celosía tan trabajada que nubla la visión. La pose del desnudo y la pose como revelación.

–Me bajo.

–Acá.

–En la esquina.

–Eeeh.

En el autobús, notamos que los pasajeros dan un grito, un grito no muy fuerte, para avisar de que quieren apearse del pequeño autobús. Nos entra miedo. Un poco de congoja. Porque tal vez no seamos capaces de gritar con el volumen preciso para ser oídas y nos pasemos de parada, o tal vez gritemos de forma estridente rompiendo la armonía y el protocolo de subidas y bajadas del autobús. Menos mal que vamos juntas. Y menos mal que, entre nuestros cuchicheos, un señor se percata de lo pánfilas que somos y avisa al conductor cuando llegamos a nuestro destino. La catedral.

–Bajan las señoritas.

Las señoritas andan por las calles del centro. Entonces le cuento a Sara *Clavícula*. El atrevimiento y la necesidad de escribir ese libro mágico. Junto a los puestos de hechizos del centro de La Paz, le cuento que me siento satisfecha y no tengo miedo a mi marido ni a mi madre ni a mi padre ni a mi ginecóloga. Me van a entender y me van a arropar. Sara me muestra sus reservas frente a la literatura autobiográfica y me descubre otras cosas que no pienso desvelar aquí. En aquel paseo creo que entendí a Sara Mesa y también su escritura. Juntas encontramos algunas de las claves del misterio de la palabra, de los afectos y de cómo se entrelazan. La dificultad. Con Sara no hablo por hablar. Aunque, después de algunas cañas, también nos hemos muerto de risa de pura excelente gilipollez.

Al regresar al hotel, Sara se dio cuenta de que había perdido la cartera. Le presté dinero y creo que Antonio Orejudo también. Parece que estas cosas son intrascendentes, pero no lo son. Estas cosas son muy importantes para la amistad. Ella nos devolvió con diligencia nuestros préstamos. Nadie se escaqueó de sus responsabilidades ni dio un paso en falso. No hubo dudas.

–Ay.

Ya al lado de un coche sin gasolina, bajo el cielo marrón de una autovía de La Paz, junto a los cuerpos vacilantes de cuatro mujeres –dos de estatura media, dos más pequeñas–, se detiene un taxi de la compañía de radiotaxis Sapito del Sur. Las residentes paceñas nos previenen. No nos dejan estar tranquilas.

Pero Guara, por amor y responsabilidad, se pone la armadura de caballero andante y toma las riendas de la situación. Le cuenta lo que nos pasa al conductor de Sapito del Sur. El señor nos mira. No sabemos si es un monstruo o un buen samaritano. Un anfibio, las dos cosas, príncipe y sapito. Qué nos puede pasar. Qué nos va a pedir este desconocido. Cómo saldremos de esta. Somos cuatro mujeres. Cuatro mandíbulas de dientes apretados. Conscientes de sus partes blandas, de su velocidad en la carrera, de sus nudillos duros. De su mortalidad. El señor de Sapito del Sur le pregunta a Guara si lleva una goma para pasar gasolina de un coche a otro. Guara no lleva. Le pregunta a Guara si lleva un bidón para acopiar la gasolina que compremos. Guara no lleva. Le pregunta a Guara si lleva la documentación necesaria para poder comprar gasolina en La Paz. Guara no lleva. El magnetismo y el amor que Guara siente por Sara le han destruido por completo las meninges o puede que la destrucción ya la estuviese acechando antes del amor. Queremos matar a Guara, pero sonreímos. Tampoco sonreímos demasiado. El señor de Sapito del Sur no dice nada. No nos viola. No nos golpea. Nos sube en su coche para que no nos quedemos solas en mitad de la autopista. Da aviso en la central y allí recogemos un bidón. Nos acerca a una gasolinera. Utiliza su documentación para adquirir la gasolina. Nos devuelve al coche. Utiliza su goma para echar la gasolina desde el bidón al sequísimo depósito de Guara enamorada. No nos cobra ni un peso. El señor de la compañía de radiotaxis Sapito del Sur siempre ocupará un lugar en nuestros corazones. Su Jekyll, su Hyde, sus buenos y sus malos pensamientos, si es que los tuvo. No nos importa. Nos quedaremos por siempre con la parquedad de su discurso y la eficacia de su acción.

Llevamos a la agregada cultural a su casa y estamos a punto de trepar por la valla para entrar al chalé porque el marido no abre la puerta. El pánico cubre al pánico o, quizá, ya no nos importa nada. Nos reímos. Estamos a punto de partirnos de risa. Es una risa inoportuna. Lo grotesco ha sobrepasado sus bordes para convertirse en otra cosa. Ladrones. Estará muerto. No podemos llamar a la policía en ningún caso. Sería el apocalipsis. Vamos, vamos a trepar por la valla. Después de haber sido capaces de salir del coche y del rescate de Sapito, nos sentimos omnipotentes. El marido de la agregada cultural se despierta a tiempo. Estaba dormido y no ocurre nada más. Evo Morales es culpable del sueño profundo de un hombre. Guara, silenciosa, nos lleva al hotel. Quizá está tan avergonzada que se le ha curado el amor.

Nos despedimos como si nada hubiera pasado. Pero han pasado un montón de cosas.

Si alguna vez Sara cuenta esta aventura, creo que lo hará en tercera persona. Pero tengo una certeza: no dejará de rendir homenaje al salvífico conductor de la compañía de radiotaxis Sapito del Sur.

Este capítulo con Sara, quizá sobre Sara, debería estar en blanco para respetar su discreción.

LA COFRADÍA HIPOFISARIA

Una tarde del mes de febrero de 2018 los doctores Bejarano, neurocirujano, y Villacampa, otorrinolaringólogo, metieron a Chema, mi marido, una cámara y un láser, quizá un bisturí eléctrico, cauterios, no sé yo cuántos artefactos y palabras le metieron por la nariz. La nariz de mi marido es pequeña y yo ignoraba que por una nariz pudieran caber tantísimos instrumentos metálicos. Las diosas me estaban castigando: después de haber escrito *Clavícula* para quejarme como una pija o como una mujer que reclama su derecho a decir «ay», para contar que mi cuerpo y mi mente y mis trabajos son uno y trino, y mi menopausia precoz y mi miedo a morirme y los alambiques de mi escritura no se pueden separar de la explotación capitalista; después de morirme escribiendo o de escribir muriéndome o de escribir para salvarme o salvarme para poder seguir con mi escritura; al final, resultó que la cabeza de mi marido era el recipiente de un tumor. Durante el proceso de mi revuelta hormonal y desecación interior –muerto el césped vaginal, agostadas las flores del vientre, rosas y amapolas, solidificado el rocío–, él a todas horas me preguntaba:

–¿Estás bien?, ¿cómo te encuentras?, ¿te duele hoy?

–Sí, mucho, me duele mucho.

Mientras mi dolor me hacía mala y demandante, y yo exigía atención llorando porque me iba a morir –cosa que sin duda ocurrirá–, a Chema le iba creciendo sobre la silla turca, agarradito a la carótida y a la hipófisis, un tumor, que en casa llamamos «calamar». Él, al mover la cabeza de un lado a otro, notaba una masa que se balanceaba graciosa y burbujeantemente dentro del cráneo. No le dolía. No nos habló de ese juego que se traía consigo mismo hasta tiempo después de haber sido operado.

–¿Me voy a morir?

–No le digo ni que sí ni que no. Piense que también se podría morir usted, dentro de cinco minutos, si al salir de esta consulta y pisar la calle le atropella un camión.

–Visto así...

–O un patinete.

Bejarano y Villacampa usaban sus instrumentos mientras mi madre, mi padre y yo aguardábamos en una sala de espera gélida. Los pacientes de otras operaciones iban saliendo. Chema no salía. Me acerqué dos veces al cubículo de información. Luego dejé de acercarme porque me daba vergüenza. Incluso mal fario. También podía ser que se hubiesen olvidado de nosotros. Una, dos, tres, cuatro, casi cinco horas. Poco a poco me iba quedando afónica. Un picahielos atacaba el nevado roquedal de mi garganta. Su aspereza. Chema, anestesiado, fresco como un trozo de fiambre en el frigorífico, con las narinas dila-

324

tadas, se reducía a dos agujeros por los que los doctores iban cauterizando un tumor con tres texturas –gelatinosa, sólida, porosa– que amenazaba con dejarle sin visión, provocarle una hemorragia o un derrame, desajustarle el funcionamiento normal del sistema endocrino que rige la glándula hipófisis.

–¿Por qué no te acercas a preguntar otra vez?

Mientras todo esto sucedía, paradójica y hermosamente, en el bar Aleatorio de Madrid, Carlos Salem y Escandar Algeet habían organizado una lectura ininterrumpida de *Clavícula*. Fue una casualidad que la fecha elegida para la lectura coincidiera con la operación de mi marido. Quizá fue también una suerte.

Clavícula se convirtió en una oración mientras los doctores limpiaban la hipófisis y la carótida de Chema, atajaban la llegada del calamar y su tinta emborronadora a las inmediaciones del sensibilísimo nervio óptico.

–«Voy a contar lo que me ha pasado y lo que no me ha pasado.»

–Dios te salve María...

–«La posibilidad de que no me haya pasado nada...»

–... llena eres de gracia.

–«... es la que más me estremece.»

Sol Salama lee las palabras de un libro y el doctor Bejarano escarba, rebaña, limpia. Yo voy enfermando de miedo y nerviosismo, se me cierra la garganta, al tiempo que a Chema van liberándolo de ese cefalópodo, invasivo y gordo, que podría haberle costado la vida. Él jugaba, *masturbatoriamente*, con su animal salvaje moviendo la cabeza de un lado a otro. *Blub, blub*. A solas.

Sol es sobrina de Moisés, a su vez íntimo del escritor Miguel Ángel Oeste, el hombre más modesto que he conocido nunca. Moisés y Miguel son nuestros referentes en Melilla y en Málaga, donde también nos acoge Cristina Consuegra. Hemos ido tejiendo una red sobre la península y otras pequeñas partes del mundo. Librerías, clubes de lectura, centros educativos, bibliotecas: en Budia, localidad alcarreña de doscientos cincuenta

325

habitantes, Carol me invita a hablar de mis libros. Dirigí la memoria fin de máster de Juan, compañero de Carol durante media vida. En Atienza, ambos organizan un encuentro sobre *Clavícula* en el que me someten a un interrogatorio grupal. Por turno me formulan treinta preguntas. Exigencia para mi cuerpecillo de hoja.

–¿Te ha gustado el libro?

–Para nada.

El desgaste corre en paralelo a la satisfacción.

Pero ahora, mientras operan a Chema, Sol, editora de Tránsito, lee:

–«Voy a contar lo que me ha pasado y lo que no me ha pasado.»

La operación transcurre sin que en la sala de espera tengamos la seguridad de que las cosas van bien. Lentamente se me cierra la garganta. Bajo la mano de mi madre, me sube la fiebre.

Luego, en reanimación, Chema, rodeado de agujas y de cables, parece despierto, pero solo lo está hasta cierto punto.

–Todo ha salido muy bien. Muy bien. Quédate tranquilo.

Tranquilizo a Chema en un territorio hostil, a baja temperatura. Voy enfermando mientras él tiene una visión: estamos en una carrera ciclista y corro a su lado como los repartidores del avituallamiento. Le animo:

–Todo ha salido muy bien. Ya está, ya está.

Él no sabe montar en bicicleta, pero quizá sus nuevas habilidades se relacionen con el deslizamiento de las ruedas de la camilla en la que ha entrado al quirófano.

Clavícula entra y sale de la vida como una puntada de hilo. Es una sensación de duermevela y un conjuro. Algo que entrevés y no sabes si ha ocurrido en realidad.

Chema, en la sala de reanimación, se recupera ganando una carrera ciclista, inconsciente de los cables y agujas que lo mantienen inmóvil, pero logran que nada le duela. Pronto des-

326

pertará con un despertar acelerado. Sol Salama y Carlos Salem leen en Aleatorio:

—«La posibilidad de que no me haya pasado nada es la que más me estremece.»

Las cosas pasan y luego dejan de pasar. Algunas ni siquiera dejan una cicatriz demasiado dolorosa. Lo tremendo se contrae en anécdota. La anécdota desciende a la categoría de chascarrillo. Nos preguntamos si ese quitarle hierro a la experiencia nos indica que no aprendemos nada o sencillamente, para sobrevivir, no hay más remedio que apaciguar a los monstruos, recuerdos, calamares.

—Ya está, ya está.

La escritura de *Clavícula* había nacido de la urgencia por superar mi ansiedad. Escribí *Clavícula* para reírme de mí misma y no morirme. Aquella tarde de febrero, los labios de Sol, las maltratadas cuerdas vocales de Carlos Salem, su salmodia sincronizada con la habilidad de los doctores salvaron a Chema.

Los doctores fueron lo más importante. No soy tan mística. Ni tan estúpida.

Pero ahí quedan ciertas casualidades.

Mi oficio nos ha llevado a casi todos los rincones de este país. Chema está vivo y contento. Me lleva con nuestro utilitario naranja a todas partes. Alfons Cervera nos invita a comer bocatas de butifarra a un bar de su barrio atendido por una mujer china que se ríe de nuestro oficio.

—¿Escribir? ¿Trabajo? ¡Ja!

El diagnóstico de Chema empezó a forjarse gracias a una visita a Zaragoza. Estaríamos allí presentando algún libro en Cálamo, quizá *Clavícula,* con Paco y Ana. Después de esa presentación, nos fuimos a tomar algo con Jorge Sanz, que no es mi primo ni el cantante, sino profesor y escritor, mayúsculo en inteligencia y tamaño. Pilita, su mujer, es médica y, como Chema temía tener sinusitis, le recomendó que se hiciese una resonancia.

La sugerencia fue providencial. Todo fue providencial durante este episodio. La radióloga descubrió el tumor cefalópodo y Chema intentó superar su fobia a las agujas. Esa fobia le llevó a la consulta de Mariano Hernández Monsalve, amigo de nuestro amigo Juan Vilá, dos personajes que ya habían hecho acto de presencia en *Clavícula*. Otra puntada en la telilla de la aguja que va del anverso del texto al reverso de la realidad. O viceversa. Juan me había aconsejado recurrir a Mariano en mis horas más bajas, y Mariano, en mi libro, se convirtió en el psiquiatra de nombre imposible para un psiquiatra:

«(...) no podría depositar mi confianza en un psiquiatra que se llama Mariano».

Escribí como la aguerrida doncella que Ferrer Lerín dijo que fui. Una aguerrida doncella en franco proceso de descomposición. Las raíces del pelo mal teñidas. Los chorretones de tinte visibles en el cuero cabelludo. Me tapo la cabeza cuando me encuentro con Javier Maqua frente al Café Comercial. Pero, con alegría, digo:

–Por encima de mi cadáver me trataría a mí un Mariano. Hasta ahí podíamos llegar.

En *Clavícula* fui más escueta. El nombre Mariano es incompatible con mi concepto de la psiquiatría.

Lo cierto es que el verbo se hizo carne en un curso de verano de la UIMP en Santander. En el palacio de La Magdalena, después de haberlo nombrado en *Clavícula* sin haberlo visto jamás, un hombre risueño y de barba blanca se planta delante de mí:

–Yo soy Mariano.

Me morí de vergüenza. Un psiquiatra no puede llamarse Mariano, un albañil no puede llamarse Bosco, una ginecóloga no puede llamarse Concepción. Agradabilísimos chistes malos.

–Yo soy Mariano.

Y yo loca, ansiosa, desbaratada en las páginas de mi libro. Mariano, más joven que Guillermo Rendueles, también fue un pionero:

–Usted no necesita un psiquiatra: necesita un comité de empresa.

De eso habla *Clavícula* y es un misterio que el nombre de Mariano apareciese en mi libro antes de que yo supiera estas cosas ni nada de él. Las páginas lo imantaron y Mariano se metió dentro. Algo así debió de ocurrir. Cuando *Clavícula* se publicó, Leila Guerriero escribió: «Es lo más impío que leí hace mucho tiempo». Una bruja impía y supersticiosa, una bruja con magnetismo y poderes caligráficos sanadores, una que no cree en Dios pero sí en el poder de los salarios, esa fui yo.

–Yo soy Mariano.

Mariano me ayuda –dos gotas, tres gotas, cuatro, tres, dos gotas...–, como también ayudó a Chema a soportar los pinchazos, los contrastes de las resonancias, las agujas de los análisis de sangre y de los sueros que te enchufan en el hospital.

–Todo ha salido muy bien. Ya está, ya está.

Madrid. Fundación Jiménez Díaz. Días posteriores a la operación de Chema. Habitación de hospital. Yo tengo cuarenta de fiebre y estoy postrada en la cama de mi casa. Me cuida mi madre. A Chema lo cuida mi padre. Es patético. A los pocos días de la operación llamo por teléfono y pregunto con un hilo de voz que debería transcribir con letras minúsculas, cada vez más apagadas, porque ya sabemos que caligrafía y tipografía son fundamentales en la poesía china, en los caligramas y en la construcción de todo significado literario:

–Papáááááá, ¿ya le has lavado el pelo a Chema con el champú seco?

–Sí, hija, sí... Se le ha quedado como una pasta en la cabeza...

Chema está nervioso. Todo ha ido maravillosamente bien. Gracias a los doctores Bejarano y Villacampa. A la sincrónica lectura de *Clavícula*. Religiosa, cómica, irreverente.

–«Voy a contar lo que me ha pasado y lo que no me ha pasado.»

Clavícula atraviesa la delgada tela de nuestras vidas como una de esas agujas que Chema llevaba en el bolsillo del abrigo para jugar con ellas. Para acostumbrarse a ellas. Formaba parte del tratamiento de Mariano.

En La Vorágine de Santander, desde una vidriera llena de miradas, mis ojos te miran también desde detrás de las gafas. Mi cuerpo vivo se reduce a unos ojos de cristal que observan a través de las gafas. Me siento orgullosa de que en La Vorágine me hayan convertido en una metonimia, una representación, un elemento del decorado. En la UIMP, con Mariano, con Patricio, con Raúl, con la escritora Laura Ferrero, con Marisa y David –poeta papirofléxico y mecanográfico–, está Lola López Mondéjar, que poco después presenta *Clavícula* en el Hospital Universitario Reina Sofía de Murcia. El personal sanitario ha hecho un *crowdfunding* –lo escribo en inglés para que se me entienda perfectamente–. Quieren conversar sobre el texto y sobre la violencia de la relación médico-paciente. Sobre salud mental. El acto ha sido idea de un discípulo de Mariano, Félix L. Crespo. Lola López Mondéjar me psicoanaliza en público. Delante de cien psiquiatras y psicólogos. Delante de todo el mundo. Le saca las tripas a un libro que soy yo misma, porque mi texto es mi cuerpo y viceversa. Le saca las tripas a un libro que ya las llevaba fuera. O aparentemente fuera.

–«... es la que más me estremece.»

Sol Salama reza *Clavícula* en el Aleatorio mientras el caos de una enfermedad va encontrando su orden. Sol reza tan bien que a Chema no le quedan secuelas y podemos montarnos en nuestro coche naranja para recorrer la península presentando libros, yendo a institutos y bibliotecas, participando en clubes de lectura. En nuestros viajes descubrimos que existe una cofradía hipofisaria: en Jaén, presentando *pequeñas mujeres rojas*, conocemos a Pepa y a su marido, Manuel, profesor de la universidad a distancia, que ha pasado por la misma operación, pero ha de tomar pastillas para regularse; en Logroño, tras la presentación de la revista *Fábula*, coordinada por Evelyn, cenamos con

Goyo, cocinero y gourmet, que también ha pasado por algo similar y menciona ciertas secuelas relacionadas con la sexualidad y el crecimiento. Manos agrandadas. Un torso abultado con extremidades pequeñas. Desproporciones. Flacidez del pene. Son ráfagas porque, como lo que cuenta Goyo me da repelús, prefiero no prestarle mucha atención.

Chema está bien y yo me distraigo con la amabilidad de Miguel Ángel Muro, profesor de la Universidad de La Rioja, que me llevó a uno de mis primeros clubes de lectura en Albelda de Iregua. Las mujeres llegaron a las nueve de la noche. Trajeron bollos, bizcochos caseros, tortillas, vino, hogazas, termos de café. Sacamos las tripas a *Animales domésticos*. Allí descubrí que estas reuniones literarias constituían para estas mujeres trabajadoras, del campo o de la ciudad, un desahogo. Un refugio. La posibilidad de aprender y de compartir una lectura, construirla juntas, servía de contrapeso a las cargas de una vida doméstica a menudo demasiado exigente. Brutal. Comentamos *Animales domésticos* y yo recordé a la mujer de Getafe que inspiró ese libro y que tanto tenía que ver con las contertulias de Albelda: la mujer que dejó de leer porque su familia empezaba a parecerle un zoológico, una «absurda pandillita de animales domésticos». Los clubes de lectura, para algunas mujeres, son un cuidado paliativo, un optalidón para seguir tirando; para otras, la lectura es el golpe encima de la mesa. El «se acabó». Comienza una mutación y, con los cambios, aparece el riesgo de que te puedan matar porque ya no eres la misma y ya no aguantas, no puedes más y esgrimes el derecho a largarte.

–«La posibilidad de que no me haya pasado nada es la que más me estremece.»

La Asociación de Damnificados por el Síndrome del Aceite Tóxico de Colza me invita a su sede en Villa de Vallecas. Padecen dolores desde hace cincuenta años.

–Nos reunimos para hablar del dolor porque no queremos convertirnos en malas personas.

El dolor tiraniza a quien lo siente y también a quienes cuidan de la persona dañada. El dolor, las torturas infligidas contra las carnes, te hacen sentirte superior a los otros. Como si las pruebas por las que has pasado te hubiesen convertido en alguien hercúleo y especial, no en alguien debilitado por una carga. Necesitamos de la amabilidad ajena. Ese día aprendí mucho. Y lloré al salir de aquella humildísima sede de Villa de Vallecas.

Cuando escribí *Clavícula*, mi mayor temor era que las niñas con cáncer, los desahuciados por ELA, los distróficos, las amputadas, se sintiesen insultados por un sentido del humor que se pretendía cauterio. Mis aptitudes de Casandra erraron, porque personas que no sufrían me reprocharon mi desconsideración, mientras que las sufrientes me agradecieron dar voz a un dolor que, en la medida en que se experimenta –grande o pequeño, punzante, fantasmagórico, intermitente, letal–, debe ser dicho.

–Visibilizado.

Es la palabra que hoy define nuestra corrección política. Pero, después de escribir *Animales domésticos*, llegué a la conclusión de que yo no quería ser políticamente correcta, sino incorrectamente política.

–Ese dolor debe ser dicho.

Así lo declara una mujer con turbante que se mueve en silla de ruedas. El turbante ya no es la prenda exótica de películas en tecnicolor que se desarrollaban en Bagdad. María Montez. El turbante hoy simboliza otras cosas. Luego, esa mujer me da las gracias. A mí. Sin ironía ni reproche, me da las gracias.

–De nada.

Respondo llevándome la mano al corazón.

Clavícula me saca y me mete de la vida y del cuerpo y de la escritura. «Escribir es encarnizarse.» Duras regresa a mí incluso cuando ya he abandonado la pretensión de ser una intensa escritora francesa y me enfango, muy voluntariamente, en las volutas del misógino Torres Villarroel. *Clavícula* me cura. Pensar la literatura me cura. Escribir me cura. Cuando me pongo a escribir se me diluye la angustia. Casi se acaba. Se me deshacen los nudos que bajan desde la laringe y se desvían, por otros conductos, hacia la boca del estómago. Mi escritura siempre ha sido física y médica. Con *Clavícula* adquiere un doctorado en radiología. El conocimiento sobre los conductos y las maneras de nombrar las fibras corporales. La glándula, que, además, es una bella palabra esdrújula. Escribir me alivia, pero a la vez los nudos se tensan y se clavan porque me entra la duda sobre si lo que hago y lo que digo y lo que escribo ensaya o yerra. Descubre. No habito la franja de la pulcritud.

La elegancia de mierda. Mierda ordenadita. Mierda.

Detestaría ser elegante. Prefiero que el cincuenta por ciento de las mujeres de La Puebla de Almoradiel me insulte:

–Pija. Eso es lo que tú eres, una pija.

Habito el conflicto y, a veces, disfruto del privilegio de una empatía total en la posición extraña. En la luxación del músculo.

Si no escribo, me encuentro enferma. De mal talante. Apagadita. No reconozco mi voz, que no me sale del cuello y se parece a la de mis cuarenta de fiebre, somatizando la enfermedad de mi marido, robándole el primer plano o sintiéndome él, lo mismo que él, carne de su carne y glándula de su glándula. Son formas de verlo y quizá no sean incompatibles. Tengo cuarenta de fiebre y no puedo atender a mi marido convaleciente en su cama de hospital. Ha quedado al cuidado de mi padre. Mi madre me cuida a mí. Hay padres que cuidan de sus yernos. Incluso algunos amigos cuidan de sus esposas. Chema me cuida. Los hombres que yo amo son así.

–Papá, ¿le has lavado la cabeza con el champú seco?

Cuando publico *Clavícula*, prejuiciosamente vaticino que solo lo leerán mujeres muy tristes. Que solo ellas lo entenderán. Y es cierto que muchas mujeres tristes me acompañan, pero también lo hacen otras de vitalidad telúrica. Y hombres jóvenes que se identifican con una vulnerabilidad, mental y laboral, que proviene de nuestro capitalismo y de nuestra metálica conectividad.

–«La posibilidad de que no me haya pasado nada es la que más me estremece.»

Pero siempre pasa algo. Dentro del aburrimiento. También en la salud. Suceden cosas todo el rato.

Clavícula es un libro metaliterario que, como una aguja, atraviesa la telilla y deja por detrás la marca de una puntada imperfecta. En Valencia, en la librería Ramon Llull, la menopausia se convierte en el centro de casi todo y Alfons Cervera se enfada:

–Deberíamos recordar que esto es literatura. Lenguaje. Deberíamos hablar de su lenguaje.

Alfons tiene razón porque nuestro trabajo son las palabras y, por eso, este libro es literatura política. Es verdad que últimamente hablamos de los textos por la oportunidad o el oportunismo de sus temas, separando las cuestiones lingüísticas como a quien no le gusta la cebolla y la expurga del estofado. Es verdad que el fondo y la forma aquí son indisolubles.

–¡Epifanía!

Pero me llama la atención que un texto tan literario como *Clavícula* tenga el poder de sacar y meter las palabras en la realidad y la realidad en las palabras. Que Mariano se hiciera carne y que yo hablase con los miembros de la Asociación de Damnificados por el Síndrome del Aceite Tóxico de Colza y que Sol y Carlos leyeran el texto en Aleatorio mientras a Chema los doctores Villacampa y Bejarano lo salvaban de cualquier muerte y que, en un club de lectura en la isla de La Palma, dirigido por Patricia, una mujer levantase el dedo para decirme:

–Mis sofocos son exactamente así. Como tú los describes. La sensación de una catástrofe universal, todos los desastres concentrados en un punto, y, de repente, un pif ridículo, y todo se acaba...

Una microcombustión soluciona el apocalipsis. La depresión profunda se resuelve en chispa.

Luego llegó el incendio.

En la Casa del Libro de Barcelona, Marcos Ordóñez, cuyas palabras sobre *Farándula* me hicieron pensar que a veces sé de lo que hablo aunque escriba a tientas, sin escuadra y cartabón, sin consultar mis archivos, Marcos, con su gorra y sus gafas de pasta, da comienzo a la presentación de *Clavícula*. Canta:

–La Lirio, la Lirio tiene, tiene una pena la Lirio...

Qué cabrón. Qué maravilla.

Ahora Marcos se encuentra enfermo.

La materialización más insólita propiciada por *Clavícula* se produjo en la librería Publics de Dénia. Esther, la librera, había organizado una presentación matinal a la que yo pensé que no iría nadie. Pero mientras nos acercábamos a la librería empezamos a oír voces y cierto tumulto. Había mucha gente esperando. Di por buenos los kilómetros, el haber salvado una distancia. Allí también me esperaba aquel muchacho, en Dénia mucho más viejo, que motivó la escritura de *El frío*:

–Solo venía a ver si estabas bien.

Las palabras entran y salen de la realidad. La construyen.

Las palabras son redentoras, aunque muchas veces apuñalen, emborronen, conviertan la calma de lo real en un terreno resbaladizo. Caeremos por la grieta que se ha abierto en el hielo.

–Sí. Estoy muy bien. Gracias.

Aquel hombre vivía ahora en un barco. Mientras hablaba, estaba muy nervioso. Lo comprendí.

El frío y *Clavícula* son dos textos escritos con una intención quirúrgica. Me extirpé, con ellos, el monstruo del romanticismo y el monstruo de la ansiedad. Los monstruos que, sumados al riesgo de exclusión y pobreza, acechan a las mujeres en los tiempos del capitalismo. Intenté extirparme las fibras más dañinas: eso que estaba muy dentro de mí y de lo que nadie tiene la culpa. Al igual que a Chema, me quedan por pasar algunas revisiones.

En Madrid, de nuevo en Tipos Infames, la presentación de

Clavícula fue un acto de amor. Mis presentadoras fueron Edurne Portela y Elisa Sánchez-Casas, mi ginecóloga. Elisa me recetó la píldora a los quince y siguió conmigo hasta casi mis cincuenta años. Sabe cómo estoy escrita y qué tripas se me rompen. Pero ella es discreta, y yo le agradezco su discreción y su juramento hipocrático. Elisa una vez, con el ecógrafo intravaginal, detectó un óvulo, enorme y perfecto, que se desprendía de mi útero.

–Lo podríamos extraer.

Mi óvulo, enorme y perfecto, como transparente pompa de jabón, acabaría con su cáscara rota, ensangrentado, entre los residuos menstruales. Luego los residuos menstruales desaparecen y el metabolismo se transforma y tu cabeza cambia y yo decidí que esos asuntos merecían ser comprendidos en un texto literario. No en un manual de autoayuda. Mi madre piensa que quizá tener descendencia previene la hipocondría y sirve para superar el miedo a la muerte. No lo creo. Edurne estuvo maravillosa. Elisa no se quedó atrás. Nadie mejor que ella podría haber presentado ese rezo, manual de escritura, ridícula confesión, catálogo de inmensas desdichas cuya posible inexistencia, cuyo carácter imaginativo y neurótico, resulta más temible que su tangibilidad. Como cada vez que iba a su consulta, Elisa zanjó la cuestión de los temores.

–Querida Marta, la menopausia no es más que la constatación del hecho cierto de que envejecemos y nos vamos a morir.

Sentenció una ginecóloga. Una mujer. Una sacerdotisa.

–Gracias, Sita, gracias. Ahora me siento mucho mejor.

CUADERNO DE CALI

Llegada 7 de septiembre de 2018

Esner es un conductor de Uber que nos recoge en el aeropuerto de Cali. El Uber de Esner no brilla ni se ilumina como los cochecitos de feria. Esner nos espera con un programa de mano del festival Oiga, Mire, Lea. No sabe cómo nos llamamos y soy yo quien lo ve a él entre la multitud que aguarda la llegada de sus viajeros queridos. El aeropuerto está atestado. Esner se empeña en llevarme el equipaje y lo encaja en el maletero. Ofrece el asiento de delante a mi marido. Yo voy detrás. El aire acondicionado del coche casi nos mata, pero Chema se atreve a decirle que lo baje y Esner responde: «Qué pena». O sea, dice que se avergüenza de no haberse dado cuenta de que íbamos helados. Esner habla con mi marido, no conmigo, así que yo puedo escuchar la radio tranquilamente: cánticos y sermones, cristianismo. Esner nos enseña la ermita de Cali, sobre una loma por la que los caleños suben en peregrinación durante la Semana Santa. Cuando no es Semana Santa, suben para hacer deporte. Esner ríe: «Eso debería hacer yo», y apunta hacia su barriga. Aprovecho para preguntarle: «¿Y acá qué se come?». Lo piensa un poco y me nombra platillos que no puedo recordar. Añade: «Y buen sancocho de gallina». Luego confiesa: «Tengo cuarenta y siete años». Le echo una mirada porque, a primera vista, me había parecido mucho más viejo que yo, pero lo cierto es que probablemente tengo una opinión demasiado buena de mí misma.

Mientras sobrevivimos a una hora pico caleña, Esner y mi marido mantienen una conversación sobre fútbol. Al chófer, de toda la vida, le gusta el Real Madrid. Cuando ficharon a James le gustó todavía más. Ahora ya no le apasiona tanto, pero él y sus dos hijos hacen *bullying* –así lo dice Esner– a su hija pequeña, que es del Barça. Desde dentro de la cabina de su Uber –«Es ilegal», nos informa– nos señala un cementerio y un cuartel general de la policía. Nos habla del daño que hicieron las bombas, pero no aclara quién las puso. Solo sabemos que Esner siente simpatía por los policías y los militares muertos. Lo demás lo imaginamos.

A través de la ventanilla veo: niños que cruzan temerariamente; hombres desorientados semidesnudos de cintura para arriba; mujeres con bebitas, que no son nardos, apoyadas en la cadera. Piden limosna. Esner nos hace el recuento de las empresas que estuvieron en Cali y ya no están más: Fruco, Gillette, Palmolive, Colgate... «Los impuestos.» También destaca, con un orgullo incomprensible para nosotros, los centros comerciales y el Makro. El río Cauca y el río Cali. Ascendemos por un cerro con casas modernistas, boutiques caras, bares y restaurantes con muy buena pinta. «Esto es Granada.» Así se llama este barrio. Chema y yo nos alojamos en un hotel de cuatro estrellas. Los camareros responden a nuestros requerimientos: «Con mucho gusto, con mucho gusto». Aquí todo es posible. Ceno ceviche de camarón con mango y aguacate, Chema toma un mar y tierra de langosta y res. No es abundante pero está rico.

A Esner no le hemos dado propina. Quizá la buscaba. Se la habría merecido.

8 de septiembre (mañana)

Leemos en los carteles del colorista y selecto barrio de Granada que esta misma noche actúa Marc Anthony en el estadio. Hemos visto dos pajaritos amarillos que volaban juntos; un perro vagabundo y guapísimo que se sumaba a las reatas de los paseadores de perros con hogar. Las mascotas llevaban el rabo muy estirado. Un hombre, que vive en la calle, tiraba de una carretilla. Pasamos delante de la puerta de un hotel adornado con flores gigantes y hermosamente falsas. Hemos visto a dos señores –dos profesionales– que buscaban algo en una casa semiderruida. Buscaban con un detector. Usaban ordenadores.

Ayer otro hombre daba vueltas, enloquecido, pedaleando en su bicicleta alrededor de la verja del hotel. Chema y yo bebíamos cerveza en el bar y no entendíamos el significado de aquel hombre ni de sus movimientos. Al rato descubrimos que era un gorrilla cuyo trabajo consiste en distribuir los coches y los taxis en los huecos de la calle. Los cerros de Cali son empinados. Hoy, al volver de nuestro paseo matinal, he bebido el vaso de agua helada que por cortesía se ofrece en recepción. Después, he visto mi foto en el diario colombiano *El País*. También le he hecho a Chema una fotografía delante de una gran cafetería de Juan Valdés.

(Tarde)

Víctor no llega a la hora acordada para el almuerzo. En realidad, Víctor sí está, pero casa con dos puertas mala es de guardar, y nos desencontramos dentro del hotel. Por fin almorzamos juntos y él, que va a ser mi presentador esta tarde, nos comenta el tema de su propio libro: unos sacerdotes colombianos que fueron fusilados por las autoridades republicanas a causa de la nefasta gestión del embajador de Colombia en España durante la Guerra Civil. Está seguro de que su relato tendría más repercusión en España que en Colombia. Víctor quiere algo de mí. Me lo pide sin pedírmelo, pero me lo está pidiendo. Mido mis fuerzas y me siento agotada. Víctor ignora que yo no puedo hacer realidad su sueño, aunque él crea que sí y eso me convierta automáticamente en una perfecta hija de puta. El hijo de Víctor se llama José Tomás. Imaginemos por qué.

Por la tarde, vamos a la Biblioteca Departamental. Me impresiono mucho al ver mi fotografía, junto a la del resto de los participantes en el festival Oiga, Mire, Lea, cubriendo la fachada neoclásica de la biblioteca. Dentro, fotos de escritores y una explicación del festival en la que, por ejemplo, se menciona a Wendy Guerra y la cruel revolución de su país. Me siento un poco incómoda. Pienso en Pinochet, en Miami, en mi amigo Luisgé Martín discutiendo en la Casa de España, defendiendo su novela *Las manos cortadas* frente al exilio cubano que le afea haber escrito un libro contra Pinochet en lugar de hacerlo contra Castro. Sería el año 2009. Quizá. Luego me enfado porque no encuentro ni uno de mis libros en el punto de venta. Comienza a dolerme la cabeza.

Entramos en un auditorio rojo ultrarrefrigerado. James, de la organización, me localiza entre las butacas, me saca de aquella nevera, me lleva a un cuartito y me paga tres millones de pesos cambiados en dólares. Cuando vuelvo a mi asiento, al lado de Chema, le digo que no sé lo que me han pagado porque de verdad no lo sé. «Tres mil pesos, creo...» Chema me corrige: «Eso sería un euro». Confundo las comas con los puntos. La cantidad de ceros es intrascendente. Chema se ríe –menos mal– y me comenta que es muy curioso que me preocupe tanto por nuestra economía y luego no sepa si me han pagado tres millones o tres mil. Yo pienso que no tiene nada que ver, pero ahora que transcribo estas notas me culpo por ese no darle valor al dinero, que, en el fondo, implica una mezcla de señoritismo y puritanismo absolutamente impropio de alguien como yo. Mis orígenes no son aristocráticos.

Asistimos a una mesa redonda en torno al tema «Malos polvos: erotismo en la literatura». Una pareja nos pregunta si la ponente es Pilar Quintana. «No, Pilar Quintana está con apendicitis», respondo como una auténtica conocedora de la escritora caleña. Casi no la conozco. En la mesa se reflexiona sobre *Las mil y una noches*, la poesía provenzal, un artefacto poético anterior al haiku, mujeres, hombres, voz, patriarcado. La ponente afirma: «El sexo masculino es feo y el femenino, también. Si no les ponemos poesía, bellas palabras, metáforas, eso no se puede mostrar en un libro». El moderador discrepa respecto a la belleza de los órganos sexuales y las maneras de nombrarlos. Yo también. «Las palabras han de ser pertinentes.» Julio César tiene razón. El otro ponente es un hombre gris. *A cellophane man.*

Enseguida empieza mi conversación con Víctor. Todo fluye. Hay mucha gente. Interrumpen para aplaudir frases que lanzo sobre el amor, la fraternidad y la sororidad, el ácido hialurónico, el sexo, la menopausia... Mi discurso político o mis ideas sobre las redes resultan más hostiles o indescifrables.

Vuelvo a pensar que no hay libros en el punto de venta. Me da rabia. Al final, no es verdad que mantenga con el dinero una relación tan desidiosa. Avanzo. Me hago fotos con los asistentes. Una chica me cuenta que tiene veinte años y se ha esterilizado. Su familia la rechaza. No puedo decirle a esa muchacha que no está loca, pero tampoco puedo darle mi bendición, yo qué sé, no la conozco y me pesa esta carga de responsabilidad: cómo las personas buscan la aquiescencia de alguien que no es nadie y que soy yo.

Como en casi todas partes –en España, en Túnez, en Alemania–, palpita el machismo en Colombia. Una mujer me habla de sus tres divorcios, de su vaciado uterino, de lo mujer o no mujer que te sientes con la menstruación o sin ella, de cómo su tercer marido la abandonó por otra justo después de haber sido operada. «Extirpada», me aclara ella. «Gran hijo de puta», digo yo, y luego soy tan cobarde que me pregunto: «¿Y si el tipo es una bellísima persona?». No creo. Acciones son acciones. La palabra «versión» se cruza por mi cabeza y vuelvo a perder toda mi seguridad. Me fustigo por fustigarme. Esta gente no me debería contar estas cosas. Soy un receptor de señales al borde del cortocircuito. Esta gente no debería confiar en mí. Intercambio mi correo electrónico con la ponente de la mesa anterior: la mujer a la que los sexos masculino y femenino, penes, pollas, vaginas, escrotos escritos, vulvas bivalvas le parecían horrorosos. En su ponencia la mujer ha hecho un chiste. Ha pronunciado claramente «Vergas Llosa». El moderador, su marido, se ha reído mostrando una perfectísima dentadura. Dios bendito. Volvemos al hotel. Cenamos con Leila Guerriero. Salmón con puré de papas. En el taxi de vuelta a nuestro hotel, el Movich, hemos visto locales de salsa donde caleñas y caleños bailan vertiginosamente. En la cena, al aire libre, los mosquitos me acribillan los tobillos, las pantorrillas, los pies. Estamos en mitad de la selva –bueno...– y ya no me parece tan exótico el árbol magnífico, totémico, exuberante, que se contempla a través de nuestra ventana. Siento mucha vergüenza por desconocer el nombre de los árboles.

9 de septiembre (mañana)

Chema se levanta con vértigos. Estoy preocupada, pero igual lo dejo para irme al barrio de San Antonio con el fotógrafo Jorge Idárraga, su esposa Andrea y su hijo Jacobo. En San Antonio, Jorge me hace fotos contra fachadas de colores, puertas y ventanas. Fotos tomando un tinto en un café vegano. Jorge me hace fotos buscando mi risa y que me quede desprotegida ante la luz. Sin achinar los ojos. Mientras él me fotografía, yo también lo fotografío a él y a su familia (Andrea está llena de colores) por las calles de este barrio gentrificado. Locales cerrados en casas hermosas, limpias, bien cuidadas, de una o dos plantas. Estoy en la Malasaña de Cali. Es mi destino. Al regresar, tomo una cerveza con Chema en la terraza del hotel. Pasa Leila con dos panes de molde. La amo. Tengo buenas razones. Y me da la gana. He sido portada de «Gaceta» de *El País*. Dónde están los libros. Mis libros. Oportunidades perdidas. También pienso que este lugar no sería un mal lugar para vivir si fuera rica y poderosa. Me corrijo: en todas partes ocurre lo mismo. Me corrijo: eso no es verdad. Pienso: en ciertos lugares del mundo ser pobra es más llevadero. La pobreza es más jodida en unos lugares que en otros. Me preocupa darme cuenta de cuántas veces me retracto de mis pensamientos buenos. Hay un pilotito, una llamada de atención que me lleva a volver sobre lo obvio. Hay un pilotito sobre el que no mando yo. Estoy poseída. Ahora me acuerdo de los hipnotizados hombres de la calle con el torso desnudo. También me acuerdo de que la habitación de mi hotel tiene un precioso entarimado de anchas tablas de madera oscura. Y, sin pilotos ni prevenciones, sin un falso concepto de la justicia intelectual, vuelvo a reafirmarme: si eres rica, este sería un buen lugar para vivir. Pajarillos, vegetación, salsa, buenos bares. Una temperatura ideal.

(Tarde)

Precisamente almorzamos con *la crème de la crème* de la oligarquía caleña. Nos invita Aura Lucía Mera, viuda de Domingo Dominguín, caleña de pro que viaja a Madrid una vez al año. Se aloja en el hotel Velázquez y es fanática de Morante de la Puebla y de José Tomás. Otra. Aura llega tarde, la última. Se hace esperar. Ella paga. Asisten al almuerzo: Valter Hugo Mãe, escritor portugués, que fotografía a niños haciendo piruetas sobre la bici; Catalina, directora del Oiga, Mire, Lea; María Fernanda, directora de la biblioteca; Gloria, fundadora del museo La Tertulia; Jimena, otra señora bien que pasaba por allí; Juan Carlos y nosotros dos. Comemos –zampamos– frijoles con torreznos, arroz blanco, aguacate y otros tropezones. Ay. Colesterol se escribe con te de *torrezno* y *tropezón*. Pienso en Leila y en la autogestión alimentaria de quienes recorremos el mundo y somos agasajados. En un momento u otro hay que parar, ser descortés, entrar en un supermercado para evitar que el hígado, la vesícula biliar, revienten. Miro los torreznos en mi plato y, mientras la boca se me hace agua, me planteo la conveniencia de la ortorexia.

Todas nuestras contertulias cuando hablan de Cuba suspiran: «Ay, Señor, cuánta pobreza». También en el oriente y el sur de esta ciudad de Cali, en la que permanecemos hipnotizados sin casi mover ni un músculo. Aura es una mujer con una sensibilidad política especial: nos cuenta de los guerrilleros y de su implicación con la Iglesia; de cómo el narco y los paramilitares eran connivientes, y de cómo la ultraderecha jode los proyectos de reconciliación nacional. Aura Lucía es de una clase que no se calla nada. Detecto en su voz viejas fracturas y un leve acento español. Raspa mientras sonríe y agasaja. Raspa. Nos habla de que conoce a muchos que fueron secuestrados y que allí, en la selva, se hicieron conscientes de una pobreza que antes no querían ver... Es una mujer rehabilitada de un historial de alcoholismo y drogadicción. A ella los platos siempre se los ponían sobre la mesa y su hermana, la primera vez que fregó uno, lo restregó con un trozo de parmesano porque lo confundió con el jabón. La madre de los Dominguín le recriminaba a su hijo: «¿De dónde has sacado a esta india que no sabe hacer nada?». Aura Lucía nos dice que apreciaba mucho a su suegra y que Cali es un matriarcado porque, mientras los hombres se quedaban en la ciudad, a las niñas bien las mandaban a Europa a estudiar y volvían cultísimas y llenas de ideas. Directora de la biblioteca. Fundadora de La Tertulia. Mujeres a las que se les reservaba un espacio accesorio. A veces el enemigo se confunde. Otras volvían cultísimas para morderse las uñas, meterse un tirito, rumiar la insatisfacción. O esa cólera que rompe las cuerdas vocales.

Aura Lucía nos lleva en su modesto coche al hotel y nos descubre que en el Cali oriental las familias sin recursos abandonan a sus viejos en la calle. Los dejan sin documentación. No sé si el relato de Aura Lucía es clasismo o intenta ser denuncia. Nos cuenta que una mujer humilde comenzó a recoger a estos viejos abandonados y organizó un asilo. Allí viven ya más de ochenta ancianos y Aura asegura que aquel lugar no huele a vejez. Que huele a amor. Ah, la caridad bien entendida. El anterior arzobispo de Cali cobraba por enterrar a estos ancianos, de modo que Aura Lucía le recomendó a la fundadora del asilo: «Déjale los cadáveres en la puerta del arzobispado». El nuevo arzobispo ya no cobra más. Nuestra anfitriona también nos explica que las rejas de las casas caleñas –casi jaulas– datan del periodo del narco; que Cali podría ser la ciudad más hermosa de Latinoamérica si no fuese porque sus siete ríos están hechos una bazofia; que cada año rinde homenaje a sus padres y a su hermana muerta con la celebración de un concierto en el patio de la antigua residencia familiar... Esa casa hoy se la tiene alquilada al Banco Santander: «Soy la única que le cobra a un banco», ríe. Le ceden gratuitamente el patio para que la gente celebre la vida una vez al año y beba jerez. Todos menos ella, que es alcohólica y no puede beber ni una gota. Aura Lucía y el sesenta por ciento de la población negra de Cali. El dato es otra aportación de nuestra anfitriona que yo no contrasto para no sentir escalofríos. O porque no soy periodista ni poli. O para retratarme. Ciudades distintas y la misma ciudad. A Aura le gustó mucho mi charla. Tengo mucha energía cuando pido que me dejen en paz. Me regala su libro de memorias. Ella sí escribe memorias, no novelas. Las letras de oro de un apellido marcan la brecha, la separación, entre géneros literarios.

La Hacienda del Bosque, donde hemos comido, se ubica junto al espectacular zoológico de Cali: allí vive un cisne amigo de Gloria. Ella lo llama y el cisne acude. Siempre el mismo cisne. Gloria se siente orgullosa de esa relación y yo no puedo evitar preguntarle cuántos años viven los cisnes. La preparo y me preparo para el trágico momento de la muerte del cisne. La Hacienda está en el barrio de Santa Teresita. Al otro lado del río Cali se encuentra el barrio de Santa Rita.

Chema y yo vamos a comprar pomada para aliviar el escozor y la hinchazón de las picaduras de mosquito. El medicamento nos cuesta 63.400 pesos. Mañana nos mudamos de festival y de hotel.

10 de septiembre

No sé si seré capaz de resumir un día tan intenso. No sé si podré compatibilizar el relato turístico con el relato del relato de un montón de mujeres extravertidas que te abren las puertas de su casa y de su corazón como frutas partidas por la mitad. Tan jugosas. Por la noche, en la terraza llena de sabor del hotel Obelisco, Patricia y Bibiana nos explican qué es un buen café, sus propiedades y efectos benéficos para la salud. Las dos provienen del eje cafetero (Pereira, Armenia) y nos aseguran que lo que consumimos en España es muy perjudicial para la salud. Recuerdan cuando sus madres recolectaban café. Ellas son poetas y saben que la cultura es hermosa y durísima. Diez minutos antes, estábamos tomando cerveza con Paola Guevara, perio-

345

dista y escritora, que nos narra cómo su mamá, cuando ella tenía ya treinta y cinco años, le puso un SMS para confesarle que su papá no era su papá y que le pasaba el número del que quizá pudiese ser su verdadero papá. Un papá biológico que resultó encarnarse en la figura de un aviador con la cara quemada al que habían logrado regenerar las manos con pieles de su propio estómago. O algo así. La visión de la mamá es fascinante y demoledora, y Paola tenía miedo de que, en una sociedad donde la mujer, la madre y la virgen son lo mismo, su ejercicio de iconoclastia autobiográfica –poner a la mamá a caer de un burro o casi– no le trajera más que complicaciones. Nos regaló el libro que escribió sobre su vida. Parece que le está yendo muy bien. Precisamente, nosotros pasamos el día con María Socorro, con María a secas, madre de tres hijos y mujer traicionada. Pero esto me obliga a hacer un *flashback* que vuelvo a enmarcar en la terraza del hotel Obispo.

Antes he señalado que era una terraza con sabor, porque aquí hombres con guayabera y mujeres mayores muy bien arregladas toman cervezas o jugos al caer la tarde. Veo volar a los jejenes y tiemblo porque mis piernas parecen las de una accidentada. María sufrió también un accidente de tráfico que le dejó tocados la memoria y el sentido de la orientación. Es nuestra guía. Nos enumera y describe las consecuencias de su accidente al recogernos en el *hall* del hotel. Montamos en su coche rumbo al kilómetro 18 y al bosque de niebla. María no para de hablar quizá porque es tímida, está emocionada, se siente responsable y logra hacernos sentir importantísimos. Nos lleva por la carretera que va a Buenaventura. Hacia el mar. Salimos de Cali y atravesamos Terrón Colorado, un poblado de invasión, medio peligroso, al que ahora llaman Terrón Coloreado porque el ayuntamiento brindó pintura a los residentes para que asearan las fachadas de sus chabolas. Pasamos por gargantas profundas y certificamos que el modo colombiano de conducir es bien temerario –mi lengua es Zelig–. De repente muy lento,

346

de repente muy rápido y con adelantamientos en el límite de lo posible. María, pese a su accidente, conduce bien. Llegamos al kilómetro 18 y en el bosque de niebla hoy no hay niebla, pero no importa. La vegetación apabulla. Como siempre, se nos pega un pobre perro, que nos sigue hasta que volvemos a subir al coche. Triste esperanza de perro del kilómetro 18, donde los caleños vienen a comer los fines de semana para disfrutar del paisaje y del cambio de temperatura. Puestos de comida y restaurantes. Seguimos por la carretera hacia el mar y vemos hermosísimas fincas de recreo, árboles de copa blanca que conceden al paisaje un aspecto nevado. Un trampantojo de nieve. María da la vuelta en la ruta –sin contemplaciones– y nos conduce a Felidia, un pueblo rodeado de montañas entre las que los guerrilleros anduvieron escondidos.

Felidia es verde, tiene muchas iglesias, una escuela y un centro de salud. En su plazoleta se conmemora el accidente que sufrió un grupo de aviadores cubanos. Cayeron sobre Felidia. Accidentes y accidentes. En una esquina de la plaza, un hombre con perro menciona a Uribe, a Santos y al actual presidente. Está enojado porque prometieron, pero no cumplieron con los desempleados. A este señor no le preocupa el proceso de paz. Temo que el proceso de paz sea tan solo un asunto intelectual más allá de la carne cierta que se murió y posiblemente se seguirá muriendo. Temo todas estas cosas porque hoy me acuerdo de *El olvido que seremos* de Héctor Abad Faciolince y porque, más tarde, en la paradisiaca hacienda –¿finca?, ¿villa?, poco sé de propiedades, nomenclaturas, territorios, cultivos...– de María Socorro, ella nos relatará una historia familiar marcada por la muerte: cuatro hermanos asesinados. El mayor era comunista y, sin embargo, en la época dura ella temía ser secuestrada por las FARC porque la familia de María –a secas– siempre tuvo mucho dinero. Gente que, a causa de su solidaridad y su conciencia social, es asesinada por los paramilitares, financiados por las oligarquías que no quieren perder sus privilegios; a su vez, pertenecen a esa oligarquía y se convierten en objetivo de la guerrilla. Vida regalada y vida perra. Todo junto. Como la del perro de la finca de María. Como la exquisita vida de la gata Ciruela, más aristocrática que la vida de Adolfo, el mayordomo servicial. Adolfo nos prepara el café y le dice a María a secas «Doña María» sin que ella se sienta incómoda. Se reconoce profundamente en el tratamiento.

María, una mujer encantadora, vive en esta hacienda y la comparte cada ocho días con el esposo. Aquel hombre la hizo vivir un culebrón barato siéndole infiel con su secretaria. Bendita sea Diosa. María no se separa de ese gañán de gustos tan estereotipados porque la abogada le ha dicho que el pleito sería largo y feo. Económicamente perdería mucho, y por esa razón María permite que el multidisciplinar Carlos Alberto entre y salga de la finca y vaya allá a tocar la batería –a molestar– cuando se le antoja. Chema y yo sospechamos que esta mujer, apoyada por sus tres hijos, aún ama a su esposo. Lo ama. Cuando hablamos de nosotras mismas siempre estamos mintiendo y a la vez diciendo la verdad. Dentro de la casa, fotos de familia, maderas con título nobiliario, luz, habitaciones hermosas. Fuera, patos, gansos, pajaritos, cuadras abandonadas y multitud de árboles de los que María sí conoce el nombre.

Un lugar como este sería maravilloso para vivir (incluso sin mayordomo); tampoco estaría nada mal ocupar una buena casa en el centro bullanguero de Cali, al que, por la tarde, nos acompaña María: la calle primera, la quinta, el paseo al hilo del río Cali, la ermita, la tabaquería colombiana, el Teatro Jorge Isaacs, la plaza de Cayzedo con su catedral y el antiguo Palacio de Justicia, en torno al que, no hace mucho, todavía se sentaban, frente a su máquina de escribir, los plumillas, escribanos o escribientes para rellenar los papeles de los implicados en procesos judiciales que no sabían hacer las gestiones por sí mismos. En el centro de la plaza, altísimos árboles cuyos nombres resultan indescifrables. Todo nos lo enseña María y todo lo aprendemos gracias a ella.

También nos ha llevado al mercado de la Alameda, donde «quizá no huele bien, pero nunca huele mal». Las tiendas de especias, hierbas, inciensos huelen de maravilla. En La Caleñita, tienda de artesanía, situada justo enfrente del mercado, María nos invita a probar aborrajados, marranitas y empanadas, que acompañamos con dos bebidas consistentes: lulada y champús. No quiero ni pensar lo que me estoy comiendo y de hecho no me lo como todo. Dejo con rabia la mitad de esa marranita que me está sabiendo deliciosa: el plátano relleno de chicharrones. «Virgen María», vuelvo a pensar abducida por la onomatopeya caleña, o quizá es una onomatopeya paisa porque, en realidad, María nació más cerca de Medellín que de Cali. Sentados en los columpios de La Caleñita, nuestra guía sentencia: «Me tengo que proteger». Y «proteger» significa ponerle límites al marido que la traiciona sin irse, la invade y se aprovecha de sus privilegios públicos y privados; al mismo tiempo, «protegerse» implica no tratar al esposo infiel con una dureza en la que María ya no reconozca la bondad de su corazón. Pienso que nuestra amiga es poco *chill out*, pero se lo perdono porque quién soy yo para juzgarla –el maldito pilotito me frena y me culpa por mis sentimientos insecticidas– y porque ella es generosa. La única verdad verdadera es que la excelente y expresiva –expansiva, excelente, expresiva, exesposa– mujer que tengo delante –cejas pobladas, ojos oscuros e incisivos, nariz recta, preciosa sonrisa de clase muy alta, blancos dientes de mujer acomodada, pelos de punta, piernas firmes– está atada de pies y manos. Dinero, supervivencia, falta de valoración de las mujeres que se quedaron en casa cuidando de los hijos, aunque lo hiciesen ayudadas por nanas e institutrices. Creo que el dinero y las posesiones de María proceden del negocio de los combustibles. Gasolineras, talleres mecánicos, repuestos. Pero ni siquiera sé si el negocio proviene del marido o de la familia de ella. Supongo que este dato es importante para hacer juicios de valor. O a lo mejor no importa. Otra vez el pilotito. Importa, seguro que importa.

En La Caleñita se venden réplicas de los gatos en celo que rodean al gran gato de Cali. Los originales jalonan el paseo del río. Gatas, gatos, en celo, pequeños, con pinchos, con pegatinas, de colores. También adornan las calles grafitis hermosos y felinos reales, vagabundos bien alimentados por gateras y acariciados por estudiantes sin miedo a la tiña. Estas caricias y esta nutrición despiertan en mí muchas simpatías.

A la hora de comer hemos conocido a algunos poetas mientras sorbíamos una especiada sopa macrobiótica y un falso filete de frijoles con ensalada. Antes, Juan Fernando Merino, quien con tanto acierto eligió a María Socorro –así la llama él y ella no protesta– como nuestra anfitriona, nos mostró la Biblioteca Central: el mural que homenajea a García Márquez, las salas de lectura, el único retrato para el que Simón Bolívar posó en carne y hueso.

Si no lo tuviese todo anotado, no recordaría ningún detalle.

Sueño que concurso en un programa de televisión y me formulan la pregunta del millón de euros: «¿Dónde se encuentra el único retrato para el que Simón Bolívar posó en carne y hueso?». Y no, no logro recordarlo, aunque creo que lo sé, no lo logro. Porque no lo he apuntado en ninguna libretita. También me olvido de la sonrisa de María Socorro y del nombre de la gata Ciruela. De lo mucho que me gustaron las dichosas marranitas.

Por la noche me miro las piernas antes de dormir. Siguen pareciendo las de una accidentada de tráfico: moradas, hinchadas, inflamadas, mordidas. He perdido la forma del tobillo derecho. Mi anatomía ha olvidado dar la orden de contraerse a mi tobillo derecho. Como siempre, ando preocupada por mi cuerpecillo. Jodidos jejenes.

11 de septiembre
Olvidé decir que el nuevo hotel está en el barrio El Peñón. Aquí vivió María Socorro durante una temporada. En El Peñón, frente al río Cali, al ladito del hotel, está el museo La Ter-

tulia. En su nacimiento era un centro cultural y su ubicación era distinta. Chema y yo, en La Tertulia, entramos en contacto con otra Cali. Entramos en contacto con otra Cali no en la otra Cali, sino dentro de un museo. Entramos en contacto con otra Colombia y con una Cali donde, como mínimo, hay diez muertos al día y donde existen barrios como Siloé. La Tertulia contiene el museo de Siloé: zapatos viejos, viejos transistores, uniformes, disfraces de carnaval, banderas. El museo de Siloé se encaja en La Tertulia. Acá todo se puede tocar y una guía jovencísima les explica a los alumnos de la Universidad del Valle, la pública de Cali, qué es Siloé. Allí nació el M19, un movimiento intelectual y revolucionario que secuestró cinco camiones de basura para arrojar su contenido en el centro urbano: las clases dominantes tendrían que sentir el hedor y la falta de higiene a la que estaba condenada la vecindad de Siloé. El M19 robó el sable de Bolívar, que adornaba su estatua, y ahora es un partido político llamado Colombia Humana. La guía y Javier, el profesor de la Universidad del Valle que nos recomienda que veamos la película *Dr. Alemán*, nos revelan que Colombia Humana obtuvo más votos que el cachorro de Uribe. Por primera vez, once millones (¿o eran nueve?) de colombianos y colombianas se movilizaron para votar al candidato de izquierdas. Pero: «Acá nunca van a permitir un gobierno de izquierdas», puntualiza Javier. Benditas democracias. Pucherazo. Oligarquías. Falsos positivos. Masacres. Y una gente rica encantadora, con la que hemos comido y cenado, que se considera a sí misma de izquierdas. A lo mejor lo son, pero ahora dentro de mí es otro el pilotito de advertencia que se enciende y se apaga acompañado del sonido de una sirena.

También parece un gran anarquista el poeta italiano Antonio Nazzaro, que ha salido huyendo de Maduro, que fue torturado en la época de las Brigadas Rojas en Italia, que es sobrino de un capo mafioso, que sabe latín y griego, y tiene un blog llamado «Tina Modotti», que fue director de fotografía de *Pepi*,

Luci, Bom y otras chicas del montón, que se cisca en los restaurantes macrobióticos, que exige que le cambien de habitación en el hotel. Está en su derecho. Y en su completo revés. Otros dos poetas mexicanos –él y ella–, Alberto Ruy Sánchez y María Baranda, no están nada contentos con la victoria en las urnas de López Obrador. Lo llaman «cínico» y «corrupto». Le afean haber nombrado a Margo Glantz responsable del Fondo de Cultura Económica. Porque tiene ochenta y ocho años y dicen que ella no sabe nada de ciencias humanas. Comemos un wok de pasta, arroz con tentáculos, cazuela de calamares. Mientras como y la cabeza me gira trescientos sesenta grados como a la niña de *El exorcista* y hago como si no entendiera nada, aunque en el fondo creo que lo entiendo todo demasiado bien y es mejor que me quede calladita, calladita, como una pajarita viva que huye del felino –soy taimada y traidora y siempre desentono y esa distorsión cansa–, recuerdo que en la zona oriental y negra de Cali, según la versión de una señora desde luego muy pudiente, abandonan a los viejos sin documentación en la calle porque las familias carecen de recursos para mantenerlos y regreso a La Tertulia, donde la joven guía nos anima a que subamos a Siloé en el teleférico: «No es pornografía de la pobreza: allá lo agradecen». Pero a nosotros nos da vergüenza y nuestra vergüenza está pero que muy justificada. La chica también nos dice que los sicarios proliferan en Siloé: los jóvenes tienen más oportunidades de trabajar matando y eso se traduce en que la loma es más tranquila. Paradojas falsas que nos llevan a pensar qué entendemos por trabajo.

En La Tertulia entramos en una sala subterránea. Escuchamos los cantos fúnebres del alabao que se entonan en Timbiquí, una localidad a orillas del Pacífico. En torno al alabao surge un proyecto plástico, poético, antropológico y otros esdrújulos. Vital. *Salgan ríos de mis ojos* es el libro, editado por Adriana Ciudad, Nidia Góngora –cantora– y C. S. Prince; en él se recrea la tradición del alabao en Timbiquí. Me gustaría ir a Timbiquí.

Pero no tenemos tiempo. Timbiquí es un topónimo hermoso. En otra sala nos conmovemos con las reivindicaciones del pueblo de Buenaventura: precariedad, pobreza, falta de trabajo. El rapero El Teacher lamenta, en su canto, la represión policial en las manifestaciones. Su brutalidad. También hemos visto una muestra kitsch sobre Gráficas Molinari y una recreación del arte, vinculado a la política y a las vicisitudes históricas –a la aparición de La Tertulia misma–, en Cali como lugar relevante de la modernidad colombiana. La muestra arranca con la celebración de los Juegos Panamericanos de 1971 en los que se combina el espíritu combativo del Mayo del 68, el desarrollismo y la más absoluta de las miserias. En Cali, los artistas de la Ciudad Solar, niños bien con excelentes intenciones –¿como en todas partes durante esa época?, ¿como en todas partes ahora mismo? No, ya no–, revolucionan los moldes para concebir el cine en una ciudad que llegó a llamarse Caliwood. En la Ciudad Solar también moraban los poetas nadaístas. Más adelante, vemos *Teresa la mujer mesa*, una pieza bastante perturbadora, cuya recepción sería hoy polémica quizá por nuestra tendencia a la literalidad: una mujer mesa enseña un seno y, en su interior, hay una copita para beber. Teresa va muy pintada, luce sortijas y ricitos en el pelo. Es del mismo artista que esculpió ese gato grande perseguido por gatas pequeñas a lo largo del cauce urbano del río Cali. Salimos con la cabeza del revés por el paternalismo de ciertos intelectuales ricos, y por la necesidad imperiosa del paternalismo de los intelectuales ricos. Me cuesta saber quiénes son Aura Lucía, María Socorro, Gloria, que fue una de las fundadoras de La Tertulia. Hasta me cuesta meterlas dentro del mismo saco. ¿Puedo juzgar a Antonio, que habla demasiado, pero se ha jugado la vida tantas veces?, ¿o no tanto?, ¿vieron todo lo magnífico y lo horrendo de Cali?, ¿su mejor y peor cara?, ¿por qué no salen corriendo de aquí?, ¿porque les tocó en el lado bueno?, ¿qué nos jugamos y hasta dónde estamos dispuestos a llegar?

353

Ahora voy a leer poemas en voz alta para que la gente los escuche. Leeré el texto de la niña puta mendiga niña puta de Manila y algunos inéditos. Quien quiera entender que entienda. A veces pienso que hablar entre dientes es una posición estratégica; otras, una cobardía. En cualquier caso, siempre tengo la impresión de decir más de la cuenta. Incluso cuando me quedo afónica. Olvidé que la guía del museo trasplantado de Siloé trazó para nosotros una semblanza de Rambo, un mercenario que se tomó tan en serio sus funciones de cuidar y proteger que agarró su pistola y se puso a matar a todo el mundo. Hasta que la policía lo abatió. Abatió al monstruo que había creado. Un Taxi Driver, acusado de psicópata, que solo quiso ser un buen siervo. Un hombre eficiente y cumplidor con quien lo había contratado. María Socorro, mientras atravesábamos Terrón Colorado, exclama: «Hay gente buena que tiene que vivir aquí. No son mala gente. No les queda otra».

12 de septiembre

Anoche leímos poemas en el centro cultural que está en el barrio de La Merced. Centro histórico colonial de Cali. Precioso. Siento que también debería tragarme estas palabras. «Colonial» y «precioso» son adjetivos que no pueden salir al mismo tiempo de la boca de una españolita. Paredes encaladas y portones de madera. Precioso. Un conventito. En el interior del centro cultural, una bella remodelación de ladrillo rojo, tan característica del arquitecto Salmona. La decoración del espacio para celebrar el evento ha corrido a cargo de los bibliotecarios de Aguasblancas, el barrio de mayoría negra («afrodescendientes» los llaman acá), que constituye la mitad invisible de Cali. Una gran parte de su población está compuesta por inmigrantes originarios de la zona del Pacífico, que importaron a Cali sus músicas, su tradición oral, sus comidas y también sus miserias. Violencia. Aguasblancas es un barrio de invasión, silenciado y ninguneado por los caleños blancos ricos. Por las caleñas blancas ricas. Últimamente, la cosa mejora, pero siguen existiendo fronteras –¿invisibles?– que denotan la abismal brecha de desigualdad. La sanidad delata esa brecha como herida profunda. Aquí no caben las metáforas. Una rosa es una rosa y una herida se infecta y sangra. En Cali coexisten misérrimos centros de asistencia pública y carísimos hospitales punteros en Latinoamérica. En la Cali en la que proliferaron las instalaciones deportivas, en la ciudad llena de estadios a partir de la celebración de los Juegos Panamericanos de 1971, el desarrollo fue un lavadito de cara. Algo queda.

Aguasblancas está en oriente y Siloé está al sur. Hoy pasamos por allí –vimos la estación del teleférico– rumbo a la Universidad Autónoma, en la que han tenido lugar los recitales poéticos matutinos. Allí descubrimos a Alelí, con sus taconazos y su guitarra. Menuda cantante: agudos, graves, voz rota. Al ritmo del agua. Acompaña a Jotamario Arbeláez en alguna de sus lecturas públicas. Jotamario es un superviviente –qué feo es decir esto–, poeta nadaísta que hoy me ha dedicado un poema. Creo que le gustaron los versos que leí anoche en La Merced: «Perra mentirosa», «Hardcore», la niña puta mendiga niña puta de Manila. Un baño de masas. Un espejismo. Hoy, camino de la Autónoma, Jotamario me enseña imágenes de los nadaístas que adornan el metro de Bogotá. Alelí dice: «Es bueno esto. Los muchachos necesitan referentes que no tengan que ver con las pistolas». Y mete en el mismo saco a la guerrilla y las «cosas feas» que hizo Pablo Escobar. Canta Alelí. Porque Alelí es realmente una joya. En el taxi de regreso, Libardo, nuestro ángel –pastor, cuidador, guía– nos habla de Siloé una vez más. Acaso hemos preguntado nosotros por dar conversación. Atravesamos cerros fresa –parques un poco resecos–, pero Siloé vuelve a aparecer: Libardo hilvana la leyenda del monstruo de los mangones, un vampiro que secuestraba niños en un descampado para quedarse con su sangre. El vampiro era un hombre acaudalado y enfermo a cuya tumba la gente acude en romería. «¿Pueden creerlo?», mete baza el hombre que nos transporta y que, un poco antes, nos había contado que vivió siete años en Ciudad Real. «Qué bonita es Ciudad Real.» Chema y yo permanecemos mudos. Libardo nos informa de que la leyenda –no tan leyenda, sino perfecta encarnadura del oligarca chupasangre y de la carne de cañón– del monstruo de los mangones enlaza con el gusto por los vampiros y el gótico caribeño. Amo a Libardo. Me quedo fascinada.

En el hotel tomamos una cerveza y Jorge, el fotógrafo, se viene a comer con nosotros al restaurante vegetariano. Tenemos mala conciencia por las marranitas. Nosotros no solemos hacer estas cosas. Cosas vegetarianas, quiero decir. Mientras comemos, Jorge nos describe el festival bueno bueno de Cali, el de Porfirio, el de los negros, un concurso musical que moviliza a decenas de miles de personas cada año. También nos cuenta las desgracias de la gente de Buenaventura, el puerto más importante de Colombia, la salida al Pacífico. Sin embargo, sus habitantes son pobrísimos. Jorge se apena: «El año pasado hicimos un paro de veintidós días». También nos adelanta que Medellín, nuestro siguiente destino, nos gustará mucho por el metro, los teleféricos, la fiesta del libro a la que nos han invitado. «Es la ciudad más de izquierdas de Colombia», sonríe Jorge.

Mañana nos levantaremos a las cinco de la mañana para volar hacia la ciudad más de izquierdas de Colombia, pero este cuaderno de Cali se acaba aquí, aunque aún nos quede por hacer una lectura junto al río. Incluso una entrevista para un medio venezolano. Los venezolanos en Cali clavan golosinas en los parabrisas de los coches para ganarse unos pesos y en el valle del Cauca el monocultivo de caña de azúcar está depredando la flora autóctona. Este cuaderno se acaba aquí, aunque también haya omitido la importancia –que me descubre Jorge– de la figura del escritor y cineasta autista Andrés Caicedo, autor de *¡Que viva la música!* Caicedo fue opacado por el resplandor de García Márquez y se suicidó a los veintisiete años porque vivir le parecía una indecencia. Se acaba el cuaderno. Los rumberos y rumberas se quedan danzando, pero Chema y yo nos sentimos paralíticos. No nos atrevemos a bailar. Se nos vería el origen, el pelo de la dehesa, la marca de agua.

Coda caleña

Nuestro transporte hacia el aeropuerto de Cali no llega a recogernos al hotel a las seis de la mañana, tal como estaba previsto, así que cogemos un taxi. El conductor nos ilustra: «Medellín es una ciudad futurista». Además, nos ayuda a saldar, aunque sea mínimamente, nuestra deuda con la salsa y la rumba caleñas. A través de su teléfono móvil nos muestra unos vídeos acrobáticos de su hija, campeona de salsa, que ahora está de viaje con su grupo. «En el extranjero», dice el papá, orgulloso. Una muchacha danza embutida en un maillot amarillo. Magníficamente acompasada en las acrobacias con el resto de los componentes de la coreografía. Son un reloj de colores en movimiento. Pura energía y sensualidad. Armonía.

«Nadie mueve las piernas tan rápido», dice el taxista.

GLOSA A UN DIARIO

Si yo no hubiese escrito un diario de Cali, hoy no me acordaría de casi nada. Recuerdo cuando leo. Revivo. Hay un dato, en la lectura, que me sobrecoge: en Cali, Chema sufrió vértigos. Esos vértigos acaso fueron el síntoma de su macroadenoma hipofisario. Hoy releo y ato cabos. Constato la peligrosidad de la escritura diarística. Su rigor –implacabilidad– para anular el misterio y ese deseo de imprecisión que a veces nos alimenta. Con las imprecisiones se inician diálogos interesantes. Las imprecisiones nos ayudan a desarrollar adormecidas facultades mentales.

357

El desasosiego desencadena un tipo de conocimiento que quizá luego cuaje en una ciencia exacta.

Mientras tanto...

Quizá no he escrito ningún diario más, porque mi cabeza no podría soportar el peso de tantos nombres, pensamientos, lugares, ni mi corazón soportaría tanta remembranza sensorial. El sentimiento exacto de lo perdido. Manila, Trieste, Sevilla, Orán, New Haven, Río de Janeiro, Tesalónica...

Leer un diario propio es pensar todo el rato «que me muero, que me muero».

Tampoco mi soberbia sería capaz de bregar con la incapacidad para el pronóstico político. En Colombia han sucedido cosas diferentes de las que yo creí que sucederían.

Es mejor confiar en la memoria selectiva. Vivir de la impresión.

Con esta última frase –perfectamente falsa– desacredito el valor documental de toda escritura.

Me retracto.

Pero de hecho no escribí ningún diario más. Mi diario es mi *curriculum*. Mi autobiografía es mi *curriculum*. Mi autobiografía es una novela social. Bonito silogismo. Si Sócrates resucitase...

No escribo diarios.

No tengo tiempo ni ánimo para dejar testimonio de tantas cosas. Ni para recordarlas.

ALL THAT JAZZ II

Idolatro a las actrices. También a los actores. Veo documentales sobre Julieta Serrano y María Casares. Clara Sanchis, su misterio y su talento. En un restaurante de la plaza de Chamberí abordo a Emma Suárez para expresarle lo mucho que me gustó su interpretación en *La avería*. Ella se sorprende de que la valore por ese trabajo teatral y no por otros más comerciales. Creo que se pone contenta y a mí me gusta poner contentas a las personas.

Aitana Sánchez-Gijón lee mis libros. Me entero. Le escribo. Quedamos después de la función que está representando en el Teatro Pavón de Madrid. Es tan maravillosa como la imaginé.

Idolatro a actrices: Laura Santos, Miriam Montilla, Helena Lanza.

Como somos gente de letras, nos encontramos en librerías. Las librerías son nuestro escenario central. Allí se desarrollan las acciones, y se producen los encuentros y los conflictos. Allí hacemos tratos. Me refiero a librerías con permiso para vender bebidas alcohólicas. O, en su defecto, té.

Escena primera. Interior noche. Librería Tipos Infames de Madrid. Tres mujeres y un hombre conversan sentados en torno a la mesa que está pegada a una cristalera que da a la calle. Chema y yo, Miriam Montilla y Laura Santos.

–Queremos adaptar *Daniela Astor y la caja negra* al teatro.

No me creo ya nada en esta vida. Amortiguo mis ilusiones. Miro a las actrices como si fueran dos locas. A la mayor, que sin duda es más joven que yo, la he visto en una novela de sobremesa televisiva metiéndose en la piel de una madre sufriente que se enamora del padre del hijo que ama a la hija –un pelín casquivana– de la madre sufriente, honrada y costurera. Todos están enamorados y comparten techo. Ellas alquilan habitaciones para poder llegar a fin de mes. La costura no da para vivir y a la hija de la madre sufridora le revolotean un montón de pájaros dentro del vaso del cráneo. O dentro del pecho: los dos espacios anatómicos acaban siendo el mismo. El hijo del enamorado de la madre costurera se llama Américo. Me parece la leche que un personaje se llame Américo. Hay que tener muchos huevos para bautizar a un personaje con ese nombre. Recuerdo los nombres de mis personajes: Eva, Blanca, Miguel, Elvira, Amelia, Teresa, Maximiliano, Susana, Clara, Lorena, Micaela,

Felipe –padre e hijo–, Ana –dos–, Valeria, Julia o Julita –dos–, Mario, Enrique, Sole, Chavi, Lucrecia, Marcela, Julio, Esteban, Elías, Arturo, Paula –también Pola–, Luz, Olmo, Claudia, Rosa –dos–, Adrián, Lala, Ernestina, Clemente, Piedad, Leo, Marina, Ilse, Josefina, Antonio –dos–, Charly –diminutivo de Carolina–, Charlotte y Carola, Amparito, Jani, Marcos, Angélica, Daniela, Daniel, Lorenzo, Natalia, Catalina, Sonia, Alfredo, Luis, Inés, Cucú, Flor Azul, Obsolescencia, Selva, Iluminada –bifurcada en Mina y Lucy, apellidada Kinski–, Cajita, Cristina –dos–, Elisa, Driss, Juan, Mónica, Analía, María, Simón, Jesús –Beato–, Pilar –Reig–, Fausto –en realidad, Faustino–, el doctor Bartoldi cuyo nombre de pila ignoramos, pero era una aproximación cómica al apellido Bértolo... A quien se atreva a declarar que no he trabajado desde la ficción estoy dispuesta a denunciarlo en una comisaría.

También he trabajado con la falsa explicitud de lo autobiográfico. Pero mucho menos. Sin embargo, para que la cuenta sea exacta y sin necesidad de consultar los archivos, habría que añadir al listado los nombres de la familia y las amistades que aparecen en *Lección de anatomía*, *Clavícula* y *Parte de mí*: Charo, Elvira –otra vez–, Juanita, Rufi, Alicia, Pilar, Pili, Maribel, Carmen, Berta, Mercedes, Claudia –dos–, Juani, Paquita, Luchi, Belén, Marta, Isabel, Silvia, Mar, Cristina, Mónica –dos–, María, Yolanda, Azucena, Maire, Cloti, Marisol, Ara... También los nombres, artísticos o reales, de las actrices de la Transición y el destape español. Cada nombre está ahí por alguna razón de peso.

El partenaire de Miriam Montilla en la serie de sobremesa es Luis Bermejo, un actor al que admiro mucho. Qué raro.

–La obra es vuestra.

–¿Por nada?

–Por nada.

–Pero eso no puede ser...

–Cuando os hagáis ricas, cuento con que seréis honestas...

Me olvidé de Laura y de Miriam. Aunque Laura me escribía con cierta asiduidad para ponerme al tanto de sus gestiones. Esta mujer, delgada y pálida, se movía como rabo de lagartija. Contactaba con adaptadoras, directoras, buscaba lugares, subvenciones... Yo pensaba que cada movimiento sería infructuoso y me imaginaba a Laura cada vez más delgadita y aniñada. Quizá se estaba preparando para ser Daniela.

Me olvidé de Laura y de Miriam.

Hasta que un día, en pospandemia, me vi subida al escenario de un centro cultural de Villa de Vallecas saludando al público. Al lado de Miriam, Laura, Helena, Raquel, Mónica... Habían hecho una adaptación maravillosa de una novela muy difícil de adaptar. Yo, que tiendo a la vergüenza ajena, me había quedado admirada de la emoción que aquellas mujeres habían sido capaces de transmitir. Miriam interpretaba el papel de Sonia, la madre de Catalina Hernández Griñán. Logró ser la mujer fuerte y asustada del texto. Una madre que es una madre y quiere ser muchísimas más cosas. Y no sabe coger bien el lápiz, al que ella llamaría «lapicero». Miriam logró ser de pueblo, desarraigada, cariñosa y árida con su hija. Logró transmitir el deseo de vivir y de aprender. Laura fue Catalina, es decir, fue Daniela, con su prepotencia y su fragilidad, con su lucidez y su profunda ignorancia, con todas las necesidades de la niña que está creciendo en un mundo tan difícil para las niñas y para sus madres y para todas las mujeres voladoras. Laura encarnó el desvalimiento de las que nos creímos malas y éramos manipulables; encarnó el sentimiento de culpa de una generación que a menudo no supo ver ni entender a sus madres. Helena Lanza, energía y comicidad, interpretaba al resto de los personajes: el padre, la abuela y, sobre todo, a Angélica, aparentemente ingenua, pero en realidad el personaje más inteligente, afectivamente inteligente. Me reí y me angustié viendo jugar a dos niñas en su leonera. Olía el sudor púber de la prisa y de lo que parece que no va a llegar nunca. El nerviosismo por los secretos del juego y del despertar sexual.

Laura y Helena, incandescentes, infatigables, divertidas, con el corazón en la boca y las carnes trémulas. Catalina H. Griñán come pan y migotes para que le crezcan las tetas. Vi a Amparo Muñoz plana como una tabla de planchar y a Blanca Estrada con el jersey mal remetido por los pantalones. Los descubrimientos eróticos y otros descubrimientos más tristes. Me reconocí en cada palabra y, aun sabiéndome el final, sentí por primera vez las conmociones de la representación.

Laura nos invitó a comer a su casa. Tiene una perra loca. Encargó unos arroces. Estuvimos con Miriam y con su pareja. Con Raquel Alarcón, la directora. Con otras mujeres magníficas que habían participado en el espectáculo...

–Cuando os hagáis ricas, cuento con que seréis honestas...

Recuerdo los cubos de agua fría, la tensa espera para recibir alguna noticia de *Farándula*, y, sin embargo, debería acordarme de un atardecer, a oscuras, en el Teatro Fernán Gómez de Madrid. A mi lado, mis padres, mi marido, Nacho y Mercedes... Un poco más allá, mi tía Pilar y mi tío Carlos, Alicia y José Manuel, amistades de todas partes, público anónimo –gracias–. El tesón de dos mujeres logró el estreno de *Daniela Astor y la caja negra* en uno de los teatros más importantes de Madrid. Colgaron banderolas de la luminaria de la Castellana y pusieron carteles en las marquesinas para esperar los autobuses: Laura, tocada con la peluca rubia y la boa que la transforma en Daniela Astor, luce unas piernas y un glamur a lo *All that jazz*, que se desbarata si la miras un poco más de cerca. La peluca le queda grande. Es una peluca rubia de muñequita. Madrid estaba llena de Catalinas disfrazadas. Madrid se convirtió en la leonera en la que juegan dos preadolescentes, que tendrían doce años en 1977, y merecían un relato que yo no había encontrado en los libros.

–Jazzzzzzzzzzzzzzzzzzzzzzzzzzzzzzzzzzz.

«Estoy desconcertado», me escribió Jorge Herralde al recibir la novela. El desconcierto era el estado mental más lógico después de leer este libro. Con la representación teatral pudo más el nudo en la garganta, porque habían pasado muchos años entre la publicación de la novelaz y su escenificación. Años fundamentales para la construcción de la mirada feminista, de la conciencia crítica y de las correcciones al relato épico de la Transición.

Daniela Astor y la caja negra fue programada durante quince días. Fui al estreno. Saludé desde el escenario escamoteando la mirada. Sin saber a dónde dirigirla. Me emocioné porque mi madre se había emocionado. Y yo, casi siempre que escribo y sobre todo siempre que voy al teatro, pienso en mi madre. Me pasé gran parte de la representación observándola de reojo. A ratos se miraba las manos. Sacaba del bolso un caramelo. Las actrices también la buscaban: su presencia las ponía nerviosas. Mi madre intentaba desconcentrarse un poco, desviar su atención hacia otras cosas de fuera de la escena para aliviar el nudo que se le iba haciendo en la garganta. Fue un día precioso y resulta difícil contarlo sin blandenguería. O quizá no, porque, quedaban muchos más días y había que llenar un teatro cada tarde. Cada tarde sufrí por si estas mujeres valientes no llegaban a cubrir gastos. Llenar un teatro durante una quincena es muy difícil. Entrada a entrada. Una, dos, tres... Vender la edición de un libro es muy difícil. Saco mi argumentario, vendo mis cremalleras. Conseguir presupuesto para hacer una película es muy difícil.

Pero fue. Y fue maravilloso. Y todo es gratitud. Ni peros ni reproches. Estas mujeres me devuelven la confianza en el género humano. Me entibian la acrimonia. Igual que me la entibia María Folguera, que también me invita al teatro y al circo, porque ella es dramaturga y escritora, estudiosa y buscadora de ese placer que también une a las mujeres: Mercè Rodoreda disfruta comiéndose una falda de cordero, Zambrano fuma, Laforet y Fortún conversan y ríen. Como yo río con los estrafalarios mensajes que María me envía por WhatsApp: «Entre las invocaciones que se utilizaban para atraer el favor de santa Marta, el Tribunal de la Inquisición de Granada conserva las siguientes: "Marta, Marta, a la mala digo, que no a la santa, a la que por los aires anda, a la que se encadenó, y por ella nuestro padre Adán pecó, y todos pecamos. Del demonio del pozo al reposo, del repeso y al que suelta preso, y al que acompaña al ahorcado; al diablo cojuelo, al del rastro y al de la carnicería, que todos os juntéis y en el corazón de fulano entréis, guerra a sangre y fuego le deis, que no pueda parar hasta que me venga a buscar, demonio cojuelo, tráemelo luego, demonio del paso, tráemelo presto". Así aparece en el Archivo Histórico Nacional, sección Inquisición, legajo 4442, exp. 59, año 1619».

Marta, Marta, a la mala digo, a la que por los aires anda... Esa querría ser yo. Pero, por mucho que vuele, no me sale. Morritos, cabecita sobre el hombro, taratatatá.

Laura, Miriam, María y Sabina Urraca –lista como el hambre, amorosa– vienen a verme a La Buena Vida. Jesús Trueba me hace una entrevista. Nuestro escenario son las librerías. Allí nos encontramos.

Laura me pone un correo para avisarme de que nos han ingresado los derechos correspondientes a las representaciones de *Daniela* en nuestra cuenta bancaria. Casi me molesta tanta eficiencia y honestidad. Ellas no entienden –o quizá no les da la gana de entender– que me han dado mucho. Que no quiero nada más. Por otro lado, esa rectitud económica me habla de la dignidad de un oficio. Yo cada día, perra flaca y mentirosa, me quito los parásitos del cuerpo con la boca y lucho por esa dignidad.

–Cuando os hagáis ricas...

Hace poco, estuve en Barcelona con Isabel Fernández, de Al Pati Produccions, que quiere adaptar al cine *Amor fou*. Produce vértigo darse cuenta del abanico de interpretaciones que un texto le ofrece a una lectora sagaz como Isabel. La discrepancia que nace de las palabras que tú has escrito y que permiten a la lectora recrear una interpretación posible que solo coincide, hasta cierto punto, con tus pretensiones. No se trata de una mala lectura, sino de una lectura con los márgenes y los huecos de las barrigas de tus aes rellenos por la sentimentalidad y los saberes de otra persona que se esfuerza por ver a través del agujerito. Una lectura que se lleva a cabo desde las claves de otro lenguaje: el del cine. Nos encontramos en la cafetería de la librería Laie de Pau Claris. Le deseo a la adaptación de Isabel toda la fortuna que no tuvo esta malhadada novela. Me gustan las novelas malhadadas. Todo lo cojitranco. Lo discutible.

—Para ti, Adrián, ¿es bueno o malo?

—Sobre todo bueno...

—Para mí es malísimo, malísimo...,

Mi buen Adrián. Tiemblo. Me divierto. Mido la rendija por donde se ha filtrado la perversa lectura de Isabel. La encuentro y me ratifico en la porosidad del lenguaje: yo no soy propietaria ni de una segunda residencia ni de las palabras que escribo. Me ensimismo y me enajeno al escribir —en este preciso instante, soy y no soy en el texto—, y de la misma manera se enajenan y ensimisman quienes leen. De ese deambular surgen las chispas de un significado posible, diverso, único. Como suelo contar en mis clases de la Escuela de Escritores:

—El significado se parece al hueso duro de un melocotón (hay algo casi innegociable), rodeado de una pulpa jugosa que cada uno paladea a su manera. Pero queda lo innegociable, y si no se llega al hueso, quizá es que ese libro no está bien escrito. O que aún no se ha aprendido a leer bien.

Me rebelo un poco contra la visión de Isabel:

—¡Es un buen hombre!

—No se puede ser tan santo.

—...

En Zaragoza, Rafael Campos intenta hacer gestiones para que me paguen los derechos por haber representado su adaptación de *Clavícula* en el Teatro del Mercado. Más tarde, representaron la obra tres días en el Teatro del Barrio de Madrid. Rafael había presentado *Clavícula* en la librería Cálamo y allí ya expresó su deseo de transformar este texto anómalo y subnormal –lo digo yo– en una obra de teatro. Rafael se reconoce en la vulnerabilidad, la hipocondría, el sarcasmo, la vivencia de la precariedad en los oficios culturales.

Llego al Teatro del Mercado muerta de miedo. Decido que, si la obra no me gusta, mentiré. El Teatro del Mercado es una bombonera y, para aliviar mi tensión, hago fotos con el móvil. Estoy tan asustada que no consigo acordarme de si saludo a las actrices antes de la representación o si entro a saludarlas después. El teatro está lleno. Se apagan las luces. Una mujer lánguida, que soy yo inequívocamente, se duele sobre el escenario. Me doy muchísima vergüenza, porque esta vez no me cubre la máscara de Daniela superpuesta a la máscara de Laura Santos. Solo las actrices y yo. Mi texto pronunciado en primera persona y la imposibilidad de desdibujarme. Emito mi egoísmo a través de la voz de las actrices. Ventriloquía autobiográfica. Pequeños dolores vergonzantes.

Me tapo la cara.

Me sorprendo de mi indecencia y mi temeridad. Estoy desnuda. Me descojono. Me arrebujo en mi butaca de primera fila.

–«En un lugar de mi cuerpo reconozco el cosmos. La primera célula humana, el reptil que salió del charco y se convirtió en simio. Me salto mil pasos intermedios de la evolución, desde la metamorfosis de las branquias en pulmones hasta el alzamiento progresivo del rosario de las vértebras. Por otra parte, en un lunar de mi cuerpo que me escuece y muta veo la realidad como dentro de la bola de una pitonisa de feria, todo lo que me deprime, los rayos alfa, gamma o beta que irradian los módems portátiles y las redes wifi invisibles que atraviesan los muros y me apuñalan. Me pasa a mí y a todo el mundo.»

Yo no hablo así y, sin embargo, sin ninguna duda soy yo la que habla. Todo es raro. Una reduplicación siniestra.

–«Me pasa a mí y a todo el mundo.»

Esa doliente mujer, que soy yo, se multiplica, como en un mal sueño, en cuatro voces: dos actrices en torno a mi edad y dos actrices muy jóvenes. Las cuatro dicen sus textos y me centrifugan en la polifonía de un coro griego. Noto cómo mis moléculas se separan y vuelven a juntarse y se separan de nuevo salpicando, imprudentemente, a todo el mundo. Las cuatro actrices usan sus cuerpos con simetría gimnástica. Lucen sayones que camuflan –amortiguan– su atractivo sexual: aquí hablamos de género y de sexo, pero no de su atractivo, sino de la profunda tristeza que, un día, irradia de la hormona. Las actrices alejan sus cuerpos bailarines de la sexualidad, sinuosa y sincopada, de esas coreografías de Fosse que, por su belleza, consiguen que se me salten las lágrimas.

–Ay, coño, qué bonito.

Sí. A veces yo tampoco me hago demasiadas preguntas. Sí. A veces se me escapa la palabra «bonito». Aunque sea inexacta e impropia, y el padre de Daniela Astor la considere intolerable cuando nos referimos a lo artístico. Chema me pregunta desde la butaca de al lado:

–¿Te gusta?

–Ay.

La escenografía consiste en cuatro sillas que tienen una pata más larga o más corta que las otras. La metáfora de la contractura se resuelve con esta decisión de atrezo. Me siento muy incómoda porque escucho mi voz en las voces de cuatro mujeres y esa enajenación subraya el componente ridículo –el componente humorístico– de mi clavícula y sus inmensos desajustes. Me doy risa. Me sigo hundiendo en mi butaquita, de la que, de pronto, me yergo, porque en la base del humor está el dolor y en mi voz, tan reconocible, hay muchas voces. Rafael ha trabajado la risa para contar las grietas del cuerpo y ha centrifugado el yo para acercarse a un concepto de las enfermedades compartidas. Por razones de género, clase, oficio y beneficio.

Me produce cierto malestar verme en las otras, expuesta sobre el escenario. No es igual que leer mi voz en un libro. Verme en las otras, verme desde fuera, me lleva a percibir agrandadas mis vulnerabilidades. También mis culpas. Me miro desde la primera fila del patio de butacas y me juzgo. No me doy pena. Tengo que pensar en las distintas modulaciones de la distancia. En los rangos de obscenidad.

Las cuatro actrices, Marissa Nolla, Carmen Marín, Claudia Siba y Blanca Sánchez, se sientan en fingidos inodoros y se van pasando los rollos de papel higiénico. No consiguen defecar. Se desesperan. Con el intestino lleno de mierda piensan en voz alta.

–¿Has podido?

–Qué va...

Con el intestino lleno de mierda piensan en voz alta. Como hago yo todos los días. Me gusta el humor escatológico.

–¿Has podido?

–Ay.

Aplaudo con orgullo.

Chema, el otro gran protagonista de *Clavícula,* aplaude con su aplauso estruendoso. Su aplauso es el aplauso total. Me deja sorda.

Tras la representación nos vamos a cenar a Casa Ricardo. Blanca, la actriz más joven, me plantea una duda con un marcado acento aragonés que ha neutralizado durante su actuación. A ella le ha tocado decir, recitar, representar –no sé qué verbo sería el idóneo– el monólogo del águila.

–Mira, Marta, es que yo tengo un problema porque no sé qué es esto del águila. Rafa me lo explica, pero yo no lo entiendo. ¿Qué le hace el águila en el pecho?, ¿qué pasa con el águila?, ¿por qué aparece un águila por allí?, ¿qué significa? Así que digo ¿y por qué no voy a preguntárselo a la autora? ¿A mí me lo podrías explicar? Es que yo no acabo de verlo... Me angustio, me angustio, pero no sé por qué me angustio. Rafa me lo explica, pero, mira, yo no lo veo...

Prometo replantearme el fragmento del águila. Es muy probable que Blanca, más allá de los animales como metáforas del dolor, los que muerden, los que arañan, los que le sacan las tripas a Prometeo encadenado, tenga razón y el águila no haya sido la opción zoológica más afortunada. Blanca entiende la garrapata. Quizá el águila revista demasiada solemnidad. Demasiado mito. Exceso de psicoanálisis.

Mis aplausos y mis reverencias.

Ramos de rosas rojas.

Qué suerte tengo, madre mía, qué suerte tengo.

YO

Podría pensarse que decir «yo» busca la automática complicidad de los lectores. Como si el yo arrastrase poco a poco hacia la identificación y la empatía con quien habla. Con quien escribe.

Pero el yo de esta historia apela al reverso. Suscita antipatía. Muestra el lado quejicoso y agrietado de una sonrisa que enseña los dientes y la calavera.

Este resentimiento del yo no asume ni una gotita de éxito: aceptar esa felicidad mínima sería asumir resiliencias repelentes y equivocaciones. Cierta maldad. A la vez, el éxito se desea.

Me han envenenado. Invoco al padre Karras. Pago la cuota en una clínica de desintoxicación.

Este yo lamentable es un hallazgo expresivo en la civilización *smile*.

¿QUIÉN PUEDE MATAR A UN NIÑO?

Y a una niña también. Y a *La chica danesa* y a *Una mujer fantástica* y a *Las malas*. Y a Pedro Lemebel. Y a Gabriela Wiener, que escribió *Huaco retrato*. Y a mi Shangay Lily. La mía.

369

Hay que tirarles piedras. Me cuesta mucho entender tanta vesania.

Pero lo que yo quería contar es que, a veces, desempeñando mis tareas me siento útil. Cuando pienso o encuentro una palabra, cuando escribo una columna periodística o doy una charla en un congreso, cuando presento un libro, puedo sentirme útil, pero en general me quedan dudas y vacío. Sin embargo, me siento útil cuando voy a una casa okupada de Villalba para leer poemas con Ángel Guinda y Alberto García Teresa.

—«Y yo le dije a la voz de doblaje de Joan Fontaine que era una perra, una perra mentirosa...»

En Villalba usamos una brújula: tenemos el horizonte práctico de evitar la desokupación. Somos un tapón, un coagulante.

Me siento útil en ciertos actos políticos y reivindicativos, en los que a la vez me doy cuenta de que la organización habría preferido que alguien más popular que yo leyese el manifiesto. Me acuerdo muchas veces de Elisa Serna, que se apuntaba a un bombardeo con su guitarra, siempre por causas buenas —la memoria democrática, la igualdad, las luchas feministas—, hasta que reparó en que ser una cantautora, políticamente concienciada y dadivosa, no le daba de comer. Elisa había entrado en un círculo vicioso, porque seguramente su entrega y compromiso político le impedían tener repercusión en otros ámbitos, y esa imposibilidad de resonar en el escenario de un teatro comercial, en un programa de la radio o de la televisión, en un auditorio con actuación remunerada, la empobrecían y le hacían sentir su generosidad hacia los compañeros como una carga, un desprecio, un insulto. Por otra parte, los compañeros, a efectos de difusión de la causa noble, habrían preferido que en el acto cantase Ana Belén.

Hay una clase obrera cultural que no se puede permitir el lujo de regalar su trabajo. No tiene con qué vivir. Vive de un trabajo que quienes defienden el trabajo no consideran trabajo. Almudena Grandes podía permitirse una generosidad que practicó sin tasa. Elisa Serna, no. Por eso alabé que Unai Sordo pagase a las personas que habíamos escrito un cuento para una colección de relatos auspiciada por Comisiones Obreras. Esa remuneración implicaba una dignificación de nuestro trabajo y el reconocimiento de que las pintamonas, los bufones y juntaletras, las payasas, los bardos, las verborrágicas, las poetas de servilleta, los juglares y las danzarinas artísticas, los cómicos, las vendedoras de chistes de amor a la puerta de los cines de Madrid, los guionistas de culebrón y las novelistas de clase media desempeñamos un oficio del que aspiramos a vivir. Por el pan y las flores. Porque se regala cuando se puede o se quiere regalar. No se regala por obligación. No se regala porque tu trabajo sea accesorio, ornamental, conjunto vacío.

Yo me he sentido útil leyendo poemas en una casa okupada de Villalba y haciendo homenajes a Miguel Hernández o a Gabriel Celaya en una fiesta del PCE.

Me he sentido útil yendo a los institutos. En algunos congresos literarios prevén visitas a centros escolares que, a menudo, se ubican en los barrios más depauperados de una ciudad. Ocurre en Guadalajara (México) y en el Festival de la Palabra de Puerto Rico. Cuando esto sucede, se percibe una bondad impostada. Como si la visita al centro escolar justificase el lujo y el boato. Un gusano te come un poco las tripitas. Pero quieres creer que sirve. Y allá vas. Sin mucha fe, pero por si acaso. No hay que perder nunca esa fe porque, si no, nos convertiríamos en muñecas de cera. Paralizados bloques de hielo.

–Un, dos, tres, ¡al escondite inglés!

Primero la quietud. Después, un golpe de viento te descompone y tu polvo se incorpora al aire. Desapareces.

En un instituto periférico de Guadalajara, todo pintado de azul, nadie conoce mi nombre, pero todo el mundo sabe que soy una escritora. El respeto no dimana del nombre, sino del oficio. La alegría no es por ti, sino por lo que haces. El alumnado me recibe con una ovación porque es un día especial. Celebran la fiesta de no asistir a las clases cotidianas y la ovación chirriante, en su exceso, también esconde un punto de ironía. Un «nos importas un bledo, pero gracias por aliviarnos de la carga docente». Sin embargo, quiero creer, me fuerzo a creer.

–Para usted...

Un niño me regala un cestito con frutas que ha preparado su madre. Está contento de entregármelo y se pone colorado.

–Para usted...

Otro niño me trae unas rosas de papel y unas confituras.

–Para usted...

Dos niñas, cogidas de la mano, me dan un pañuelo de colorines.

Soy la Virgen a la que en mayo llevan flores. Soy una fantasía. No existo.

Me traen ofrendas. Son gestos de gratitud de los que participan las familias, el profesorado, jóvenes que gritan en el inmenso salón de actos, primero sin prestarte ninguna atención, felices de habitar un espacio poco habitual y de decirse cosas que quizá no se dirían en clase. Hay leones y leonas. Ardillas. Peces grandes y chicos. Un grupo efervescente de seres humanos en pleno proceso de metamorfosis –química, biológica, psíquica, cultural...– que huele como huelen los seres humanos a los trece años. A los trece años se huele a expectativa y deseo, temor, atolondramiento, timidez, rabia, felicidad estruendosa que de pronto se destila en lágrima. Sobre estos efluvios hormonales se identifica también un aroma dulcísimo e incluso mareante, el perfume pegajoso, que algunas criaturas se han echado por el cuello y las axilas antes de salir de casa. Parece que el bullicio nunca va a acabar hasta que una maestra pone orden. Silencio. A ratos se percibe el sopor y, a ratos, el asombro. Me quedo con lo segundo. Hay respeto.

Luego me piden autógrafos que estampo en trocitos de papel. Como si fuese Madonna. O quizá Madonna nunca lo haría. Y aquí sí siento el privilegio y me pregunto quién soy. La oruga fumadora de Alicia, con su voz de oruga, un poco gangosa, me señala: «¿Quién eres tú?». Lo hace a menudo y hoy sí sé responderle: «Soy una escritora que lee con personas jóvenes», «Soy una escritora puesta en tela de juicio por las personas jóvenes» —puede que estuvieran esperando algo más de mi ropa–, «Soy una escritora que defrauda a las personas jóvenes» —habrían preferido una visita de Rosalía o de Bad Bunny–, «Soy una escritora que ha suscitado la curiosidad de las personas jóvenes» —y cierto asombro, puede que también–, «Soy una escritora que ha descabalado el concepto de escritora que tienen las personas jóvenes», «Soy una escritora respetada por ser escritora». Me han regalado cestos de frutas. Me han besado en las mejillas.

Salgo eufórica del centro escolar.

Me conmueve la labor del profesorado. Son ellos, son ellas, quienes trabajan cada día. Y se quitan mérito.

David, un profesor del instituto Copérnico de Parla, me invita a sus clases. Allí una niña me pregunta por las mejores edades de la vida como si yo hubiese pasado por todas y otra exclama: «Pues a mí me da pereza todo lo que me queda por vivir». Los alumnos del instituto en el que trabaja el escritor Joan Benesiu, cada día, le dicen: «Estic cansat». Me lo cuenta en Noviembre, la librería de Celia y Mónica, en Benicàssim.

Hay que pisar la tierra para saber de lo que se habla.

Me invitan a leer poemas en un instituto de Badajoz. Nunca había estado en Badajoz. Voy cuesta arriba caminando por las calles. Miro acá y allá para entender un poco la ciudad, pero cualquier cosa que dijese sería una simpleza por la brevedad de mi paseo. Siempre paseítos, en Pekín o en Badajoz. Casi nunca puedes afirmar que conoces un topónimo ni lo que el topónimo incluye. Ni siquiera cuando escribes un diario. A media mañana entro en un teatro lleno de chavalería.

—¡A ver si os calláis ya! ¡Que ha llegado la escritora!

El auditorio ríe, murmulla, va bajando el tono, calla al fin. Leo poemas de *Hardcore* y *Perra mentirosa*.

Nosotras también tenemos derecho a la vida.
Las perras que mienten.
Y las que llevan bozal.

Las niñas perpetuas
que son
viejas prematuras.
Bette Davis lleva un vestido de encaje,
calcetines cortos,
huele a chicle
y un lazo le recoge los tirabuzones.
Tiene ochocientos setenta y nueve años,
y canta una canción
con inflexiones vocales
de estrella juvenil.
No necesita doblaje.

Una niña explota. Me alegro de que un poema haga explotar a una niña. Se levanta, se pone en jarras y, desde una de las butacas, expresa su indignación:

—Pues ya me vas a contar tú a mí cómo una señora puede tener «ochocientos setenta y nueve años». ¿Estamos locas o qué? Que tú lo has leído y aquí lo pone...

La niña agita el cuadernillo que el profesor ha preparado para que leyeran con anticipación los textos. La niña busca con la mirada a sus compañeros. Unos la jalean, otros parecen un poco abochornados. Se remueven. Se siente una vibración.

—«... ochocientos setenta y nueve años...»

Me entra la risa porque la niña habla cargada de razón y tiene muchísima gracia...

—Bueno, ¿me vas a contestar o qué?

La niña, por fin, es jaleada por el auditorio. Se opone a la autoridad que represento. Porque yo soy una inepta que escribe y lee en público algo que a todas luces es imposible y mentira.

374

–A ver cómo lo explicas...

Se lo explico con mucha paciencia.

Con mucho respeto.

Con cierto sentido del humor no hiriente.

Incluso le pido disculpas por los desplazamientos de significado y la falta de literalidad de las figuras retóricas.

Estoy bastante acostumbrada a disculparme.

Salgo de allí con la satisfacción de que una niña, más allá de las provocaciones y la capacidad para iniciar la revuelta y la risa, se ha tomado en serio la lectura de un poema. Muy en serio. Con esa literalidad de los tiempos que han ido corriendo hasta solidificarse en esta ligereza falsa en la que ahora vivimos. No me quedo con ese mal sabor de boca que a veces nos deja la torpeza de nuestras palabras o la indiferencia ajena. El aplauso flojito. El correcto cumplimiento del acto pedagógico y cultural. La justificación. Salgo contenta por la lectura un poco ofendida de esa niña, que se ha puesto en jarras, y ha hablado bien alto para hacer un chiste, pero también por genuina curiosidad. A veces, hay que enmascarar el interés en desinterés o en ganas de jorobar. Sobre todo cuando tienes trece o catorce años. Salgo contenta por esa pregunta, que encerraba un juicio negativo y una visión estrecha de la honestidad de la palabra escrita.

He sido útil: me parece que el grupo de tercero de la ESO ha aprendido qué es una hipérbole y para qué se usa.

El grupo ha quedado contento. Y su profesor, también.

Volveré a usar la misma imagen de la mujer centenaria, disfrazada de primera comunión, de Bette Davis en *¿Qué fue de Baby Jane?* cuando esté construyendo la voz narrativa de *Daniela Astor y la caja negra.*

Tiramos de un hilo que siempre es distinto y siempre es igual. Porque somos lo que somos y no podemos salirnos de la piel que nos limita y contiene. Aunque nos rajemos y saquemos las tripas al sol.

–Caracol, col, col.

Salgo contenta porque hoy ningún niño, mirando los mensajes recibidos en su teléfono móvil, me increpa agresivamente:

–¿Y usted por qué insulta a los hombres y nunca habla de esas madres que matan a sus hijos y los medios de comunicación no lo dicen porque no está de moda decir eso de las mujeres?

También estamos ahí para dar esas explicaciones. Con aplomo. El corazón nos late a ciento veinte pulsaciones por minuto. No lo parece.

Hemos mermado de tamaño. La ropa se nos queda grande. No lo parece.

Un niño nos saca la cabeza y, si pudiera, nos pegaría un guantazo. Sonreímos. Explicamos.

Luego salimos con las piernas temblonas.

CARTA DE RECHAZO

La escritora, que, en este momento, aprende de sus amigas y necesita distanciarse de sí misma y de un dolor que no es rabia, utiliza la tercera persona. La escritora, que firmó un contrato con una joven agente, simpática y más eficaz que un buen insecticida, para gestionar sus derechos internacionales porque tiene muy pocos, recibe una carta de precioso rechazo por parte de una editorial estadounidense. Su nueva agente, a quien la escritora tiende a ver como una de las hadas madrinas de *La bella durmiente* en versión Disney –le pasa con todas sus agentes: una y dos–, le filtra la misiva.

Querida:

Me sabe muy mal porque justo X me acaba de decir que no –leyeron CLAVÍCULA*–, pero te copio la respuesta:*

Realmente me encantó esto: las discusiones superpuestas de miedo, dolor, trabajo, familia, todos trabajan juntos para crear algo tan poderoso y conmovedor. Marta tiene tal don para explorar las conexiones (¡y a menudo las desconexiones!) entre ella y los guantes más grandes que las mujeres, los escritores, realmente cualquier tipo de persona con sentimientos, deben soportar en el mundo de hoy. También me encantó la sensación de desorientación que crea con su narrativa recursiva, en espiral alrededor de este dolor innombrable en el centro del libro, una especie de eje existencial que mantiene tantas cosas juntas (aunque también crea tanta tensión y presión).

Así que, claramente, soy un gran fan del libro y de Marta. Dicho todo esto, sin embargo, a pesar de todos los méritos del libro y el don de Marta para descubrir tantos elementos intrigantes de este tema de maneras inesperadas y provocativas, simplemente no podía ver un lugar para esto en mi lista. Marta me recuerda a muchos de mis escritores favoritos, que pueden volver su mirada hacia dentro y, al hacerlo, crear un retrato del mundo más grande en el que vivimos. El problema, sin embargo, es que este es un modo que me temo que se sentirá demasiado familiar para los lectores de Annie Ernaux, Rachel Cusk, Sheila Heti y otros. Obviamente, el trabajo de Marta se destaca completamente por sí solo en sus fortalezas, simplemente no creo que mi lista sea el lugar para mostrarlo con el mejor efecto.

Así que, por desgracia, con disculpas y profundo pesar, me temo que tendré que pasar. Pero le desearé a Marta todo lo mejor para encontrar el hogar estadounidense adecuado para este libro excepcional.

Un beso y seguimos.

La escritora ni siquiera conoce a Sheila Heti. Y teme que no va a hacer nada por conocerla dado que se parece tanto a ella misma.

La escritora, cuyo estilo no tiene nada que ver con el de la adusta y fabulosa Ernaux ni con el de la a veces indirecta Rachel Cusk, demuestra sus conocimientos de literatura e inglés reaccionando al rechazo con un...

—Shit!

(Lo escribe en inglés para que todo el mundo la entienda.

377

A mi madre le explico: «Mamá, *shit* significa «mierda». Caca de la vaca».)

La escritora tiende a ver a sus agentes como hadas madrinas y, tal vez por esa razón, cuando se dan estos contratiempos, las odia un poquito.

Luego, mañana, se sentará a esperar a que suene el polvo de hadas de un wasap.

La campanilla o la pulsación de un xilófono.

Todo es una cuestión de gustos.

MIENTRAS TANTO ME VOY QUEDANDO SIN FUERZAS

Mientras tanto...
Me
voy
quedando
sin
fuerzas.
Pero de repente...
¡Ale hop!
Voltereta lateral a lo largo del pasillo. Emoticono de alegría: deportista olímpica con maillot violeta. Me levanto. El público diría que soy una joven gimnasta, pero cuando me ven la cara se dan cuenta de que no (disfruto mucho con estos efectos siniestros).

PODER CULTURAL

Pese a estas ínfimas catástrofes y resucitaciones al límite con palas cardiacas, no soy una pobrecita. Yo decido, en parte, quién gana ciertos premios. Escribo sobre libros en suplementos culturales que hoy carecen de la capacidad de impregnación

378

social de antaño, pero que aún están ahí. Perduran en la lógica comercial del «reinventarse», en esa suerte de tránsito místico que va de lo analógico a lo digital. Entre el fin de las guías telefónicas y el arranque del metaverso, en los suplementos culturales escriben matones, mujeres que miran hacia otro lado, jóvenes que buscan hacer amigos, charcuteros, egotistas, perfectas filólogas, escritoras que leen, personas inseguras y personas muy pagadas de sí mismas cuyos perfiles a veces coinciden dentro de la misma criatura cultural... En el pequeño mundo de la literatura queremos vernos en esos ojos y que esos ojos nos computen en listas admirables si nos recogen, y muy discutibles si nos omiten. Nos obligan a ser galgos de competición.

Ahí, justo ahí, yo soy poder cultural.

No voto en listas en las que podría aparecer. A veces aparezco: a la altura del año 2022, cuatro de mis novelas fueron recogidas entre las cien mejores del siglo XXI. Si te ves recogida en una lista, el sistema funciona y las fuerzas cósmicas te acompañan, pero tu nombre cae bajo sospecha porque nos consta que el sistema no funciona y la entropía lo destroza todo a un nivel universal. Por el contrario, si no encuentras tu nombre entre la nómina de ilustres, puede que por fin lo estés haciendo bien o puede que te quieran castigar. Hay muchos mecanismos de autodestrucción y de defensa para que la realidad no se desmorone sobre tu cráneo-partícula. Al menos debes ser lo suficientemente madura como para pensar que lo que escribes no es exactamente un truño. En general me tratan bien, pero nunca me siento tan bien tratada como yo procuro tratar a los demás. Leo con microscopio y con tomavistas. Extraigo lo mejor de cada libro. Nunca abandono una lectura. Soy una mema. Una sentimental. Opero con la moral infantil de no tratar a nadie como no me gustaría que me trataran a mí. Mi piel es delicada.

–Policía de la palabra.

–Responsable de la salud semántica de la comunidad.

–¡Epifanía!

A veces no alcanzo a comprender por qué la comunidad no se ha muerto ya. Anorexia, ranciedad, factura televisiva, sentimentalismo, exquisitos quesitos de la vaca que ríe, universalidad confundida con globalización, momentos de gran emoción, tramas atrapa-ratones, falsa transparencia, autoficciones de curarse en salud, todo el mundo es bueno, enamorarse del amor y *tuppersex* aún no han provocado cirrosis en el cuerpo social. Incomprensible.

A mi trabajo acudo, con mi dinero pago. Me concentro centro y procuro hacer las cosas lo mejor que sé, conozco el nombre del color del agua de la pecera en la que nado. No me descargo de mis culpas, pero al menos intento no ser una colaboracionista perfecta.

–Ding, dong.

–¿Quién es?

–¿Vive ahí Marta Sánchez?

–La misma.

–Traigo un paquete para usted.

Siempre la misma desilusión del mensajero. Pero hay que ser muy tonto para creer que Marta Sánchez viviría en un tercero sin ascensor.

–¿De-ene-i?

Los libros que no quise leer cuando era una niña –una niña sabia y salvaje– hoy trepan por los muros y tabiques de mi casa, y mi reverencia por el libro fetiche, por el libro sagrado, que descubre una visión de la literatura como relicario y palabra mágica, me impide arrojarlos al contenedor azul. Por dentro los lleno de marcas y máculas. El libro espiritual, la palabra de dios te alabamos señor, se corporeiza. Con arrugas y rayas, y páginas dobladas. Glosas escritas a lápiz. Mordiscos. Trazo sobre los libros un mapa del tesoro y a menudo deformo la letra para decir lo peor. Los internistas podrían reconocer las enfermedades de los libros de mi biblioteca abriendo sus tapas. Solo en la tripa y en el obsceno interior de sus cuerpos expuestos a la luz, tras practicar una autopsia que deseca y achata las vísceras, se oculta el parásito de la verdad. Puede verse a través del microscopio.

No tengo descendencia y me importa muy poco la posteridad. Me da igual que mis marcas condicionen la lectura de unas hijas que nunca quise tener. Si las tuviera, no me importaría en absoluto que siguieran las miguitas de pan que les dejó su madre, o que las barrieran para dejar el suelo de su mente impoluto y posiblemente tonto.

—¡Tralaralarita!

—En las casas bien limpias se hace el amor un sesenta y siete por ciento más que en las desaseadas.

Si lo hubiésemos sabido...

Recibo diez libros a la semana porque hay quienes creen que puedo hacer algo por ellos, pero yo aún no he medido lo que puedo hacer en realidad. Y me duele el estómago. No estoy acostumbrada a mandar. El peso de las recepciones semanales hundirá los polvorientos suelos de mi piso construido en 1916. A la salida del portal han incrustado un adoquín de dorada cobertura que recuerda el nombre de un vecino asesinado por los nazis en Mauthausen. Vivió en el mismo edificio en el que yo vivo ahora. Los transeúntes se detienen para leer la información del adoquín. Dicen:

—Eso es mentira.

No entiendo desde qué autoridad hablan, pero dictan sentencia. Sin embargo, aquí habitó un hombre asesinado en Mauthausen como muchos otros españoles comunistas, judíos, gitanos, maricones. Todas las vencidas. Quizá Martínez Reverte solo habló con los vivos de la comunidad y no tuvo ocasión de conversar con los fantasmas que me atan a esta casa, a este hogar, desde hace más de veinte años.

—Ding, dong.

Me mandan libros. Personas que creen que puedo hacer algo por uno de esos libros. Entre mil, uno. No suelo decir la verdad de lo que pienso sobre los volúmenes que me envían. Mi honestidad se entreteje con el mandato de no infligir dolor. Me parece mucho más importante eso que decir la verdad, toda la verdad y nada más que la verdad sin prever que yo también puedo equivocarme y mi error puede actuar como un hierro oxidado que infecte una herida. Busco la frase que a mí me animaría si fuese la escritora del libro que me mandan. Sé que la gente detecta las tibiezas –les duelen las tibiezas–, pero también sé que nos agarramos a un clavo ardiendo.

–¿De verdad te parece una propuesta curiosa?, ¿de verdad que sí?

A veces el juicio verdadero coincide con lo que se espera oír. Pero el sensibilísimo olfato de las polillas reconoce cualquier interferencia y anhela un grado más en la escala del halago.

–Tu libro es maravilloso.

–Maravilloso, ¿y?

Nadie quiere que le digan la verdad, y si se la dicen, el cuerpo se recubre automáticamente de una coraza y una rabia. Una sospecha frente a las honestidades, un quién te has creído que eres. Yo soy esa persona a la que a veces le pitan los oídos por mucho que procure no molestar. A menudo mis elogios no están a la altura, pese a que quien me ha enviado su novela o su colección de relatos me ha escogido a mí porque acaso aprecia mi capacidad de leer, pero también y muy probablemente porque conoce mis debilidades y mi falta de carácter. Mi lengua balsámica. Seré buena, aunque mi apariencia sea dura. Mi falta de carácter es estupenda: se camufla en un temperamento firme. En la apariencia de un criterio que a veces no es el mismo dentro y fuera de mi casa. Y no estoy loca.

También puede que incurra en el error de creer que la gente que me manda libros tiene una sensibilidad parecida a la mía y, en realidad, estas personas sean mucho más maduras que yo. No obstante, la previsión de daños me lleva a utilizar un tono confortable y animoso en las respuestas incluso con los cuentistas crueles y las narradoras *bestsellerizadas* que me piden consejo, obviamente, para que les dé la razón. Quieren que se alaben sus inauditas metáforas, generar un lenguaje cósmico, negándose a comprender que nadie paga millones para que le rasguen el ojo como en *Un perro andaluz*. Joder, pues vaya necesidad. Se paga para que te estiren la piel y la recosan por detrás de las orejas. ¿Cómo podría yo rebelarme contra la soberanía popular de las listas de ventas? Quién me he creído que soy. A veces me meto en laberintos sin salida y tengo que echar el cuerpo a tierra para salir arrastrándome. Pero es que incluso las consagraciones y subidas a los cielos de la literatura comercial andan buscando otro tipo de legitimación y generan insatisfacción en sus protagonistas. No valoran sus casas. Ni sus ascensores.

—¿Marta Sánchez?

Pregunta un mensajero echando el bofe en el descansillo del tercero.

La desesperación lleva a los poetas —bohemios, malditos, resentidos ante el éxito de las escritoras que viven en áticos romanos y cuentan con segundas residencias en el mar— a hacer cosas lamentables. Llamar a todas las puertas en las que entreven una rendija. Aferrarse a los brazos medio abiertos. Confundir la cortesía con la admiración. Pensar que les dices que sí porque un día les acariciaste un poquito el pelo. Hay quienes piden, además de tiempo y amor, una reseña. No les basta una lectura. Es decir, una lectura privada no les sirve: piden que la cortesía íntima alcance una dimensión pública que les permita abrirse un hueco. Yo se lo abriría gustosamente, porque carezco de orgullo y me espantan las marcas personales, ese rigor de chichinabo que encopeta a los puros, pero no soy omnipotente. Entonces quien te ha pedido se indigna, se cabrea y, de algún modo, te echa en cara haber perdido el tiempo contigo cuando en realidad eres tú la que has perdido el tiempo leyendo un libro que no te apetece leer y buscando razones para confortar a quien a menudo tan solo es un imbécil. Un imbécil sumido en la desesperación que te cortaría el cuello, pero que a ti te da lástima.

–Ven. Te acariciaré un poco el pelo.

Los poderes culturales nunca queremos reconocer que lo somos. O quizá es que nos olemos que no lo somos, pese a nuestras rabietas para no convertirnos en muñecos de guiñol y justificar lo injustificable. Lo injustificable empieza a parecernos lo normal. Entonces no podemos olvidarnos de los efectos benéficos del Tigre de Mompracem sobre nuestros corazones ni de los poemas de Emily Dickinson sobre nuestra lubrificación cerebral. Corazón y cerebro en el mismo organismo. Ética y estética. Fondo y forma. Pares dialécticos que confluyen en la síntesis.

–Epifanía.

De momento, soy un poder cultural que tiene contradicciones y conflictos para entender el significado de palabras y sintagmas como «elevación», «popular», «gran obra», «oficio», «democracia», «ópera», «teatro real», «circo», «pan y rosas», «calidad», «línea clara», «poesía órfica», «sacerdocio», «sindicato», «agrupación colegial de escritores», «residencia de escritores en Iowa, Roma o Buenos Aires». Sombra y luz.

Los escritores jóvenes –acaso no jóvenes, pero sí prometedores– me piden avales y cartas para conseguir una beca del BBVA. También las escritoras. A mí nunca nadie me dio una beca del BBVA ni de la Comunidad de Madrid. He votado alguna vez para la concesión de la residencia en el Colegio de España de Roma. He colaborado con el PICE para decidir qué artistas merecen que el gobierno de España les pague un viaje y un alojamiento para dar una conferencia en el extranjero. Soy poder cultural, pero no estoy traducida convenientemente más que a la lengua italiana. Un poco al griego, húngaro, portugués, inglés, algunos relatos al francés y al árabe. Ahí la radiografía muestra un esguince. De ahí nace una parte de mi dolor. Ese orgullo, que digo no tener, se muestra herido y el dolor me desorienta.

No sé dónde estoy y, por tanto, solo sé quién soy muy relativamente. En las vísperas de las Navidades de 2022, José Cancio, arquitecto, lector, escritor, amigo de correo electrónico, hombre elegante y cariñoso –no con todo el mundo–, me felicita las fiestas: «Y para el año próximo deseo que tu eclosión se produzca».

José Cancio me hace daño sin querer.

Tengo cincuenta y seis años. He escrito quince novelas. Puedo esperar una bajada de glóbulos rojos, pero no puedo esperar ninguna eclosión: «...mi eclosión no la esperes. Ya sucedió. Yo soy un cisne que canta». Soy una mujer que, con la edad, se va poniendo misteriosamente guapa –mi cuerpo frente al espejo se ha troquelado en una figura de veinte años–, pero, en definitiva, envejezco. He perdido mi buena predisposición hacia la literatura y mi decoro en los correos electrónicos. Frenar la cursilería también es una opción de clase y yo estoy perdida tanto en lo que se refiere a la opción de clase, como en lo que atañe a los premios permanentes a la cursilería en las letras. Preferiría ser cursi y que me dieran caramelos. En mi casa tienen razón cuando me afean un exceso de generosidad en un mundo intrínsecamente mezquino. «No seas buena», me dicen. Mientras, yo voy perdiendo mi confianza o quizá este libro ejemplifique hasta qué punto sigo dispuesta a creer en la magia, los milagros, la corrección de los errores –ajenos– y esa democracia perfecta en la que mis puñeteras propuestas político-estilísticas lleguen a erigirse en literatura popular.

–Pero ¿qué está diciendo esta tía?

Te vuelves vieja al reparar en que lo que escribiste y dijiste sin parar, excéntrica o transgresoramente, desde una supuesta heterodoxia que dejaba a tus interlocutores replanteándose algunos de sus prejuicios sobre la escritura o la realidad, ahora lo dice casi todo el mundo. Leo en *HobbyConsolas* –mis fuentes de información han mutado– unas declaraciones de Wes Anderson: «Wes Anderson sostiene que no tiene un estilo: "Cada vez que hago una película estoy haciendo algo diferente"». Pues claro, Wes. Y el fondo y la forma son indisolubles, y no se puede decir lo mismo de dos maneras diferentes y en el arte el quid está en la imaginación técnica y la versatilidad, por encima de la marca del genio y de la industria.

–¡Epifanía!

–¡Voy!

Sin embargo, no sientes esa asimilación de tus palabras en la sociedad como un triunfo. Entre otras razones porque estas palabras nunca fueron exactamente tuyas. Nadie posee unas palabras exactamente propias. Estaríamos apañadas. O quizá es que la sociedad te ha fagocitado por culpa de tu cansancio.

(Paréntesis: «sostiene que no tiene». O *HobbyConsolas* paga poco o hemos perdido nuestra exigencia estilística.)

En el universo de *HobbyConsolas* y a resultas de mi agotamiento, mis volutas metafóricas nunca cimentarán una mansión en Paracuellos del Jarama. La obsesión por la vivienda vuelve a ser marca de clase. Tengo que ser consciente, tengo que ser consciente de la imposibilidad de resolver la cuadratura del círculo y evitar seguir dándome golpes contra las paredes.

Además, tengo que ser consciente y estar muy agradecida por haber llegado a ser poder cultural.

–Gracias, gracias. Sin ustedes nada de esto habría sido posible.

No sé si he eclosionado y no puedo quejarme, o si estoy orillada y me debo doler porque nunca recibo una buena noticia que sea gratis. Una azarosa buena noticia que no se relacione directamente con mi esfuerzo. Pulso. Persistencia. El tacómetro que llevo incorporado en mis talones. Mis triunfos –posiblemente triunfitos– resultan de una tenacidad dañina para la salud. Menos mal que en mi editorial saben de estos sobreesfuerzos y no solo me dan palmaditas en el hombro. Me los pagan. Esta consideración a veces me hace sentirme culpable. Entonces en mi casa me tildan de tonta del bote. Y yo mirando al cielo clamo:

–¿Dónde está mi hada madrina?, ¿mi flor en el culo?, ¿mi p entonces q?, ¿mi premio al estudio y a la voluntad de no acomodarme?, ¿mi cita en *The New York Times*?, ¿quién se ha comido todas mis recompensas y provisiones?

Nadie me toca con una varita mágica. No vendo diez mil ejemplares de un libro –es un ejemplo hiperbólico– sin ir previamente a diez mil capitales de provincia y localidades aledañas –no es un ejemplo hiperbólico–. Me merezco todo lo que tengo y también todo lo que no tengo. Soy clase media. Músculo cultural. Teoría del esfuerzo. Carne viva. Tengo un pie dentro y otro fuera del paraíso. Puedo despeñarme a los infiernos en el mismo segundo en el que deje de empuñar mi lápiz. Mi cuerpo está congelado en el aire justo en el momento en el que va a caer, pero aún no ha caído y el aire gelatina lo sostiene en un ademán que intenta salvarse del ridículo. Que no se me vean las bragas mientras trastabillo. Aún puede que salga volando. No hablo del Ave Fénix ni de esa compostura gimnástica del me caigo y me levanto y me caigo y me vuelvo a levantar. Puta resiliencia y puto kung-fu.

–Coja aire, suelte aire... Imagine un horizonte. Piense en cosas bonitas.

Y yo qué sé.

No hablo del Ave Fénix, sino del escorzo de caer sin terminar de caer y sin tener la certeza de haber estado nunca completamente erguida.

Hablo de quienes se mueren a lo largo de una sucesión infinita de años. Como Prometeo encadenado a la piedra. Se mueren cada noche, pero no se mueren del todo y, desde fuera o desde abajo, ya no sabemos si están vivos o muertos. Son desaparecidos. Pedimos el *habeas corpus* cuando unos cuantos amigos visitan a Juan Eduardo Zúñiga que me manda fotos dedicadas desde su casa gracias a la generosa intercesión de Jesús Marchamalo. Con Juan Eduardo Zúñiga y Bértolo presenté en el Ateneo una edición de *Días de llamas* de Juan Iturralde. Antes, en un café de la calle del Prado le pregunté a Zúñiga por sus traducciones del ruso, por *El coral y las aguas*, *Capital de la Gloria* y su *Largo noviembre de Madrid*. Pero él solo quería que yo le contase de mis escritos y a mí me daba apuro porque no tenían ninguna importancia frente a él. Premio Nacional de la Letras Españolas 2016. Lo que relato sucedió, al menos, diez años antes de que este premio le fuese concedido a Juan Eduardo.

Los poderes culturales como yo corremos el riesgo de convertirnos en estómagos agradecidos. Porque no estamos acostumbrados. Gente que hace la pelota o que, en el polo opuesto, monta el número practicando la felonía y el resentimiento de clase. Mi carácter, tan dulcificado con el tiempo, amortigua estos peligros.

No me siento cómoda y sé que mi incomodidad proviene de donde vengo, del mundo en el que vivo y del lugar al que quiero llegar. Quizá por eso escribo novelas pseudodetectivescas, venero a Wilde, soy una esclava de la literatura experimental y me regodeo con las peores películas de terror.

Soy poder cultural y no me entero. Soy poder cultural en la sombra porque poco a poco llego a ser una mujer madura que será vieja e invisible. Poderosa, vieja e invisible. Es decir, peligrosísima.

Una bacteria. Una rata.

Soy poder cultural, pero no puedo hacer nada por mí.

PERROS, SALTOS DE FE, FANTASMAS, OGRESAS, HEMOFILIAS CULTURALES Y PERSONAS QUE SE CONOCEN ANTES DE VERSE POR PRIMERA VEZ: EL EXTRAORDINARIO CASO DE JUAN VILÁ

Me interesan los fantasmas porque escribo desde el cuerpo. Escribo desde el cuerpo porque me pesan los rastros que dejaron las ausencias fantasmagóricas.

No guardo de Juan Vilá una colección de postales ni he compartido con él un viaje exótico. No hemos conversado desde ese desvalimiento que da sentirse fuera de lugar desde el punto de vista del exotismo geográfico, pero sí hemos conversado desde un fuera de lugar que se relaciona con la incertidumbre respecto al valor de las propias palabras y el pensamiento de que nunca nada es suficiente.

–No sé.

–Tengo miedo.

Nunca nos atreveríamos a decir que acaso nos merecemos mucho más. Somos personajitos enfermos. El diminutivo es recurso de las personas que mostramos desprecio por nosotras mismas amándonos profundamente. El diminutivo es el recurso de las personas que nos despreciamos profundamente mostrando amor por nosotras mismas. El orden de los factores sí altera el producto.

(Perdona, Juan, que te arrastre a este lugar tan impronunciable e íntimo. Tan por debajo del hueso.)

Se podría decir que somos perros que se dejan acariciar para lanzar una dentellada en el momento más inesperado. Todo eso serían metáforas de Juan y, en sus metáforas, en su yema de huevo, atisbo un reverso de insatisfacción. A veces quien muerde busca la caricia. Es una caricia especial que no puede pagarse con dinero, y que Juan y yo sabemos darnos. Para seguir adelante y sortear las procelosas aguas y el territorio salvaje.

La parte más tenebrosa de nuestro cerebro reptiliano, esas escamas de caspa que adornan cada una de estas páginas; la parte de sangre fría que te sitúa en posición de alerta ante el peligro y te condena a vivir con miedo porque la muerte llegará, la ceguera y el silencio llegarán, el fin de la escritura llegará –y el fin del cuerpo–, es decir, la contrafigura absoluta del *carpe diem*, se encarnizan en mis frases y también en las de Juan. En las pequeñas conversaciones cotidianas.

–Estoy muerta de miedo.

Los efectos secundarios de las serpientes y víboras –reptiles, al fin–, que se adaptan sinuosas a nuestras circunvoluciones y las parasitan, no son únicamente perniciosos. Hay algo caliente que surge de la necesidad de acompañarse. La fragilidad y la histeria nos obligan a abrazarnos en ese periodo anterior a la publicación de un libro.

–Estoy muerta de miedo.

–No tienes por qué tenerlo.

Luego invertimos los papeles:

–No sé, no estoy nada seguro. No sé...

–Has escrito un libro magnífico. Venga.

El temblor no se pasa. Nos engañan pretendiendo magnificar ese nervio bueno que da vida a las actrices antes de pisar un escenario.

–No lo pierdas. Esta descomposición, esta falta de tablas, que son la máxima expresión de tener tablas, te dan la verdad.

Estoy cansada de ser una actriz descompuesta. Agradecería un poco menos de magia y más oficio. Algunas certidumbres. Crecimiento.

–¡Crece, coño!

–...

–... Pero nunca te vuelvas una engreída.

Me doy golpes de pecho. Uno, dos, tres, para no ser engreída. No puedo permitirme ser una persona engreída. Aunque atea, peco de una acendrada confesionalidad.

–Recemos, Juan, tres padrenuestros y una avemaría.

Entre la sequedad de boca y los retortijones, una luz: no cesa la predisposición para ofrecer consuelo a quienes viven una situación parecida a la tuya. Entiendes muy bien por lo que la otra persona está pasando: ¿recordaré la tabla del nueve cuando me la pregunten?, ¿me harán mucho daño al ponerme la inyección?, ¿me amarán como yo busco ser amada? A la vez, cuando das ánimos, borras toda debilidad y los monstruos que te muerden el corazón ocupan el lugar de lo nimio. De las puerilidades. De las paparruchas. Y ese quitarles importancia a los monstruos, si no se hace bien, puede constituir una falta de respeto. Como si me estuvieras llamando «imbécil», «ingrata», «tonta», «fantasiosa».

–Eso que temes no va a pasar.

Cuando pronunciamos esa frase, no tenemos ni idea de si el terror se materializará –carecemos de la gracia adivinatoria, pero conservamos las supersticiones–; sin embargo, momentáneamente, confiamos en las palabras ajenas. Hay una garantía. Una cédula fiduciaria avalada, no por el amor de quien te mira con buenos ojos, sino por la inteligencia. En el contrato que hemos firmado con Talía, Polimnia, Erato o Terpsícore, existe una apostilla en letra pequeña que ataja la posibilidad de la ruina absoluta y desdice esa gilipollez inconmensurable de que «quien bien te quiere, te hará llorar».

–Y una mierda.

Yo, de espaldas a Juan, como los cantantes frente a un auditorio fervoroso, como el empleado del mes frente a los jefes de sus compañías multinacionales, como los números de los cuerpos de seguridad del Estado frente a sus mandos, me lanzo al vacío. Cierro los ojos. Cedo a la ley de la gravedad. Confío.

–Allá voy.

Juan me recoge. Me quita el miedo. Necesitamos la energía ajena para poder equivocarnos en paz. Una cariñosa auditoría externa.

–Eso que temes no va a pasar.

Después, yo intento recogerlo a él, pero Juan se muestra reticente.

–¿Allá voy?

–...

–No sé si voy...

Juan tuerce el gesto de la boca. Niega con la cabeza. Obcecado. Es correoso frente a las buenas palabras, quizá porque se protege de la adulación; tal vez, sus pronósticos negativos persigan, con coquetería, la hipérbole en el comentario de los demás. Quizá Juan quiere más. Este comportamiento es muy común.

—Oye, me ha gustado mucho tu novela.

—No sé, no estoy nada seguro...

—Pero ¡si es fantástica!

—No me convence ese arranque.

—El arranque es el mejor de los arranques.

—¿Sí? No...

—¡Es un arranque prodigioso!

—...

—Joder, Juan, salta. Déjate.

Juan no se deja, pero se está dejando.

Nunca he visto a Juan Vilá sin su barbita. Cuando me enseñó una foto de su época de estudiante, completamente afeitado, me costó reconocerlo. Supongo que lo que no habrá cambiado es su voz. Porque no la gasta. Habla bajo y, de algún modo, tienes que acercarte mucho a él para entender lo que dice. Prestar atención para detectar los altibajos semánticos de una enunciación monocorde que, solo algunas veces, se rompe con una palabra más alta que la otra dentro de una carcajada. Si no fuera por esos excesos, Juan podría guardarme secretos de confesión y proponerme:

—Recemos, Marta, tres padrenuestros y una avemaría.

Esa textura teológica de Juan Vilá acaso arranca de sus aprendizajes como licenciado en Filosofía. Del moralismo de los perros que pueblan la literatura. Entretanto, creo ver que su tranquilidad esconde turbulencias. Veo una infinita llanura de la que, de pronto, brota un chorro de petróleo que puja por salir y, ahora, se alza hacia el cielo en un géiser.

Presentar un libro de Juan Vilá coloca a la presentadora en una posición complicada. Mientras yo alabo la cólera y la verdad de su escritura, el engrudo de violencia y amor, él me observa con mirada lateral y me lleva la contraria.

—Bueno, eso lo dice Marta porque es muy generosa, pero...

392

Le daría con una zapatilla en el culo. Por su incredulidad y para proteger mi prestigio intelectual. A veces me interesa más que mi generosidad. Otras veces, no.

Creo que Juan te dice que no porque quiere que le digas:

—Sí, sí, sí...

Que insistas.

Juan es la contrafigura viril del consentimiento.

Le sofocan los halagos, pero al final hay una búsqueda de calor. Mucho calor. El que necesitamos todas las quiltras, una palabra que aprendí leyendo los relatos de Arelys Uribe. Sigo aprendiendo al leer a las mujeres jóvenes. A veces me cabreo con tanta juventud.

Todo esto se llama «inmadurez».

Todo esto se llama «escepticismo».

Todo esto se llama «desconfianza frente a la realidad que te toca vivir».

Todo esto son maullidos de la gata Flora, la que a veces grita, la que a veces llora, corporal y textualmente justificados.

A Juan le gustan los perros y a mí me gustan las gatas. Pero a mí también me gustan los perros y a él también le gustan las gatas. Y las perras y los gatos nos gustan a los dos. Y las quiltras. No sé si me explico. Juan y yo compartimos una bolsa fetal de amor por los animales y ciertas discrepancias relativas a las cuestiones de género.

Me acerco a esos hombres que lloran cuando tienen que ponerle a su perro una inyección letal. Me acerco a esas personas que experimentan un duelo por la pérdida de sus animales. Eso no excluye la rabia por el genocidio en Gaza. Por mucho que nos quieran confundir. Quitarnos la inteligencia y la simultánea sensibilidad.

Transfiero a Juan mis emociones sabiendo que él no se va a enfadar conmigo.

—Allá voy.

Me lanzo sin mirar el abismo que queda detrás de mi cuerpo. Juan me recoge. Hago un salto de fe. Desde que lo conozco, siempre me dejo caer hacia atrás antes de sacar un libro.

–Este libro es muy Marta Sanz.

Se supone que este comentario es bueno.

Se supone que ser muy Marta Sanz no es ser de una única manera. Se supone que Marta Sanz se comporta como una psicópata que, a ratos, se refiere a ella misma en tercera persona y, al mismo tiempo, es una esquizofrénica, una polígrafa y una ventrílocua, a la que inequívocamente le gustan mucho los esdrújulos. Desde que era una párvula. No una niña. Una párvula. La sílaba tónica es la antepenúltima y se acentúa siempre.

Con el juicio de Juan sigo adelante pase lo que pase. Después, cuando el libro ya ha sido leído por la crítica y recibido por el público con mayor o menor fortuna, nunca nada es para tanto y todo pasará y cura, sana, culito de rana o mentira, mentira, todo se enquista como un queloide que duele. Una fractura de hueso mal curada que da calambre con los cambios meteorológicos.

El hermano de Juan es traumatólogo. Me hace radiografías porque me duele la espalda.

–Eres menuda, blanca, pecosa. Estás condenada a los dolores de espalda.

El diagnóstico del hermano de Juan, especialista en rodillas, me deja satisfecha. Igual que los diagnósticos de mi amigo sobre mi pasado, mi presente y mi futuro literarios. Hay un dolor inherente al fenotipo –del cuerpo, de la escritura– que no podemos evitar. No entiendo mi fenotipo al margen del peso de la historia ni de las desigualdades sociales.

Juan ofrece todo lo que tiene.

–Allá voy.

También sus buenas palabras hacia mí. No son buenas palabras hacia cualquiera. Me pertrecho con el alivio preventivo de un pesimista que se ríe de mis miedos. Si un pesimista te da ánimos, es que todo va a ir bien. No me importa que Juan me mienta. Solo espero que articule los razonamientos justos para mí. Que me ayude a coger el impulso para el salto. Él lo hace. Incluso cuando se pone en lo peor, en mi caso, lo peor sería algo magnífico. Manifestaría, como poco, la virtud del riesgo.

Sin que yo entienda por qué, este hombre me conoce.

Miramos desde lugares distintos y nunca hemos realizado juntos viajes a lugares exóticos. Estamos en momentos diferentes de la vida y nuestros orígenes tampoco se parecen. Mi familia podría haber protagonizado una película de la Tercera Vía Española; la de Juan habría sido objeto de una disección a lo Carlos Saura. Yo soy una pequeña mujer roja, y Juan proviene de una familia de *ogresas* –algunas bermellones y bien grandes– y de hombres buenos de derechas. Sin que sirva de precedente, estoy dispuesta a asumir la excepción de Juan, en cuanto a los hombres buenos de derechas, por respeto hacia él. Paralelamente Juan coloca nuestro ADN familiar, rojo como las amapolas y la sangre de los rojos corazones que hacen bum-bum, bum-bum, en un espacio de bondad y honestidad –la coherencia debe fluctuar según las condiciones ambientales, sobre todo cuando amapolas, margaritas y campanillas silvestres crecemos en un medio hostil– que nada tiene que ver con los bailes de salón de una progresía pija que a él le repugna y a mí no tanto. Tal vez, como país, tengamos que agradecerle algunas cositas a la Gauche Divine. Tal vez, como país, tengamos que dejar de exculpar a la clase obrera que saca a pasear perros asesinos que desangran a nuestras perritas falderas, hace el saludo fascista, hiere con los puños a los inmigrantes que vienen a chupar las ayudas sociales. España para los españoles.

Españoles que temen perder lo poco que poseen y se niegan a ver quién les quita el pan y la consola del ordenador. Porque ese que les roba es quienes quieren ser.

Desde la miseria no se pueden elegir muchas cosas, pero algunas sí. Trato con respeto a la clase obrera. Confío en su inteligencia. Asisto a la corrupción de una parte de sus integrantes. No tienen nada que ganar y sí todo que perder. Me asusto. Experimento una tristeza profundísima para la que me niego a buscar un adjetivo menos previsible.

En cuanto a las ogresas de Juan, para mí son mujeres fuertes, inteligentes, adelantadas a su época. Mujeres fatales que no se quedaron encerradas en la página de un libro. Él las ve desde una perspectiva un poco más freudiana y quizá, abrumado por ese peso, las ama vertiginosamente y teme herirlas cada vez que las retrata intentando ser fiel a sí mismo.

Estos son los problemas del amor y la escritura autobiográfica.

Juan camina por el hilo funámbulo de la misoginia. Pero no es un misógino.

Hay una rabia, una presencia del perro en la escritura, un residuo personal, que nos une. También compartimos un carácter cariñoso, de pocas palabras en la vida. Puede que amemos a las personas incondicionalmente. Quizá Juan no aceptaría una transferencia tan abultada de mi carácter hacia el suyo. Sobre todo, si el monto de la transferencia consiste en un rasgo positivo de la personalidad.

Juan y yo no hemos ido juntos a trabajar a Liubliana o Montevideo. Caminamos por la retícula del centro de Madrid y nos sentamos en las terrazas que hoy hacen de la urbe patrimonio neoliberal de la humanidad. Hemos desgastado las sillas de las terrazas mientras la cerveza y otras bebidas espirituosas nos iban soltando la lengua. Allí acabaron apareciendo complejos, temores, ilusiones en un tono muy menor. Los chismorreos. No tenemos bolos compartidos, pero sí personas con las que formamos móviles y cambiantes comunidades perfectas. Figuras en el caleidoscopio: el granate profundo de Javier Maqua se construye contra mi amarillo y el negro brillante de Juan; ahora, Elena Medel, azul o verde, valora mi condición de barda y le da a Juan los mejores consejos sobre sus libros. Yo no sabría hacerlo.

Acompaño a Juan hasta donde él quiera, pero no sabría mejorar sus palabras. No sabría mejorar las palabras de nadie más allá de un plano abstracto. También presenté a Juan y a Miguel Ángel Oeste con la intuición de que se iban a entender en un concepto casi terminal de la vida y de los lazos paternofiliales.

–Tengo miedo.

Jordi Gracia marcó un punto de inflexión: me recuerdo paseando con él por un extremo ventoso de la ciudad de Belgrado; comentamos un libro de Juan, *1980*.

Desde el pasado, Cristina, que fue mi alumna y circunstancial jefa de Juan, dio una puntada más para bordar nuestro monstruoso escudo heráldico de siameses unidos por el pecho y muchachas con cabeza de perro obediente.

Juan nos habló por primera vez de Mariano Hernández Monsalve, figura benéfica para Chema y para mí. Mariano, a su vez, es amigo de Lola López Mondéjar y trató, como médico, a un familiar de Elisa, mi ginecóloga y casi tía política, cuya hermana pudo haberse emparejado con Constantino Bértolo.

–¡Epifanía!

Endogamias.

Acaso tales mejunjes genealógicos sean la constatación de que solo nos apartan cinco –quizá seis pasos– de cualquier ser humano del planeta. No lo creo.

Esta cadenilla corrobora la proximidad social y los orígenes de las hemofilias culturales. Somos los tuberculosos los que más nos divertimos.

Somos las jorobaditas.

Somos un grumo en el que a veces brillan las excepciones. Aunque no tanto.

No podemos salir de aquí.

–Juan, no podemos salir de aquí.

Estamos condenadas a volver a casa. O bendecidos por esa inercia intrauterina. La posibilidad de regresar al foco desde el que irradia el calor.

Azar, necesidad, claustrofobia. Concebimos las relaciones personales como ampliación de la perspectiva o como un girar enloquecidamente en círculos, quizá cada vez más amplios, pero círculos, al fin. Concéntricos círculos. Lucecitas que se encienden y se ramifican sin rebasar la caja del cráneo.

—Juan, me duele la cabeza.

Sin duda, Lolo Rico, tía de Juan y persona presente en nuestras vidas antes de que pudiésemos imaginar la existencia de nuestro amigo, fue un tema de conversación entre nosotros. Conocimos a Lolo quince años antes de la aparición de Juan en el mapa de nuestros afectos, durante la presentación de *Escritores frente a la tortura*, el libro que Chema coordinó para la asociación presidida por Fernando Salas. A Lolo le había gustado mi cuento «El canon de normalidad» y mi novela *Lenguas muertas*. Durante la presentación de la antología de relatos Lolo discutió con Juana Salabert. No solo se discute ahora: en los noventa abordar el tema del conflicto vasco desde perspectivas diferentes implicaba el enranciamiento de una relación. Se mantenía un silencio tácito que expresaba miedo. Se podía hablar con muy pocas personas desde la racionalidad o la hipótesis del diálogo. Se creaban cenáculos y se buscaban interlocutores. Existían criptas. Lolo nos invitó a su casa, un apartamento en el palacio de Anglona. Me llamaron la atención sus tapicerías *animal print* —lo escribo en inglés porque si lo escribiese en español resultaría incomprensible.

—Chema, esta señora vive en un palacio.

Lolo se compró un perro labrador y a mí me entró angustia por el destino del animal. Lolo y Carlo Frabetti estaban enfrentados por ciertos aspectos de la autoría de *La bola de cristal*. Constantino y Belén quisieron cenar con Lolo porque admiraban su trabajo y sus posiciones políticas. Fuimos a Casa Mundi en la calle Donoso Cortés. Chema entregó su tarjeta de crédito para pagar, pero no funcionó. Constantino salió al rescate y luego fui a verle a su oficina para devolverle el dinero. Invitábamos nosotros. No sé por qué. Quizá por aquello del complejo de inferioridad. Quizá por nuestras ganas de agradar o de mostrar que las clases medias también podemos ser rumbosas. Mi marido se levantaba todos los días a las seis de la mañana para ir al tajo. Yo tenía sueldo de becaria en una universidad privada.

–No, no, pagamos nosotros.

Juan nos invita a comer y nos paga las cañas muchas más veces de las que debiera. Él no se levanta a las seis de la mañana para ir al tajo, pero los licenciados en Filosofía pura que se dedican el periodismo no atan los perros con longanizas. Siempre los perros. Por todas partes.

–Pues haberte hecho apicultor o nanotecnólogo. Siempre quejándoos. Haber estudiado una formación profesional.

–No me sale de las narices.

–Panda de pijos.

(El diálogo es el fragmento de una pesadilla fruto de mi asiduidad al *scrolling* que he apuntado en un *post-it* y he pegado a la pantalla de mi *computer*.)

–¡Viva el Mal! ¡Viva el Capital!

Lolo nos envolvía con un empeño excesivo que me hizo ser precavida. Era una mujer que daba mucho, pero también pedía mucho. Nosotros no podíamos darle tanto. Una soledad demandante. Una soledad que posiblemente no era tal, pero que ella sentía de esa manera. Un perro. Estragos de la edad. Quizá confundidos, nos apartamos de una forma de afecto succionador que después se retrata en los libros en los que Juan intenta entender los comportamientos de las mujeres de su familia. A mí me fascinan las mujeres de su familia, las ogresas, pero temí por el destino del cachorro que Lolo había adoptado. Mi reticencia anticipaba las placentas agridulces con que Juan fue alimentado.

Luego, la sinceridad de Juan se tiñe de culpa. Quizá incluso mi amigo se cuestione qué es eso de la sinceridad.

–No sé...

Lolo, extrañamente quebradiza, no podía hacerse cargo de un cachorro vigoroso. Juan y yo estábamos unidos, antes de conocernos, por una fibra inalámbrica que, paradójicamente, podía haber sido un motivo de ruptura entre los dos: cómo nos acercamos al modo de ser de las mujeres. De algunas mujeres. Chema y yo nos retiramos de la vida de Lolo casi de puntillas. Tuvimos miedo de que se convirtiera en alguien demasiado corpóreo en nuestra cotidianidad, que ya estaba llena de madres, padres, sobrinos, primas, viejas amigas de la infancia y juventud. Tías abuelas. Sobre todo, tías abuelas. Quizá fuimos egoístas. Renunciamos a la seducción del relato de Lolo: la aristocracia, las clandestinidades, Iparralde, sus amores, sus vástagos, los años de la Movida, Santiago Auserón, Alaska, los electroduendes, la imaginación y la violencia de la imagen, las metamorfosis y la bruja Avería...

–¡Viva el Mal! ¡Viva el Capital!

Juan y yo compartíamos cosas de las que lo ignorábamos todo, pero no tarjetas de embarque ni registros aeroportuarios. Compartimos personas pasadas y presentes. La mutación del mundo. Compartimos incluso una extravagancia: cuando mi abuelo materno vivía, compraba el *ABC*. Los fines de semana te regalaban una revista con el periódico y, en las páginas finales, se incluían reportajes muy jugosos sobre las vidas privadas y los escándalos de grandes estrellas cinematográficas. Yo babeaba leyendo aquellas revelaciones y aquellas sospechas confirmadas. Los secretos a voces hilados en un cuento muy bien escrito. El escritor era Juan encubierto bajo un pseudónimo. De niña esperaba que llegase el sábado para comprarme los tebeos. Ahora esperaba toda la semana para leer a Juan cuando aún no tenía ni idea de su existencia ni había escuchado su voz ni había visto su barbita ni había practicado mis saltos de fe ni había calculado el número de personas que se interponen o crean un puente para el encuentro con otras personas.

Juan y yo en escenarios literarios: presenté en la librería Muga de Vallecas *m*, presenté *1980* en la biblioteca Iván de Vargas. Los familiares de Juan le dijeron que hiciese caso de mis comentarios sobre su excelencia literaria; él estuvo mohíno, quizá desconfiado. Incrédulo. Acaso impostaba una actitud despegada de cara al público. Me parece que tanto a él como a mí nos importa el auditorio. A menudo el primer auditorio es la familia. Y somos seres tan privilegiados que la familia está con nosotros. Incluso cuando se acuchillan ciertos retratos familiares. Qué suerte tenemos, hostia.

–Eso lo dice Marta porque es muy generosa...

Yo no soy generosa con cualquiera. O, ahora que lo pienso, a lo mejor sí. Me estoy quitando...

–Tienes que aprender a decir no.

–No.

–¿La eme con la a?

–Me.

Juan presentó en la madrileña librería Sin Tarima un poemario de mi padre justo antes de la pandemia. Los poemas de mi padre se lo merecen todo, pero la prodigalidad de Juan no se quedó corta. Hemos estado juntos en más lugares, pero donde más hemos disfrutado y nos hemos conocido ha sido en las terrazas bebiendo cerveza y conversando. A Juan le operaron de una hernia de hiato. Yo viví la experiencia traumática de *Clavícula*. Juan nos ofreció dinero y se lo agradecimos mucho porque su precariedad, como escritor, como periodista, no es pequeña, pese a los orígenes intelectuales –a veces pijos, a veces no– de su blasón familiar. Juan y María, sonriente y paciente, van de vacaciones a Asturias y eso afianza su vínculo con Javier Maqua: otras fibras de la cuerda se me escapan –Pérez Merinero, Carlos–. He perdido mi habilidad para memorizar y atar cabos. Sin embargo, juego un poco...

–Juan, Marta, Jordi, Silvia, Elena...

–¿Qué Elena?

–Cualquier Elena...

—Eso no vale.

—Medel, Elena Medel.

—Constantino, Belén, Santiago, Lolo, Juan, Marta, Constantino...

—¿Juan? ¿Qué Juan?

—¡Juan Sin Miedo!

—No, no. El otro.

Busco los cuatro, los cinco elementos intermedios, que unen a una persona con otra: vinculo a Juan con Isaac Rosa —no sé si se conocen— por su editora en Seix Barral, Elena Ramírez, que es prima de Juan e hizo gestiones para que *Daniela Astor y la caja negra* se tradujera al francés. Las gestiones no cuajaron y tampoco conocí a Elena por Juan. Isaac y Juan también están conectados en el cómputo subjetivo de mi memoria, a través de *Black, black, black*: Isaac fue el presentador del libro en Madrid y yo llegué a Juan por una crítica en la *Guía del Ocio* sobre esta primera novela de Zarco. Me emocionó que alguien que no me conocía de nada escribiese un texto tan empático con mi invención. Tan en sintonía con mis intenciones. Me puse en contacto con él. Quedamos en la puerta del FNAC de la Castellana —allí tiene su consulta Mariano— para asistir juntos a una presentación de Carlos Pardo. No nos conocíamos físicamente. Mis fotos algunas veces son engañosas —últimamente no me hacen justicia—, y yo intenté imaginarme cómo sería Juan sin conseguirlo. Pero lo conocí en cuanto se acercó. Tenía un montón de razones para conocerlo antes de haber cruzado con él una palabra. Poquito a poco fuimos devanando la madeja de nuestro diferido pasado común y de la inexorabilidad de nuestro encuentro. Lo conocí en cuanto se acercó. Camina erguido Juan Vilá. Puede que hubiésemos acordado que llevase un ejemplar de *Un buen detective no se casa jamás* debajo del brazo. No puedo garantizar la veracidad de este detalle tan peliculero y, a la vez, tan práctico.

Desde ese día, nuestra asiduidad ha sido grande.

—Voy.

Juan me coge cuando, a ciegas, me tiro al vacío de espaldas. Me coge incluso ahora que me pesa el rastro de su presencia fantasmagórica. No me voy a comportar como las ogresas de su vida.

Me moveré como una figura etérea y deslizante.

Sé que puedo contar con Juan en mis triples mortales y en todos mis saltos de fe.

¡PLING!

Mi nueva joven agente para contratos internacionales, Maria Cardona, me llama por teléfono. Estoy en Vitoria, donde me han hecho una entrevista con público a propósito de *Persianas metálicas bajan de golpe* porque he sido jurado del Premio Ignacio Aldecoa de relatos. He visitado a las libreras de Maramara y me han regalado una botella de vino.

Me llama Maria y cojo el teléfono en el *lobby* –ay, el inglés, tan vehicular e internacional, tan hostelero, tan destrozado al fin–. Sigfried Kracauer, en su análisis de la novela policial, dedica un capítulo a los vestíbulos de hotel. Recuerdo el dato leyendo un ensayo de Ramón del Castillo. Un día, hablando con él sobre la posibilidad de escapar, me olvidé de su nombre. Participábamos en un acto público. No me olvidé a propósito. Me olvidé. Se me cerró la cabeza. Estas páginas nacen del miedo que me dan esas cerrazones y también son un modo de pedirle disculpas a Ramón.

Pero en este momento, en el *lobby* del hotel vitoriano, bebo una cerveza con mi marido. María sonríe desde más allá del móvil:

–Traducción al inglés de *Black, black, black* y *Clavícula*. Diez mil dólares.

Diez mil dólares suenan a cantidad de película del Oeste. Clint Eastwood me manda un chispazo de su azulísimo ojo o de su blanquísimo diente, mientras me quito una espina del centro del corazón y noto cómo al destaponar la víscera me voy desangrando con placentera dulzura. Casi como mi madre estuvo a punto de desangrarse en la cama después de darme a luz. Me regodeo en el adormecimiento tranquilo de quien pierde toda la sangre. Si bajo los párpados, me quedaré dormidita escuchando una de esas sensuales voces francesas para practicar sexo o acunar a los niños:

—*Doucement, mon amour, doucement...*

Suave, suave... Dejo de estar en tensión.

—¡Pling!

Pero el dulce dejarse ir dura exactamente un segundo. Hasta que el contrato se firme no me podré relajar. Porque casi todos los proyectos que me ilusionan no llegan a realizarse y esto sucede incluso cuando ya se han firmado los contratos. Firmé muchos de *Amour fou*; se disipan los espejismos teatrales o cinematográficos de *Farándula*. Me hago una injusticia a mí misma —me gusta clavarme el puñal— y, ahora mismo, olvido:

La publicación de *El frío*.

El Premio Herralde. Y todos los premios.

El estreno de *Daniela Astor y la caja negra* en el Teatro Fernán Gómez de Madrid.

El estreno de *Clavícula* en el Teatro del Mercado de Zaragoza y en el Teatro del Barrio.

Olvido mis traducciones al italiano y al griego. Un congreso al que me invita Petros Márkaris y se celebra en Atenas.

Los trabajos de fin de grado y de fin de máster, las tesis doctorales sobre mis libros.

Las cálidas presentaciones.

Los viajes transoceánicos.

Las lecturas de poemas en institutos públicos.

Los reveladores clubes de lectura.

Las portadas en suplementos literarios importantes a un lado y otro del océano —mi padre y mi madre las enmarcan y las colocan en el salón de casa siguiendo una tradición muy de mi abuelo Ramón.

La araña de forja que me regaló Pedro Tejada por haber ganado el Castelló Negre.

Los corazones pintados y las emocionadas glosas manuscritas en los márgenes del ejemplar de *Clavícula* que se guarda en la biblioteca de la Facultad de Comunicación en Granada.

Estoy alerta.

—¡Pling!

Casi todo el rato.

RAÍZ Y HUEVO

Viajo en tren a Gijón para grabar un programa cultural de Televisión Española. En la confluencia de dos vagones, una chica me enseña a usar los pestillos de los váteres del tren.

—Mire, rojo, ocupado. Verde, libre. Si usted ve verde, puede pasar. Y, cuando entre, asegúrese de echar bien el pestillo para que desde fuera veamos el rojo y no la interrumpamos.

Yo la he interrumpido a ella porque el indicador del baño se había quedado entre el rojo y el verde. Supongo que la chica no habría cerrado bien el pestillo. No habría *sabido* hacerlo. En cualquier caso, ella me explica:

—¿Ve? Rojo, ocupado. Verde, libre.

La miro como un monito aprendiz. El monito, yo. La miro con toda la atención de mis neuronas espejo. Me acuerdo de mi madre: «¿La eme con la a?».

—¡Me!

—¿Perdone? Rojo, ocupado...

—Sí, guapa, sí...

—Es que, si no echa usted el pestillo, le pueden dar un golpe con la puerta y puede caerse.

—Sí, guapa, sí... Tienes razón.

¿Cómo me ve esta chica que me enseña a usar los pestillos de los váteres del tren? Soy una mujer delgada de cincuenta y seis años. Visto pantalones vaqueros y llevo un anillo de jade en el dedo índice. El pelo, entrecano, cortado con cierto estilo. Zapatillas blancas de deporte como si hiciera deporte. Zapatillas blancas como las que lleva todo el mundo. La doctora me pregunta:

—¿Hace usted ejercicio?

—¡Por favor! ¿No ve que llevo zapatillas blancas de deporte?

Esta chica ha debido de mirarme los nudos de los dedos o las finísimas venas moradas de unas manos delatoras y bellísimas. O quizá se haya dado cuenta por el brillo de mis ojos de que soy una de esas genias desinteresadas de las cosas prácticas de la vida. No sé conducir, no hago cuentas, no coso botones, no soy Pablito clavó un clavito. Sin embargo, tampoco me parezco en nada a esos grandes poetas a los que sus agentes literarias les sacan las castañas del fuego y los túperes del congelador cada día de la semana. Soy una mujer que sabe freír un huevo, quitar el sarro del fondo de un váter, reconocer un pescado fresco por el destello del ojo y la agalla roja. Sé dónde se ubica la mancha negra que diferencia el besugo del pargo y cómo eliminar los cercos de grasa de los almohadones. Llevo dentro a una Martha Stewart y el libro de cocina de la Sección Femenina. No se me dan mal las plantas de interior.

—Rojo, ocupado; verde, libre... ¿Lo ve usted bien?

Mis ojos, mis ojos. Me duelen los ojos. Un punto cada vez más seco y débil. Mi ojo izquierdo me duele mucho. El que se ha especializado en ver de lejos.

—¿Lo ve usted bien?

—A ver... Que me acerco un poquito. *Rolibre, vercupado...*

Me posee la bruja del cuento. Pronuncio palabras mágicas. Finjo un esguince cerebral. Un cruce. La chica que me ayuda en el tren sin que yo se lo pida se muestra preocupada:

—No, no, señora: rojo, ocupado; verde, libre.

No se confunde la tía. Es una roca. Le digo:

–Gracias, gracias.

Y me entran ganas de preguntarle a esta educadora de programa infantil, que envejecerá mucho más rápidamente que yo y perderá la memoria y la capacidad para el razonamiento complejo como efecto secundario de un uso desmedido de los móviles, algunas cuestiones básicas: ¿sabes el nombre de la capital de Madagascar?, ¿sabes qué es una epanadiplosis?, ¿y una epifanía?, ¿una ortodoncia?, ¿sabes quién escribió *El capital*?, ¿por dónde cae, más o menos, Australia?, ¿sabes lo que es un babuino?, ¿y un beduino?, ¿de qué color es el caballo blanco de Santiago?, ¿sabes que no existen los caballos blancos?, ¿sabes que tú también te vas a morir, Caperucita?

En una época no tan lejana escribo todas las fajas de todas las novelas. Mi amigo José Hamad me manda un meme en el que se hace mofa de mi promiscuidad. Me buscan porque saben que puedo escribir frases profundas, hermosas, ocurrentes a partir de un libro y, aunque tengo fama de retorcida, soy un pedazo de pan. Se aprovechan de mí, y yo gasto mi crédito o pierdo mi credibilidad y ya no creo ni en mí misma. Las escritoras jóvenes del país me buscan y no quiero desilusionarlas. Me pongo en su lugar y digo sí. Mi prodigalidad llega a un extremo que me anula como escritora de fajas y contraportadas. Nace la sospecha de una absoluta falta de criterio. Lo que hay es amor y el deseo de no cerrarle a nadie la puerta. No me quiero volver fea, ausente, álgida o gélida –no sabría decir– a los ojos de criaturas que están creciendo o de otras criaturas que nacen sabidas y que no podrían tolerar ni impertinencia ni desaire.

–¿Sabes que tú también te vas a morir, Caperucita?

Al oído me han contado secretos mujeres más jóvenes que yo. Me han llevado por jardines desconocidos. Sigo atenta a sus palabras y a los insólitos movimientos de sus dedos y sus párpados. A veces me dejan atónita. Aprendo de todo con lo que no me puedo identificar. Placeres y dolores que nunca fueron míos. Están ahí y ellas los escriben. Yo no me he cortado los muslos con cuchillas ni he dejado de comer para castigarme. Eso lo hacían las mujeres más modernas de mi generación. Y Sissi, emperatriz austrohúngara. Los personajes de las novelas de Fleur Jaeggy. Tampoco he gozado del amor con otras mujeres. Ni asistí a un colegio de monjas ni en mi casa reinaba un clima de homofobia, pero no se me habría pasado por la cabeza subvertir las categorías de mi deseo. Experimentar con algo más allá del hombre y de la zanahoria. Crecí como una chica feliz de ser chica. Siempre me gustó ser chica. Luego empecé a verle el lado malo sobre todo desde un punto de vista socioeconómico que a la vez era doméstico y que a la vez era sexual. Pero ya era tarde para mí. Ellas, más jóvenes, son más libres. Más imaginativas. Más radicales en la expresión de sus emociones. Quizá están más expuestas, pero saben acorazarse. Bailan. Quieren bailar. Se rebozan en lefa y en leche condensada. Les chupan a sus amigas los dedos de los pies. Hablan en variedades dialectales. Reniegan de las lenguas del imperio. Son poetas y comen tierra. Bestias y aves, como en el precioso libro de Pilar Adón. Como en *Las voladoras* de Mónica Ojeda.

Dos veces di consejos a escritoras más jóvenes que yo. Las dos son mujeres excelentes y escritoras brillantísimas. Las dos veces debería haberme callado. Porque no me pidieron consejos ni consejas, y yo me tomé la libertad. Puede que lo hiciera por afecto o puede que solo fuese soberbia por mi parte. Subí un peldaño de la escalerita y mostré lo que yo sabía y ellas no. Saqué mi catálogo. Ellas me miraron con la misma cortesía con la que yo habría sonreído a una escritora caduca que, en los noventa, hubiese tratado de aleccionarme cuando yo no ignoraba que la escritora caduca nunca sería tan buena como yo lo era en ese preciso instante de mi juventud. Mi periplo iba a ser una sucesión de momentos intrépidos –a veces incomprendidos– y yo ya sabía todo lo que tenía que saber antes de que una escritora caduca me explicase el quid de las cuestiones. Sería mejor que me tapase los oídos para que nadie me desviara de mi camino de perfección. Con una cara parecida a la que yo le habría puesto a una escritora consagrada –es decir, caduca, definitivamente cerrada en el corralito de sus logros– me mirarían esas dos escritoras mucho más jóvenes que yo cuando, sin que me lo pidieran, les di un consejo a cada una.

El primer consejo retumba en el espacio de un restaurante. Por fin, salimos del espacio de una librería y nos situamos en un restaurante gallego:

–Busca una raíz.

Aconseja a la primera escritora la esfinge que era yo –tan antigua– mientras me extraño de que semejantes palabras hayan salido de mi boca o quizá del coño de María Asquerino que habita dentro de mi coño, telúricamente. A la vez me acuerdo de la anciana mística de *La gran belleza*:

–Las raíces son importantísimas.

Decía aquella mujer santa. Y, al dar mi primer consejo, me estaba comportando como una santa y una iluminada que formulaba una recomendación retrógrada para reivindicar la historia y frenar la velocidad futurista de los tiempos que nos hace correr el riesgo de perder pie y, por efecto de la fuerza centrípeta, estamparnos muy solitariamente contra un vidrio, un tabique, un paredón. Podría haber ungido con ceniza la frente de aquella joven escritora. Mis dedos corazón e índice dibujan una marca gris sobre la frente de la neófita, que a esas alturas ya había ganado un premio nacional.

Un día, en conversación con Guadalupe Nettel, ella me hizo reparar en que las autoras más jóvenes que nosotras estaban escribiendo libros excelentes, desde el filo y la contractura del cuerpo, pero no debíamos olvidar que nosotras habíamos estado ahí. Allí.

–¿Ahí?

–Allí.

–¿Allí?

–Acá.

–Y aquí.

–Y allá.

Pese al dolor en los ojos y al roce provocado por la comprensión de meter todo el cuerpo en la grieta para buscar la luz. Espachurradas para no morir. Seguimos acá. Y aquí. Yo me siento dentro del ojo, muy cerca de Lina Meruane.

–Sí.

Para la segunda escritora joven, que ya ha sido reseñada en *The Guardian* y *The New York Times*, mi consejo fue:

–El nerviosismo se te perdonará una vez. Nunca dos.

Elisa Victoria ha escrito *Otaberra* y *Vozdevieja*. No necesita casi nada más. Así que me miro a mí misma desde fuera con el dedo en alto y las gafas en la punta de la nariz. Estoy muy arrepentida de mi severidad y de la calidad de mi consejo. Porque ese era un mal consejo para una mujer que escribe: cuánta fragilidad y encanto se desprenden de una joven escritora dubitante que pide perdón, con modestia, por sus errores y sus atolondramientos. Por la mancha de su blusa.

Ese es el trémulo lugar desde el que nos está permitido tomar la palabra y contra el que se rebelan otras escritoras jóvenes que sujetan el huevo entre el pulgar y el índice. Lo colocan al trasluz para revelar lo que el huevo esconde y la fina transparencia de la cáscara. La clara y la yema juntas, pero no revueltas. Lo amniótico y lo subacuático.

–Busca una raíz.

–¿Para qué buscar una raíz si tengo el huevo?

–...

–El mismísimo huevo.

Ramificaciones o una autosuficiencia redonda.

Orígenes que se asumen desde distintas perspectivas.

Una chica me enseña a usar los pestillos del váter en el tren.

En la cama, de noche, suelo contarle a mi marido historias de terror. Le digo: «Arriba, en el trastero, está el cuerpo saponificado de esa vecina a la que hace tanto que no vemos». Le digo: «Los murciélagos, en los techos inclinados de las buhardillas, duermen bocabajo y afilan sus dientes». Le digo: «¿Oyes los chillidos de las ratas negras orientales?, ¿oyes cómo trepan por la barriga de las tuberías, agarradas a las venas de los cables, contra los muros del patio interior? Las ratas orientales, más pequeñas y flexibles que la rata gris de alcantarilla, son una rata arbórea, una especie invasora, que trepa muy bien». Le digo: «Aunque no tenemos mirilla, alguien nos observa inversamente a través de su agujero. Está de pie, detrás de la puerta de entrada, esperando». Le digo: «Ese zumbido constante del aire acondicionado se nos meterá por los tímpanos, nidificará en nuestros cerebros y nos moverá las manos para matar». Le digo: «Tic, tac, tic, tac» y «La abuela Juanita nos aguarda desde detrás de todos los espejos» y «Guardo los zapatos de la mujer que antes vivía aquí: son de mi número» y «No eres el mismo desde que te quitaron la concha de crustáceo que se aferraba a tu glándula hipofisaria». Le digo, le digo y le digo. Y él finge que se asusta o se ríe con una nerviosidad –el cortisol de mi marido tiende a descompensarse– que me hace cosquillas en la tripa y me da malos pensamientos.

–Aunque no tenemos mirilla...

La piel de Chema se contrae como un papelillo quemado.

–Las ratas negras orientales...

En la cama le cuento historias de insectos y luces que no deberían haberse encendido. Gatos abandonados maúllan en la escalera. Escribo el diario de Luz Arranz en *Black, black, black* y asisto al crecimiento imparable de mis vecinitos del primero, que hoy ya no podrían ser víctimas de una madre triste y gritona, sino, al revés, podrían hacer de su madre un amasijo de car-

411

ne picada. Otras veces, en la cama, a Chema le cuento historias que le dan miedo de verdad:

–¿Y tú nunca has pensado, querido, que José y Edurne podrían ser agentes de la CIA?

Chema se espabila. Suelta un taco. Podría llegar a desvelarse. Aunque una noche de insomnio en mi marido sería, sin duda, una rareza.

–Tic, tac, tic, tac...

Pienso en José y en Edurne, metidos dentro de las mallas de *Los Increíbles,* andando de puntillas con una pistola de rayos X en la mano. Me río por dentro, pero siembro en el corazón de mi compañero de cama una duda razonable:

–Sí, fíjate bien. Son políglotas. Ella trabajó durante muchos años en una universidad de Estados Unidos. Las universidades estadounidenses son peligrosísimas. Allí captan gente. Personas inteligentes. Edurne Portela es muy inteligente. Y decidida. Y sigilosa.

–¿Me estás hablando en serio?

–Sí, sí, sí. Escucha. Ovejero, José Ovejero, fue intérprete en la ONU, un alma itinerante y viajera. Alguien en quien puedes confiar para contarle un secreto. Una mente hecha para el oxímoron y para la síntesis de tesis y antítesis... *La ética de la crueldad.* Alguien dotado para el pensamiento complejo y que sabe ponerse en la piel de los demás.

–¿Te has tomado la pastilla?

–Camaleónicos, cultos. Con contactos. Beben con moderación. Están delgaditos y fibrosos. Corren por las mañanas. Se hacen analíticas. Comen verduras. Hay algo de entrenamiento en esa forma de vivir.

–¡No me jodas, Marta!

–Además, les conviene hacerse amigos nuestros. Están a nuestro lado para obtener información. Somos gente vinculada a partidos políticos de izquierda, asociaciones para la defensa de los derechos humanos, feministas, ¡la Asociación contra la Tortura!

Cuando Chema y yo nos casamos y nos fuimos a vivir a Coslada, nos enteramos por una filtración del jefe de la Policía Municipal de que la Guardia Civil nos vigilaba. Llegaron informes. Tenemos motivos para ser suspicaces: mi padre, que en aquellos años era concejal de esa localidad madrileña, había cedido un espacio para celebrar unas jornadas sobre insumisión. Chema militaba en la Asociación contra la Tortura. Yo era el vínculo sentimental entre un concejal de Izquierda Unida que había propiciado el encuentro de un puñado de jóvenes antisistema y un hombre, mi novio, luego mi marido –las mujeres rojas nos comprometemos así, a lo bestia–, que había participado activamente en el Comité Anti-OTAN de su barrio y en la denuncia contra las torturas en las comisarías españolas. Teníamos un montón de compañeros okupas e insumisos. Mi padre y Chema se habían autoinculpado como inductores a la insumisión en distintos juicios. Éramos indeseables. La antípoda de la buena gente a la que loan los partidos conservadores. Sentíamos el orgullo de no formar parte de una mayoría silenciosa.

–¿Te acuerdas, Chemi?
–Marta, ¿por qué me haces esto?
–Ella viene de Euskadi. Se fue. Ha vuelto por amor. Y todo le va estupendamente. ¿Quién vuelve por amor?, ¿a quién le va todo estupendamente?

Este libro, en gran medida, es una manera de conversar con los relatos de *Mientras estamos muertos*. Allí José Ovejero escribe: «¡Floto, cabrones!». Supongo que se refiere al mundo literario y a esa sensación de lo mucho que cuesta permanecer cuando van pasando los años y has ganado premios y cada vez te lee más gente, pero nunca. Nada. Es. Suficiente. No porque tu ambición sea desmedida, sino porque te has quedado colgando en el filo del abismo que separa el lumpenproletariado cultural de la aristocracia, e incluso sabes que, por cómo escribes lo que quieres escribir, nunca serás como...

413

Que cada quien complete la frase en función de lo que le dicten sus malos pensamientos y prejuicios.

Soy un poquito más joven que José, pero este libro también habla de una mujer que hace el muerto en el agua. Una mujer dentro de una pompa de jabón que asciende por el aire y puede romperse porque ella es de tierra y rozamiento y camino recorrido. A veces comentamos con Edurne su buena fortuna. La atención a sus escritos, que llega desde un primer momento. Nos alegramos por ella y la acompañamos en todo lo que damos de sí. Yo la acompaño a donde me diga porque es una mujer que piensa lo que dice y dice lo que piensa, aunque esté rodeada de caballeros que lucen sus uniformes y sus condecoraciones. Incluso pistolas. Lo hace despacito. Prudentemente. Como si no estuviera rompiendo todos los huevos podridos de la cesta de mimbre. Edurne se atreve contra escritores consagrados, contra señores que asisten con su tricornio a un acto cultural, contra parroquianos que hablan a voz en grito en un restaurante, contra personas venenosas que se ven a sí mismas como arcángeles. Ella con calma y buena letra habla de: la violencia en Euskadi, la crítica sobre los libros y películas que se apartan de un discurso oficial, la memoria, las mujeres solas, el maltrato, el desarraigo, la interesada jerarquización de las víctimas... Rodeada de cuerpos hostiles, se expresa con una tranquilidad espeluznante. Es una espía rara, Edurne. Puede que esa rebeldía serena haga de ella la mejor espía...

–Edurne es una Mata Hari... Nos tiene completamente engañados.

–Son nuestros amigos...

–¿Tú no te das cuenta?

Vuelvo a imaginarme a José y a Edurne detrás de la máscara de *Los Increíbles*. Luego, los veo hablando por radio desde su cuartel general de Gredos rodeados de gallinitas pitas, pitas y de perros semidomesticados.

–Ay, Edurne, ¿cómo está Gochito?

–Pues se le ha infectado una pata.

Todo lo que se relaciona con el bienestar de los animales me parte cada vez más el corazón.

–Ay, Edurne, cuídalo mucho.

–Ya. Así lo haré, bonita.

Edurne, que no ha perdido el acento de Santurce, me llama «bonita». Joana, nuestra asistenta, me llama Marti porque así me llama Chema. Mi padre me llama «hija mía». Mi madre me dice «guapísima». A mi marido a veces se le escapa «mi niña» y mi madre se enfada no tanto por la infantilización, sino porque niña, niña, lo sería de mi madre y de mi padre. Es un privilegio que estas cosas me pasen a los cincuenta y seis años. Edurne sube a Castro para cuidar a su padre, que padece una enfermedad difícil. Sube a apoyar a su madre. Las buenas hijas a veces se hacen espías, qué le vamos a hacer. Edurne me llama «bonita» y, de repente, me envuelve una manta muy confortable. Edurne, cuando emprende una guerra o de pronto se ve metida en una, me pasa un chaleco antibalas para que no me dañen.

–Tú no hagas nada, bonita.

Lo hace para protegerme y porque me conoce: pese a mi apariencia pandillera, soy una flor. Puede que lo haga porque piensa que soy mucho más valiente de lo que soy en realidad. Que me voy a inmolar por mis ideales y mi lealtad a las compañeras. Quizá tiene razón, pero yo noto cómo me tiemblan las piernas todo el rato. Cuando me subo a un escenario que creo no merecer. En la escalada que, en el último tramo, es demasiado pedregosa. Cuando digo que no a ciertas proposiciones que no me parecen decentes o cuando en el trabajo me comporto como una señorita Rottenmeier. Por respeto. Edurne no quiere que me salpiquen ciertas suciedades.

–Esta es Edurne.

José nos la presenta en la barra de Tipos Infames –sí, tenemos que ampliar nuestras localizaciones–. Edurne es una mujer morena, de rasgos finos, ojos oscuros y piel impoluta. Es guapa. Habla bajito. Yo aún no lo sé, pero Edurne será una de mis pequeñas mujeres rojas. Una mujer que siempre quiero que me acompañe. Aunque sea una espía.

–Chema, ¿no te parece sospechosísimo que camine deprisa por los montes tocada con una visera?

Edurne me manda una foto. En la palma de su mano unas flores moradas de azafrán.

Chema y yo fuimos las primeras personas del grupo de amigos de Madrid que conocimos a Edurne. Creo que subimos a casa a seguir charlando. Durante un tiempo fui protectora con Edurne, porque pensé que era el eslabón débil de la relación. Me equivoqué. Aún no sabía de su fortaleza –una fortaleza que se relaciona con la inteligencia, no con la obcecación– ni de la honestidad de José para resolver una situación sentimental que habría podido resultar devastadora. Edurne reforzó nuestro vínculo con José. En la librería Muga de Vallecas, él presenta sus relatos. Lee un fragmento de *Mientras estamos muertos*:

–«¿Me estoy poniendo cursi? ¿Es todo demasiado romántico? ¿Impostado? Yo, que soy un escritor oscuro, turbio, atraído por la frialdad y la distancia, ¿os decepciono? ¿No me creéis? Ni siguiera podéis imaginar lo poco que me importa vuestra opinión. Vuestra opinión es la voz de mi conciencia. Es la voz de mis padres. La de mis profesores. La voz que arrastro desde niño que me frena y sujeta, que me ata y destruye...»

Se me ponen los pelos de punta y vuelvo a ratificarme, cómicamente, en que quienes hemos tenido abuelas, padres, que chupaban con fruición la cabeza del cordero y vinieron del pueblo a la ciudad –todo el mundo, en última instancia, procede de una porción de rastrojo o de una cueva con o sin pinturas rupestres– y hemos estudiado en las escuelas públicas o en pretenciosas escuelas religiosas de medio pelito de la dehesa, niñas con uniformes de cuadritos grises, niños con babi azul, hemos sometido a la cursilería a un proceso de ultracorrección.

No ser cursis, nunca, nunca. Mi niña no estaba atada, como el niño de José, mi niña se fue atando lentamente en el camino de la socialización y solo ahora se da cuenta de que las represiones le hacen ver a sus iguales con cierto resentimiento. Quienes nos leen nos hacen daño en la decisión de no consagrarnos. En la decisión de pedir a gritos la presencia de profesionales de la televisión en un congreso literario. Hay presentadoras y periodistas que conocen el oficio de la escritura; a otros se los reclama solo por su popularidad. Pero no nos importa. O puede que hayamos llegado al punto exacto de consagración-cocción y ya no haya cielo ni más allá. El cuento que José lee en Muga es para Edurne:

—«Me acuerdo de E. porque acordarme de ella me sitúa en el mundo y frente al mundo (...) desde que estoy con E. me he vuelto más atento, más despierto, más consciente de no estar solo, de necesitar y de ser necesario.

»Hay tantos motivos para acordarme de E.

»Me acordaría de E. también sin motivo.

»Todos los días.

»Me acuerdo de E.

»Me acuerdo de E.

»Me acuerdo de E.

»Y es un recuerdo que no diluye el presente...»

Edurne traga saliva. Se contiene. Lo pasa mal. Sufrimos con ella desde nuestras sillitas de colegio. Se le está cayendo el antifaz del espionaje.

En la puerta de un hotel de Salamanca casi no logro reconocerla a lo lejos. Está enfadada y su enfado opera en ella una transformación física que acaso se vincule con esa versatilidad de las espías para ser el hombre o la mujer de las mil caras. O todo lo contrario. En Salamanca, Edurne no está enfadada con nosotros, y cuando nos vamos acercando, el gesto, la actitud, el pelo vuelven a ser reconocibles.

Edurne tiene el nombre del bar de Aurrerá en el que mi

amiga Elvira y yo nos emborrachábamos cuando éramos jóvenes y bebíamos vasos de vino tinto, pacharán y esa Fanta de naranja que después he obligado a tragar por litros a mi detective Arturo Zarco. No sé cómo hemos conservado sana la cabeza. Pero intuyo que Edurne y yo, por el efecto mágico de los espíritus de las bebidas espirituosas y por los antecedentes vascos de mi querida Elvira, estábamos condenadas a encontrarnos. Como los niños emperrados, José sigue leyendo el cuento que le dedica a su compañera:

–«Me acuerdo de E.

»Me acuerdo de E.

»Me acuerdo de E.»

En Muga sufrimos con Edurne, que nos transfiere, con su pundonor, el nudo en la garganta que no podemos desatar porque ella lo está conteniendo. Por respeto no podemos ponernos a llorar porque, entonces, Edurne, con la empatía de los cachorros humanos, liberará esas lágrimas que no, no quiere compartir públicamente, quizá para mostrar fortaleza, quizá para mantener un poco separada la intimidad de la literatura y sus escenificaciones. Sufrimos con ella, con su alegría y su orgullo, con esos recuerdos de un tiempo difícil que hoy se pueden mirar desde el deseo consumado. Tranquilo. Nos gusta tanto rodearnos de gente que se quiere. En la cama, Chema me pregunta:

–¿Tú crees que se amaban el Señor y la Señora Smith?

–A muerte, se amaban a muerte.

Durante la pandemia, José y Edurne se casaron ante notario. Chema y yo fuimos sus testigos. Los cuatro posamos con nuestras mascarillas y nuestras ropas de gala en una sala de juntas de la calle Serrano. Luego nuestros amigos, nuestros poetas fingidores, nuestros espías sentimentales –pese al apelativo, pese al oficio de la interpretación y la conexión universitaria, pese al amor y los agentes secretos, José y Edurne son personas que no se parecen en nada a los personajes de Javier Marías–, nos invitaron a comer en una terraza del Reina Sofía. Mientras mastico

la gloriosa carne blanca de un besugo, no dejo de pensar en parejas de artistas. Un, dos, tres, responda otra vez...
 –Romina y Albano.
 –Almudena Grandes y Luis García Montero.
 –Sylvia Plath y Ted Hughes.
 –Elizabeth Taylor y Richard Burton.
 –Los Woolf.
 –Amparo Muñoz y Patxi Andión.
 –Elvira Lindo y Muñoz Molina.
 –Newman y Woodward.
 –Zúñiga y Felicidad Orquín.
 –Alberti y María Teresa León.
 –Concha Méndez y Manuel Altolaguirre.
 –Ana Manuel y Víctor Belén...
 Suena la sirena del error monumental que no es un error monumental, sino la prueba perfecta de la indisolubilidad de la materia y la comunión de las almas. La condición yin yang de algunas parejas. La textura siamesa.
 –¡Epifanía!
 (Esta epifanía que lo recorre todo.)
 La patente del nombre Ana Manuel-Víctor Belén no es de mi propiedad, sino de nuestro amigo Daniel Sarasola. En mi *natur-memory* de parejas de artistas vuelvo a constatar que nunca me he acostado con un escritor. Lo juro. Quizá a los escritores solo les gusten las pelirrojas. Quizá activé en la juventud un mecanismo de autodefensa que después me olvidé de desconectar. Habría sido como una experiencia incestuosa. El misterio del encuentro se habría quedado en discurso vacío. Sé quién eres. Te conozco. Conozco algunas de tus obsesiones porque vivimos en el mismo pequeño mundo de vanidades y de gestos desprendidos. Prodigalidad y miedo. Tras la publicación de *Black, black, black*, José escribió para mí un texto que me dotaba del aura misteriosa de esas mujeres interesantes en cuyo recinto nunca me sentí incluida. Me miraba con el ojo con el que

419

yo había deseado ser mirada. Como si respondiera a una petición y me estuviese haciendo un regalo:

«Marta Sanz tiene cara de niña buena, de esas que tras un rostro de primera de la clase ocultan alguna depravación o vicio inconfesable. Hemos discutido mucho las razones de esa duplicidad pero no hemos alcanzado conclusiones unánimes. Así que todos los vecinos de mi edificio nos hemos puesto a investigar: un grupo se ocupa de leer atentamente sus libros anotando todas las frases sospechosas; los de otro grupo se turnan para seguirla con disimulo cuando sale a la calle, y el tercer grupo está especulando en bolsa para conseguir dinero y comprar el piso que queda frente al de ella y poder así espiarla.

»Yo estoy convencido de que no conseguiremos averiguar el secreto de Marta Sanz. Pero si lo descubro, no penséis que voy a contároslo».

José ahora me conoce mejor. Me ha sometido a sus implacables cuestionarios de espía que pregunta como si no preguntara, y está en condiciones de descifrar los mensajes en clave. En la trastienda no hay tantos cadáveres. Hemos conversado mucho a propósito de temas literarios. Nos hemos presentado libros el uno a las otras y vuelta en deliciosa promiscuidad. Yo he presentado *Humo*, los poemas de José, él ha presentado *Vintage* y *Corpórea*, Edurne ha presentado *Clavícula* y *Persianas metálicas bajan de golpe*, yo he presentado *El eco de los disparos* y *Maddi y las fronteras...* Nos hemos presentado muchas veces las unas al otro y el otro a las unas. Y, en esas lecturas públicas, he aprendido que la ficción no siempre es deshonesta ni el velo de pureza para tapar la polla de las estatuas. Para no decir «yo» cuando se habla de yo. La ficción es otra forma de conocer la realidad que trabaja desde el enajenamiento y la empatía. Por su parte, me parece que, por mis libros autobiográficos, mis queridos espías han perfeccionado la idea de que a veces el impudor y el trabajo con las contorsiones corporales es un asunto político. La literatura es una tapadera perfecta para los agentes secretos.

–¿No has notado que no se les escapa nada, Chema?

–Son escritores. Observan.

–Espían, Chema, pero no importa. Pensemos egoístamente. Llegado el mal momento, nos protegerán. Siempre he dicho que yo me debería haber dedicado al teatro. Actriz de carácter. Secundaria convincente. Thelma Ritcher. Amparo Baró. Julia Caba Alba. María Luisa Ponte. Puede que mis deseos se hayan cumplido y, al final, me haya convertido precisamente en eso: una secundaria de carácter en la literatura española. No estaría nada mal. Chema empieza a sentirse incómodo a mi lado debajo del edredón. Las patadas de un vecino que sube deprisa por la escalera resuenan contra los peldaños. Casi se mueve la cama. Abrazo a mi marido y vuelvo a pensar en esta regalía del amor que nos tenemos.

José y Edurne se cuidan mutuamente. Escriben sobre la misma mesa de madera. No se molestan. En nuestras habitaciones a veces se respira un amor que da hasta vergüenza. En la salita de la televisión. En el cuarto de trabajo. Nosotros también a veces sentimos que nos queremos de una forma que te cierra el pecho y te lo abre de golpe en un grito. De pura alegría e incredulidad. Me imagino a Edurne y a José haciendo un descanso. Él comprueba que el riego del huerto funciona y ella lava unos esplendorosos calabacines. Luego bajan al búnker del sótano y hacen el informe. Punto, punto, raya, punto. En la sierra trinan los pájaros.

–¿Te acuerdas de cuando conocimos a José?

–No exactamente.

–¡Yo tampoco! Eso muestra su capacidad para pasar desapercibido. Esa discreción resulta sospechosa...

–¡Marta, que me he acordado! Fue en la terraza del Bellas Artes.

–Hombre, no me fastidies la historia...

No logro recordar cuándo coincidimos con José por primera vez, pero ya me cuesta mucho imaginarme la vida sin sus atenciones. Nunca subrayadas, inadvertidas. Presentes. José es un hombre inquieto que no renuncia a aprender. Hablamos de marxismo y él se pone a leer a Marx para comentar con conocimiento de causa. Traduce *El manifiesto comunista*. Encuentra gazapos de traducción que podrían haber enturbiado el curso de la historia. Es un intelectual riguroso. Y un artista observador. Digo «observador» para no tener que decir «sensible». Los espías llegan a una habitación. Permanecen en ella dos minutos. A la salida enumeran los objetos que adornaban el cuarto del que acaban de salir, su disposición, sus calidades: a la derecha una radio del año 1956 que ya no funciona –detrás de la rejilla del altavoz duerme el fantasma de Juana Ginzo–, una enciclopedia de arte egipcio y mesopotámico, postales de Joan Crawford, Catherine Deneuve, Romy Schneider, Sandra Bullock... «Ninguna de Lana Turner o Julia Roberts», susurra José en el micrófono escondido bajo el jersey de cuello redondo. «Dos de Sophia Loren. Besos de Jimmy Stewart con Grace Kelly. Un ordenador de mesa Asus.» José es observador, aunque quizá sea más observador del dentro que del fuera. Y tiene una memoria bien grande que le ha permitido representar adaptaciones teatrales de sus relatos. José monologa sobre el escenario. No pierde una coma. Cualidades innegables del espía. Yo lo captaría para mi departamento.

–¿Te acuerdas de José al principio?

–¿Al principio de qué?

José había estado muchos años viviendo fuera de España y había perdido la costumbre de participar en ciertos rituales corteses:

–¡José Ovejero! ¿Te vienes a tomar algo a mi casa mañana?

–No.

Él no decía «No, es que ya he quedado», «No, es que estoy un poco suelto de la tripa», «No, mira, lo dejamos para otra ocasión, ¿vale?». Y esto era así porque José no había quedado

con nadie, porque hablar de su salud intestinal le habría parecido inoportuno y porque no tenía la menor intención de quedar
en otro momento con la mujer que le había invitado a su casa.
Las fórmulas para rechazar una invitación de José Ovejero no
se correspondían con las fórmulas de cortesía hispánicas. El frío
había atrofiado esa sensata y cálida capacidad para mentir que
hace que los otros se sientan un poquito mejor ante nuestras
negativas.

–¡José Ovejero! ¿Te vienes a tomar algo a mi casa mañana?

–No.

A mí me daba vergüenza. Físicamente yo podría responder
al fenotipo de la chica de un barrio poco privilegiado a las afueras de Newcastle; además, la derecha de mi país me ha convencido de que no soy muy española porque no practico un pensamiento positivo empresarial, no me gustan los toros, no exalto
la patria ni agito una banderita el 12 de octubre ni creo que España se rompa, así que la vergüenza que sentí frente a aquella
escueta negativa era la de la bienqueda y la hipocritilla.

A Diosa le agradezco mucho mi repugnancia hacia la brutal sinceridad.

–¡José Ovejero! ¿Te vienes a tomar algo a mi casa mañana?

–No.

Aparece la bienqueda:

–Bueno, es que ya ha quedado con nosotros... ¿Vamos,
José?

Él me mira atónito. Al cabo del rato me dice:

–Gracias.

Nos reímos.

–¿Te acuerdas de aquellas primeras veces, Chema?

–Ya.

–Aquello no era normal.

–Marta...

–Son espías. Nuestros amigos son espías. Pero, fíjate lo que
te digo, a lo mejor nos viene bien...

Desarrollo para Chema el argumento ya esgrimido de que, en caso de guerra o ataque atómico, quizá nos podamos amparar en el cariño que, pese a ser espías, sabemos que José y Edurne nos tienen.

Cuando yo sentí que el mundo se me venía encima y me faltaba el aire para respirar y adelgacé diez kilos, José y Edurne hicieron una fiesta en su casa y yo logré moverme un poco. Levanté la cabeza, que escondía, gallináceamente, entre las escápulas. Tomé un poco de aire. Mis piernas temblaron. Inicié el movimiento de un baile que interrumpí casi enseguida pero que me hizo recordar que podía bailar. En casa bailo como las locas cuando estoy contenta. Bailo como las niñas que me corren por dentro de la tripa cuando escribo poemas. Bailo como las abejas que liban las flores. Como Isadora Duncan y las mujeres desnudas de Monte Verità. En casa de mis amigos, solo inicié el movimiento hacia una completa recuperación de la salud. Quizá el adjetivo «completa» sea una palabra pretenciosa. Lo importante es que ellos me estaban mirando por si yo me llegaba a caer. En sentido figurado. Con cuánto cuidado. Con qué disimulo de espías encantadores. Sin invadirme ni desconfiar de mi dolor. Sin restarle importancia ni agrandarlo. En el punto justo. Ahí.

−¿Te acuerdas, Chema? Esa puede ser otra admirable cualidad de los espías...

−Me das miedo.

−Aunque sean espías, a mí no me importa...

−¡Mujer!

−No, no, si a lo mejor es preferible...

Entonces vuelvo a la saponificación de los cuerpos olvidados en el trastero y a cómo, si aguzamos el oído, podemos oír los maullidos lastimosos de los gatos que ya no están y que un día yo escribí.

VEROSÍMIL

La verosimilitud es mucho más autoritaria que la verdad. Y más manipulable. Se nos permite fingir la verdad, pero no intentar nombrarla. Como si el lenguaje siempre fuera un fingimiento y solo en el fingir habitara la semilla del arte. Siempre se opta por la copia como copia, frente a la hipótesis de que la representación esté construyendo lo real. Frente a la hipótesis de que sea la misma realidad. Extremamente.

ARTISTA

Soy una escritora con ambición artística. Busco en las muescas del lenguaje, en sus resquicios, un procedimiento para intentar comprender los cambios. Busco la simultaneidad de los planos del cubismo de Picasso y las deformaciones bélicas del expresionismo. En ese juego se puede contar una historia, pero no es imprescindible. En ese juego, la ficción narrativa, el disfraz del bufón, lo autobiográfico, los burros que vuelan, las epanadiplosis de mi vida y de mi corazón, el precepto de «contar una historia» constituyen uno más y solo uno de los planos de representación de los que se vale el lenguaje para ofrecer una tambaleante visión del mundo.

Busco la figura dormida dentro de la piedra, y para dar con sus contornos tengo las palabras, las palabras distintas, que despiertan las figuras distintas. Las mismas palabras no conseguirán romper las cristaleras, los espejos, tras los que se ocultan las otras realidades. Las masas orgánicas que van apareciendo con el ruido de los nombres. Tiro una piedra de palabras contra un gran espejo que refleja la calle y sus grandes almacenes, la calle se hace añicos y, entre las grietas y los pelos del espejo roto, se atisba otro lugar. Y, sin embargo, hoy toda la literatura ha de ser figurativa. Cualquier otra propuesta se considera insultante para

425

la masa media informada. Lo insultante es gastarte el dinero para leer lo que ya sabes. Lo insultante es que el retrato del chiscón de la portera o de una infancia que corre entre las balas enemigas no parezcan auténticos porque el lenguaje adopte la forma rutinaria de la repetición: la repetición nos tranquiliza. Lo insultante es despojar la palabra escrita de su potencial para generar curiosidad e inquietud. Un estremecimiento. Ganas de escalar o de tirarse por la rendija del mundo hasta el mismísimo magma terráqueo. Soy una pintora. Como mucho una poeta. A menudo estoy sola. A veces demasiado acompañada. No me conformo.

UN CAMPO DE AMAPOLAS

Estamos en Nápoles. Me han invitado a perorar sobre traducción en el Instituto Cervantes y yo, que he sido traducida con cierta asiduidad al italiano –es la tercera o cuarta vez que lo digo–, me voy allá con Chema. Siempre que piso Italia, porque me invitan los policías parmesanos o las directoras cervantinas, me acuerdo de Carlo Emilio Gadda y *El zafarrancho aquel de via Merulana*. En la primera visita a Roma, con nuestro amigo Andrea –fantasma, desaparición–, mi padre pidió que lo lleváramos a la via Merulana. Con ademán heroico, poético, fenomenal, asqueroso, *punk* –eso solo se puede decir en inglés–, mi papi vomitó allí el vino blanco y la *porchetta* de Frascati. Gadda y yo nacimos el mismo día: un 14 de noviembre de años distantes en el curso del tiempo. Para estos asuntos soy supersticiosa y creo en el poder de las repeticiones. Y de las emanaciones. Y del efluvio etílico. Poco a poco, todas las historias terminan siendo historias de fantasmas. Por muerte natural o violenta. Por cambio de domicilio o desidia. Así desapareció Andrea Sbrolla de nuestras vidas después de haber contraído matrimonio con una mujer que se parecía a Silvana Mangano.

Hoy, que ni sé qué día es ni me importa, he escrito un correo a Patricio Pron para hablarle de estos temas y de lo mucho que me ha gustado *La naturaleza secreta de las cosas de este mundo*. Transcribo el correo sometiéndolo a mejoras. No es lo mismo escribir desde el teléfono que frente a la pantalla de un ordenador de mesa:

Querido Patricio:
Estoy en Fuerteventura. En una magnífica habitación de hotel con vistas al Atlántico. El mar se oye y se huele. La brisa es sencillamente perfecta, y en esa sencillez hay muchísima dificultad: sofisticación meteorológica y designio divino. La naturaleza secreta de las cosas de este mundo. *Yo también soy lectora devota de relatos de fantasmas y, cuando leí* Wakefield, *experimenté algo semejante al estupor. Siempre escribo sobre la ausencia/presencia y sus estados intermedios. Por ejemplo: la precariedad, la representación, los vínculos afectivos y la genética. Las siniestras dualidades, el espejo que absorbe la luz... Vuelvo sobre mi ombligo porque todas esas cosas me las sugiere tu novela. He disfrutado tanto: desde el título a la perenne dedicatoria a Giselle. Cada referente cultural. La estructura simétrica y, a la vez, distorsionada. La fantasmagoría de la madre. La simuladora novia de Bury. Los zurdos. Los trabajos de los negros que son sombras y del artista blanco que se desclasa para acabar siendo quien es realmente. Conocí en Benidorm, hace muchos años, a un famoso fotógrafo español que trabajó para* Vogue *e hizo retratos de Vicente Aleixandre. En Benidorm nos fotografiaba (éramos una familia bastante guapa, sobre todo mis padres) y mataba aves para un asador de pollo al ast. Pensé muchas veces en escribir una de sus posibles historias. Pero ya no lo haré. Porque ya está tu libro (...) Tus palabras me han hecho entrar y salir de mi propia vida, contemplarla al trasluz, desde su reverso, para verla un poco mejor. Como el lobo disfrazado de la abuelita de Caperucita...*

Voy a menudo a Fuerteventura porque Eloy Vera me invita a clubes de lectura y a participar en la feria del libro. En 2023 presento allí con Izaskun Legarza, mi amiga de la Librería de Mujeres de Tenerife, *Persianas metálicas bajan de golpe*. El ingeniero jefe que protagoniza la novela nos boicotea la presentación. El sol nos da en la cara. Se oye una música a todo volumen que nos deja afónicas y nos impide concentrarnos. Solo nos falta un demonio, pagado por Bertín Osborne, por el rey emérito, por los simpáticos hampones y por todos los personajes de quienes hago parodia, para tirarnos de los dedos de los pies.

Pero esto no es Fuerteventura ni estoy escribiendo una carta a Patricio Pron sobre sus fantasmas y los míos.

Es Italia y en Italia me acuerdo de nuestro desaparecido amigo Andrea –confiamos en que está vivo– y de Gadda, y también me acuerdo de Svevo, Goliarda Sapienza y Natalia Ginzburg. Me acuerdo de nuestro amigo Franco Taglialferro, profesor y escritor, de sus lecturas limpias y cultas, y de su amor por Elisa, mi ginecóloga, que con su sabiduría órfica me dijo una vez algo parecido a: «No desdeñes nunca la paciencia ni la generosidad de un hombre anciano en la cama». Joder con Elisa. Muchas de nosotras acabaremos con un hombre anciano en la cama y esperaremos de él que sea paciente y buen tejedor. Viva Italia. Siempre tengo presente a Elisa porque, en sus palabras –es decir, en sus diagnósticos–, se depositaban mi alegría y mi salvación. Mi salud. Mi texto es mi cuerpo. Y viceversa. *Ritornello* es la palabra justa que andaba buscando. Porque estamos en un capítulo italiano.

Mi ginecóloga actúa como sacerdotisa y filóloga. En sus manos, mi felicidad.

Con Patricio Pron estuve en Perugia. Y con David Trueba, que me invitó a cenar. Nos hicimos una foto chaplinesca con paraguas. Lo pasamos bien.

Chema y yo no conocíamos Nápoles. Yo volví a la ciudad con Alicia Giménez Bartlett, que en Italia ha alcanzado condición de deidad. La acompañaba Carlos, su marido. Ojos claros, chispeantes. Sonrisa. Pródiga conversación. Comimos pizzas perfectamente napolitanas, bebimos vino, paseamos por la bahía. Alicia me prestó a sus lectores, para quienes incluso firmé alguna traducción al italiano. *Piccole donne rosse*. Carlos murió el verano de 2023 y yo no supe cómo consolar a Alicia. Cómo dirigirme a ella sin caer en cierta impostura cortés que le parecería horrible. Me pone un mensaje: «Estoy desolada». Y yo no sé. Alicia dice tacos y tiene perros que les dan miedo a sus amigas. Me escribe: «Hay una cena con X. Había concebido cierta esperanza de que me ayudaras a sobrellevar el coñazo. ¡Por qué llegas tan tarde! *Collons!*».

Alicia. Trata con mimo a mis padres cuando la visitan en la feria del libro. Ha puesto en su estado de WhatsApp una foto de Carlos.

Sin embargo, el día al que quiero referirme era nuestra primera vez en Nápoles y subimos al Capodimonte y pasamos de largo por muchos de sus tesoros. No nos dimos cuenta de que estaban allí. Bajamos por una catacumba y salimos, como a través de la pupila de un ojo o de una puerta secreta, a Rione Sanità. En los lugares de postín contemplo con escepticismo imbécil las molduras y volutas de los grandes palacios, los escudos heráldicos en las ciudades señoriales. Pienso en la sangre que enriqueció los bolsillos constructores y se me escapa, entre los caninos, una sonrisa cínica.

–Cabrones.

Rumio con política, acaso indocumentada, superioridad. La reina de corazones que inspira casi todos mis libros aúlla:

–Que les corten la cabeza.

Sin embargo, cuando me descubro, como una aparición, entre la ropa tendida y las callejuelas estrechas, grises y verticales de Sanità, vivo su hermosura como si me perteneciese. Como si me encontrase en el centro de un mundo que puede ser mío sin culpa. Pero no es verdad. Llevo en el dedo corazón de la mano derecha un anillo de amatista y, aunque no lo llevase, algo me separa de las mujeres que hacen chirriar las poleas por las que se deslizan las cuerdas de sus tendederos. El pelo de la dehesa nunca se cae, la tira negra de la uña nunca desaparece y, sin embargo, hoy un modo de mirar o una determinada textura de la piel me separan del lugar al que creí pertenecer. Me reivindico de lugares como este, pero soy otra. En Rione Sanità vivo la ingenua sensación de estar a salvo, pero no es cierto. Ahora camino como una pequeña burguesa que se guarda las espaldas y se arrebola con el colorín del pobre. No sé dónde ponerme y me avergüenza hacer fotos. Reducir a trofeo turístico una forma de vida. Como en Manila o en el barrio de los tintoreros de Fez. O quizá el riesgo no es más que un fuego artificial porque ya todo es una cáscara en la que se prevén y dosifican las emociones fuertes. Como en los libros. Cronometramos la duración de las lecturas y de los paseos a la intemperie. Mi deslumbramiento alberga una punta de tristeza cuando pasamos junto a la fachada en rehabilitación del Museo Arqueológico.

Por fin entramos en un pequeño restaurante. Tardamos mucho en decidirnos. Parece que siempre estemos fuera de lugar. Mesa para dos. Vamos a comentar nuestros sentimientos encontrados respecto a un escenario exótico, aunque nos neguemos a sentirlo así. La agresión de las cuerdas para tender la ropa y del pavimento húmedo. Los problemas de alcantarillado. Los mercados callejeros. El peligro de las sombras. Justo cuando vamos a iniciar una conversación sobre todos esos asuntos para ponerlos en orden –quizá nuestros temas sean mucho menos literarios y, antes de comer, solo preguntemos si *tagliatelle* u *orecchiette*–, en ese preciso instante de la deliberación, suena mi teléfono. Es Fani Manresa de Anagrama. Me comenta que ha habido un contratiempo con la foto de *pequeñas mujeres rojas*. Me pongo como una hidra. Me transformo. Sanità no ha ejercido una buena influencia sobre mí. Soy la reina de corazones que pinta de rojo las flores del jardín de *peque-ñas mujeres rojas*:

–Que les corten la cabeza.

Yo soñé la portada de este libro. Más tarde me di cuenta de que los sueños no han de ser a la fuerza originales, sino que más bien replican cosas olvidadas. Mi sueño tan solo reflejaba una imagen que había visto y archivado en un trastero –¿o sería un alpendre?– de mi memoria: la directora Arantxa Aguirre había rodado unas entrevistas para la exposición sobre Galdós que Germán Gullón y yo comisariamos en la Biblioteca Nacional. Germán lo hizo todo porque todo lo sabía. Aprendí muchísimo de ese hombre que me trató con una generosidad poco común. Yo fui una compañera de viaje para la que Germán había reservado el espacio correspondiente a la repercusión de Galdós en la literatura actual. Se me ocurrió rodar un vídeo con entrevistas que Arantxa Aguirre transformó en una sala de retratos parlantes: Almudena Grandes, Elvira Lindo, Manuel Longares, Andrés Trapiello –de quien aprendí la palabra «ríspido»– y Antonio Muñoz Molina.

Quise entrevistar a Rafael Reig, pero no respondió a mi llamada. Lo sentí mucho. Rafael no me responde. Lo busco. No contesta. Comunica. No está.

En el Retiro, Arantxa rodó el busto de Galdós entre las rosas. La imagen era en blanco y negro, pero las rosas conservaban su color sanguíneo. Hice mía la imagen cuando la soñé transformada en un campo de amapolas, superficie gris jaspeada con el rojo vivo de las flores. Un pedazo de cielo aplastante contra la tierra. El cielo, lámina metálica. El cielo aplana y aplasta la tierra bajo la que reclaman su existencia fósil los niños perdidos y las mujeres muertas que no dejan de parlotear para ser encontrados, vistos, desencadenar el recuerdo de lo que se quiso mantener en silencio, corregir el relato de una historia que hoy se revisa malvada y torticeramente. Siempre los fantasmas. Porque están en la carne y las costuras.

431

Yo no quería renunciar a esa foto. Me desesperé. Fani me escuchó comprensivamente. Intento no enfadarme nunca. No me siento orgullosa de esa aspiración, pero no puedo evitarla. Antes de pedir mis *orechiette*, la salsa de tomate se me hizo sangre o la sangre salsa de tomate:

—Fani, necesitamos esa foto. ¡La necesitamos!

Qué nervios más imbéciles. Los nervios paralizantes iban a llegar muy pronto. Con la pandemia y sus escafandras. Además, todo había sido un malentendido. Aunque han pasado muchos libros y muchos años, todavía no manejo con soltura ciertos lenguajes especializados y a menudo confundo contra, cubierta, portada... Fani me estaba hablando de los derechos que una fotógrafa pedía por un retrato que me había hecho para una revista. Me estaba hablando de la foto de la solapa del libro. Mi retrato no suele importarme mucho. Me importa cada vez menos. Si no me retratan con la manifiesta intención de deformarme, me da igual. En los actos sobre feminismo, a algunos fotógrafos les gusta congelar el ceño fruncido y la mueca. Sacan a la bruja debajo de la gesticulación. Pero, más allá de esos forzamientos retóricos que malversan mi anatomía y la de tantas otras como yo, ya no me preocupan mi nariz, la papadita, los ojos que van empequeñeciéndose y el pelo que ya no es el mismo pelo. Las marcas de la edad en las falanges nudosas. Los pequeños bulbos que otorgan una expresividad vegetal a las manos no blancas que ofenden y ofenden por sus máculas y su impiedad. Manchas en la piel. Capilares reventados. Una sonrisa en la que se monta un diente superior sobre otro. Esa sonrisa, nada Gioconda, se aleja mucho de la perfección de los ortodoncistas.

Estoy hermosa.

La portada de *pequeñas mujeres rojas* violenta la caja de Anagrama y convierte el cielo impoluto en una lápida. La tierra y sus lombrices tienen tanto que decirnos.

La tercera entrega de la trilogía del detective Arturo Zarco llega a las librerías el día 11 de marzo de 2020. Se titula *pequeñas mujeres rojas* y se la dedico a Sara Mesa y Edurne Portela. Nos confinan el 13 de marzo de 2020. Mi novela es uno de esos libros hechizados por una maldición que aletarga a todo un reino. Mi novela, dentro de una urna mortuoria, será cubierta por capas de polvo igual que los huesos que aún permanecen ocultos entre las raíces de las cunetas y las zonas de tierra dura junto a los muros de los cementerios. Está confinada como un residuo nuclear. Que este detalle me preocupe me da esperanzas en un momento en el que ignoramos si vamos a sobrevivir.

Nos distraemos pensando que la vida sigue. En general. En particular, los cadáveres descansan amontonados sobre las superficies recreativas de las pistas de hielo.

Chema va a hacer la compra como si nuestra casa fuera un submarino y él, que no sabe nadar, sale a mar abierto. Lleva una escafandra. Una gabardina, guantes de látex, la mascarilla. Guarda los tiques del supermercado. Cuando vuelve y traspasa el umbral, se restriega bien las suelas en un felpudo empapado con alcohol. Rocío a mi marido con una sustancia desinfectante antes de dejarlo pasar. Se quita los zapatos. Se lava las manos frotando cada espacio interdigital, enjabonando y enjugando durante casi un minuto. Desinfectamos la compra y, como nos gusta beber a morro, limpio con alcohol de noventa grados los golletes de las botellas de cerveza. Las cervezas nos atontan más que de costumbre. Se me disparan las transaminasas.

Si no fuera por el libro hechizado en las librerías, por el miedo a enfermar y a morir, por la edad de mi madre y de mi padre, por esa ausencia de tacto que no se resuelve con llamadas telefónicas; si no fuera porque las persianas metálicas se bajan de golpe y yo tacho de mi dietario cada día los compromisos que me permiten vivir más holgadamente; si no fuera por los familiares entregados a las profesiones sanitarias y por la certidumbre de que, cuando por fin salgamos a la calle, todo va

433

a ser peor; si no fuera por las personas entubadas y asfixiadas y muertas..., yo habría vivido el confinamiento como un regalo. Un paréntesis de calma entre la agitación y las idas y venidas de una trabajadora autónoma autoexplotada que ya no entiende la existencia sin ese latido itinerante: *pequeñas mujeres rojas* se asfixiaba. Era un libro vencido y sin oxígeno. Una mujer muerta. Entonces el poeta Jaime Priede me hace una proposición:

–Tienes que hacer directos en Instagram.

Y ahí me metí. Una enanita recorre el universo inclinado de un *pinball, flipper, petacos, pinbola, pimbola, pímbol, pímbolo, pichilín, balompín, millonseta o milloncete* –acabo de copiarlo tal cual aparece en Wikipedia, para que todo el mundo me entienda instantáneamente–. Yo estaba dentro de un escenario fosforito y eléctrico que algunas veces me mandaba corazones al hablar. Comencé a necesitar esos corazones y también comencé a contestar a los comentarios que surgían de los textos que fui colgando, a modo de diario, para que no se muriesen mis amapolas, pero también para mantenerme ocupada. Esos coqueteos digitales cuajaron en el objeto analógico por excelencia: un libro en el que se recopilaron estas entradas de Instagram con sus correspondientes imágenes, un juego de cordialidad y espejos, el apoteósico oxímoron de la *influencer* marxista, una estrategia publicitaria en la que me esforcé mucho, un experimento interdisciplinar, una sátira contra el medio que me albergaba, risas contra la obligación de la fotogenia, un hilo tendido y, al otro lado, personas. Algunas siguen aquí conmigo como la poeta Ara Luján o la escritora Sonia Fides. O Merce, que se hizo carne y me visita en las ferias del libro. Este diario se titula *Parte de mí*. No tuve mucho éxito, quizá porque aún no acostumbramos a mezclar lenguajes y tenemos una justificadísima desconfianza hacia las redes. Pero yo entiendo esas páginas como una defensa de la alegría en los momentos de la infección. Después, cuando pasó todo, me hackearon la cuenta de Instagram y me pidieron un rescate por ella.

«Transfiera usted cinco mil dólares a...»

Me lo escribieron en inglés y por WhatsApp como corresponde a esta nueva era. Fui a la poli y acudí al servicio de delitos informáticos. Me dijeron que debía contratar a un procurador e ir por lo penal. Denuncié en Instagram. La cuenta, que ya no es mi cuenta, sigue ahí. Flota como perdida partícula de polvo estelar. Quizá sea un meteorito. No me escribáis a esa dirección. Hace mucho que no vivo allí.

Me pasaba el día entero en las redes y en las plataformas de internet. Preparo cuidadosamente el escenario en el que voy a mantener un encuentro al través del ordenador. Cierro las persianas y enciendo las luces que me iluminan detrás o de frente. Lo hago todo mal. La calidad de imagen de la cámara con la que el universo obtiene información sobre las raídas tapicerías de mis sillones, los hilitos sacados por mi gata, es afortunadamente infame y salgo en las pantallas como una figura impresionista: el grano gordo, la pequeña pincelada difusa, manchas de color. Mientras hablo, dudo entre mirarme a mí misma o contemplar las pequeñas ventanas en las que aparecen rostros de mujeres que también han preparado su escenario antes de conectarse. Me agoto en esas sesiones virtuales muchísimo más de lo que me desgasto cuando interpongo el cuerpo en espacios compartidos físicamente con otros seres humanos.

Estoy muy acompañada y universalmente sola.

Me perfumaría para conversar delante de la pantalla. Me contengo antes de echarme colonia o de comprobar los matices de mi aliento. No son importantes. Tampoco la aspereza de la piel.

Establezco una hermandad inalámbrica con Olga Merino, que, por aquellos días, padece igual que yo la enfermedad del libro confinado. Nos sentimos muy juntas, porque además nuestras novelas se centran en figuras femeninas que habitan en entornos hostiles y el estilo adquiere los colores de la pintura baconiana. Mi Pauli se parece a *La forastera* de Olga Merino.

Me las imagino a las dos con el pelo largo. Olga les presta sus mechones.

En los días del confinamiento realizo juegos malabares con tres naranjas: la naranja a punto de pudrirse que es *pequeñas mujeres rojas;* la fragante naranja de un presente empeñado en trabajar y salvar los restos del naufragio que es *Parte de mí;* la naranja aún inmaterial, el chirriante barrunto, la rabia percusionista de *Persianas metálicas bajan de golpe.* Un diario se encajona entre dos libros sobre la memoria como archivo histórico y la memoria como facultad de recordar.

–Dos por dos, cuatro.

–Dos por tres, seis.

–Dos por cuatro, ocho.

–Y más allá, ¿qué?

El pasado está en el presente y el presente estará en el futuro. El pasado estará en el futuro. Pero el presente y el futuro solo están en el pasado cuando lo juzgamos y lo reescribimos desde ahí. La mentira, acaso la inexactitud, la ficción siempre, son inevitables cuando utilizamos las gafas de la circularidad.

El confinamiento fue para mí la demostración de que se puede hacer más de una cosa a la vez. El confinamiento fue para mí la fractura y la recomposición cubista.

Rafa de Letras Corsarias me pone mensajes en los que me va informando de las ventas de *pequeñas mujeres rojas* en su librería salmantina. Soy madrina de esa librería, soy madrina de un grupo de mujeres de Alfàs del Pi, soy madrina de la Maloka Feminista de Berlín, soy madrina de la primera promoción del Máster de Narrativa de Fuentetaja, fui madrina de una promoción de Filología Hispánica en la Universidad Complutense de Madrid. Las licenciadas iban vestidas como candidatas a un *reality show* de amor, sexo en el jacuzzi y lujo hortera. Como cruceristas la noche en que las invitan a cenar a la mesa del capitán. Y el barco se hunde. Los chicos lucían más sobrios. Les chiques se me escaparon entre la multitud. Rafa me ponía mensajitos: veinte, cuarenta y ocho, doce, dos, treinta y nueve... Rafa me da esperanza numérica. Quiero a Rafa. Ocho, doce, dos, treinta y nueve. Hablar en casa sola, hablar con los fantasmas alojados en la parte trasera de espejos y pantallas, servía para algo. Para algo tibio, no del todo caliente, que me aliviaba de la frigidez de los tiempos y de la asepsia de los limpiahogares generales. Desinfecto a mi marido cada vez que vuelve de la compra. Nos comunicamos desde detrás de nuestras escafandras. Tendemos cordones umbilicales eléctricos y, poco a poco, entre todas, estamos logrando la resurrección y la paralela resucitación, la magia y la medicina en santa alianza, de las amapolas.

Llegó la desescalada y, con nuestros salvoconductos, comenzamos a viajar por las carreteras españolas. Éramos centauras del desierto. Gente que transitaba con gran precaución por las gasolineras. Atracadores enmascarados. Uno de nuestros viajes nos lleva a la plaza del mercado de Barbastro, localidad en la que María Ángeles Naval confía en mí para presidir su jurado de novela. María Ángeles es una mujer que me da la vida, porque noto que entiende mi trabajo y lo pone en valor. Igual que la vivaz y atentísima Carmen Peña, María Ángeles me invita a la Universidad de Zaragoza; también presenta mis libros, incluso recopila mis textos sobre cultura y mis reseñas en nuestra *Enciclopedia secreta. Lecturas en el espejo feminista.* La enciclopedia fue revisada con mimo patológico por Alfonso Castán: en Contraseña las erratas son exterminadas sin piedad como cucarachas; en esa casa editorial no hay ni un solo insecto ni parásito ortotipográficos. Estoy muy a gusto con María Ángeles Naval, con quien mantengo una intimidad intermitente y separada por trescientos kilómetros, una intimidad hasta cierto punto, que me gratifica y me hace mejor persona. A veces ella me abre los ojos. Y yo veo.

En la plaza de Barbastro mantenemos la distancia de seguridad y bebemos sorbos de cerveza bajando la mascarilla FP2.

Entonces suena el teléfono y mi editora, Silvia Sesé, me da una noticia:

–Hay una segunda edición de *pequeñas mujeres rojas*.

Para otro tipo de escritora, quizá una segunda edición sea una minucia. Incluso el indicador de un fracaso. Para mí fue la demostración de que el trabajo, al menos esta vez, había servido. No siempre sirve, advirtámoslo. En ocasiones, el empeño no sirve de nada. Sin embargo, aquel mediodía la noticia de Silvia me hizo querer a las personas a las que a veces insulto. Los rostros en las ventanitas y los lectores que estropean los libros. Quise a las clientas, a los hombres que compran ramos de flores y a quienes te increpan para decirte:

–A ver, véndeme tu libro...

–Yo, que soy un gran lector, no he entendido nada...

–Mira, soy juez y bibliófilo, te doy un consejo: quita todas las cajas de *Daniela Astor y la caja negra*. Quedará mucho mejor.

–«Carbón, diamante, carbón», eso es *Black, black, black*... Sería mejor suprimir el pan y dejar solo el chorizo...

–¿A quién le importa la menopausia de una histérica?

–Sobran palabras...

–Yo leo saltándome las descripciones.

–No me hagas *spoiler*.

No subestimar a quien lee no significa lo mismo que hacerle la pelota.

Los discursos de ciertos compañeros me avergüenzan. Me quiero marchar de algunos lugares. Prefiero mil veces la grandilocuencia de una escritora que se pega cabezazos contra un muro y quiere salvar el universo y afirma que con sus poemas quiere hacer pensar a las personas, no importa lo que piensen, pero que piensen –lo dice Anne Carson–, prefiero mil veces el gesto de arrojarse y mostrarse para iniciar una conversación, prefiero al poeta enloquecido que a esos pequeños demagogos que se tapan la boca con patas de ardilla, se presentan como

438

iguales y, en el fondo, se sienten diferentes y enormes: dentro de su cuerpo duerme un monstruo, un depredador, un trilero. Personas que creen que no ser elitista consiste en escribir con quinientas palabras todos los libros. En la plaza de Barbastro quise a todo el mundo. Agradecí su llamada a Silvia Sesé. Cogí de la mano a Chema. Lloramos como si fuéramos personajes de una novela lacrimógena dieciochesca. Lloramos. Durante la desescalada firmé libros con cita previa en Tipos Infames y en la librería Alberti. En Anónima de Huesca. En Anónima nos acogen Chema Aniés, Ana Mora, mi tocaya Marta, Luis Lles, que durante muchos años estuvo al frente del Festival Periferias de Huesca para enseñarnos, entre otros vanguardismos, que la música del futuro sería el reguetón. En Huesca nos hacemos polaroids en miniatura en la librería y Pesqui le dice a Chema:

–Vaya pelazo.

Hoy la ultraderecha amordaza Periferias. Desde ahí también hablamos. En mi memoria de diplodocus estos días han de grabarse a fuego.

–Vaya pelazo.

Chema se pone contentísimo.

Durante la desescalada, distancia de seguridad. Guantes de látex. Mascarilla. Bolis de usar y tirar. Firmas quirúrgicas de donde salieron dedicatorias de resucitaciones de enfermos y resurrecciones de mujeres muertas. En la librería Muga de Vallecas presenté *pequeñas mujeres rojas* en sesión continua. De quince en quince personas. Entre sesión y sesión, limpieza y cambio de sillas. En Sevilla, Sara Mesa presentó la novela en el patio de El Cachorro. No podemos olvidar que, por un tiempo, vivimos en un mundo así. Nos mantuvimos de pie. Con los ojos muy abiertos. Desorbitados.

pequeñas mujeres rojas quedó finalista en el Premio Dulce Chacón, con el que finalmente se alzó la joven escritora Andrea

Abreu. Mi novela también llegó a la final del Premio de la Crítica, que, ese año, le fue concedido a Arturo Pérez-Reverte. Esa es mi competencia. Bien polarizada. No me queda otra que sonreír. O bajar los brazos.

Ahora ya no estamos en Nápoles ni en la plaza del mercado de Barbastro. Estamos en la plaza de San Boal de Salamanca. Aún estamos desescalando. Rafa Corsario y sus socios han conseguido un permiso municipal para celebrar las presentaciones en la plaza en la que se ubica su librería. Voy a hablar al aire libre de *pequeñas mujeres rojas*. Me acompañan Judith, de la librería Intempestivos de Segovia, y el propio Rafa. Estoy en la calle. En las terrazas identifico rostros: Chema; Elena Saldaña, que ha logrado que mis textos se lean en Castilla y León y me acompaña en Valladolid, Palencia, Salamanca, allá donde yo vaya, ella está a mi lado; Víctor, uno de esos libreros heroicos de Urueña. El resto de las caras se me emborrona y tengo muchísimo miedo. Porque voy a hablar en mitad de la calle sin la protección de la catacumba o la intimidad de la salita de estar –incluso un auditorio sería íntimo en comparación con la intemperie–, frente a personas que han venido a escucharme y frente a otras personas que no. Voy a hablar de un libro político porque es poético y la poesía es casi un insulto en los tiempos de las superficies deslizantes. Mi mano te hace una ahogadilla y te obliga a mantener la cabeza bajo el agua. Quizá te obliga a practicar la espeleología, aunque padezcas claustrofobia. Pero nuestra historia colectiva es claustrofóbica y está llena de cuerdas vocales cercenadas de perros ladradores y poco mordedores. Voy a hablar de un libro antifascista delante de un bebedor de gin-tonics vespertinos que quizá sea votante de un partido de ultraderecha o de un partido de esos que desvinculan presente y pasado y, desde el sentido común, redondea un argumento: «No podemos gastar dinero en momias. La gente tiene problemas más urgentes». Voy a hablar delante de personas que podrían abuchearme o hacer un ruido infernal. Una mujer sube el tono de voz, se desgañita. Su grito se empasta con la música ambiente. Pienso que incluso podrían agredirme porque la calle es de todo el mundo. Me pongo en lo peor. Quizá alguien me tire un vaso. Voy a contar una historia de fantasmas, de injusticias y muertes violentas. No logro escuchar frases articuladas entre el murmullo. Solo el murmullo, la glosolalia, el rumor de una lengua extranjera en pleno corazón de Salamanca. Me hacen daño en el tímpano los tintineos de las cucharillas contra la loza de la taza de café y el sonido de ronchar los quicos de los aperitivos. Los brindis. El bullicio. No logro entender las palabras de Rafa y de Judith. Dicen quién soy, pero yo no los entiendo.

De pronto se hace un silencio sepulcral.

Un silencio que resultaría insoportable para los niños perdidos y las mujeres muertas que, desde sus fosas, intentan apresar las huellas de las wifis inalámbricas y cantan cuplés y ensayan la fonética de las frases que les enseña el brigadista internacional Dickie Johnson, que conoció a Dorothy Parker en el Hotel Voramar. Silencio sepulcral, y «sepulcral» es una palabra muy pertinente en esta situación.

Tomo la palabra con una seguridad que no tengo. La tomo. La seguridad es una forma de respetar a quienes me están escuchando.

No sé qué sucede, pero igual que en otros momentos se me seca la boca y aprieto los labios y se me cierra la garganta, y la cantidad de disimulo que debo utilizar para sobreponerme hace que casi nada se note por fuera, pero por dentro se me vayan agostando las terminaciones nerviosas y las calorías, y todo mi cuerpo sea una contractura y un constante adelgazar, en ese instante de silencio subacuático en la plaza de San Boal, las palabras, las ideas y los hilos que las unen fluyen de mi boca con una coherencia implacable. No podrían haber fluido de otro modo. Enumero lo que aprendí mientras iba escribiendo *pequeñas mujeres rojas*. Su azar y su necesidad. Igual que, después de haber pronunciado otros discursos, busco las grietas y me hago correcciones, me avergüenzo del titubeo o de no haber dado con el ejemplo justo, me fustigo por la falta de naturalidad de los razonamientos superpuestos a una creatividad que nunca es tan espontánea como se pretende hacer creer –«Si supiera cómo se hace, no lo haría», dice Banville, perezoso e iluminado, en el Ja! Festival de Bilbao y yo sé a qué alude, pero también sé que Banville miente–, aquella tarde de imprevisible silencio en San Boal, silencio anticongelante, flui y flui y bailé con las manos –fui una joven escritora y una niña vieja– y no opté por una vía fácil y encantadora, sino que enumeré e hice la cuenta de nuestros dolores históricos y de nuestras lagunas retóricas. Lo hice. Sí. No actué como la demagoga que a menudo soy: una demagoga sofisticada que usa argumentos que a priori no parecen complacientes pero terminan complaciendo. El miedo me templó la voz. No se oía ni el piar de los pájaros.

Y todo fue bien. Diría más: mejor que nunca.

COMENZAR A SER UNA PERFECTA IMBÉCIL I

Comenzar a ser una perfecta imbécil es algo que sucede el día en el que, en la presentación de un libro, decides que no eres tú quien se debe preocupar por los demás –«No me despedí de Marisé», «Esto que he dicho podría haber ofendido a Luigi»–, sino que son los demás quienes tienen la obligación de preocuparse por ti...

La inseguridad y la soberbia, todo lo que queda en medio de ellas, dibuja una franja difícil de habitar.

Comenzar a ser una perfecta imbécil es algo que sucede el día en que te sientes francotiradora y decides que quienes acuden a las fiestas literarias son peores que tú. Olvidas que a menudo la gente trabaja lo más dignamente que puede y que, como mucho, se les podría culpar de transgredir el derecho a la pereza y de divertirse trabajando, una sensación, por un lado, muy abyecta –lo diré en inglés para que se me entienda: *workalcoholics*– y, por otro, profundamente humana. Habría que pensar hasta qué punto este tipo de actitudes ilustra la alienación total, pues ni siquiera eres capaz de percibir las explotaciones, o, al revés, constituye el primer paso hacia la emancipación: desempeñar tareas que generan un artefacto con el que te identificas –soneto, corto, marina, romanza– y que te ha proporcionado gozo en la complejidad de su construcción y en los eventos paralelos que desencadena –entrevistas, presentaciones, fiestas familiares, otros.

Buscar una oportunidad, intentar mejorar tus condiciones de vida, hacer amistades –y enemistades automáticas–, todo eso no te convierte en un gánster ni siquiera cuando te dedicas a los oficios artísticos. Ni siquiera.

La imbecilidad –más bien la idiotez, en términos marxianos– es una patología que tiene su origen en el pensamiento de que estás fuera del mundo, tu corazón es limpio y ser sociable es corromperse. En ese instante de la vida, no solo te has transformado en una perfecta imbécil, sino también en una ácrata de pacotilla que cronifica el mito, aún más imbécil, de la torre de marfil y de la necesidad de mirar las hormigas que corretean a los pies de don Fermín de Pas, confesional y resentido, en la torre de la catedral de Vetusta. Cronificas el mito asqueroso de tomar distancia.

«No es más limpio el que mucho limpia sino el que poco ensucia», me lo tiene dicho mi madre.

Sé de algunos lugares difíciles, pero posibles −pese a que resulte tan complicado escapar del texto y del capitalismo, y del capitalismo en el texto−, en los que para ganar un premio no tienes que chuparle a nadie la polla. Ni hacer regalos.

También existe un espacio, que debería rodearse de rejas, en que inquisidores y exterminadores de plagas usan su fuego y sus venenos, sus pasteurizadas tribunas, para quedarse solos o en compañía de fieras. El fuego y la palabra, o sea, el embaucamiento. Son predicadores de trueno y relámpago −los efectos especiales de Dios−. A su modo, ellos también hacen favores −hacer favores puede ser una acción no deshonrosa− y, desde luego, también cobran un honesto salario. Ponen el cuezo, y sus razonamientos se ahorman, desde una radical libertad liberal, a las exigencias de odio de sus empleadores muy pendientes de la clientela *incel*, ávida de toros y circo, más que de pan y flores.

Y, sin embargo, quedan muchas habitaciones por ventilar. Pero no puedes abrir la manguera sin saber hacia dónde enfocas. No te transformas en héroe por el hecho de agarrar la manguera entre las manos. No, hombre, no. El gesto es feo. Ni Bruce Willis en camiseta se atrevería a tanto.

Yo ahora estoy a punto de convertirme en una perfecta imbécil, no exactamente de la categoría descrita en este capítulo, pero sí de la categoría eremita y rumiante. En mi retiro, tierna más que malhumorada. Ya apenas voy a presentaciones. Me quedo en casa con mi gata en la tripa. Es una cuestión de edad y de salud hepática. Tampoco quiero caer en los excesos melodramáticos de esas desapariciones con efecto comercial a lo Garbo, Salinger o Pynchon, que, por otro lado, fueron y son artistas prodigiosos.

No es que quienes me putearon en su momento me hicieran más fuerte y ahora se lo perdone todo. Eso no es verdad. Pero la gente se va muriendo y el mundo cambia con movimiento uniformemente acelerado. Mientras practico este exorcismo y quemo papeles en la pira, me descubro en actitud amorosa hacia casi todo el mundo. Solo me quema la existencia de los que practican, perfecta y desacomplejadamente, la imbecilidad pensando que ejercen una crítica depuradora que saneará las arterias grasientas del sistema literario. Alguien mata moscas con un periódico enrollado. Alguien se las papa en lo alto de la catedral de Burgos. Alguien dice en mitad del monte de los olivos: «Padre, padre, ¿por qué me has abandonado?». Mi padre –el mío– ha escrito unas memorias como hizo el padre de mi padre y las ha titulado *Animales extraordinarios*. Mi madre nunca emprendería la tarea de escribir unas memorias y este es un dato relevante para comprender nuestro mundo. Cuando yo escriba unas memorias, les pondré exactamente el mismo título. O a lo mejor me acuerdo de que mi madre nació en Cuatro Caminos y me apoyo, por fin, los nardos en la cadera y me transformo en la arrabalera que ella nunca fue.

A VECES ME IMAGINO A MÍ MISMA

A veces me imagino a mí misma sentada en el butacón de la residencia de ancianos. No me queda nadie. No me acuerdo de quién soy ni de quién fui. He perdido la vanidad y la conciencia de las propias dimensiones. He olvidado los libros que escribí, y las buenas y las malas palabras. Todas.
No me siento ni contenta ni triste.
Estoy
completamente
liberada.

ELFRIEDE JELINEK

El declive de la escritora, que vuelve a hablar de sí misma en tercera persona por razones poco halagüeñas, sigue siendo

445

imparable. Es posible que estas páginas constituyan el testimonio que ha de dejar de sí misma justo antes de que la puerta se cierre de golpe.

En un documental, Elfriede Jelinek comenta que explicar tu propio trabajo te debilita. Lo dice después de haberlo explicado todo mil veces y haber llegado a la conclusión de que el yo es la única voz desde la que puede expresarse. Porque quien escribe difícil o a contrapelo ha de pasarse la vida explicando. A veces la explicación es mucho más difícil que el propio texto y hay quien piensa que el hecho de tener que explicar una pieza literaria constituye un fracaso. Sea como sea, a menudo los textos no son autosuficientes y requieren una externalización didáctica –perdón– para complementar cierta falta de transparencia. Incluso los textos transparentes pueden necesitar explicación. Puede que las explicaciones sean maravillosas y merezcan ser oídas. Pero siempre hay que realizar un doble esfuerzo. Lucha. El trabajoso contacto con un auditorio con las expectativas quebradas. Leyes del rozamiento. La certeza de que, desde un punto de vista literario, la didáctica y la construcción del conocimiento no mantienen una relación de sinonimia. La didáctica no es inherente al arte, aunque el arte puede elegir ser didáctico. Explicarse y justificarse tampoco mantienen una relación de sinonimia. Ni significan lo mismo «difícil» y «a contrapelo». Elfriede Jelinek dice lo que dice, pero su debilitamiento no se alza como un obstáculo que le impida ser galardonada con el Nobel.

La escritora, enmascarada en la tercera persona porque hoy no podría soportar la crudeza de su propio yo, se alegra mucho por Elfriede Jelinek y confiesa que no se alegraría por todo el mundo.

Así que este libro es el testimonio de una etapa personalmente terminal. También, el testimonio de un mundo que llega a su fin. La decadencia del cuerpo y el apagamiento de la luminiscencia de la escritora coinciden con el apocalipsis y el calentamiento terráqueo. Se producen simultáneamente. La escritora da sus últimas bocanadas después de hundirse en las profundidades marinas. La escritora nunca ha sido exagerada y, si lo ha sido, la hipérbole siempre se utilizó con resonancias éticas y estilísticas. Sin embargo, en esta ocasión, no puede permitirse dudar de la finura de su olfato. De su sensibilidad hacia lo pequeño o hacia el gato que le quieren dar por la liebre, y la liebre por el gato. La escritora se gana el pan con el sudor de su frente igual que Adán y el resto de los varones competitivos, belicistas, visionarios, abyectos y pelmazos de la Biblia, pero tratando de no incurrir en ninguno de esos comportamientos patriarcales e invasivos.

EL PERIÓDICO

Entré en la sección de «Opinión» de *El País* de la mano de la politóloga Máriam Martínez-Bascuñán en la época de Sol Gallego como directora del periódico. Nos remontamos al año 2018. Máriam me ofreció el espacio semanal de los lunes. Podríamos decir que era mi primera colaboración fija. Empecé a escribir columnas poniendo mis cinco sentidos y disfrutando mucho: «Jesusita», «Españolísima», «Caperucita», «Patrocinada», «Dentada», «Lesboterrorista»... Hasta el día que escribo estas líneas he publicado más de doscientas cincuenta columnas.

Yo había comenzado a hacer artículos de viajes para *El País* en el año 2006, justo después de la publicación de *Susana y los viejos,* gracias a la invitación de Andrés Fernández Rubio. Rentabilizaba al máximo mis energías y, aprovechando que iba a dar una charla a Cuenca o disfrutaba de unas pequeñas vacaciones, reservaba una mañana para explorar el territorio. Tomaba notas en un cuadernito. Zarajos en Cuenca, humedales en Cantalejo. De ahí salió una colección de artículos sobre Valencia, Córdoba o Manzanares, también algún artículo internacional, pero nunca cosmopolita, porque he viajado mucho,

447

muchísimo, aunque solo ahora me doy cuenta de que nunca me gustó viajar...

También Juan Cruz me llamó un par de veces, igual que a Isaac Rosa o a Irene Zoe Alameda, porque quería incorporar voces jóvenes a las columnas de opinión. En aquel momento, mi experiencia en esta sección del periódico fue corta, pero tuvo como resultado un texto, «La novela descolorida» –el título se le ocurrió a Juan Cruz–, que puede considerarse antecedente de uno de mis leitmotivs como escritora que debe generar un discurso sobre sus propios textos para responder en las entrevistas o participar en clubes de lectura. A saber: los efectos homogeneizadores de la gentrificación en el centro de las ciudades, en los cuerpos y también en los estilos literarios. Asequibilidad, elegancia, familiaridad, confort. Nada se rompe. Todo se empapela. Comemos nachos y sushi y aguacates en rincones perdidos del mundo. Viajamos para no viajar, leemos para no leer, hacemos política para que nada cambie y que virgencita, virgencita, nos quedemos como estamos. La antípoda absoluta del hacha de Kafka que rompe el hielo.

Por su parte, Javier Rodríguez Marcos, coordinador de la sección literaria de *Babelia* durante lustros, siempre –y siempre podría ser desde la última década del siglo XX– encontró un lugar para que mis libros fueran reseñados. Cuando Berna González Harbour recibió el nombramiento de directora del suplemento cultural, me dio una portada. *Farándula* acababa de ganar el Premio Herralde 2015. Con toda justicia e incluso antes de haber leído el libro, un blog denunciaba:

–Marta Sanz no ha ganado el Premio Herralde. A Marta Sanz le han dado el Premio Herralde.

Es verdad: los premios nos los dan y los agradecemos. Nunca ganamos nada. En nuestra posición no hay nada que tenga que ver con nuestro trabajo ni con nuestra escritura. Nos confunden con un empresario que heredó la empresa y nunca tuvo que abrirse camino. Les brindo mis disculpas. Yo se lo debo todo a mi belleza y a ser una hija de papá. Tengo mucho más que agradecer a mi sexo, a mi aspecto físico y a mi simpatía que a mis irritantes capacidades retóricas. Mis zapatones en la portada de *Babelia* fueron muy comentados.

–¿Qué se puede decir de alguien que lleva unos zapatos así?, ¿qué se puede esperar de su destreza para la subordinación o para lograr que una trama sea seductora?

Recordé que uno de los aprendizajes básicos de mi paso por la Escuela de Letras podría resumirse en que hay que prestar mucha atención a los calcetines de la gente.

Los zapatones eran unos botines de ante con cuña negra de piel: mis tobillos –realmente bonitos y equilibrados respecto a la curva de la pantorrilla– se apoyan en el respaldo de las butacas del Teatro de la Comedia. Siempre he tenido unas piernas estupendas que, como ya se ha comentado, enseño poco para no levantar envidias. A ver si los del blog tenían razón y he ganado premios gracias a mis piernas. Porque, atendiendo a lo demás, sería preferible ponerme la almohada encima de la cara.

–Juas. Juas.

(Acotación: Estas onomatopeyas son un préstamo. Un efecto sonoro enlatado de *soap comedy* –lo escribo en inglés para....

–*Un hombre en casa. Los Roper. Enredo. Fawlty Towers.*

Un, dos, tres... responda otra vez. Qué tiempos aquellos antes de que se produjese el calentamiento global y el deshielo de los polos: la extinción de los sanguinarios osos polares.)

Fue muy comentada la prepotencia de mi gesto corporal. Yo, que acababa de aprender a no encogerme para no mostrar el pecho y a no taparme la nariz cuando algo me daba vergüenza, aparecía en una foto con las patas por alto y la sonrisa torcida. Los especialistas en relacionar kinésica y calidad literaria temieron lo peor respecto al libro.

–No se puede esperar nada bueno de alguien que posa de esa manera.

449

También Berna González Harbour me abrió las páginas de *Babelia* para que publicase reseñas, una actividad que llevo a cabo sabiendo que realmente no escribo críticas, sino lecturas trabajadas sobre libros que de un modo u otro me interesan. Ofrezco un modo de leer. Cualquier parecido entre lo que yo hago y el ejercicio de la crítica es casual. Porque:

—¡La crítica cuida de la salud semántica de la comunidad!

—¡La crítica establece la frontera necesaria entre la producción y el consumo atenuando el fascismo del mercado!

Pero:

—¡La crítica está vendida! (menos la mía).

—¡La crítica no puede censurar desde su atalaya los libros que le gustan a la gente!

—¡Criticar un libro muy vendido es insultar a su público desde la arrogancia!

Bochornosos purés entre democracia y demagogia, autoridad y autoritarismo. Siento cierto orgullo por haber comentado los trabajos de un montón de jóvenes autoras mexicanas, argentinas, ecuatorianas, chilenas, uruguayas... Incluso alguna vez me he permitido abandonar la equidistancia y dedicar algunas líneas a una escritora española. Igual que hizo Almudena Grandes cuando publiqué *Daniela Astor y la caja negra*.

—Estoy desconcertado.

Dijo Herralde.

En 2021, Jordi Gracia llegó a *El País*, como subdirector de «Opinión», con Pepa Bueno. Yo lo había conocido muchos años antes en la Fundación Caballero Bonald y allí le entregué *Amour fou*, el libro con el que casi dejo de escribir: creo que lo habría hecho si se me hubiesen cerrado todas las puertas de la publicación. Bien mirado, esta declaración es obscena, valerosa y sensacional porque no muchas sacerdotisas del templo de la literatura estarían dispuestas a admitir que su vocación está condicionada por la presencia del otro y de la otra en el extremo de la cadena literaria; otro y otra que son y, a la vez, no son el mercado. Esta es una de esas simultaneidades que hacen daño. Pero escribir sin esa caja de resonancia, por muy rota que esté, se parece a escribir con el dedo palabras mudas en la espalda de un amante insensible. Meter la cabeza en el ombligo y asfixiarse.

–¿Y Kafka qué?

Sigo con mi retahíla.

Escribir sin contar con la lectura en el propio tiempo implica una gran confianza en la posteridad justo en la época en que cualquier forma de pasado deviene en arqueología por efecto de la velocidad de la ola 5G. «La complejidad de la situación es extrema», declaro en mi papel de escritora, sujetándome la mandíbula con un solo dedo, en una pose muy del gusto de los fotoperiodistas y adecuada para contener papos y papadas cuando la piel comienza a perder su turgencia y cede ante la ley de la gravedad –en los dos sentidos de la palabra–. No soy una heroína que transforma su destreza, su manera de conocer la realidad –¿cómo llamarlo?–, en un movimiento parecido al de darse cabezazos contra un muro. No escribiría a cualquier precio. Ni en cualquier circunstancia. O tal vez sí. Y esa dualidad vuelve a colocarme en una situación incómoda. La pose cambia.

–Coloque la mano en el cuello sujetándose la nuca.

Así, perfecto. Ya.

En un instante anterior a todos estos pensamientos, le entrego a Jordi Gracia mi manuscrito de *Amour fou*. Busco su consejo, aunque en realidad busco su aceptación, que me descubra y allane mi camino. Busco alivio a mis dolores. Jordi contesta que ni *fou* ni fa. El libro no le entusiasma –ni le perturba– y no encuentra razones políticas ni estilísticas para que tres editoriales lo hayan pagado sin publicarlo después.

–Juas, juas.

Contra todo pronóstico, Jordi comienza a llamarme cuando viene a Madrid por asuntos de trabajo. Cenamos a menudo. Nos suele acompañar Luisgé Martín. Lo pasamos bien. Incluso

451

en algunas ocasiones nos consolamos –yo siempre necesito consuelo–, aunque Jordi no es de consolar a nadie. Pero a veces su desbordante energía, la expresividad a punto de verter todas las copas de encima de la mesa, resultan contagiosas. El cénit –¿o el nadir?– de nuestra relación amistosa llega con una gira por algunos Institutos Cervantes europeos. Intercambiamos opiniones sobre la Transición: Jordi, poli bueno; yo, poli malo. Él, expansivo y centrífugo, muy profesoral e informado, céntrico como la calle de una capital; yo, falsamente dulce y centrípeta, a veces deslavazada, extremista, improcedente. Muy muy poco eurocentrada.

–¿Y Kafka qué?

En el hotel de Bruselas, Jordi, siempre nervioso, acelerado, llama a la puerta de mi habitación («¡Toc, toc!»). Abro y él inspecciona por encima de mi hombro: el pijama dobladito sobre la colcha, las ventanas cerradas a cal y canto. Entonces irrumpe en el dormitorio para abrir las ventanas y desordenarlo todo. Desempareja mis zapatillas. Atenta contra los trastornos obsesivos compulsivos («¡Toc!») y las supersticiones hipocondriacas que caracterizan a una escritora como tal y a mí muy particularmente. En Belgrado caminamos y hablamos mucho. Jordi me invita a cenar en el hotel Moscú. Yo fui frugal y él se comió una pasta blanca con tropezones, un engrudo cocido en sartén. Lo metió todo dentro de su cuerpo flaco. Yo me acosté con bronquitis. Jordi se fumó varios pitillos.

Jordi Gracia pronuncia con la boca llena de palabras y las palabras llenas de bocas. Voz sensacional. Cuando no ríe, declama.

–¡Uambabolubalambambú!

Jordi Gracia ríe mucho y argumenta con brazos y torso. Quizá, por esa electricidad y esa nerviosidad y esa pasión compulsiva, está delgadito. Quizá por las mismas razones es un gran fumador que necesita tener la boca llena. Con el humo, la risa, las palabras... Quizá también está delgadito por ser un gran fumador. Ramón, mi padre, también es delgadito y fumador. Y esta nueva coincidencia me obliga a repetir la pose de agarrarme la papada con el dedo reflexionando sobre el fenotipo patriarcal de mi vida.

Cuando Jordi llega a la dirección de «Opinión» del periódico, tengo un pálpito:

–Me vas a despedir.

–Juas, juas.

En el periodismo me veo como mosca cojonera, aunque en realidad solo soy una mosca sin adjetivos especificativos, en este mundo de visitas raudas a noticias caramelo –clic, clic–. A veces pienso que la manera de proceder de los periódicos va a acabar exterminándolos. Tráfico, tráfico. Como la cocaína. El tráfico informativo. El tráfico de la información. La autopista y las arterias se atascan con caídas antológicas, gatitos, propaganda de guerra, política eslogan, la pichula de Vargas, «soy peluquera y confieso que estos son los diez peinados que nunca debería lucir una mujer mayor de cincuenta años...».

Como columnista, no salgo al encuentro de los lectores. Espero que lleguen a mí. No comparto mis artículos desde las redes. No tengo. Es difícil mantenerse de ese modo cuando, además, tu propuesta suena rara –rara es un eufemismo– en fondo y forma.

«Tiempo de lectura: dos minutos.»

Agradezco el tiempo invertido en mis dislates y doy gracias a Diosa por el pan que recibo cada día. Bendigo la mesa.

–Gracias, gracias.

Sin embargo, algo me pica por dentro, me habla mi demonia y empiezo a sospechar de la obligación de ser agradecida y de esa apelación sistemática a mis privilegios por parte de quienes suelen tener más privilegios que yo: el subrayado de una plenitud que no siento me parece una estrategia de neutralización política.

«Tienes casa, cállate.»

«Escribes en un periódico importante, cállate.»

«Hay gente que se muere de hambre en el mundo, cállate.» *Distant voices* –¿a que suena precioso?–. Voces distantes que dictan un veredicto: «¡Culpable!». «Hay gente que muere de envidia y del veneno de su propia lengua», pienso. Deseo que la repercusión de mi queja no se reduzca a tos improductiva. A veces me represento a mí misma como una mujer a la que nadie puede amordazar.

Jo.

Jordi Gracia no me despide, aunque no sea una columnista muy leída. Aunque sea una columnista infraleída. Pero me propone cambios. Cambios hacia arriba, cambios hacia abajo, cambios en horizontal. Nos escribimos unos cuantos correos porque yo no estoy bien y no sé si tengo derecho a revolverme, si soy demasiado susceptible, si tengo toda la razón, si mis cuitas están justificadas.

Ahora escribo dos jueves al mes en la sección de «Cultura». Guillermo Altares me abre la puerta y me da la bienvenida.

–¿Y Kafka qué?

No puedo dejar de pensar que mi desplazamiento en el periódico se solapa con mi desplazamiento en el mundo, mi trabajo y mi visibilidad se solapan con las mutaciones de mi cuerpo, con esa impresión de que estoy sin llegar a estar del todo: me siento tan profundamente confusa y gilipollas como una pollita recién salida del cascarón que no aprende casi nada con la edad cuando está a punto de que le corten la cabeza en el matadero de pollos y gallinas que hacen buen caldo por viejas y pellejas. En mis columnas escribo «superacalifragilísticoespialidoso», «uambabolubalamabambú», «megalodón», «hoz y martillo», «tatatachán», «mujeres muertas», «epanadiplosis de mi vida y de mi corazón», «lea despacio».... Me empeño en estrellarme, me obceco, creo que es mi deber y me doy cuenta de que «tener un deber» es una expresión –un valor– que suena a rancio. El tráfico pone el límite de lo que las palabras significan. El capital simbólico se devalúa. Inexorablemente.

Mi cuerpo está en caída libre. No floto como mi amigo José Ovejero, porque la osamenta me pesa mucho o quizá mis cavidades no acumulan la cantidad suficiente de gases ni aerofagias para evitar el choque contra el suelo que me romperá en tres mil sangrientos pedazos.

Estoy llena de mierda, no de aroma a flores.

En este mercado, la mierda es casi la única sustancia de la que podemos estar rellenas las escritoras que no escribimos para complacer, pero preferiríamos gustar para crearnos una atmósfera que nos permita seguir jodiendo la marrana o, dicho más finamente, mirando desde lugares desde los que no se debe mirar. Hacia los que no se debe mirar. No es un juego de palabras, sino uno de los callejones sin salida del arte en el capitalismo.

No tengo plumas ni aéreos alveolos. Ni vejiga natatoria. Soy una escritora materialista. Escatológica.

Coincido con Jordi en una cena:

–Sigo siendo el mismo gamberro de siempre.

Lo miro sin comprenderlo del todo. Creo que no puedo fiarme de él y, sin embargo, me siento querida por este hombre. Jordi se llena la boca con algo de comida, mastica a dos carrillos, se va a fumar a la ventana, ríe, se le encogen los ojos, se concentra frunciendo el ceño con gran seriedad, habla alto, manotea, se dobla sobre sí mismo, vuelve a reír:

–Juas, juas.

Es como si lo viese saltar.

REPETIR UNA HISTORIA

Ya no me acuerdo de casi nada. Solo de mí misma contando una historia en distintos lugares. Repito una historia o dos o tres en distintos lugares. La oralidad y la gestualidad logran hacer de mí un personaje que mueve su bola de energía entre las manos frente a un auditorio seducido. Luego llegan los aplausos y los parabienes. Algunas personas me recuerdan que ya nos conocemos de otra ocasión o que coincidimos en un foro virtual pandémico o pospandémico. Yo finjo acordarme, pero en realidad ¿cómo me voy a acordar? Me felicitan. Me dicen: «Fabuloso, fabuloso», y yo, sonrojada, camino hacia el punto asignado para la firma de un libro. De pronto, el auditorio se contrae, y las sesenta personas que aplaudían y te decían «Fabuloso, fabuloso», «Ahora mismito nos vemos» desaparecen. Se deshacen entre el polvo del horizonte y la multitud. El vapor de lluvia. Yo sonrío a otra gente que pasa y a la gente que me abandona, camuflada dentro de sus gabanes; sonrío como si no me sintiera mal, aunque poco a poco crece dentro de mí la bola de una conciencia oscura, de un grillo o tal vez una cucaracha, que me va susurrando que a nadie le importa lo que a mí me importa, escribir, leer, que hay un público para el que significo algo solo como espectáculo de energía, concierto punk, cuerda rota de guitarra. Debo poner mucho cuidado para no perder la voz y esa capacidad de movimiento que me va difuminando mientras viajo de Toledo a Barcelona, de Barcelona a Burgos, de Burgos a Granada. Un día, desapareceré al entrar en un túnel. Volatilización. Pavesa.

O quizá es que nadie tiene dinero para comprar un libro. O quizá es que la gente se gasta su poco dinero en comprar otros libros.

De algún modo, este libro fija el anecdotario que saca la sonrisa de quienes me escuchan, pero nunca me leerán. A mi manera tengo mucha suerte. Me escuchan. «Fabuloso, fabuloso.» Me voy notando cada vez más cansada, y reparo en que las historias que repito, el lenguaje y la chispa con que las envuelvo en mis presentaciones orales, hacen que no me acuerde de nada. Por ejemplo, en una clase o en una conferencia, relato:

—Me llamó un club de mujeres de Getafe para dar una charla sobre la novela de adulterio. No me apetecía porque era verano, hacía calor y la charla estaba prevista para las cuatro de la tarde. ¿A quién se le pudo ocurrir semejante despropósito? Pero allá que nos fuimos y, al llegar, las señoras me recibieron muy amablemente. Yo saqué mis papeles y comencé a perorar sobre Madame Bovary, Anna Karénina, Effi Brest, la Regenta, sobre hasta qué punto *Pepita Jiménez* del gran Juan Valera era o no era una novela de adulterio; sobre la importancia de llamarse Pepita, Paca, Fortunata o la Princesa de Clèves en una obra de ficción. Las señoras me miraban (un club de señores nunca me habría invitado), seguían mis movimientos con la cabeza, asentían y sonreían. Al final aplaudieron y yo respiré más tranquila porque, en aquellos años, aún estaba muy verde (sigo del mismo color, hoy por efecto de mi pólipo vesicular) y siempre temía encontrarme con personas que con razón me pusieran los puntos sobre las íes por mis equivocaciones, pero sobre todo por mi juventud. Entonces, en las últimas filas de la sala, se alzaron al mismo tiempo una mano y una voz: «Perdona, bonita...». Y yo temblé porque «Perdona, bonita...» no era un comienzo bueno para la réplica de una conferencia. Al fondo del salón de actos, la voz de una mujer madura me aclaró que ella ya había leído todos esos libros, pero que tuvo que dejar de hacerlo porque, al seguir leyendo y leyendo, sentía que miraba de otra manera y llegó a un punto en que su familia comenzó a parecerle una absurda pandillita de animales domésticos.

Lo he contado al repasar la gestación de mis novelas. Sé que lo he contado, pero lo repito porque este hecho sucedió y me llevó a escribir un libro y me ayudó a matizar, a partir de una experiencia de la vida, un concepto sobre la literatura que nos transforma para bien o para mal.

Esto ocurrió, pero lo que hoy mismo me parece relevante es que yo ya solo soy capaz de recordar las palabras que repito, las frases que me permiten evocar la sucesión de acontecimientos que tuvo lugar aquella tarde en Getafe. Sin embargo, no recuerdo a la mujer que llamó mi atención con su «Perdona, bonita».

No la recuerdo, pese a que me impresionó muchísimo. Solo conservo en mi cabeza las palabras con que construyo el relato. «Perdona, bonita...» Ayer mismo por última vez. Como repentizadora de coplas de ciego y pliegos de cordel. Como una CEO que, a través de sus filminas y su micrófono de mariposa perfectamente disimulado entre una mata de pelo abundante que refleja la salud de su funcionamiento intestinal, enumera los triunfos de su emprendimiento. Yo soy más desaliñada. El micrófono siempre me queda grande y se me enreda en las patillas de las gafas. Más ciega que CEO, reproduzco las palabras –no su rostro, no su olor– de aquella mujer que me explicó cómo los fines de semana preparaba barbacoas en el jardincito de su adosado. Al caer la tarde, la partidita de mus. El mundo estaba bien hasta que algunos libros lo jodieron todo: los hijos, buenos chicos, sanotes, de pronto parecían chimpancés, parecían peores que los chimpancés, que son criaturas capaces de reconocerse y alegrarse por reencontrar a un amigo; los hijos eran unos cenutrios que nacían, se desarrollaban, se reproducían y morían como los pollos en los textos de ciencias naturales. O como los perritos pequineses, que quizá disfruten de una forma de vida más inteligente que la de esos buenos hijos que la señora de Getafe quería seguir contemplando recubiertos por una pátina de bondad, digamos, genética y homínida. Pero yo a ella no la recuerdo. No podría decir si su pelo estaba teñido de color cobre verdoso, si era muy alta, si se le acumulaba la grasa en torno al abdomen o si llevaba un vestidito de tirantes y un abanico. No me acuerdo de las dimensiones de la sala ni del color de la tapicería de las butacas.

Tampoco me acuerdo de una compañera de universidad que me invita a un club de lectura en Moratalaz. Es una pesadilla porque me acuerdo de casi todo el mundo con quien compartí aulas en la Complutense, pero de ella no. Ella se acuerda de mí y de que leí mis poemas un día que fuimos a estudiar lingüística al piso del actor Juan Meseguer. No puedo soportar pensarme a los veinte años leyendo poemas a mis colegas de clase. Yo no me recuerdo así. Yo me recuerdo escuchando a los Ilegales y a Kortatu, bebiendo litronas y butanos en un pub de los bajos de Aurrerá. Pero sí debía de ser un poco así, un poco barda con lira portátil. Mi antigua compañera me invita para comentar *Black, black, black* y a mí, como en muchas ocasiones, se me ocurre repetir las palabras que suelen funcionarme...

Microdiálogo número 1:

–Mi estilo es paleto y pedante.

–Pues a mí no me lo parece.

–Bueno, uso la palabra «saponificación».

–Yo soy química. Para mí, esa palabra es muy normal...

–Ya.

Microdiálogo número 2:

–Oye, tú eres Nocilla.

–No. Yo no soy Nocilla.

–Sí que lo eres.

–Que no.

–Que sí. Que practicas un nuevo realismo y naciste en los sesenta. Eres Nocilla.

–Pues yo nunca me he visto así.

–Pues lo eres.

–Ya.

A veces no me dejan refocilarme en las palabras que me funcionan.

–¿Qué significa «refocilarme»?

Me pregunta la química.

–¿Es una palabra paleta o pedante?

Puede que las dos cosas a la vez.

Olvido a muchísimas personas. Solo me acuerdo de la sucesión de palabras que año tras año he repetido para no perder el momento. También he aprendido a rentabilizar el poder de su repercusión en el público. No son palabras sensacionales. Pero tienen su eficacia.

—Fabuloso, fabuloso.

Son las palabras en las que residen mis pequeños triunfos en los salones de actos. Quizá estemos retornando al gusto por la literatura oral. Recojo ingenuamente estos testimonios en un libro con la intención de que la escucha se convierta en lectura. Estoy desesperada, pero mi desesperación siempre busca la rendija de luz que me lleva seguir tirando del carro para desesperarme un poco más. En este proceso existe una partícula de sosiego imprescindible.

Son palabras verdaderas de las que no me puedo escapar. Palabras de una mujer que escribe ensayando un exorcismo y a veces hace girar y oscilar entre las manos, como practicante de taichi, una bola de energía gigante y azul.

LA VOZ Y EL CANTO

La noche invernal de Valladolid
te hiela la punta de la nariz.

La hipotermia se produce dentro del poema. También dentro del ripio.

La noche invernal de Valladolid te hiela la punta de la nariz, y los dedos de manos y pies. Los poemas, algunas veces, dejan de serlo cuando aspiran a cierta exactitud documental.

Cuando presento libros o doy charlas en una ciudad que se sitúa a una distancia prudencial de mi casa, o en una ciudad distante que está unida a la mía por un tren muy veloz —ha cambiado el sentido del tiempo y del espacio, del aburrimiento; ha cambiado la percepción de la cronología, la lectura como actividad extensa e intensa, la literatura misma ha cambiado, y, aunque en los trenes se lea mucho, la alta velocidad revoluciona, degrada o matiza los conceptos del arte y la belleza—, cuando se dan esas condiciones, voy y vengo en el día. Córdoba. Málaga. Sevilla. Barcelona. Valencia. Zaragoza. Valladolid. Cojo el tren y me acuerdo de los trenecitos de plástico que mi abuelo Ramón colocaba en las repisas. Algunas costumbres y deslumbramientos proceden del periodo de los dientes de leche y, ahí, casi siempre hay un poema.

El primer tren era la imagen de un tren
en la repisa de los tesoros.
De mi abuelo.
El primer tren
era un muñeco de cera,
un juguete que no,
que no se toca.

Chema me lleva a la estación con tiempo. Con tanto tiempo que durante una hora camino arriba y abajo, compro una botella de agua, miro las novedades literarias que se venden en las tiendas de las estaciones de Atocha o Chamartín. La eterna espera previa al embarque y la cabreante anarquía de esas colas que, sin excepciones, están mal organizadas.

—Formen dos filas...
—Oiga, es que había solo una fila.
—Ya, pero así vamos más rápido...
—Oiga, es que yo estaba antes.
—Ya. Formen dos filas.
—Ya. ¿Y no lo podían haber dicho desde el principio?

El desorden en los turnos me vuelve una persona intransigente. Me desquicia.

Durante el trayecto dormito y procuro no entretenerme con el móvil. Me autodisciplino. Me autoinculpo. Lo pongo en silencio conventual. Procuro no fingir que soy *millennial*, aunque en vista de mis traumas en los aseos de los vagones dudo que nadie me pudiera confundir.

461

—¿Lo ve, señora? Verde, abierto. Rojo, cerrado.

Mis manitas son de ave canora, pero hasta hace no mucho en casa me decían que tenía mano de guardia. Por su dureza. Habría estampado mi mano de guardia contra la mandíbula de una joven tan cariñosa, didáctica, bienintencionada.

Noto que me hago mayor cuando pido que me compren una plaza en el vagón del silencio. Han dejado de interesarme las jugosas conversaciones de los trenes, casi inaudibles bajo los pitidos de los juegos electrónicos. A menudo leo, pero los viajes son tan cortos que no me da tiempo a concentrarme, es decir, a entrar en la página sin que la imaginación me vuele a distintos sitios. Quizá leer bien consiste en pensar en otras cosas mientras se está leyendo. Descodificar las ramificaciones de esa simultaneidad.

La noche invernal de Valladolid
te hiela la punta de la nariz.

Aquella noche yo estaba en la estación de tren de Valladolid, porque había ido a la librería La Otra para leer poemas de *Corpórea*. Siempre que voy a Valladolid me acuerdo de Enrique Señorans, el primer librero que me invitó a hablar de *Daniela Astor y la caja negra* en la capital de la provincia en la que nació mi bisabuelo Benedicto. Hasta entonces yo no conocía Valladolid. Pienso en Enrique con culpa. Enrique es la muestra de lo que cuesta sobrevivir como librero. Una vez bailé con él una pieza agarrada. Alegría. Pero, aquella noche gélida, fue diferente: Arantxa, la librera de La Otra, y Elena Saldaña, ángel protector en Castilla y León, me habían recogido en la estación sobre las seis de la tarde y, después de la lectura y de los comentarios de las lectoras, después de darme de cenar una tortilla de patatas y una cervecita, me devolvieron a la estación. Me despedí de ellas, que me dieron besos y regalos. Bolsas, viandas, botellas de vino.

Echo mucho de menos mi casa. Muchísimo. Los trayectos de vuelta se me hacen eternos.

—Este billete no es válido.

Después de haber pasado mi bolso y mi abrigo por el escáner, la señora que con su máquina futurista lee el código de barras de los billetes me dice que el mío no vale. Le enseño el de ida e insisto en que el de vuelta es igual. Ella lo mira y lo remira. Me dice que tengo razón, pero por algún motivo ignoto, acaso cibernético, no puedo pasar. La máquina no reconoce mi pasaje. Este tren, que voy a perder, es el último. No podría volver a Madrid hasta mañana. Echo de menos mi casa. Estoy a punto de hacer un puchero, pero cuando estoy sola arrincono esa parte de mi carácter infantil, ñoñita, poco resolutiva, caprichosa, irracional, llorona. Yo. También soy una mujer que escribe y pasa frío y miedo incluso con la calefacción y las luces encendidas, y se culpa por ser flor de pitiminí y a la vez lucha por su derecho a decir ay cuando le duele sin que nadie le cierre la boca. Así que, como tengo imaginación libresca y la piel fina, fantaseo con la situación más desfavorable. Como tiendo al dramatismo, soy friolera y nadie me ha enseñado las ventajas de la navaja de Ockham, ruedo un plano cenital de mí misma acurrucada en un banco de la estación, perdida dentro de mi anorak, tapándome la boca y la cabeza con la bufanda de lana. Cuando estoy al borde de la congelación y de su sonrisa involuntaria, me incorporo del banco y doy patadas para recuperar la circulación de piernas y pies. Todo el mundo sabe que en Valladolid se te hiela la punta de la nariz. Y las extremidades se vuelven filamentos quebradizos.

—No vale. Haga el favor de echarse a un lado.

—Pero, pero... ¡Tengo que volver a mi casa!

—Ya.

Ni se me pasa por la cabeza que puedo llamar a Elena o que incluso, para no molestar a nadie, puedo buscar un hotel en el que pasar la noche y volver a Madrid al día siguiente. No es la racanería la que me impide valorar esta solución: es la propensión trágica y la conciencia, a veces hiperbólica, de mi pequeñez. Ni soy tan pequeña ni tan frágil. Me pongo de puntillas:

–Le estoy diciendo que tengo que volver a Madrid esta misma noche.

–Ya. Pero el billete no vale.

–¡Me espera mi marido!

La cancerbera me mira de reojo. Mi argumento de autoridad suena ridículo.

La mujer no me ofrece alternativas.

–Haga el favor de echarse a un lado.

Espero el santo advenimiento. La resurrección de la carne congelada que se despierta en el plato y hace muuuu. El milagro de la transustanciación de un documento no válido a documento válido. La mujer comprueba que el billete no tiene errores. Vuelve a pasar su máquina por el código de barras. A nuestros oídos no llega la secuencia acústica armoniosa del paso franqueado, sino un pitido chirriante y horrendo.

–No válido.

Recuerdo escenas de estación que me pusieron en peligro cuando era joven: una noche, esperando a un novio que se pasó de parada, en la cantina de Linares-Baeza, un muchacho, oloroso a anís y a otros alcoholes de excelsa graduación, me quiso arrastrar a las vías para divertirse conmigo. Yo estaba segura de que no me divertiría nada y me atormentaba con la idea de que mi novio no me quería lo suficiente: no lo mantuvieron despierto ni la impaciencia ni el ansia de reencontrarse conmigo. En otra ocasión, volviendo de París con el mismo novio, nos echaron del tren y pasamos la noche en el apeadero de Zumárraga al lado de un hombre con una enfermedad de la piel. El hombre, al que se le caían las orejas a cachos, se empeñaba en apoyar su cabeza en mis piernas. La piel se le desprendía del rostro, era una película y una descamación que manchaban. No me molestaba tanto la caspa como prever que la carne de aquel hombre se podía licuar en una baba sucesiva. La baba iba a traspasar la tela de mi pantalón y mojarme los muslos. La mandíbula, el óvalo facial del hombre, cada vez más turbios e indefinidos. Yo, rígida. Llena de miedo y de una compasión que no me permitía apartar de mi regazo la cabeza del hombre, sacudirme la ropa, lavarme las manos, echar a correr. Conté en *El frío* todas estas aventuras de tristeza y viajes. Estaban dentro de mis ojos en la estación Campo Grande de Valladolid.

–Pero si el billete está pagado...

–Ya, pero no vale. La máquina tendría que hacer tiliririririm y hace pi...

–¡Pi!

–¿Lo ve?

Secretos códigos acústicos. Tecnología punta de mierda.

–¡Estará rota la máquina!

–La máquina no se rompe nunca. Es más probable que usted me quiera engañar.

La desesperación, contemplada desde una distancia confortable, se vuelve cómica. Quizá ese cambio de percepción atenúe los temores de que la historia se repita la próxima vez.

–Por favor, tenemos que encontrar una solución. Yo no me puedo quedar en Valladolid.

Con la punta helada de la nariz.

Seguimos mirando el billete de arriba abajo para intentar comprender por qué no sirve. Me vuelven a apartar de la cola para que el resto del pasaje suba al tren sin dificultad. El tren ya está entrando en la estación. Me pongo nerviosa. Hablo un poco más fuerte de la cuenta.

–Mírelo otra vez, por favor.

De pronto ocurre... El revisor del tren que acaba de llegar a Valladolid se acerca a la cabina acristalada junto a la que estoy retenida. Se quita la gorra:

–Yo a usted la oigo todos los miércoles.

El revisor, que ha de ser apuesto a la fuerza, mira mi billete y, como no solo es un hombre con buen oído, sino que además tiene vista de águila y es un profesional que no lo fía todo a las pilas de un aparatejo, detecta el problema rápidamente:

–Este billete es para un día como hoy de dentro de un mes.
El día y el año estaban bien en mi billete de vuelta a Madrid. Pero, al emitirlo, se habían equivocado en la cifra correspondiente al mes.

–¿Y qué voy a hacer yo un mes en Valladolid?

–Usted nada en absoluto. Usted se sube a mi tren ahora mismo.

El revisor ignoraba mi nombre, pero había reconocido mi voz y para él eso era suficiente. Yo hablaba en la radio. A aquel hombre le gustaba mi voz. No sé si le gustaba lo que decía, pero mi voz sí. Morí de amor. De vanidad. Nunca me había sentido tan importante.

–Usted se sube a mi tren ahora mismo.

–Gracias, caballero, gracias.

–¿Lo ve? ¡Es usted!

Era verdad. Era yo. Y yo era mi voz. No era mi nombre ni mi oficio ni mi beneficio ni mi naturaleza friolera ni mi necesidad ni mi miedo. Era mi voz.

–Aquí tiene su plaza.

–Gracias, caballero, gracias.

La voz nos conecta con una sustancia umbilical. El oído es el primer sentido que desarrollan los fetos dentro del útero de sus madres. Compañía, calor, el ritmo del latido, las semicorcheas de Mozart, cualquiera sabe. Pude volver a mi casa porque un revisor oía la radio los miércoles por la mañana y le gustaba «El rincón y la esquina», la sección del programa *Hoy por hoy* en la que Àngels Barceló, Manuel Delgado y yo conversamos de cultura y calle. Ahora cuando voy a cualquier lugar me dicen:

–Os oigo los miércoles.

–Muchas gracias.

–Qué hombre Manuel Delgado. Qué personaje. Qué puñetero. Qué majo. Me parto. Tenéis mucha química.

–¿Sabes que casi no nos conocemos?

466

–¡No me digas! Pues parece que os conozcáis de siempre...
Repito esta respuesta espectacular en Alicante, en Salamanca, en Castro Urdiales, en Conil...

–¿Sabes que casi no nos conocemos?

Miento un poco, porque, aunque haya que oler a las personas y calibrar cómo miran –desde qué línea oblicua o secante, con qué número de parpadeos– para corroborar quiénes son, también es verdad que sentir la voz de alguien, cómo esa voz te acerca o te expulsa del foco que la emite, nos ayuda a conocernos. Manuel Delgado y yo casi nos conocemos.

–Manuel, ¿estás ahí?

Los técnicos de sonido de Radio Madrid comprueban que Manuel ya está delante de su micro en Radio Barcelona.

–Aquí estoy. Preparado.

Manuel carraspea. Puedo ver cómo va vestido y qué hace a través de una pantalla que lo graba. Se mete algo en la boca.

–¡Quítate eso de la boca!

–¡Hostia!

Él no sabe que lo estoy viendo y se asusta. Creo que está chupando uno de esos cigarrillos mentolados de plástico que venden en la farmacia.

–Manuel, ¿estás ahí?

Si mi compañero no está, me inquieto.

La voz de Manuel imprime una huella definida en el camino sonoro. Se marca profundamente. Es una huella de bota de montaña o de yeti. No es una patita de pájaro. Es jovial. Ocupa el espacio. Manuel aparentemente improvisa, pero la improvisación se arraiga en el pensamiento: él lo ha pensado todo muchas veces antes en otros lugares. No necesita guiones. Solo memoria. Es rápido. Descoloca. Nunca dice vulgaridades y, si se tiene que meter con los boy scouts o con las supermanzanas de Barcelona, se mete. Atiende a la audiencia con una consideración exquisita y se ganó mi corazón, chorreante de amor familiar y células uterinas, cuando alabó en directo el trabajo de mi padre, Juan Ramón Sanz, sociólogo urbanista, coautor entre otros libros de *España a gogó* y *Benidorm, ciudad nueva*.

—¡La hija de Juan Ramón Sanz!

Me imagino a mi padre escuchando la radio como cada miércoles, íntimamente satisfecho. Mi padre atiende a la radio cada miércoles y lee todas las reseñas que escribo sobre otras personas y las que otras personas escriben sobre mí. Lee mis conferencias, mis libros. Detecta erratas. Me hace comentarios. Me sugiere emprendimientos y títulos brillantes.

—Hija mía, ¿por qué no escribes una novela negra, como hace todo el mundo, y la titulas *Black, black, black*?

—Vale.

Hay rebeldías que no valen ni un centavo —digo «centavo» porque usamos la clave de la novela negra y los parámetros de Wall Street—. Otras rebeldías son imprescindibles para sobrevivir y llegar a ser persona. Sobre todo, para llegar a ser una mujer que, si sobresale por sus agudos, se llamará «soprano» y, si tiene una tesitura vocal un poco más grave, se llamará «mezzosoprano» o «contralto». A mi abuelo Ramón le encantaban los trenes y Pilar Lorengar y Teresa Berganza y Dolores Pérez y la Caballé, que tomaba una pizquita de sal si se le secaba la boca. Seguimos hablando de la voz y del lugar del que nacen las vocaciones. La persistencia en los trabajos.

—¡La hija de Juan Ramón Sanz!

Mi padre asume con orgullosa cachaza que a veces lo llamen el padre de Marta Sanz. Yo, en los tiempos de lucha contra el cisheteropatriarcado, la cultura de la violación, las malas digestiones del mito de Electra, los relatos autobiográficos recorridos por padres maltratadores y repulsivos, autoritarios y castrantes, sin deslegitimar ni por un segundo las palabras de esas mujeres que se atreven a contar y a ser insultadas en público por abrir sus heridas, mujeres dos veces heridas, mil, en este momento de reparaciones y catarsis imprescindibles y sanadoras, reivindico la figura mutante de mi padre, lo que he aprendido de él, el cuidado con que me cultivó para que creciese, aunque yo a veces me enfangase en mis tendencias autodestructivas viviendo los amores de primera hora. También aquella vez que dejé de ir al colegio y me escondí entre los matorrales y el arbolado del parque de la Arganzuela. Cuando me descubrieron, a mi padre se le saltaron las lágrimas. Es la única vez que recuerdo haber visto a mi padre llorar. Mi madre tomó las riendas de la situación manteniendo la compostura y la seriedad del discurso con el que se recriminó mi actitud.

Mi madre es una monstrua de la naturaleza. He escrito mucho sobre mi madre. Nuestras voces siempre han sido parecidas y con el paso del tiempo lo son todavía más.

No escribir sobre mi padre en estos tiempos sería una cobardía. Un malintencionado borrón hecho cicateramente sobre el papel del relato. Le agradezco a Manuel que dijese en antena que soy la hija de Juan Ramón Sanz. Soy la hija de María del Rosario Pastor Sacristán y de Juan Ramón Sanz Arranz. De lo primero he alardeado muchas veces.

—Ya, pero el Constantino de las narices te borró el Pastor del nombre de escritora.

Ella lo recuerda todo. Lo sabe todo. No quiere que la dibuje más.

—Si cuentas esto que te digo, dejo de dirigirte la palabra para siempre.

—Mi boca está sellada, mamá.

Fallo a mi madre una y otra vez. Me vencen el amor y el interés con que la observo. Mi madre últimamente revisa los cajones en que guarda las fotografías. Nos las regala. No me gusta nada ese gesto. El otro día me dio una en la que estoy bailando con mi padre. Le llego a mitad de muslo. La mirada que nos liga no la pienso describir. Ya me callo, mamá.

—¡Manuel! ¡Quítate eso de la boca!

Los miércoles nos divertimos. No es impostura. La voz de

mis historias escritas se transforma en voz de radio y, ahora, la voz de la radio se mete en la historia escrita.

A Àngels Barceló le incomoda un poco que la feliciten por su cumpleaños. Te lo advierte el equipo:

—A Àngels lo de sus cumpleaños, no sé...

Sospecho que esa resistencia a la felicitación no es por los años. Para Àngels, lo molesto son las actitudes genuflexas. El olorcillo de las actitudes genuflexas que no se parece en nada a la verdadera cordialidad.

Por sus cincuenta y nueve, le regalé a Àngels un kit para cultivar una planta carnívora. Mi intención no era que la planta se la comiese a ella, sino que la criase bien para lanzar bocados a ciertas visitas peligrosas. Por la Cadena SER pasa gente magnífica y también gente terrible. Lo llaman «pluralismo». Yo subí ocho pisos en el ascensor con la presidenta de la Comunidad de Madrid y sus escoltas. Muda. Contuve la respiración. Miré al frente. Les cedí el paso. Salí de la cabina del ascensor lanzando primero el pie izquierdo. Crucé los dedos por detrás de la espalda.

Le regalé a Àngels la planta carnívora para que, si convenía, la usara como gas pimienta.

Nosotras nos llevamos bien:

—¡Hola, guapa!

—¡Adiós, guapa!

En vacaciones, nos mandamos algún wasap con fotos de nuestros aperitivos. Diría que nuestra relación se sitúa en un punto intermedio entre la afectividad y un confortable desapego. Ese punto nos conviene. Por las saturaciones en la agenda y porque yo he dado un giro misantrópico a mi existencia. Cuando alguien llegado a mi vida después de mis cincuenta años me pregunta:

—¿Quedamos, Marta?

Yo suelo responder:

—No.

Hay algunas excepciones. No soy una misántropa, pero tanta candileja me agota.

Cuando la necesito, Àngels no me dice que no.

Procuro no pedir mucho.

Ella está conmigo.

En la radio no solo aprendo eso que llaman «el poder de la voz» –doscientos millones de entradas en Google, la cifra no es exacta y no la pienso comprobar–. El poder de la voz desde el tímpano llega hasta el estómago, endereza las cervicales, electrocuta la cabeza y desgarra el músculo cardiaco en una confusión conmovedora entre lo racional y lo más incomprensible del ser humano –pienso en los estudios como claustros, lo cerrado e íntimo, el lugar en el que se genera la vida–. El poder de la voz, energía vibratoria, sexualidad y conciencia. Control de la vagina, la respiración, los enredos de las cuerdas vocales y, otra vez, la cita de María Asquerino con que se abre *Farándula*: «Tengo aspecto de fuerte e independiente y una voz que proyecto como debe hacer un actor: desde abajo». Esta cita recorre mi vida. Es la raspa de mi pez.

–Hoy, en «El rincón y la esquina», vamos a hablar de los puntos suspensivos...

–... de la luz.

–... de los fantasmas.

–... del etcétera.

–... del juego y los juguetes.

–... del azar.

–... del beso.

–... de los puentes.

–... de la fiesta.

–... de...

A veces hablamos de lo mismo, pero salen asuntos diferentes. Otras veces, sacamos un tema nuevo, pero volvemos a anécdotas de las que ya habíamos hablado. Quizá es que, como dice nuestra tía Annie Ernaux, la autobiografía y la cultura entendidas como cuerpo son inagotables. Nuestras uñas cambian de color. Nos crecen las orejas. Se nos dobla la espalda. Podemos evocar, con la presbicia de la mujer madura, las despellejadas rodillas de una niña loca y corredora. Lo podemos contar. Al acabar el programa no pocas veces Manuel dice:

–Pero ¿nos vamos ya?, ¿por qué?, ¿qué echan después?

Me levanto, recojo mis papeles.

–Hasta el miércoles, Àngels.

–Adiós, guapa.

Luego, cuando llegas a cualquier sitio para hablar de la literatura y el cuerpo, de los libros que escribes, de lo que sea, una mujer se acerca y como si fuera un secreto te dice:

–Os oigo todos los miércoles...

Me dan besos y recuerdos para Àngels y Manuel. Descubro que la voz es el filamento vibrátil del cuerpo. Materia. La cuerda que anuda unas palabras a otras. Y los pensamientos. La voz se cuela por el oído como la lagartija de Atxaga en *Obabakoak*. Se forman cerca del cerebro nidos de parásitos, acúfenos y ecos que nos acompañan. Mi abuela Juanita ponía la radio para escuchar la novela mientras hacía punto. Yo jugaba a su alrededor. El viejo aparato de radio se incrusta hoy entre los libros de una estantería. Es una caja de madera con un altavoz y un visor en el que se leen topónimos misteriosos: Andorra, Costa Rica, Belgrado... Me veo jugando con los botones del dial. Mi abuela protesta. Pero no mucho. Mi padre dice:

–Àngels Barceló es la mujer que mejor se ríe de España.

No somos íntimas Àngels y yo. No somos íntimos Manuel y yo. Ni falta que hace.

Dicen que olvidamos la voz de los muertos. Pero quedan registros. Escucho leer poemas a Ángela Figuera o a Rafael Alberti. Revivo mi infancia con la voz de Jaime Blanch o Maite Blasco. No es verdad que olvidemos las voces de quienes murieron. Las voces no desaparecen nunca: reconoceríamos la voz de nuestras muertas, de nuestros muertos amados, en cualquier lugar en el que la volviésemos a oír. La buscaríamos frenéticamente entre el bullicio. Apartaríamos las mesas y las sillas de un café. Nos meteríamos hasta el almacén donde se guardan las cajas. Es posible que incluso seamos capaces de registrar los cambios de una voz con el paso del tiempo. Cómo una voz es fina y luego adquiere cierta gravedad o se rompe y, al final es muy posible que se vuelva de nuevo a afinar. Así sucede con la voz de mi madre. Así sucede con mi propia voz, estirada hasta el límite del nilón que puede llegar a romperse, cuando de pequeña canto «Pájaro Chogüi» o «Las barandillas del puente»; cuando ya de mayorcita canto «Alfonsina y el mar», «Los mareados», «Nostalgia» y llego a creerme incluso que canto bien; ahora, cuando ya ha llegado el momento de perder casi todos los graves y la voz me sale con cierta dificultad de la garganta, me encierro en el cuarto de baño y ensayo «El agua en sus cabellos» o «Dolores» o «De qué callada manera se me acerca usted sonriendo»...

—«... como si fuera la primavera, yo muriendo...»

Muriendo siempre, en todas las canciones.

Encerrada en el baño, me cercioro de que puedo llegar a los agudos, pero he perdido la destreza para cerrar bien las frases cantadas. Tampoco las cierro bien cuando estoy tratando de explicar alguna cosa.

Corroboro el adelgazamiento de mi voz cuando, durante la desescalada, me encierro en una cabina de grabación y leo de cabo a rabo *pequeñas mujeres rojas*. Leo y leo y leo y entono «Échale guindas al pavo», y me convierto en la ventrílocua de los niños perdidos y de las mujeres muertas, del brigadista internacional Dickie Johnson, de la Tortolica y de la sanguinaria Analía, de Luz y de los animalitos del bosque que, como figurantes de *La bella durmiente* o zorrillos de Lars Von Trier, comienzan a hablar. Rompen a hablar.

Soy muy feliz grabando ese libro. El técnico de sonido, Emilio, puede oír el ruido de mis tripas cuando tengo hambre. Puede oír la sequedad de mi boca. «Una pizca de sal», me diría Joaquín

473

Sabina. Emilio también se percata del exceso de salivación. El técnico de sonido está dentro de mi cuerpo y detecta mis fragilidades de una manera casi impúdica. No podría engañarle ni aunque me lo propusiera. Tampoco podría engañar al hombre que aprieta el ecógrafo contra mi vientre y me dice:

–Menos mal que estás delgada.

No estoy delgada, estoy seca.

El ecógrafo funciona con ultrasonidos.

Tengo un pólipo en la versícula y el pólipo me habla. Tiene su propia voz. Me dice cosas biliosas que evitan mi conversión en una lánguida. Si fuese una flor, sería una adelfa. Me dice mi pólipo: «Cabrones». Temo que Emilio pueda oír lo que dice mi pólipo. Tiene el tímpano más entrenado, dentro de sus cascos, que el mecánico melómano que, de alguna manera, está en el origen de todo esto.

–Dame otra, Marta.

Cuando Emilio detecta una sinalefa en mi enunciación, una palabra que no se separa con suficiente claridad de la que sigue, un fonema confuso o arrastrado, me dice:

–Dame otra, Marta. Desde...

Entonces yo me siento como una profesional del doblaje. Como una actriz porno. Tengo una homónima que se dedica al porno: cuando cuelga un vídeo en la red, las visitas de mi página de Wikipedia se disparan. Tengo otra homónima que pinta y me manda los correos que llegan a su buzón y son para mí. Amar a Marta Sanz, su generosidad y su cariño, no es amarme a mí misma. Leo *pequeñas mujeres rojas*, y cuando dejo de sentir que mientras trabajo juego, es que mi labor se ha convertido en una labor alienante.

–Dame otra, Marta.

El técnico de sonido se ha metido muy muy dentro de mí. Me ruboriza este descubrimiento de la voz como fuente de poder. Emilio, por mi voz, sabe quién soy e incluso mide el volumen de bolo alimenticio que ocupa mi cavidad estomacal. Sabe

474

si me pica la garganta. Estoy muy vestidita, pero completamente desnuda delante de Emilio. Él es un caballero y disimula. Como si no se diera cuenta de mi turbación. Me trata como si fuese de verdad una profesional. Compara mis tiempos de grabación, mis errores y mis descansos con el de las actrices de doblaje. Según Emilio, no lo hago nada mal.

–Dame otra, Marta...

La voz que nos acompaña llega a *Persianas metálicas bajan de golpe*. En este libro, como en *pequeñas mujeres rojas,* los fantasmas, los reflejos, las pantallas multiplicadas en *mise en abyme,* unas dentro de otras, apelan, barroca y románticamente, a la descomposición del cuerpo y sus placeres; sin embargo, todo lo que en la última novela de Zarco eran olores desasosegantes, el Azafrán y el Azufrón, en *Persianas metálicas bajan de golpe* se convierte en estruendo, música y ruido. Creo que podríamos solapar en transparencia una novela sobre la otra: el pentimento y las impregnaciones definen dos textos que indagan en la memoria y la violencia. La violenta pérdida de la memoria desde el punto de vista de una historiografía torticera o negada, y la violenta pérdida de la memoria como facultad para recordar las tablas de multiplicar: perder ese poder desdibuja nuestra posibilidad de reconocernos en otras personas, de reforzar vínculos, genealogías, afectividades. Las voces afectuosas y dulces, las voces de las madres que cantan a sus criaturas dentro de la tripa, las voces que nos enseñan cosas, las que nos acompañan, se enfrentan a las voces de las máquinas de tabaco y las que, cuando estás solicitando una cita médica, te dicen a través de un teléfono:

–Perdone, repita, no he entendido bien...

Las que son una mampara para que nunca llegues a las operadoras.

Persianas metálicas bajan de golpe. Barrummmmmmmm. Una comedia musical distópica con un personaje que acompaña a una mujer desmemoriada. Una voz sale del teléfono. Se llama Bibi y es la voz de Land in Blue (Rapsodia).

–Dame otra, Bibi.

Le dice el ingeniero de sonido. Bibi graba las recomendaciones para viajar en transporte público o los mensajes institucionales o el *off* de una serie de televisión.

–Dame otra, Bibi.

Mi descubrimiento de la voz viene de lejos.

El descubrimiento de mi voz va pasando por distintos lugares. A mi voz le debo no haberme quedado tirada una noche de invierno en la estación de trenes de Valladolid. A mi voz le debo que la recepcionista del hotel en el que solemos alojarnos en Palencia sepa quién soy. Concha siempre nos reserva habitación en este hotel, que, hasta hace poco, estaba custodiado por dos grandes dálmatas de porcelana. Los han retirado del vestíbulo. Han cometido una equivocación. A la voz le debo también algunos jarros de agua fría:

–Anda, por la voz, pensé que eras mucho más joven. Ahora que te veo me doy cuenta de que no.

A veces, el cuerpo, sus marcas, mueven a la escritura, o se produce una sinergia entre el trazo y la mácula, la transformación corporal y el movimiento de la mano. La letra y la melancolía. Una palabra surge de la escocedura o de sentir cómo mermas. Otras veces, la voz, la palabra emitida, da consistencia a tu cuerpo. Lo mantiene erguido en los periodos de máxima fragilidad. Es lo único que tienes para no caerte. Cuando piensas que vas a desaparecer, escuchas tu voz y tu voz te lleva a recuperar los perfiles que te separan y te meten, al mismo tiempo, en el mundo.

Te lanzas de cabeza contra la plancha azul de una piscina.

MEMORIA

La caligrafía sale de la mano. Es una cuestión motora. Una disposición corporal, los dedos, el brazo. Y educativa, un modelo. Más tarde, ¿qué operaciones ha realizado la escritura sobre mi cuerpo?, ¿a favor de mi cuerpo?, ¿en su contra? No me he tatuado la piel, sino que la escritura se ha ido enroscando en mi carne para apartarme y acercarme simultáneamente a la realidad y los individuos que la habitan. Veo mejor y no veo nada. La escritura me ha apretado los senos, como un mamógrafo, hasta sumirlos o invertirlos dentro del torso. Me ha afeado y me ha embellecido. Esa circunstancia es muy importante para mí. Las frases me quitan la respiración o me abren un agujero en la garganta. Las frases como infarto y como traqueotomía.

Puntas de dedo sobre el clítoris y bolsas agigantadas de los ojos.

Para ciertos lectores –sobre todo– una escritora siempre es fea; otros, por el mero hecho de escribir, la ven siempre bajo una luz que la embellece.

Me han hecho sentir crepuscular a los cincuenta y seis años. Es mi culpa, pero también la de otros. Colaboramos en los dulces procesos de autodestrucción inducida.

Me pongo como gata panza arriba. Y lucho, lucho. Pero ya sin frenesí.

Escribo y olvido.

Escribo y ya puedo olvidar.

No he de preocuparme por la perfecta visualización de un rostro del que no encuentro el nombre.

Estoy lista para la inexorabilidad y la inminencia de toda desmemoria.

Me preparo.

ALMUDENA ERA UN CUERPO RADICALMENTE INSTALADO
EN LA TIERRA

Me voy a la feria del libro de Sevilla y, mientras arrastro mi maletita de ruedas, me doy cuenta de que estoy en el interior

477

de la estación Atocha-Almudena Grandes. Transito por el interior de una mujer que se ha transformado en un icono gigante recorrido por plataformas y escaleras mecánicas y trenes a punto de salir. Paneles luminosos que anuncian las llegadas, orígenes y destinos, andenes. Es un interior en ebullición. Muchas personas vienen y van. Algunas están a punto de cambiar de vida, huyen, van a trabajar, a reencontrarse con su familia, a disfrutar de unas vacaciones. Durante los trayectos pensarán y, antes de acomodarse en su vagón, comprarán una revista, se comerán un bocadillo de tortilla o unas croquetas hechas con una bechamel más tiesa que la pata Perico. Almudena, muy castizamente, añadía huevo duro a la bechamel de sus croquetas. Cuando te invitaba a su casa, la encontrabas de pie en la cocina friendo unos sanjacobos. Le decía a mi marido:

–Chema, luego te llevas un túper de ensaladilla.

Las transeúntes, los pasajeros de la estación de Atocha, que ahora es también una Almudena Grandes, hueca y arquitectónica, hospitalaria y mestiza, podrían ser personajes de sus novelas. Almudena se colocaba al lado de las cosas. Ni debajo ni arriba ni a lo lejos. Al lado de las cosas incluso cuando reconstruía esos tiempos que ya nunca van a volver de la misma manera exactamente. Estoy en Atocha, dentro de una mujer que se ha agrandado y agrandado hasta convertirse en un ser imponente. Almudena Grandes, antes de ser estación, monolito, cuadro, azulejo, auditorio o biblioteca –todos susceptibles de ser vandalizados–, ya destacaba por su condición monumental. Si estaba, no podías dejar de mirarla. Esa naturaleza cósmica, casi como de diosa olímpica, no disminuía su calor. El latido. La respiración levemente jadeante. Los detalles de estar en la vida con las zapatillas de andar por casa.

–Chema, el túper...

Vimos por primera vez a Almudena en una cena organizada para celebrar un premio que le concedieron a Josan Hatero por su colección de relatos *Tu parte del trato*. Primera edición

478

del Premio Villa de Algete, auspiciado por la editorial Debate, de la que era director literario Constantino Bértolo. Luis García Montero o quizá Almudena estarían en el jurado. Yo publiqué con Josan en la colección Punto de Partida y él me había dicho que se enamoró de la narradora de *El frío*. Se enamoró de una mujer neurótica que se parecía muchísimo a mí, de modo que inmediatamente Josan me resultó encantador. Poco después, en el congreso de Iria Flavia pasó por ser uno de los escritores más tímidos, solo superado por Begoña Huertas, y allí creo recordar que tuvo dos tentaciones de muy diferente índole: Ángela Vallvey y Blanca Riestra. Sospecho que de estos pequeños sentimientos inocentes solo me acuerdo yo. La loquísima chica de *El frío*. El caso es que cuando a Josan le dieron el premio, Luis García Montero había escrito *El sexto día*, un ensayo literario publicado en Debate, que también fue la editorial que sacó a la luz gran parte de la obra de Juan Carlos Rodríguez, profesor de Granada muy próximo intelectualmente a García Montero: *La norma literaria, El escritor que compró su propio libro...* Aprendimos muchas cosas leyendo a Juan Carlos Rodríguez. La noche del premio, Chema y yo estábamos sentados junto a Belén y Constantino. En la otra punta de la mesa, Luis y Almudena, con su vozarrón imponente. A mí me daba un poco de miedo. La inconfundible voz rota de Almudena. La risa sin complejos. El diastema. El pelo tan oscuro y tan bien peinado. Un día la escuché a mis espaldas bajando por la calle Apodaca de Madrid:

—O sea, Elisa, que quieres que yo te prepare la mochila, ¿no?

Su hija pequeña le contaba que iban a hacer una excursión en el colegio y había una desavenencia con la mochila. No me di la vuelta, pero indudablemente la madre era Almudena. No me di la vuelta porque no lo necesitaba y, entonces, no nos conocíamos. Almudena vivía en el mismo barrio que yo, pero ella ocupaba los espacios con autoridad. Les daba un sentido. También preparaba mochilas para excursiones del colegio.

Pensé durante muchos años en Almudena Grandes como una mujer altiva. La veía en la televisión conversando con Luis Antonio de Villena de lo mucho que les gustaban los pasteles. Ella comía pasteles y después, a modo de justificación, pedía sacarina para endulzar el café. Almudena se hizo una escritora popular desde la publicación de *Las edades de Lulú*, la novela erótica con la que le dieron el Premio La Sonrisa Vertical. Por aquel tiempo, yo asistía a su éxito con escepticismo. Con el pensamiento de que las buenas siempre nos quedábamos al otro lado. En el trastero. No comíamos pasteles ni compartíamos cenas con poetas míticos o cantautores. Ni nada de nada. Quizá éramos muy desagradecidas porque a nosotras Josan Hatero nos había confesado que se había enamorado de uno de nuestros personajes, de una chica, muy parecida a mí, que no era del todo yo y que me había aproximado a las autoficciones de la novela francesa al estilo Duras.

–Me encantan los pasteles. Pero luego tomo el café con sacarina. Para justificarme.

Las palabras de Almudena Grandes, perfecto contrapunto a nuestra intensidad durasiana.

Ahora, a punto de coger el tren hacia Sevilla para presentar allí los poemas de *Corpórea* («Fabuloso, fabuloso»), mientras mentalmente escribo las páginas de este texto, pienso en esa corporeidad de Almudena que se traducía en un montón de cosas: escritura, dietas, albóndigas de rape, palabras de andar por casa, proximidad con lectoras y lectores, una caligrafía legible, gestos generosos hacia seres más pequeños, racionalidad de escuadra y cartabón, memoria prodigiosa. Todo eso es cuerpo.

Almudena tenía unas manos muy bonitas. De esas manos salían los rabos de las letras y los dobleces de la ropa de su hija pequeña dentro de la mochila para la excursión.

Ahora, a punto de coger un tren hacia Sevilla para leer poemas, recuerdo que Almudena descubriría que yo era la mujer que caminaba unos pasos por delante de ella en la calle Apodaca, la escritora que cenaba al lado de Belén Gopegui cuando a Josan Hatero le dieron un premio, la espectadora delgadita de un programa nocturno de televisión en el que ella describió su facilidad para engordar, la lectora no muy excitada de *Las edades de Lulú*, Almudena me pondría una cara y un nombre gracias a Luis. Porque yo preparé una antología sobre poesía de la Transición en la que él aparecía al lado de otros cuarenta y nueve nombres: Antonio Martínez Sarrión, Leopoldo María Panero, Aníbal Núñez, Ángel Guinda, Olvido García Valdés, Blanca Andreu, Jorge Urrutia, que había sido el director de la tesis que dio lugar a esta antología de la que, por cierto, nunca recibí ni un papel de liquidación de ejemplares ni un solo duro... Me quedo con la gratitud de Ángel Guinda, una visita a la casa de Antonio Martínez Sarrión, el arrepentimiento por no haber antologado a Isabel Pérez Montalbán, a quien leí conmocionada, la empatía orgánica con Olvido García Valdés. Me quedo con la felicidad de destripar los poemas como Jack o como esa forense de serie policiaca que, en el momento de la autopsia, les susurra a los cadáveres:

—¿Qué pasó, cariño?, ¿qué me estás queriendo decir?

Y los lava amorosamente. Y les abre el cráneo con una pequeña y acariciadora sierra eléctrica.

Luis y Manuel Rico —a quien debo mi descubrimiento como poeta— presentaron un poemario de mi padre en la Casa de América de Madrid hace mil años, porque mi padre, Luis, incluso Manuel Rico habían sido, eran o dejaron de ser militantes del PCE alguna vez. Esta fraternidad masculina, poética y política, con sus matices y claroscuros, propició el encuentro con Almudena.

—¡Chema!, ¿está buena la ensaladilla?

En casa de Almudena y Luis conocimos a Eduardo Galeano, Joaquín Sabina, Miguel Ríos, Fernando León de Aranoa, Darío Jaramillo, Sandra Lorenzano, Ana Belén, Víctor Manuel, qué sé yo y yo qué sé... Nosotros los conocimos a ellos, pero no estamos nada seguros de que ellos nos llegaran a conocer a nosotros. Almudena y Luis, sí.

Luis nos dedicó un poema, «El ángel de la historia», en *No puedes ser así (Breve historia del mundo)*:

¿Vas a hablar de la historia?
Pues mírate a los ojos si tienes un espejo
y sigue cuesta abajo.
Los cuerpos frente a frente.
La distancia es un lujo
que no te puedes permitir.

El poema continúa y aparece una «clavícula dañada». Yo nunca le he dedicado nada a Luis. Nosotros sí queremos a Luis. Aunque, últimamente, no nos veamos demasiado por su actividad frenética. Su estar en todas partes raramente coincide con mi estar en todas partes. Mi falso don de la ubicuidad, agigantado por la permanencia en las pegajosas redes araña, tiene su origen en un miedo que, con la madurez, pierde su justificación y, al mismo tiempo, está cada vez más justificado. Aprender a formular barruntos de ideas, incluso ideas bifrontes, de un modo que no excluya su reverso hace que el estilo pierda redondez poética, pero quizá nos aproxima a una verdad. No es equidistancia ni relativismo: es dialéctica.

Almudena murió intempestivamente. No hay muerte que no lo sea, pero algunas retumban más tiempo y quizá significan más cosas que la mera desaparición de una persona en particular. A mi buzón de entrada del correo electrónico llegan ofertas de seguros de deceso. Ignoran estos contratistas luctuosos que hemos donado nuestros cadáveres a la Facultad de Medicina y que, cuando llegue el día, ni yo podré pesar lo que quedará de mí —¿los veintiún gramos del alma?–, porque mi cuerpo también va descomponiéndose de estación en estación. Vivimos en tránsito y perdemos las extremidades y el lustre de la piel en cada fotografía que nos toman. En el Hay de Cartagena, Almudena y Luis me arroparon. Si no hubiese sido por ellos, me habría quedado en mi habitación chupando mangos o vaciando frutos deliciosos con una cucharilla. Daniel Mordzinski nos fotografió contra el viento del Caribe. Cuando Almudena murió, esas fotos salieron en los periódicos con mi silueta perfectamente recortada. No pretendo ser la niña en el bautizo, la novia en la boda, la muerta en el entierro. Pero la memoria se traiciona y se sacrifica. Pensé que mis amigos no me habrían recortado y recordé a Alfredo Castellón, cuyo nombre fue amputado meticulosamente del pie de una foto que congelaba la imagen de poetas gloriosos, visitantes antifranquistas de la tumba de Machado. Quizá Alfredo no era demasiado glorioso para los periodistas culturales. Sin embargo, Alfredo fue un escritor imaginativo y el realizador que descubrió una manera innovadora de rodar el teatro en televisión. Recupero la foto y su pie de la edición digital de *InfoLibre*. Aquí sí aparece Alfredo, el que advirtió a mi madre de que yo estaba endemoniada, pero su nombre no está bien escrito. Es una maldición. Una cruz. Si algo se tuerce desde el primer momento ya es muy difícil enderezarlo. Los errores se fosilizan, mientras que los hallazgos tienden a volatilizarse. A ser sepultados, borrados, sustituidos, por tentativas adánicas.

«De izquierda a derecha y de arriba abajo, Blas de Otero, José Agustín Goytisolo, Ángel González, José Ángel Valente, Alfredo *Castejón*, Jaime Gil de Biedma, Alfonso Costafreda, Carlos Barral y José Manuel Caballero Bonald, en Colliure.»

Entiendo que el periodismo cultural cada vez está peor pagado. Y, sin embargo...

Algunas personas nacen con el estigma de ser recordadas con erratas. O de opacarse ante la magnificencia de quienes un día los rodearon. Quién dota de magnificencia a quién es el secreto del alquimista, que, ahora, analizamos desde los parámetros que definen el campo literario.

A mí, a veces, no me sirven los demonios que llevo dentro y me cargan de electricidad.

Al volver de Cartagena, en el aeropuerto de Bogotá, vimos cómo el motor de un avión se incendiaba en el despegue. Luis y yo dijimos casi al unísono:

–Parece que volaremos con retraso.

Almudena se escandalizó por nuestras palabras. Hoy quiero creer que el humor negro era puro nerviosismo. El avión volvió a la pista y, un poco más tarde, pudo despegar con normalidad. Nadie murió aquel día en un accidente aéreo.

–Parece que volaremos con retraso.

La última vez que vimos a Almudena fue en la plaza del Dos de Mayo. Era junio de 2021. Ella tomó dos tintos de verano, y nosotros, dos cervezas cada uno. Llevaba un turbante muy favorecedor y estaba muy animada. Nos encantó encontrarla tan corpórea y expansiva como siempre. Optimista. Como buena narradora, trazó el minucioso relato de su enfermedad. Como mujer considerada, todo lo dijo en un tono leve. Sin dramatismo. Nada había sido para tanto. Y poco a poco. Hay quien cuenta sus enfermedades con algo parecido a la modestia. A mí, que practico el pensamiento mágico, la neurosis diagnóstica y vivo las enfermedades –hemorroides, gripe, un orzuelo– como aventuras que acaban en un Finisterre, me pareció admirable tanta sangre fría.

–Ahora estoy deseando irme a Rota a descansar.

En noviembre de ese mismo año Almudena murió, y el cementerio civil se convirtió en un extraño paisaje de lápidas sin cruz y de personas que alzaban contra el cielo un libro de Almudena Grandes: *El corazón helado*, *Malena es un nombre de tango*, *Los pacientes del doctor García*, *Atlas de geografía humana*... Desde que Almudena murió, miro muy supersticiosamente un calendario de 2020, el año de la pandemia, en el que apa-

484

rece una serie de retratos: Almudena, Quino, Caballero Bonald, Carlos Edmundo de Ory... También aparecemos mujeres vivas como Rosa Regàs, Elvira Lindo, Belén Gopegui o yo. Me aferro a esas vidas, pero dibujo mentalmente morbosas combinaciones de tres en raya. La pandemia me he vuelto impresionable, o acaso el humor negro impregne cada poro de mi lechosa piel.

–Parece que volaremos con retraso.

Almudena voló con demasiada anticipación. Su muerte ocurrió en un destiempo mucho más destiempo que el que se le supone a cualquier muerte. Aunque sea la de un nonagenario. Porque morirse casi nunca viene bien.

A no ser que la soledad.

A no ser que el dolor.

A no ser que la asfixia.

A no ser que el fracaso absoluto y la cabeza en el horno.

Pero Almudena no estaba sola ni dolida ni le faltaba el aire. Era una escritora leída y admirada. Un cuerpo radicalmente instalado en la tierra.

Su desaparición no fue imprevisible. Fue inconcebible. El cuerpo de Almudena –sus manos, la chispa de sus ojos laterales– parecía incompatible con la muerte.

Últimamente no coincidimos mucho con Luis, pero lo vimos, de lejos, en el entierro de su mujer. Lo acompañamos en el homenaje que le tributaron a Almudena Grandes en el Teatro Español y en el Teatro de la Abadía. Luego, en el Cervantes, me dio la oportunidad de meter en la caja que conservará el legado de Max Aub un ejemplar de *pequeñas mujeres rojas*.

Llevé un vestido con estampado de flores. No podía ser de otra manera.

En un acto de homenaje a la figura de Gaspar Llamazares, entre las loas y las gratitudes, recordé un momento de falta de sensibilidad por parte del líder político. Fue la constatación de que ponerse al lado de Almudena o de Luis te hace invisible.

Debes vendarte la cara como una momia, ponerte gafas de sol y sombrero, un gabán, porque a su lado tu cuerpo se desmaterializa y, si vas desnuda, nadie verá nada: en la feria del libro de Madrid, Llamazares se acercó a saludarme, pero ni compró ni me pidió la firma de ninguno de mis libros. Llevaba dos bolsas llenas de volúmenes de Almudena y de Luis. En desagravio o por risa, estos amigos tardíos con los que nunca tuvimos la intimidad de los verdaderos «almudenos», porque nunca pudimos ir a Rota ni conocimos a Ángel González ni cantamos rancheras ni nos colocamos una bufanda para ver un partido de fútbol, nos invitaron a una cena con Ángeles Aguilera y Bienvenido Martínez, que ya forman parte de nuestra más estricta intimidad.

–Chema, ¿no comes un poco más de ensaladilla? Que luego te la pongo en un túper, ¿eh?

En otra cena –admiro a las personas con carácter de celebración en estos días en los que me transformo lentamente en un molusco–, tiempo después de que solo me atreviese a dejar mis libros para ellos en portería, el gato Negrín me eligió. A Negrín le gustaban los perfumes como a quien le gustan los licores. Me chupó el cuello deleitándose. El haber sido elegida por el gato de la casa aquella noche llena de cuellos mucho más célebres que el mío sació mi vanidad.

Chúpame el cuello, Negrín.

Hay amistades que siempre están bajo sospecha o que generan suspicacias. Amistades que, vistas desde fuera, parecen basarse en la idea de favor. Truco o trato en la noche de Halloween. Pero también se puede dar el caso, un tanto ingenuo, de que haya gente que se acerque a otra gente porque se cae bien. Teníamos afinidades basadas en una experiencia de Madrid. De Madrid en un periodo concreto de la historia. Puede que no compartiéramos una visión de la literatura en la que mis opiniones siempre habrían estado en desventaja ante los éxitos de Almudena.

–*Excusatio non petita...*

–Váyase usted a la mierda.

Nos unieron las celebraciones, sentimientos fáciles, el relato, la acción sindical, las ganas de reír.

Y la cómoda ligereza de no formar parte del círculo más cercano. De la órbita satelital primera. No. Siempre un poco más lejos.

–¡Oye! ¡La ensaladilla!

Quizá seguimos siendo amigos porque Chema devolvió religiosamente los túperes bien fregados. En eso, que no es poca cosa, puede radicar el quid de la cuestión.

También estaba la memoria. Y la alegría de las mujeres. El gozo. Nuestra limpísima y nunca culpable capacidad para el placer.

Cuando Almudena publicó *Inés y la alegría*, yo ya solo podía verla, solapada con su personaje, montada a caballo con una sombrerera, llena de rosquillas, en bandolera alrededor del cuerpo. Ella nos invitó a comer en un restaurante que ya no existe y nos regaló la edición en tapa dura de su novelón. Siempre nos regaló libros con dedicatorias preciosas. Que son nuestras. Presentó *Amor fou* en la sede de Izquierda Abierta en el Rastro. Escribió sobre *Daniela Astor y la caja negra*. Y nos acompañamos los días de las escritoras en la asociación Nosotras Mismas: allí a Almudena la llamaban «comadre» y a mí «maestra». Ese modo de nombrarnos define una relación con las lectoras que a ella debería llenarla de felicidad. Yo desconfío.

–Le traigo el libro para que se lo dedique a mi mujer...

–...

–Bueno, es para mí.

Almudena contaba con orgullo estos episodios de feria del libro.

Después de su muerte, después de la imagen de los libros en alto contra el cielo, de lectoras y lectores encaramados entre los huecos de las tumbas del cementerio civil (una popularidad inconcebible para una mujer dedicada al oficio de escribir, una mujer que supo medir perfectamente la distancia y pesar las cantidades, una trabajadora que resultó muy rentable para su empresa –recuerdo que esto es una novela social–); después de escuchar a Ana Belén leyendo «Una falda de plátanos» y verla acercarse para darme un beso y susurrarme al oído unas palabras que voy a guardarme para mí; después llegó la época de los homenajes.

Ana Belén, que me había besado en el entierro de Almudena, en el María Guerrero ya no me reconoció o puede que no me viera, y a mí se me partió el corazón porque nunca he podido olvidarme de *La paloma de vuelo popular*, de «Sensemayá», de su interpretación de Adela en *La casa de Bernarda Alba* ni de *Demonios en el jardín*.

–«La culebra tiene los ojos de vidrio, la culebra viene y se enreda en un palo, con sus ojos de vidrio en un palo, con sus ojos de vidrio...»

Canté a grito pelado «Caminando» a petición de mi tío Nacho por la avenida del Mediterráneo en Benidorm. Yo tendría doce años y él, veinteañero, quería que su amigo Chema –mi Chema– alucinase con mi juego de agudos y graves. A lo Ana Belén. Tiempo después, Nacho, siempre emprendedor, insinuó que yo sería la solista ideal para un grupo liderado por nuestro amigo Óscar, conocido luego como Benito Malasangre:

–«Pocos americanos se libran de la quema, los únicos afortunados son los negros, que inventaron el blues y el balonceeeestooooo, y montan en una revuelta en un momentooooo. Blues, blues, blues...»

En aquella época yo había perdido los agudos, que no los graves.

Participar, aunque de prestado, en la vida de Almudena y Luis era traspasar la pantalla de la televisión, asistir a la encarnación de las seiscientas veinticinco líneas, ver en primera fila los conciertos en los que antes habías bailado sobre el césped de un estadio de fútbol o en el graderío de un pabellón de deportes. En los salones de Almudena y Luis, las personas vulgares padecemos el síndrome del espectador y aprendemos que hay gente que habla para ser escuchada y que esa actitud debe de ser agotadora. Sobre todo, teniendo en cuenta que, en el auditorio, puede haber orejas camufladas como mi oreja traidora. Una oreja paparazzi. La oreja indiscreta. Vuelvo a mi recuerdo con Joaquín Sabina. Repetimos inevitablemente nuestros encuentros con las celebridades –los cristalizamos en anécdota para siempre jamás–, operamos como periodistas de la sección de «Cultura», sabiendo que la relevancia de la repetición nace de la celebridad y que la celebridad se construye a base de repetición. Vivimos de instantes de un orgullo tonto.

O quizá esto solo nos sucede a las fetichistas y a las mitómanas. Vivo nuevas simultaneidades difíciles: mitomanía e iconoclastia; la etérea búsqueda del despojamiento y el miedo a pasar frío.

–Una pizca de sal.

En el homenaje que se celebró en el Teatro Español participamos Rosa Torres-Pardo, Blanca Portillo, Joaquín Sabina y yo. Moviola. Antes de salir, Joaquín Sabina me dio un consejo.

–Si se te seca la boca, toma una pizca de sal. La sal estimula la salivación. Me dio la receta Montserrat Caballé.

Compartir una receta de Montserrat Caballé. Asombrarme de lo nerviosa que estaba Blanca Portillo entre bambalinas. Todo me llevó a preguntarme quién era yo y dónde estaba y, sobre todo, por qué no salía Almudena a arreglar la papeleta con el aplomo que siempre la caracterizó. Le cuadraba el dicho de «Vísteme despacio que tengo prisa». Intuyo una organización, una cuadrícula gloriosa, en la planificación de su trabajo. Su previsión de los tiempos de escritura. Su capacidad para superponer en un plano completísimo las cartografías de una mutante ciudad de Madrid. Y, más allá de la literatura, una energía abrumadora para escribir novelas inmensas, con todos los hilos tirantes y sin borrón, y responder a las peticiones de sindicatos y partidos políticos y viajar y promocionar y organizar fiestas para treinta personas en un periquete. Almudena hacía que las cosas más difíciles parecieran sencillísimas y se movía con paso seguro. Una pierna tras otra sin perder el rumbo. Sin prisa, sin pausa, sin extenuación, con método, con eficacia. Con sentido de la justicia y capacidad para comprender las flaquezas ajenas. Un día le confesé:

—Almudena, yo he hablado mal de ti.

Ella también hablaba mal de algunas personas –¡chitón!–, mientras que por el talento de otras se peleaba y no escatimaba alabanzas. Así conocí la obra de Ginés Sánchez, que resultó ser el compañero de la radiante Cristina Morano, escritora estupenda, con quien me sacan parecido físico. Lo mismo me sucede con Ana Pérez Cañamares. Pero es más un espejismo que una realidad. Una forma de colocar el cuerpo. Todas hemos pasado por la editorial Bartleby, dirigida por Pepo Paz. La belleza nace cuando las ficciones cobran cuerpo y descubro que las manos superpuestas que aparecen en la portada de *Cíngulo y estrella*, esas manos que podrían ser perfectamente las de Chema y las mías, son de Cristina y Ginés. Me prestan sus manos y, en sus manos, me siento cómoda y soy. No me ocurriría con las manos entrelazadas de cualquier pareja.

—Almudena, yo he hablado mal de ti.

Era verdad. Me costó confesárselo, pero ella no le dio ninguna importancia. Puede que hasta lo entendiese. Se situó con elasticidad en ese momento en que la veía como alguien distante. Tampoco compartí nunca su idea de la conciliación. Pero aún no había oído aquello de:

—Chema, tienes la ensaladilla en el túper.

Aún no la había visto sentada en el asiento delantero del coche de mi padre rumbo a la sede del PCE en Sierra Carbonera, barrio de Vallecas, donde le entregaron un carné para Inés que ella recogió con gratitud y emoción. La gente la miraba con incredulidad. Parecía embobada. Sus palabras fueron recibidas con aplausos cerrados. Los abrazos se daban sin miedo. Con unas ganas y unas energías que ahora, al recordarlos, me producen dolor.

Porque ya ninguna estamos allí.

Queda el testimonio fotográfico.

A Almudena se la llevó la muerte muy a destiempo y yo, íntima no tan cercana, no puedo conformarme ni cuando atravieso el umbral de sus bibliotecas ni cuando arrastro mi maletita por los andenes de su estación.

ECOLOGISTA

Ahora que intuyo que lo que no ha llegado ya no llegará; ahora que, durante los días buenos, creo firmemente que las escritoras como yo seremos viejas con muchos achaques a las que lo mejor nos aplastará, como un piano que cae del cielo, cuando nuestra familia ya no pueda sentirse orgullosa de casi nada, tengamos dentadura postiza, caminemos con bastón y, en nuestros ojos, la luz originaria haya sido sustituida por otro tipo de luz –luz de la catarata, blefaritis, transformación por dentro y por fuera de la bella imagen del ojo–; ahora que aún estoy a tiempo de tomar decisiones que corrijan, no errores, pero sí opciones que podrían haber sido otras, digo que, a partir de hoy, no recomendaré más a artistas jóvenes. Reservaré mis energías para dar calor a las expulsadas, a las olvidadas, a las que se han ido haciendo pequeñas por falta de altavoz y ya han perdido el impulso de su esperanza o de su cuerpo inmaduro. No todas las viejas escritoras conservan el latido acelerado de los ratoncitos domésticos. Aunque las obliguemos a vivir en esa impostura. «Qué activa», «Qué jovial», «Qué divertida», «Aún se toma un whisky en cuanto te descuidas», «Está en X», «¿Has visto sus post de Instagram?», «Qué estilazo vistiendo, qué potencia de voz, cuánto de-

491

coro, qué alegría de vivir a los cien años», «Qué gafas más *cool*»
–sin comentarios.

Defenderé a las viejas que sean viejas. A las quejicosas. A las
irritantes. A las que se repiten más que el ajo porque han consumido demasiadas benzodiacepinas y ya no tienen memoria a
corto plazo. A las arrumbadas a quienes solo les resta el desen-
canto o la caída. Ellas lo necesitan de verdad y no tienen nada, absolutamente nada, que agradecer.

Del mismo modo, desde mi posición incipiente de escritora de maduración muy lenta, perderé ciertos complejos. La or-
todoxia funcionalista. La obscenidad del exceso barroco.
Cuando era niña me fascinaban los ornamentos. Podía llegar a desear muchísimo los pendientes colgantes que veía detrás
del vidrio de un escaparate. Recuerdo dos: unos, con unos pajaritos morados, que me compré en una tienda india de Sherbone
durante mi primer viaje fuera de España; otros que me regaló
mi padre después de que sus brillos me imantaran al expositor
de una joyería de Frascati. Ya en Roma, él manchó la via Merulana con su vómito en homenaje a Gadda. Los pendientes de
Frascati son pesadísimos y no los he podido lucir porque me
hacen daño en los agujeros de las orejas. Me agigantan los lóbulos, y una cosa es que cuestione las violencias quirúrgicas, el bó-
tox paralizante del labio superior que impide la buena vocalización y convierte a las duquesas en potenciales cantantes de
reguetón, y otra muy distinta optar, prematuramente, por ave-
jentarme con adornos que me hipertrofien los lóbulos de las
orejas. Los pendientes son bellísimos: bolas de cristal transparente y de cristal violeta, como chupones de lámpara, engarzados en plata maciza. En el extranjero me vuelvo caprichosa. No
voy a reclamar mi capricho como forma de rebeldía contra las
genuflexiones. Porque perdí esa fascinación hipnótica por el
abalorio y, hoy, la echo de menos. Esa magia y ese magnetismo
que se desprende del tótem y del becerrito de oro.

Ya no soy la niña de la foto –preposmoderna, prealmodovariana– que llevaba un bolsito de plástico, unos kikis en el pelo, horquillas, pulseras, un collar de cuentas rojas, calcomanías, anillos que eran la sorpresa de esos huevos que salían de una máquina en la que echabas un duro, girabas la rosca y, tachán, frente a tus ojos asombrados, la joya del Nilo. Dejé de comprarme ropa. Renuncié a la bisutería y a los pendientes colgantes. A los zapatos blancos de tacón. No engordo las marañas de ropas y plásticos, esa baba venenosa, que contaminan los mares del Sur. Podría considerárseme una gran ecologista.

RECUENTO

Radiografía textual de los tiempos que corren. Rezumo amor por las palabras y aún recuerdo que quise ser hada y cajera de supermercado.

En este libro aparece 243 veces la palabra «soy».

En este libro aparece 21 veces la palabra «vivo» –vivo poco, es una obviedad. Puede que incluso ya me haya muerto.

En este libro aparece 56 veces la palabra «siento» –siento más que vivo, quizá «sentir» y «vivir» no son sinónimos.

En este libro aparece 73 veces la palabra «leo» –la máquina computa lo «espeleológico» y a «**Leo**poldo» como fragmentos de mi lectura activa, y «petró**leo**», «pata**leo**»...

En este libro aparece 102 veces la palabra «escribo».

En este libro aparece 34 veces a palabra «lenguaje» –no es un libro demasiado intelectual.

En este libro aparece 340 veces la palabra «mujer» –una presencia, sí, obsesiva. Gratamente.

En este libro aparece 13 veces la palabra «fragilidad».

En este libro aparece 9 veces la palabra «precariedad» –se detecta un lógico equilibrio entre esta palabra y la anterior.

En este libro aparece 162 veces la palabra «amor» –la máquina computa la «met**amor**fosis» como «amor». Quizá la máquina no sea tan tonta como parece.
En este libro aparece 34 veces la palabra «dinero».
En este libro aparece 31 veces la palabra «enfermedad».
En este libro aparece 97 veces la palabra «amigo» y 40 veces la palabra «amiga».
En este libro aparece 5 veces la palabra «generoso» y 8 veces la palabra «generosa» –se computan 13 generosidades en total. No sabría decir si son muchas o pocas.
No pienso contar –o revelar– cuántas veces aparece la palabra «yo».

EXIT

Exit era la palabra indescifrable que alumbraba las puertas de los cines cuando se apagaba la luz y yo me quedaba, recogida en mi butaca, esperando a que comenzasen los tráileres de las películas que se iban a estrenar próximamente. «Próximamente en esta sala.» Apuntaba en mi cabeza: «Esta sí, esta también, esta no puedo perdérmela, ay esta». Mi amiga Ara, poeta oblicua, me manda, por WhatsApp, imágenes de películas para que las adivine. Suelo adivinarlas: Jacqueline Bisset con moñito y blusa blanca, «*Ricas y famosas*», escribo con mis dedos índices tan analógicos sobre la pantalla del móvil; Burton borracho en blanco y negro, «*¿Quién teme a Virginia Woolf?*»; un cowboy junto a un camión, «*Cowboy de medianoche*». Piiiiiiiiiii. Error. Vuelvo a escribir: «Pues entonces la de los cowboys homosexuales de Ang Lee». Ara responde: «Oooh, ¿cómo puedes saberlo?». Quizá ella ya escriba con los pulgares. Ara me cuida y, cuando me cuida demasiado, me pone nerviosa. «Cuídate mucho», me escribe cuando me subo a un avión: yo pienso que ya tengo una madre y he cumplido cincuenta y seis años de responsabilidad sin tacha. Deberían aconsejarme ruido, furia y desenfreno. Que me dedique tardíamente a ese mundo de la farándula que siempre me ha fascinado, aunque me pase la vida haciéndome la situacionista, la debordiana, y eche pestes de la sociedad del espectáculo. Lo cierto es que una cosa no quita la otra y también Marilyn Monroe, embutida en su traje de lentejuelas escarlata, podría exigir una lectura espeleológica de su actuación musical con Jane Russell en *Los caballeros las prefieren rubias*. Una interpretación tan espeleológica y orgánica como la que desencadenan los movimientos espásticos de las bailarinas de danza contemporánea que actúan en las salas de un museo. Cómo no. Cuando Ara teclea con sus pulgares «Cuídate» también pienso en cómo podría cuidarme dentro de un avión si ya hago las reglamentarias rotaciones de tobillos y, al final, todo depende de quién y cómo pilote el aparato y de la calidad de la comida recalentada dentro de esos envases que se retuercen sobre sí mismos por efecto del calor. Cuando intentas abrirlos, se te borran las huellas digitales.

–¿Pollo o pasta?

–Por favor, dame un plátano. Y que no queme.

Imposibilidades hortofrutícolas en la cabina de un Airbus A220 de Iberia, compañía con la que vuelo casi siempre intentando conservar mi único espacio vip en la vida. Me he ganado una tarjeta oro. Mi tarjeta oro es una medalla al mérito en el trabajo. No una exhibición de poderío material.

–¿Qué es el éxito?

–Tener una tarjeta oro y poder hacer *fast track*.

Hablo en inglés para que todo el mundo me entienda y poder ser, al fin, traducida sin las dificultades ocasionadas por mis idiosincrasias castellanas y mi idiolecto imaginativo.

Ara me acompaña y me hace reparar en cosas de mí misma que yo no he visto desde fuera. Necesito esa pupila de alquiler. Una pupila inquilina que siempre saca mi mejor versión. Joder, gracias, y, sin embargo, a veces me gustaría que Ara fuese más escéptica con mis capacidades. Quizá lo es y por eso me escribe: «Cuídate mucho». La pupila inquilina de Ara te mira muy fijamente porque no ve tres en un burro. Ese modo de mirar también me pone nerviosa y me lleva a ser muy comprensiva con los *millennials* que prefieren las relaciones a distancia y no se separan de sus dispositivos digitales. «Oooh, ¿cómo puedes saberlo?», me pregunta Ara cuando acierto una película. Creo que me las pone fáciles a propósito para que me sienta bien. O quizá mis aciertos son un milagro, entendiendo por «milagro» el residuo subconsciente de muchas noches de cine y la capacidad de impregnación de las memorias infantiles: cuando eres una niña lo que ves se te queda pegado a los sesos como si fueran papel atrapamoscas. De ahí nacen los recuerdos imborrables. Ahora a veces ni siquiera sabría decir qué libro tengo entre las manos mientras lo estoy leyendo.

Fallé la del cowboy, porque la cara del actor estaba desenfocada. Nunca habría confundido a Jon Voight con Heath Ledger si el fotograma hubiese llegado a mi móvil con nitidez.

En la época en que mi memoria era un papel atrapamoscas y podría haber recitado sin dificultad y con placer la lista de los reyes godos –«¡Chindasvinto!»–, *exit* era una palabra indescifrable porque estaba escrita en inglés y entonces entendíamos mucho peor el inglés –ahora lo tenemos incorporado por razones económicas que acaban siendo gramaticales, y viceversa–. Más tarde, mientras cursaba cuarto de carrera, descubrí que *exit* venía del latín y que, pese a la confluencia de lo anglo y lo sajón, en la lengua de Shakespeare –y en la de Emily Dickinson, Agatha Christie y Dorothy Parker también– quedaban residuos de aquel Imperio romano que penetró deslizándose por el Támesis tal como relata Conrad al comienzo de *El corazón de las tinieblas*. Entonces la civilización eran los otros y poblaban las islas británicas bárbaros de distintos nombres. Todo puede dar la vuelta inesperadamente. Aunque pocas veces sea para bien. Pensemos en el largo plazo de la fama precoz. Pongámosles una vela a Joselito y a Shirley Temple pese a su afiliación republicana. En los anales de España contamos con un pavoroso caso similar al de Temple: el actor que encarnó a Piraña en *Verano azul* llegó a ser concejal del Partido Popular. La infancia precoz se torna reaccionaria. Es lógico: un envejecimiento neuronal prematuro, una actitud conservadora al dar un paso tras otro con miedo a caer y fracturarte la cabeza del fémur. Yo fui, a mi manera, una niña precoz, pero supe hacerme la loca.

–¿Qué es el éxito?

Saqué matrícula de honor en la asignatura Historia de la Lengua –sí, me la gané, igual que la tarjeta oro y el Herralde– por descifrar y enumerar las metamorfosis, violencias y reacomodos de las sílabas que, orgánicamente, a lo largo de un periodo de tiempo determinado, cristalizaron en la forma castellana «exran». He sido una empollona libertina y una tímida erudita de la filosofía del tocador. Lo digo en serio. Aunque ustedes me encuentren así, ahora, de esta guisa.

Con esta blefaritis y este desaliño trágico.

«Exran» era «saldrán», y en la lengua de Shakespeare y Maggie O'Farrell quedaban calcificaciones de esa historia antigua que entretenidamente nos han contado los peplums, sobre todo aquellos en que los legionarios, en formación de tortuga –qué bien la dibujaba Uderzo en los tebeos de Astérix el galo–, llevaban reloj de pulsera porque los figurantes se habían olvidado de quitárselos antes de salir a rodar. Las palabras que comienzan siendo misteriosas acaban por tener una explicación que no les hace perder encanto. Las palabras que no entendemos representan un misterio, pero cuando las llegamos a entender surgen nuevos misterios y encantos nuevos. Cuando descubrí que el ratoncito Pérez nunca existió y pude dejar de sentir la repugnancia de que un ratón se metiera bajo mi almohada; cuando pude atenuar las razones de mis insomnios infantiles –hoy me pregunto si de verdad alguna vez llegué a creer en los ratones dadivosos y en los Reyes Magos–; cuando, por fin, supe

497

que *exit* significaba «salida», nació una pregunta nueva: ¿en qué se parecen la salida y el éxito?

Aquí estamos. En plena madurez. Con y sin escepticismo. Aquí estamos.

−¿Dónde?

En Nueva York. En uno de los salones de actos de la Universidad de Nueva York, que aún se llama Rey Juan Carlos. La profesora, escritora e investigadora Pura Fernández ha organizado un ciclo en el que participamos Gabriela Wiener, Luna Miguel, Sara Mesa, Cristina Morales y yo, entre otras escritoras más o menos jóvenes. Mi marido y yo nos alojamos en un hotel de Washington Square. Guardo el recuerdo de una plaza diurna en la que tocaban grupos musicales con solistas que lucían flequillo como The Beatles. Tumulto. Estudiantes. Mucha más alegría ociosa de la que Catherine Sloper podría contemplar a través de su ventana cuando Henry James escribió *Washington Square*. Yo había estado paseando por allí con mi amigo Luis a comienzos del siglo XXI. Ahora, en el regreso, dejamos las maletas en la habitación y arrastro a Chema hacia la plaza para alargar el día y paliar los efectos del cambio de huso horario. Hacemos tiempo para no meternos demasiado temprano en la cama y ajustarnos al ritmo de la ciudad que nunca duerme.

−Vamos, Chema, ya verás qué espectáculo. Qué maravilla. Te va a encantar.

Anochecía y, nada más poner el pie en un extremo del rectángulo de Washington Square, comenzamos a oír un chasquido de hojas secas al quebrarse. Chasquidos a nuestra derecha y a nuestra izquierda, a los dos lados del camino por el que nos aproximamos al centro de la plaza. De pronto, los chasquidos adquieren la consistencia de un cuerpo. Tres hermosas ratas se nos cruzan por delante. Nos escoltan. Casi nos rozan los zapatos. Salen y entran del camino buscando comida. La plaza está llena de restos de alimentos mordidos. Está sucia y solo el musgoso olor a marihuana alivia el hedor de la basura. Los transeúntes ignoran a las ratas y ellas no les tienen miedo.

–Qué maravi...

Me siento avergonzada con Chema, como si no hubiese sabido prepararle bien el escenario. Él me mira interrogante y un poco asqueado. El lecho de hojas que alfombra la plaza está en movimiento perpetuo. Es la piel vegetal bajo la que habitan las ratas. Las madres del ratoncito Pérez tomaron las calles de Nueva York durante la pandemia y aún no han sido desahuciadas. En 2023 regresamos a la metrópolis de King Kong, y las personas con familiares infectados por el hantavirus protestan delante de las construcciones emblemáticas del poder: frente al edificio Trump de Wall Street, una joven permanece quieta al lado de una rata enorme y un féretro. «¿Y por la noche que harás?», «Contagiarte el hantavirus y la tenia y la peste bubónica y el gusano pulmonar». En el cuento la respuesta la da el gato, pero me van a permitir la licencia poética.

–¿Qué es el éxito?

–Exterminar las ratas de Nueva York.

Pero eso aún no había sucedido cuando Chema y yo atravesamos Washington Square. Al día siguiente, también a última hora de la tarde, volvemos a ver ratas mientras cruzamos la plaza hacia el salón Rey Juan Carlos de la Universidad de Nueva York. Allí converso con Pura ya no sé ni de qué porque el desfase horario provoca que mi cabeza vaya tres pasos por delante o por detrás de mi cuerpo. Mi cráneo se acomoda dentro de una escafandra como si fuese una buza en esas profundidades del mar donde los sonidos se amortiguan y los movimientos también. Recuerdo que todo fue muy divertido –*funny* y *nice*, lo diré en inglés para que todo el mundo me entienda– porque estaba cansada, con el cableado fundido y todo me importaba poco. Cuando todo me importa poco es cuando las cosas me salen estupendamente. Fluyen sobreponiéndose a medidas y envaramientos. Es maravilloso. La desvergüenza de una lengua desatada, dispuesta a trabarse y reírse de sí misma, sirvió para que Jesús Velasco, catedrático en la Universidad de Yale, me invitase a regresar a Estados Unidos en 2023. En New Haven vi los enormes árboles amarillos del otoño, las medianeras con el rostro pintado de Meryl Streep, asistí a un concierto de cámara, matinal y gratuito, comprobé que estudiantes de Yale hacen trabajos sobre mis libros. Pero estamos hablando del éxito, y el éxito parece que se escapa de las lecturas virtuosas de la Academia. El éxito habita otros lugares y se alimenta de otros modos de lectura que ahora me llevan a tener miedo por si alguien piensa que creo verdaderamente lo que escribo sin tener en cuenta el humor de la crueldad autoinfligida.

–¿Cómo te atreves a pensar que tienes éxito? ¿Cómo te atreves a pensar que no lo tienes? ¿De qué alardeas? ¿De qué te quejas?

En el salón Rey Juan Carlos de la Universidad de Nueva York, con la visión un poco borrosa, Pura me pregunta algo y yo saco el éxito a colación. Relato una anécdota en casa de Nacho y Mercedes, y de sus hijas, Claudia y Carlota. Solo allí me he puesto unas gafas de realidad virtual y he volado. Solo allí he bailado con un aparato en la mano que medía mis habilidades miméticas con los Blues Brothers o Beyoncé. Solo allí corroboré la clarividencia de Siri:

–Siri, ¿quiénes son tus autores españoles preferidos?

–Hay una gran variedad de escritores españoles muy interesantes actualmente, pero entre mis preferidos destacan Manuel Vilas y Marta Sanz.

Eso es el éxito.

El éxito no está en las aulas de Yale ni en las bibliotecas donde descendientes de las ratas que recorren Washington Square se queman las pestañas estudiando. Ratoncitos y ratoncitas de biblioteca buscan por debajo del enrejado de las palabras intentando encontrar la verdad o las verdades, la empatía, la música, la belleza, un brillo del conocimiento universal, una fibra de terror o de alegría, la sensación de caminar por el plano inclinado de la casa encantada. El éxito no habita en la grandiosa estructura de la biblioteca de libros raros de Yale, en la biblioteca de Babel, en la de *El nombre de la rosa* o la de Alejandría, en los anaqueles de la biblioteca pública de Móstoles. El éxito ni siquiera consiste en que te nombren pregonera de las fiestas de La Alberca y el alcalde quiera que salgas tú la primerita: el vecindario le ha organizado una protesta, con matasuegras y pitos, porque el señor alcalde ya no emplea los acuíferos locales para el agua de boca y la trae desde un embalse que está lleno de mierda –según los afectados–. Esto no es un relato basado en hechos reales. Es un hecho real.

–Oye ¿y si sales tú primero?

–No, por favor, le corresponde a usted, señor alcalde.

El éxito no consiste en leer un pregón que debe acabar inexcusablemente dándole un viva a la Virgen de la Asunción. Ya no.

El éxito habita en otros lugares. Está dentro de las cajas de cartón de Amazon.

Lo sé yo. Lo saben Siri, el ingeniero jefe y quienes miden el tráfico de información y las visitas en las nuevas plataformas digitales de los grandes periódicos.

El éxito es eso y que una obra tuya aparezca mencionada en concursos de la televisión como *La ruleta de la fortuna* o *Saber y ganar*. Gracias, queridas guionistas. Quizá David Foster Wallace se suicidó por no ser mencionado en *Jeopardy!*, ese programa que le sirvió para escribir un cuento monumental. En esos minutos televisivos estelares, después de llevar treinta años escribiendo, por fin, algunas de tus personas allegadas descubren que escribes o, para ser más exacta, descubren que lo que escribes no te importa solo a ti y puede incluso tener algún valor, al menos para quienes trabajan como guionistas de los concursos culturales. Tu escritura ha trascendido el círculo imperfecto de tu ombligo y de tus obcecaciones. Esa epifanía es absolutamente válida porque residimos en un movimiento de dentro hacia fuera en el que, si no hay fuera, no hay nada. Y, sin embargo, para quien se mira en el panel de *La ruleta de la fortuna* y se convierte en respuesta no acertada, la experiencia, incluso la lección, no resulta muy gratificante.

—¿En qué se parecen la salida y el éxito?

Dice Wikipedia: «*Exitus* es un término latino que significa "salida" (...) Su uso en medicina (sobre todo en medicina forense y medicina legal) es para significar que la enfermedad ha progresado hacia o desembocado en la muerte». Exageraciones.

Paseando por las calles de Marbella nos detenemos frente al escaparate de la librería Delibros. Hacemos una foto porque no lo podemos creer. Una preciosa foto luctuosa en la que la fotógrafa se refleja en el cristal que la separa de lo fotografiado. Así que es posible que todo fuera un sueño, un espejismo, una ilusión. En el estante de los más vendidos, al lado de Arturo Pérez-Reverte, Javier Cercas y Ana García Obregón, vemos la portada de *Persianas metálicas bajan de golpe*.

Eso es el éxito.

Éxito. *Exit*. Salida.

¿No escuchan ustedes el ring ring?

Tengo que irme. Me disculpo por este final abrupto.

Les dejo porque me está entrando una llamada procedente de Estocolmo.

Espero que ustedes sabrán perdonarme.

Perdónenme, por favor.